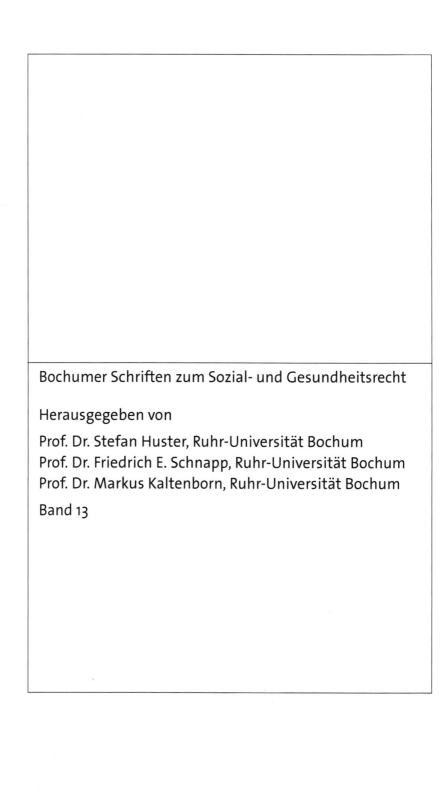

Bochumer Schriften zum Sozial- und Gesundheitsrecht

Herausgegeben von

Prof. Dr. Stefan Huster, Ruhr-Universität Bochum
Prof. Dr. Friedrich E. Schnapp, Ruhr-Universität Bochum
Prof. Dr. Markus Kaltenborn, Ruhr-Universität Bochum

Band 13

Joachim Mandl

Rabattverträge über patentgeschützte Arzneimittel

Nomos

Die Deutsche Nationalbibliothek verzeichnet diese Publikation in
der Deutschen Nationalbibliografie; detaillierte bibliografische
Daten sind im Internet über http://dnb.d-nb.de abrufbar.

Zugl.: Bochum, Univ., Diss., 2011

ISBN 978-3-8329-7190-8

1. Auflage 2012

Vorwort

Diese Arbeit entstand während meiner Zeit als wissenschaftlicher Mitarbeiter im Vergaberechtsteam von Rechtsanwalt Dr. Jan Byok, Bird & Bird, Düsseldorf.

Ursprünglich galt mein Interesse dem Energierecht, mit diesem wollte ich mich im Zuge der Dissertation befassen. Schon an meinem ersten Tag als wissenschaftlicher Mitarbeiter kam ich jedoch in Kontakt mit Arzneimittelrabattverträgen – ich begleitete Herrn Rechtsanwalt Dr. Alexander Csaki zu einer Verhandlung vor der Vergabekammer des Bundes beim Bundeskartellamt in Bonn. Der Blick hinter die Kulissen einer der umstrittensten Fragen des Vergaberechts in den letzten Jahren und des damit verbundenen enormen Diskussionspotentials begeisterte mich und lies meinen Entschluss entstehen, die nun vorliegende Arbeit zu verfassen. Mein tiefer Dank gilt daher Rechtsanwalt Dr. Alexander Csaki. Ohne die Arbeit mit ihm und die hierbei gewonnen Einblicke und Erfahrungen wäre diese Arbeit nicht möglich gewesen.

Auch meinem Doktorvater, Herrn Prof. Dr. Markus Kaltenborn gilt mein ausdrücklicher Dank. Er war stets binnen kürzester Frist ansprechbar und hat sich immer Zeit für mich und meine Sorgen genommen. Auch die Erstellung des Erstgutachtens erfolgte binnen kurzer Zeit.

Herrn Prof. Dr. Stefan Huster danke ich für die schnelle Erstattung des Zweitgutachtens.

Mein Dank gebührt auch Herrn Prof. Dr. Friedrich E. Schnapp, Herrn Prof. Dr. Huster und Herrn Prof. Dr. Markus Kaltenborn für die Aufnahme meiner Arbeit in die Bochumer Schriften zum Sozial- und Gesundheitsrecht.

Schließlich möchte ich auch meiner Familie und meinen Freunden meinen tiefen Dank aussprechen. Sie haben mich stets getragen, mich motiviert und zu mir gehalten.

Düsseldorf, im Februar 2012   Joachim Mandl

Inhaltsverzeichnis

Teil 1: Einleitung

Diese Arbeit befasst sich mit dem Regulierungsinstrument des Arzneimittelrabattvertrages nach Maßgabe des § 130a Absatz 8 SGB V[1] und legt hierbei den inhaltlichen Schwerpunkt auf Besonderheiten, die bei patentgeschützten Medikamenten zu beachten sind.

Um den Einstieg in die komplexe Vergabe- und sozialrechtliche Regelungsstruktur zu erleichtern, wird zunächst das System der Medikamentenversorgung in der gesetzlichen Krankenversicherung vorgestellt.[2] Auf Basis der Kostenentwicklungen in den vergangenen Jahren[3] wird anschließend ein Überblick über die verschiedenen Modelle zur Kostenkontrolle[4] gegeben und hierbei auch das Instrument des Rabattvertrages vorgestellt und systematisch eingeordnet.[5]

A. Arzneimittelversorgung in der gesetzlichen Krankenversicherung

I. Sozialversicherungsrechtlicher Ausgangspunkt

Aufgabe der gesetzlichen Krankenversicherung ist die Absicherung der Versicherten gegen das Risiko und die Folgen von Krankheit.[6] Die Aufwendungen für Arzt- bzw. Krankenhausbehandlung und Medikamente können im Einzelfall Kosten in einer Höhe erreichen die der Betroffene nicht alleine tragen kann. Hinzu kommen nicht selten Verdienstausfall bzw. -minderung für die Dauer der Behandlung. Dies alles kann die wirtschaftliche Existenzgrundlage der Betroffenen und ihrer Familien ernsthaft gefährden.

Die gesetzlichen Krankenversicherungen stellen den versicherten Bürgern[7] daher in einem umfassenden Katalog eine Vielzahl von Leistungen zur Verfü-

---

1   Fünftes Buch Sozialgesetzbuch - Gesetzliche Krankenversicherung -, zuletzt geändert durch Artikel 3 des Gesetzes vom 28. Juli 2011 (BGBl. I S. 1622).
2   Vgl. hierzu die Ausführungen auf Seite 15 ff.
3   Vgl. hierzu die Ausführungen auf Seite 23 ff.
4   Vgl. hierzu die Ausführungen auf Seite 26 ff.
5   Vgl. hierzu die Ausführungen auf Seite 40 ff.
6   Hierzu: *Kallmeyer*, in: Brand, Praxis des Sozialrechts, 2. Auflage 2011, Rn. 442; *Fischer*, in: Erlenkämper/Fichte, Sozialrecht, 6. Auflage 2007, § 12.
7   In der Gesetzlichen Krankenversicherung sind ca. 90 % aller Einwohner der Bundesrepublik Deutschland versichert. Insgesamt gibt es ungefähr 46 Millionen versicherungspflichtige Mitglieder (§ 5 SGB V), etwa 6 Millionen freiwillig Versicherte (§ 9

gung. Das Spektrum reicht auf der Grundlage des § 27 Absatz 1 SGB V von der ärztlichen bzw. zahnärztlichen Versorgung, über die häusliche Krankenpflege, die Krankenhausbehandlung, bis hin zur medizinischen Rehabilitation.[8] Die Leistungen werden dabei (regelmäßig) als Sach- bzw. Dienstleistung für Rechnung der Krankenkassen durch die Leistungserbringer (z. B. Ärzte, Zahnärzte, Krankenhäuser, Apotheken) erbracht – sog. Sachleistungsprinzip.[9] Unmittelbar durch Geldleistungen helfen die Krankenkassen (nur) im Ausnahmefall beispielsweise durch die Zahlung von Krankengeld nach Maßgabe des § 44 SGB V bei Arbeitsunfähigkeit oder stationärer Behandlung zur (zumindest teilweisen) Kompensation des entstehenden Verdienstausfalls.[10]

Liegt eine behandlungsbedürftige Krankheit vor, haben Versicherte nach § 31 Absatz 1 SGB V Anspruch auf Versorgung mit apothekenpflichtigen Arzneimitteln.[11] Dieser Leistungsanspruch ist nur ein konkretisierungsbedürftiges Rahmenrecht.[12] Erst durch die vertragsärztliche Verordnung (§§ 15 Absatz 1, 73 Absatz 2 Satz 1 Nr. 7 SGB V) bildet sich der unmittelbar gegen die Krankenkasse durchsetzbare Anspruch im Einzelfall heraus. Auf Basis dieser Verordnung gibt

SGB V) sowie rund 20 Millionen Familienversicherte (§ 10 SGB V), davon etwa 15 Millionen mitversicherte Kinder und 5 Millionen mitversicherte Ehegatten. Vgl. hierzu: *Peters*, in: Kasseler Kommentar, Sozialversicherungsrecht, SGB V, 70. Ergänzungslieferung 2011, Vorbemerkungen zum SGB V, Rn. 22.

8   Zum Leistungsspektrum auf Grundlage des § 27 SGB V vgl. *Lang*, in: Becker/Kingreen, SGB V, 2. Auflage 2010, § 27 Rn. 1 ff.; *Knispel*, in: Rolfs/Giesen/Kreikebohm/Udsching (Hrsg.), Beck'scher Online-Kommentar Sozialrecht, Stand: 01.09.2011, Edition: 23, § 27 Rn. 1 ff.; *Höfler*, in: Kasseler Kommentar, Sozialversicherungsrecht, 70. Ergänzungslieferung 2011, § 27 Rn. 1 ff.

9   Das Sachleistungsprinzip prägt die gesetzliche Krankenversicherung seit ihrem Bestehen und wurde vom Bundessozialgericht bereits vor seiner gesetzlichen Kodifizierung als »*übernormatives Grundprinzip*« bezeichnet. Allgemein hierzu: *Schiller*, in: Schnapp/Wigge, Handbuch des Vertragsarztrechts, 2. Auflage 2006, § 5 Rn. 8; *Haft*, ZRP 2002, 457, 458 f.; zu den historischen Ursprüngen des Sachleistungsprinzips: *Schimmelpfeng-Schütte*, ZRP 2006, 180, 182; kritisch zum Sachleistungsprinzip als Grundprinzip: *Lesinski-Schiedat*, MedR 2007, 345, 346; *Merten*, NZS 1996, 593, 597; *Sodan*, JZ 1998, 1168, 1172; *Schimmelpfeng-Schütte*, NZS 1999, 530, 535.

10   Hierzu: *Joussen*, in: Becker/Kingreen, SGB V, 2. Auflage 2010, § 44 Rn. 1 ff.; *Berchtold*, in: Rolfs/Giesen/Kreikebohm/Udsching (Hrsg.), Beck'scher Online-Kommentar Sozialrecht, Stand: 01.09.2011, Edition: 23, § 44 Rn. 1 ff; *Rolfs*, in: Müller-Glöge/Preis/Schmidt (Hrsg.), Erfurter Kommentar zum Arbeitsrecht, 11. Auflage 2011, SGB V, § 44 Rn. 1 ff.

11   Hierzu: *Axer*, in: Becker/Kingreen, SGB V, 2. Auflage 2010, § 31 Rn. 1 ff.; *Nolte*, in: Kasseler Kommentar, Sozialversicherungsrecht, SGB V, 70. Ergänzungslieferung 2011, § 31 Rn. 3 ff.

12   Grundlegend: BSG, Urteil vom 16. Dezember 1993, Az.: 4 RK 5/92 (NZS 1994, 507); *Nolte*, in: Kasseler Kommentar, Sozialversicherungsrecht, SGB V, 70. Ergänzungslieferung 2011, SGB V, § 31 Rn. 4; umfassend zu der Bedeutung des Konkretisierungskonzepts *Francke*, SGb 1999, 5 ff.

16

die Apotheke das benötigte Medikament an den Versicherten ab. Die Vergütung erhalten Arzt und Apotheke von der Krankenkasse und (von Zuzahlungen abgesehen) nicht vom Versicherten selbst.

Diese Leistungsabwicklung über Eck, unter Einbeziehung von drei oder mehr Beteiligten, wird als Sozialrechtliches Dreiecksverhältnis[13] bezeichnet. In Bezug auf die Arzneimittelversorgung ist dieses Dreiecksverhältnis sogar noch aufwändiger gestaltet, sind doch nicht nur drei Personen (Krankenkasse, Versicherter und Arzt), sondern mit dem Apotheker, dem Großhandel und dem pharmazeutischen Unternehmen, doppelt so viele Personen beteiligt.[14]

Die Leistungen unterliegen dem sozialrechtlichen Wirtschaftlichkeitsgebot[15] (§ 12 Absatz 1 SGB V). Danach müssen die Leistungen ausreichend, zweckmäßig und wirtschaftlich sein und dürfen das Maß des Notwendigen nicht überschreiten. Nur bei wirtschaftlicher Mittelverwendung sind die finanzielle Stabilität und die Funktionsfähigkeit bzw. Leistungsfähigkeit des Systems der gesetzlichen Krankenversicherung auf Dauer zu gewährleisten und können die Lohnnebenkosten auf dem derzeitigen Niveau gehalten werden.

II. Die Medikamentenversorgung im Überblick

1. Distributionsweg

Die pharmazeutischen Unternehmen beliefern wegen des sozialrechtlichen Dreiecksverhältnisses[16] nicht unmittelbar die gesetzlichen Krankenversicherungen als Kostenträger, sondern (von Ausnahmen abgesehen) den Großhandel[17], der im

---

13 *Rixen*, Sozialrecht, 2005 S. 119; *Ebsen*, in: von Maydell/Ruland/Becker, Sozialrechtshandbuch, 4. Auflage 2009, § 15 Rn. 117; *Muckel*, Sozialrecht, 3. Auflage 2009, § 8 Rn. 135; *Flint*, in: Grube/Wahrendorf, SGB XII Sozialhilfe, 3. Auflage 2010 § 75 Rn 4 ff; *Schön*, in: Plagemann, Sozialrecht, 3. Auflage 2009, § 40 Rn. 6 f.
14 Hierauf weisen zu Recht auch *Stolz/Kraus*, VergabeR 2008, 1, 3, hin.
15 *Scholz, in:* Becker/Kingreen, SGB V, 2. Auflage 2010, § 12 Rn. 1 ff; *Höfler*, in: Kasseler Kommentar, Sozialversicherungsrecht, SGB V, 70. Ergänzungslieferung 2011, § 12 Rn. 2.; *Joussen*, in: Rolfs/Giesen/Kreikebohm/Udsching (Hrsg.), Beck'scher Online-Kommentar Sozialrecht, Stand: 01.09.2011, Edition: 23, § 12 Rn. 1 ff.
16 Vgl. hierzu die Ausführungen oben (Fn. 15).
17 Die Richtlinie 2001/83/EG definiert in Art. 1 den Großhandelsvertrieb von Arzneimitteln als »jede Tätigkeit, die in der Beschaffung, der Lagerung, der Lieferung oder der Ausfuhr von Arzneimitteln besteht, mit Ausnahme der Abgabe von Arzneimitteln an die Öffentlichkeit; diese Tätigkeiten werden über Hersteller oder deren Kommissionäre, Importeure oder sonstige Großhändler oder aber über Apotheker und Personen abgewickelt, die in dem betreffenden Mitgliedstaat zur Abgabe von Arzneimitteln an die Öffentlichkeit ermächtigt oder befugt sind«. Im Jahr 2007 gab es in Deutschland 16 vollsortierte sowie ei-

Wesentlichen die Funktion einer apothekenübergreifenden Lagerhaltung übernimmt. Dieser wiederum beliefert die einzelnen Apotheken, welche die benötigten bzw. verordneten Arzneimittel an die Versicherten abgeben. Wegen des in § 43 AMG[18] geregelten Apothekenmonopols[19] darf dieser letzte Distributionsschritt auch nur von Apotheken vorgenommen werden. Nur sie dürfen Fertigarzneimittel (von Ausnahmen abgesehen) an die Versicherten auf Basis der vertragsärztlichen Verordnung abgeben.[20]

Auch die Vergütung verläuft entlang der Marktstufen. Der pharmazeutische Unternehmer erhält seine Vergütung vom Großhandel während dieser vom Apotheker bezahlt wird. Erst Letzterer rechnet mit den gesetzlichen Krankenversicherungen als Kostenträger ab. Die Preisbildung innerhalb dieses Systems wird durch die Arzneimittelpreisverordnung (AMPreisV)[21] geregelt. Ausgehend vom Herstellerabgabepreis (ApU)[22] wird die Höhe der auf den Distributionsstufen anfallenden Aufschläge bestimmt.[23]

Insgesamt sind fast 375 pharmazeutische Unternehmen[24], 15 Großhändler[25] und mehr als 20.000 Apotheken[26] in diesem Markt aktiv. Das Arzneimittelange-

---

ne große Zahl teilsortierter pharmazeutischer Großhändler (Angaben nach: *Quaas/Zuck*, Medizinrecht, 2. Auflage 2008, § 37 Rn. 1-2).

18 Arzneimittelgesetz in der Fassung der Bekanntmachung vom 12. Dezember 2005 (BGBl. I S. 3394), zuletzt geändert durch Artikel 1 der Verordnung vom 19. Juli 2011 (BGBl. I S. 1398).

19 *Fuhrmann/Klein/Fleischfresser*, in: Fuhrmann/Klein/Fleischfresser (Hrsg.), Arzneimittelrecht, Handbuch für die pharmazeutische Rechtspraxis, 2010, § 18 Rn. 15 - 16; *Rehmann*, Arzneimittelgesetz, 3. Auflage 2008, § 43 Rn. 1.

20 Hierzu: *Rehmann*, Arzneimittelgesetz, 3. Auflage 2008, § 43 Rn. 1 ff.; *Heßhaus*, in: Spickhoff, Medizinrecht, 2011, § 43 AMG Rn. 3 f.

21 Arzneimittelpreisverordnung (AMPreisV) vom 14. November 1980 (BGBl. I S. 2147), zuletzt geändert durch Art. 8 ArzneimittelmarktneuordnungsG vom 22. 12. 2010 (BGBl. I S. 2262),

22 Früher sprach man vom Herstellerabgabepreis, der mit »HAP« abgekürzt wurde. Seit 2009 wird vom Abgabepreis des pharmazeutischen Unternehmers »ApU« gesprochen.

23 Die Arzneimittelpreisverordnung (AMPreisV) enthält jedoch keine Vorgaben für die Bestimmung des Abgabepreises durch den pharmazeutischen Unternehmer. Diesen kann er ohne staatlichen Einfluss selbst festlegen (vgl. hierzu: *AOK Bundesverband*, G+G Blickpunkt, Mai 2010, Seite 6). Durch das AMNOG haben sich hier jedoch insofern weit reichende Veränderungen ergeben, als nunmehr für neu eingeführte Medikamente nur noch im ersten Jahr nach Markteinführung der Preis frei bestimmt werden kann (vgl. hierzu die Ausführungen auf Seite 86 ff.).

24 *Coca/Nick/Schröder*, in: Schwabe/Paffrath (Hrsg.), Arzneiverordnungsreport 2011, S. 208 f. In der Zahl von 375 Herstellern sind nur solche berücksichtigt, die mehr als 100.000 Euro Umsatz p.a. erzielen.

25 Alle Großhändler sind im Bundesverband des Pharmazeutischen Großhandels (PHAGRO e. V.) organisiert (www.phargo.de).

bot umfasst gegenwärtig ca. 2.500 Wirkstoffe mit fast 11.000 Standardpräparaten.[27]

Neben den direkten Lieferungen durch die Hersteller hat sich in den letzten Jahren eine europaweite Im- und Exportwirtschaft im Bereich der Fertigarzneimittel entwickelt.[28] Obwohl in fast allen Mitgliedstaaten Arzneimittelpreise einer staatlichen Einflussnahme unterliegen, gibt es innerhalb der EU große Preisdifferenzen für ein- und dasselbe Arzneimittel.[29] Über die Einführung von Importquoten[30] (§ 129 Absatz 2 SGB V i. V. m. § 5 RahmenV[31]) nutzt auch der Gesetzgeber dieses System zur Kostensenkung.

Als Parallel-Importe werden dabei solche Präparate bezeichnet, die außerhalb des Empfängerlandes für einen fremden Markt hergestellt wurden und erst später (parallel zu den vom Hersteller vorgesehenen Wegen) in das Empfängerland gelangen.[32] Von Re-Importen spricht man dann, wenn das importierte Arzneimittel ursprünglich in dem Empfängerland produziert wurde.[33]

Gleichzeitig bringen die pharmazeutischen Unternehmer ihre Produkte teilweise selbst auf verschiedenen Wegen über Co-Marketing und Co-Promotion in den Markt.[34] Im Falle des Co-Marketings wird dasselbe Arzneimittel von zwei oder mehr Unternehmen mit unterschiedlichen Markennamen in den Verkehr

---

26   Nach Angaben der ABDA – Bundesvereinigung Deutscher Apothekerverbände gab es 2010 in Deutschland 21.441 Apotheken in Deutschland inkl. Filialapotheken. Diese Daten sind über die Homepage unter www.abda.de verfügbar.

27   *Coca/Nick/Schröder*, in: Schwabe/Paffrath (Hrsg.), Arzneiverordnungsreport 2011, S. 211.

28   Die Arzneimittel-Importeure sind in Deutschland im Verband der Arzneimittel-Importeure e. V. mit Sitz in Merzig organisiert. Vgl. hierzu die Homepage: www.vad-news.de.

29   Vgl. hierzu die Studie des Europäischen Parlamentes mit dem Titel:»Differences in costs of an access to pharmaceutical Products in the EU« vom 14. April 2011 mit der Nummer 451.481. Die Studie ist online verfügbar unter: www.europarl.europa.eu/activities/committees/studies/download.do?language=en&file=35108.

30   Vgl. hierzu *Barth*, in: Spickhoff, Medizinrecht, 2011, § 129 Rn. 10, der auch auf die immer wieder geäußerte Kritik an der Importquote hinweist. *Reese/Stallberg*, in: Dieners/Reese, Handbuch des Pharmarechts, 2010, § 17 Rn. Rn 298 ff.

31   Rahmenvertrag über die Arzneimittelversorgung nach § 129 Absatz 2 SGB V in der Fassung vom 1. Februar 2011 zwischen den Spitzenverbänden der Krankenkassen und dem Deutschen Apothekerverband e. V.

32   *Kügel*, in: Terbille (Hrsg.), Münchener Anwaltshandbuch Medizinrecht, 2009, § 9 Rn. 27.

33   *Kügel*, in: Terbille (Hrsg.), Münchener Anwaltshandbuch Medizinrecht, 2009, § 9 Rn. 27; Weiterführend: *Koenig/Engelmann/Sande,r* GRUR Int. 2001, 919, 920.

34   Zu beiden Marketingformen vgl.: *Ehle/Schütze*, in: Dieners/Reese, Handbuch des Pharmarechts, 2010, § 10 Rn 41 - 43.

gebracht.[35] Co-Promotion beschreibt die Vermarktung eines Arzneimittels unter einem Namen von zwei oder mehr Unternehmen, die alle auf der Packung als verantwortliche Unternehmen gekennzeichnet werden.[36] Der Patentinhaber vertreibt das Produkt also selbst auf Basis einer Zulassung durch mehrere Anbieter.

2. Die wichtigsten Medikamententypen

Die zur Grundversorgung der Bevölkerung wohl wichtigste Gruppe sind die Generika.[37] Es handelt sich dabei um Kopien des jeweiligen Originalpräparates. Sie entsprechen diesem in Wirkstoff und erfasstem Indikationsbereich.[38] Der Markteintritt von Generika wird durch verschiedene Rechtsvorschriften beschränkt.[39] Biosimilars können in einer groben Annäherung als generische Biologicals, also Generika gentechnologisch hergestellter Wirkstoffe bezeichnet werden.[40] Nach dem Siegeszug der Generika, die seit vielen Jahren erheblich zu einer wirtschaftlichen Arzneimittelversorgung beitragen, erhoffen sich die Kostenträger von Biosimilars eine Belebung des Wettbewerbs.[41] Dies insbesondere vor dem

---

35 Bei dezentralen Zulassungen kann Co-Marketing in jedem EU-Mitgliedstaat mit unterschiedlichen Partnern betrieben werden, da in jedem Staat mehrere Zulassungen beantragt werden können. Bei zentral zugelassenen Arzneimitteln besteht nur eine bzw. zwei Zulassungen für die gesamte Europäische Union, so dass diese nur ein oder zwei Co-Marketing Partner nutzen können.

36 Das Begriffsverständnis ist uneinheitlich. Wie hier: *Kloesel/Cyran*, Arzneimittelgesetz, 3. Auflage 2000, § 10 Rn. 29. Eine abweichende, auf den bloßen Vertrieb des Präparates bezogene Auffassung vertreten *Ehle/Schütze*, in: Dieners/Reese, Handbuch des Pharmarechts, 2010, § 10 Rn 64; *Fuhrmann/Klein/Fleischfresser*, in: Fuhrmann/Klein/Fleischfresser (Hrsg.), Arzneimittelrecht, Handbuch für die pharmazeutische Rechtspraxis, 2010, § 48 Rn. 43.

37 Zur praktischen Bedeutung von Generika vgl. auch das Gutachten des Branchenverbandes Pro-Generika, verfügbar über die Homepage von Pro-Generika unter: http://www.progenerika.de/downloads/7901/AccentureGeninD.pdf.

38 Der Begriff des Generikums wird in § 24b Absatz 2 AMG bestimmt. Hierzu: *Rehmann*, Arzneimittelgesetz, 3. Auflage 2008, Vorbem. Rn 37; *Heßhaus*, in: Spickhoff, Medizinrecht, 2011, § 24b Rn 8. Zu Biosimilars als biotechnologischen Generika vgl.: *Schraitle/Ambrosius/Sträter*, in: Fuhrmann/Klein/Fleischfresser (Hrsg.), Arzneimittelrecht, Handbuch für die pharmazeutische Rechtspraxis, 2010, § 6 Rn. 223 ff.

39 Dazu zählt insbesondere das Patentrecht. Daneben greift auch ein arzneimittelrechtlicher Unterlagenschutz ein. Unabhängig vom Patentschutz sieht das Europäische Arzneimittelrecht in der Richtlinie 2001/83/EG vor, dass Generika erst zehn Jahre nach Zulassung des Originalpräparats in den Verkehr gebracht werden dürfen.

40 *Schraitle/Ambrosius/Sträter*, in: Fuhrmann/Klein/Fleischfresser, Arzneimittelrecht, Handbuch für die pharmazeutische Rechtspraxis, 2010, § 6 Rn 223 ff.; *Wagner*, in: Dieners/Reese, Handbuch des Pharmarechts, 2010, § 6 Rn 81;

41 Diese Hoffnung ist nicht ganz unberechtigt. Erzielte der Wirkstoff Erythropoetin im Jahre 2008 einen Umsatz von 167 Mio. Euro, so sinkt dieser Betrag seit Einführung der ers-

Hintergrund, dass in den letzten Jahren die Patente für eine ganze Reihe von biotechnologisch hergestellten umsatzstarken Produkten abgelaufen sind und in den kommenden Jahren ablaufen werden.[42]

Das Gegenstück zu den Generika bilden die patentgeschützten Medikamente, welche sich durch ihre besonderen, innovativen Merkmale auszeichnen. Der Patentschutz kann sich dabei neben dem Wirkstoff (z. B.) auf das Herstellungsverfahren[43], den Anwendungsbereich sowie die Freisetzungstechnologie[44] beziehen.[45] Erst nach Ablauf des Patentschutzes von (grundsätzlich) 20 Jahren und Auslauf eines möglichen ergänzenden Schutzzertifikates[46] entfällt die Marktexlusivität und können generische Kopien auf den Markt gebracht werden.

Analogpräparate gehören ebenfalls zu den patentgeschützten Medikamenten. Sie enthalten neue Wirkstoffmoleküle mit analogen pharmakologischen und klinischen Wirkungen. Produkte mit solchen Molekülvariationen werden wegen ihrer Ähnlichkeit zu bereits eingeführten Wirkstoffen auch als »Me-too-Präparate« (engl.: »ich auch«) oder Scheininnovationen bezeichnet.[47] Viele Pharmafirmen nutzen für die Vermarktung ihrer Analogpräparate den weit verbreiteten Glauben, dass alle neuen Arzneimittel besser und damit auch mehr wert sind.[48]

     ten Biosimilars im Jahre 2007 kontinuierlich. Inzwischen gibt es fünf verschiedene Biosimilars mit dem Wirkstoff Erythropoetin. Vgl. hierzu auch die Ausführungen im Barmer-GEK Arzneimittelreport aus Juni 2011, S. 113 ff.

42   Für die Patentinhaber ist daher gegenwärtig der Abschluss von Rabattverträgen im Rahmen des sog. Life-Cycle-Managements besonders interessant. Es erscheint allerdings höchst fraglich, ob Krankenkassen und pharmazeutische Unternehmen wie bisher die Verträge ohne Anwendung der vergaberechtlichen Vorgaben abschließen dürfen. Im Ergebnis ist auch hier ein Vergabeverfahren i. d. F. des offenen Verfahrens oder als Verhandlungsverfahren ohne vorherige Vergabebekanntmachung durchzuführen. So auch die VK Bund, Beschluss vom 06. Juli 2011, Az.: VK 3 – 80/11 zu einem Open-House-Modell, welches auch drei patentgeschützte Wirkstoffe, die noch unter dem Schutz eines ergänzenden Schutzzertifikates standen, miteinbezogen hat.

43   Dies könne z. B. bei Biologicals eine Rolle spielen. Diese Medikamente sind dadurch gekennzeichnet, dass sie biotechnologisch hergestellt werden. Je nach Herstellungsverfahren kann sich die Struktur (der meist sehr komplexen Proteine) abweichend darstellen.

44   Hier sei exemplarisch die sog. OROS-Technologie genannt, eine besondere Art der retardierten Wirkstofffreisetzung. Praktische Bedeutung kann dies etwa bei Medikamenten zur ADHS-Behandlung erlangen, die auf einen möglichst konstanten Wirkstoffspiegel im Blut angewiesen sind.

45   Hierzu: *Wille*, A&R 2008, 164, 165 f.

46   Vor dem Hintergrund einer langen Entwicklungszeit sowie eines zeitraubenden Zulassungsverfahrens kann diese Exklusivitätsstellung durch ergänzende Schutzzertifikate für fünf Jahre nach Maßgabe der Verordnung (EWG) Nr. 1768/92 verlängert werden.

47   *Reese/Stallberg*, in: Dieners/Reese, Handbuch des Pharmarechts, 2010, § 17, Rn. 268.

48   Hierzu insgesamt: *Schwabe*, in: Schwabe/Paffrath (Hrsg.), Arzneiverordnungsreport 2011, S. 22 f.

III. Preisbildung bei Arzneimitteln

Das pharmazeutische Unternehmen kann seinen Abgabepreis an den Großhandel (ApU) für jedes Medikament frei bestimmen. Es unterliegt insofern keinerlei Einschränkungen.[49] Gegenwärtig ist die Bestimmung des Marktpreises nur über die Arzneimittelpreisverordnung (AMPreisV)[50] geregelt. Ausgehend von dem Herstellerabgabepreis (ApU) legt diese die Berechnung des Apothekenverkaufspreises (AVP) fest. Letzterer bestimmt sich dabei nach folgendem System: Apotheken und der Großhandel[51] erheben auf ihre Einkaufspreise jeweils Zuschläge. Von staatlicher Seite ist nur die Höhe der Zuschläge vorgeschrieben, mit denen die Leistungen des pharmazeutischen Großhandels und der Apotheken vergütet werden.[52] Für verschreibungspflichtige Arzneimittel gilt immer der gleiche Zuschlag, egal in welcher Apotheke das Arzneimittel verkauft wird. Deshalb hat ein bestimmtes Medikament in jeder Apotheke denselben Preis.[53]

Mit diesem System steht Deutschland im europäischen Vergleich relativ allein.[54] Nur noch Dänemark und Malta verfolgen das gleiche System. Eine Reihe

---

49 Durch die Novellierung des SGB V durch das AMNOG hat sich die Preisbildung verändert. Bei nicht festbetragsgeregelten Medikamenten sind nunmehr Rabattvereinbarungen vorgesehen, die bei Nichtzustandekommen einer vertraglichen Regelung auch über einen Schiedsspruch erzwungen werden können. Diese Rabatte setzten allerdings erst nach der Preisfestlegung durch den pharmazeutischen Unternehmer ein. Allerdings wird hierdurch faktisch die völlig freie Preisbildung insofern aufgehoben, als die einmal gebildeten Preise über die Rabattierung wieder zurückgefahren werden. Vgl. hierzu die Ausführungen auf Seite 86 ff.).

50 Arzneimittelpreisverordnung (AMPreisV) vom 14. November 1980 (BGBl. I S. 2147), zuletzt geändert durch Art. 8 ArzneimittelmarktneuordnungsG vom 22. 12. 2010 (BGBl. I S. 2262).

51 Der Großhandelszuschlag für Fertigarzneimittel ist durch das Gesetz zur Neuordnung des Arzneimittelmarktes in der gesetzlichen Krankenversicherung (AMNOG) vom 22. Dezember 2010, BGBl. I, S. 2262, neu geregelt. Der Großhandelszuschlag setzt sich seitdem aus einem Festzuschlag in Höhe von 60 Cent je Packung und einem prozentualen Zuschlag von 1,7 Prozent des Abgabepreises des pharmazeutischen Unternehmers zusammen. Um dabei sicherzustellen, dass kein finanzieller Anreiz zur Bevorzugung teurer Arzneimittel besteht, darf der Zuschlag von 1,7 % auf den Abgabepreis des pharmazeutischen Unternehmers nach Absatz 1 einen Betrag von 20,40 Euro nicht übersteigen. Der preisunabhängige Bestandteil ist zudem nicht rabattfähig (BT-Drs. 17/2413, S. 36).

52 Die Regulierungsstrukturen vor In-Kraft-Treten des AMNOG stellt *Kingreen*, NZS 2011, 441 ff. zusammenfassend vor. Zum Arzneimittelpreisrecht siehe auch *Fuerst*, GesR 2010, 183 ff; *Wodarz*, in: Sodan (Hrsg.), Handbuch des Krankenversicherungsrechts, 2010, § 27 Rn. 24 ff.

53 Insgesamt verdoppelt sich so der Arzneimittelpreis auf dem Weg vom Hersteller zum Patienten. Eine detaillierte Analyse findet sich bei *Coca/Nick/Schröder*, in: Schwabe/Paffrath (Hrsg.), Arzneiverordnungsreport 2011, S. 203 ff.

54 Eine Mischung aus gesetzlicher Preisbildung, Verhandlungen und Rabattverträgen ist mit dem Gesetz zur Neuordnung des Arzneimittelmarktes in der gesetzlichen Krankenversi-

weiterer Länder regulieren den Marktpreis indirekt über eine Gewinnlimitierung (Vereinigtes Königreich, Nord-Irland) oder Preisverhandlungen (Frankreich, Italien, Ungarn, Republik Irland). Die anderen Mitgliedstaaten arbeiten mit einer gesetzlichen Preisbildung.[55]

Durch das Gesetz zur Neuordnung des Arzneimittelmarktes in der gesetzlichen Krankenversicherung (AMNOG)[56] haben sich hier Änderungen ergeben. Neben einigen Modifikationen bei der Verordnungs- und Erstattungsfähigkeit, hat sich insbesondere die Preisbildung bei den patentgeschützten Medikamenten geändert.[57] Die freie Preisbildung bleibt nur im ersten Jahr nach Markteinführung erhalten. Ab dem zweiten Jahr werden Rabatte der pharmazeutischen Unternehmen auf ihre innovativen Medikamente verpflichtend sein. In erster Linie ist die Höhe des Rabattes nach § 130b SGB V (i. d. F. des AMNOG[58]) Verhandlungen überlassen. Erst wenn sich die Parteien nicht einigen können, ist in § 130c SGB V (i. d. F. des AMNOG[59]) die Festsetzung der Rabatthöhe über einen Schiedsspruch vorgesehen

B. Kostenentwicklung im Gesundheitswesen

I. Kosten insgesamt

Die Ausgaben in der gesetzlichen Krankenversicherung sind von 1960 bis 2010 von umgerechnet 4,5 Mrd.[60] Euro auf 171 Mrd. Euro gestiegen.[61] Auf Leistungsausgaben entfielen dabei im Jahre 2010 165 Mrd. Euro.[62]

---

cherung (AMNOG) vom 22. Dezember 2010, BGBl. I, S. 2262, über die §§ 130b und 130c SGB V n. F. eingeführt worden. Vgl. hierzu die Ausführungen auf im 4. Teil der Arbeit auf Seite 86 ff.

55   *AOK Bundesverband*, G+G Blickpunkt, Mai 2010, S. 6.

56   Gesetz zur Neuordnung des Arzneimittelmarktes in der gesetzlichen Krankenversicherung (AMNOG) vom 22. Dezember 2010, BGBl. I, S. 2262.

57   Vgl. hierzu die umfassende Darstellung im 4. Teil der Arbeit auf den Seiten 86 ff.

58   Gesetz zur Neuordnung des Arzneimittelmarktes in der gesetzlichen Krankenversicherung (AMNOG) vom 22. Dezember 2010, BGBl. I, S. 2262.

59   Gesetz zur Neuordnung des Arzneimittelmarktes in der gesetzlichen Krankenversicherung (AMNOG) vom 22. Dezember 2010, BGBl. I, S. 2262.

60   *Gitter/Oberbender*, Möglichkeiten und Grenzen des Wettbewerbs, S. 15.

61   BMG, Gesetzliche Krankenversicherung – Kennzahlen und Faustformeln, Stand: September 2011.

62   Bemerkenswert ist dabei, dass die Qualität der Gesundheitsversorgung in Deutschland trotz der enormen Finanzmittel, die ihr zur Verfügung stehen im internationalen Vergleich nur einen Platz im Mittelfeld belegt. Nach dem World Health Report 2000 der WHO erreicht das deutsche Gesundheitssystem hinter Kolumbien, Schweden und Zypern

In der Übersicht ergibt sich folgende prozentuale Verteilung der Leistungsausgaben für das Jahr 2010:[63]

- Krankenhausbehandlung   35, 2 %
- Arzneimittel   18, 3 %
- Ärztliche Versorgung   16, 4 %
- Heil- und Hilfsmittel   6, 4 %
- Zahnärzte & Zahnersatz   6, 9 %
- Sonstige Leistungsausgaben   5, 1 %
- Krankengeld   4, 7 %
- Fahrtkosten   2, 2 %
- Häusliche Krankenpflege   2, 5 %
- Kuren   1, 9 %

Lag der Beitragssatz 1970 noch bei ca. 8 %, so beträgt er trotz Einführung des Gesundheitsfonds im Jahre 2011 bereits 15, 5 %. Der Beitrag setzt sich dabei ab 2011 aus einem Arbeitgeberbeitrag von 7, 3 % und einem Arbeitnehmerbeitrag von 8, 2 % zusammen. Schon gegenwärtig erheben 13 Krankenkassen einen Zusatzbeitrag.[64] Darunter sind nicht nur kleine, sondern auch große und namhafte Krankenkassen, wie DAK und KKH-Allianz. Galt bisher eine Begrenzung des Zusatzbeitrages auf acht Euro, gibt es ab dem Jahr 2011 keine Grenzen bei den Zusatzbeiträgen mehr. Die Kassen können nunmehr Zusatzbeiträge in beliebiger Höhe nehmen. Ein Sozialausgleich erfolgt erst, wenn der durchschnittliche Zusatzbeitrag zwei Prozent des individuellen sozialversicherungsrechtlichen Einkommens übersteigt.[65]

nur Platz 25 (vgl. S. 200 des Berichts). Der Bericht ist im Internet unter www.who.int/whr/2000/en/whr00_en.pdf abrufbar.

63   BMG, Gesetzliche Krankenversicherung – Kennzahlen und Faustformeln, Stand: September 2011.

64   Stand: Oktober 2011. Folgende Kassen erheben derzeit einen Zusatzbeitrag: BKK advita, BKK Axel Springer, BKK für Heilberufe, BKK Hoesch, BKK Phoenix, BKK Publik – Partner der BKK Salzgitter, DAK (die DAK wird ab dem 1. April 2012 keinen Zusatzbeitrag mehr erheben), Deutsche BKK, BKK Gesundheit, KKH-Allianz. (Quelle: http://www.krankenkassen.de/gesetzliche-krankenkassen/krankenkasse-beitrag/zusatzbeitrag/)

65   Gesetz zur nachhaltigen und sozial ausgewogenen Finanzierung der Gesetzlichen Krankenversicherung (GKV-FinG), BT-Drs. 17/3040.

II. Kosten der Medikamentenversorgung

Ganz wesentlicher Ausgabenbestandteil ist dabei die Versorgung der Bevölkerung mit Arzneimitteln. Im Jahre 2010 haben die gesetzlichen Krankenversicherungen 29,725 Mrd. Euro für Fertigarzneimittel ausgegeben.[66] Der Umsatz ist dabei 2010 weniger stark als im Vorjahr gestiegen. Er hat sich gegenüber 2009 (nur) um +4,3 % erhöht. Damit liegt der Anteil der Arzneimittelkosten an den Leistungsausgaben bei ca. 18 %.[67]

Dieser Umsatz- und Ausgabenanstieg beruhte im Vergleich zu 2009 fast ausschließlich auf einer Zunahme der Strukturkomponente (+4,2 %).[68] Diese enthält alle nicht verordnungs- und preisbedingten Umsatzänderung und erklärt damit fast den gesamten Zuwachs des Jahres 2010.[69] Verordnungszahlen, Umsätze und Kosten für Generika einerseits und patentgeschützte Originale andererseits haben sich dabei jedoch sehr unterschiedlich entwickelt.

Im substitutionsfähigen Markt ist der Anteil der Generika an der Gesamtverordnungszahl kontinuierlich angestiegen, wobei die Preise gleichzeitig deutlich gesunken sind. In einem Vergleich zwischen fünf europäischen Ländern wurde ermittelt, dass bereits seit 1996/97 in Deutschland der höchste Anteil an Generika im Gesamtmarkt besteht.[70]

Völlig gegensätzlich ist die Entwicklung im Bereich der patentgeschützten Originale verlaufen. Dort sind die Kosten insgesamt erheblich angestiegen.[71] Auffällig ist dabei die Entwicklung des Verordnungsvolumens nach definierten Tagesdosen (DDD). Diese Messgröße ist im Jahre 2009 erneut um 1.197 Mio. DDD (+3,5 %) angestiegen. Da eine DDD durchschnittlich 0,84 Euro kostet, ist allein die Zunahme des DDD-Volumens mit Mehrkosten von 1.005 Mio. Euro verbunden und liegt damit sogar noch etwas höher als der Umsatzanstieg von 1.225 Mio. Euro.[72] Man könnte daher zunächst auf die Idee kommen, dass die wiederholte Steigerung der Arzneimittelausgaben nur durch das erhöhte DDD-

---

66 *Schwabe*, in: Schwabe/Paffrath (Hrsg.), Arzneiverordnungsreport 2011, S. 4.

67 *Coca/Nick/Schröder*, in: Schwabe/Paffrath (Hrsg.), Arzneiverordnungsreport 2011, S. 167 f. Noch über den Kosten für die Versorgung mit Arzneimitteln liegen dabei die Ausgaben für Krankenhausbehandlung mit rund 35 %.

68 Im Jahre 2009 war daneben auch die Zahl der Verordnungen (+2,9 %) gestiegen. Die Ausgabensteigerung beruhte daher auf zwei Faktoren.

69 *Schwabe*, in: Schwabe/Paffrath (Hrsg.), Arzneiverordnungsreport 2011, S. 4.

70 *Coca/Nick/Schröder*, in: Schwabe/Paffrath (Hrsg.), Arzneiverordnungsreport 2011, S. 194.

71 In den letzten 16 Jahren hat sich der Umsatzanteil patentgeschützter Arzneimittel am Gesamtmarkt von 11,2 % (1993) auf 47,8 % (2010) mehr als vervierfacht. Vgl. hierzu: *Coca/Nick/Schröder*, in: Schwabe/Paffrath (Hrsg.), Arzneiverordnungsreport 2011, S. 190.

72 *Schwabe*, in: Schwabe/Paffrath (Hrsg.), Arzneiverordnungsreport 2011, S. 4.

Volumen bedingt ist und somit auf einem medizinisch notwendigen Mehrbedarf beruht. Die Aufgliederung der Arzneiverordnungen in Generika und Nichtgenerika zeigt jedoch, dass die Umsatz- und Verordnungsentwicklung in beiden Teilmärkten ganz unterschiedlich verlaufen ist. Während das DDD-bezogene Verordnungsvolumen der Generika seit Jahren kontinuierlich zunimmt, ist die Verordnungsmenge der Nichtgenerika in dem gleichen Zeitraum ebenso konstant rückläufig gewesen. Damit hat sich das DDD-Volumen der Generika 2009 gegenüber dem Vorjahr um 5,4 % erhöht, während das DDD-Volumen der Nichtgenerika um 1,4 % abgenommen hat. Trotz der gegenläufigen Entwicklungen des DDD-Volumens sind die Umsätze in beiden Teilmärkten angestiegen. Auf die Generika entfiel ein Zuwachs von 78 Mio. Euro, auf die Nichtgenerika von 1147 Mio. Euro.[73] Damit war der Umsatzzuwachs der Nichtgenerika trotz gegenläufiger Verordnungsentwicklung sogar noch größer und beruht allein auf einem kräftigen Anstieg der Tagestherapiekosten. Die Therapiekosten der Nichtgenerika liegen inzwischen im Durchschnitt viermal so hoch wie bei Generika.

C. Modelle zur Kostendämpfung

Vor dem Hintergrund dieser enormen Ausgaben und der damit einhergehenden Belastung der Lohnnebenkosten, hat der Gesetzgeber in den vergangenen Jahren eine Vielzahl von Instrumenten zur nachhaltigen Senkung der Arzneimittelausgaben etabliert.[74] Er setzt dabei auf verschiedenen Stufen an:

• Eingrenzung des Leistungskataloges[75]
• Beschränkung der Erstattungshöhe[76]
• Einfluss auf die Verordnungs- und Abgabeebene[77]
• Etablierung eines Vertragswettbewerbs[78]

Insgesamt hat er so ein unübersichtliches System sich gegen- und untereinander beeinflussender Regulierungselementen geschaffen.[79]

---

73 Schwabe, in: Schwabe/Paffrath (Hrsg.), Arzneiverordnungsreport 2011, S. 7.
74 Einen Überblick über die Entwicklung vom Leistungserbringer- zum Leistungssteuerungsrecht gibt Penner, Leistungserbringerwettbewerb in einer sozialen Krankenversicherung, 2009, S. 71 ff.; Eine Übersicht über die gesetzlichen Regulierungen des GKV-Arzneimittelmarktes seit 2001 geben Coca/Nick/Schröder, in: Schwabe/Paffrath (Hrsg.), Arzneiverordnungsreport 2011, S. 170 ff.
75 Vgl. hierzu die Ausführungen auf Seite 27 ff.
76 Vgl. hierzu die Ausführungen auf Seite 30 ff.
77 Vgl. hierzu die Ausführungen auf Seite 34 ff.
78 Vgl. hierzu die Ausführungen auf Seite 38 ff.

I. Kostenreduktion durch Beschränkung der Erstattungsfähigkeit

Gesetzlich Versicherte haben nach § 31 Absatz 1 SGB V im Rahmen der Krankenbehandlung grundsätzlich einen Anspruch auf Versorgung mit den behandlungsnotwendigen Arzneimitteln.[80] Dieser Anspruch wird über § 34 SGB V bzw. durch Richtlinien nach § 92 Absatz 1 Satz 2 Nr. 6 SGB V begrenzt. Bestimmte Medikamente werden gezielt von der Versorgung ausgeschlossen. Sie dürfen also nicht zu Lasten der gesetzlichen Krankenkassen abgegeben werden.

1. Gesetzliche Einschränkungen

Nach § 34 Absatz 1 Satz 1 SGB V sind zunächst <u>nicht</u> verschreibungspflichtige Arzneimittel von der Versorgung nach § 31 SGB V ausgeschlossen.[81] Zur Begründung dieser seit dem Jahre 2004 geltenden Beschränkung des Leistungskatalogs auf verschreibungspflichtige Arzneimittel führt der Gesetzgeber die Beobachtung an, dass nicht verschreibungspflichtige Arzneimittel ohnehin vielfach ohne Rezept abgegeben würden.[82] Somit sei die Herausnahme aus dem Leistungkatalog der gesetzlichen Krankenversicherung sozial gerechtfertigt. Hierbei sei auch zu berücksichtigen, dass sich diese Arzneimittel im unteren Preisbereich bewegten.[83]

Einen weiteren Leistungsausschluss beinhalten § 34 Absatz 1 Satz 6 Nr. 1 – 4 SGB V für sogenannte Bagatellarzneimittel[84]. Erfasst werden hiervon insbesondere Arzneimittel zur Anwendung bei Erkältungskrankheiten und grippalen Infekten. Die Regelung beruht auf dem Gedanken, dass die Behandlung mit den

---

79   Eine ausführliche Analyse der bestehenden Sach- und Rechtslage sowie einen Überblick über alternative Gestaltungsmodelle geben *Cassel/Wille*, Steuerung der Arzneimittelausgaben und Stärkung des Forschungsstandortes für die pharmazeutische Industrie, Gutachten für das Bundesministerium für Gesundheit vom 2. Juni 2006, verfügbar über die Homepage des wissenschaftlichen Institutes der AOK unter http://www. wido.de/fileadmin/wido/downloads/pdf_arzneimittel/wido_arz_gutachten_bmg_0806.pd.

80   *Axer*, in: Becker/Kingreen, SGB V, 2. Auflage 2010, § 31 Rn. 1 ff; *Nolte*, in: Kasseler Kommentar, Sozialversicherungsrecht, SGB V, 70. Ergänzungslieferung 2011, § 31 Rn. 1 ff.; *Wagner*, in: Krauskopf, Soziale Krankenversicherung, Pflegeversicherung, 73. Ergänzungslieferung 2011, § 31 Rn. 1 ff.

81   *Axer*, in: Becker/Kingreen, SGB V, 2. Auflage 2010, § 34 Rn. 2 ff.; *Hess*, in: Kasseler Kommentar, Sozialversicherungsrecht, 70. Ergänzungslieferung 2011, § 34 Rn. 3 ff.

82   BT-Drs. 15/1525, S. 86.

83   BT-Drs. 15/1525, S. 86.

84   *Wagner*, in: Krauskopf, Soziale Krankenversicherung, Pflegeversicherung, 73. Ergänzungslieferung 2011, § 34 SGB V Rn 7-11; *Beck*, in: Schlegel/Voelzke (Hrsg.), SGB V, 2008, § 34 Rn. 23.

Bagatellarzneimitteln der Eigenverantwortung und Eigenvorsorge der Versicherten zuzuweisen ist.[85]

Durch § 34 Absatz 2 SGB V wurde das Bundesministerium für Gesundheit zudem ermächtigt weitere Arzneimittel von der Versorgung nach § 31 SGB V auszuschließen, die ihrer Zweckbestimmung nach üblicherweise bei geringfügigen Gesundheitsstörungen verordnet werden.[86] Mit dem Gesetz zur Neuordnung des Arzneimittelmarktes in der gesetzlichen Krankenversicherung (AMNOG)[87] ist diese Regelung zum 1. Januar 2011 entfallen.[88] Die ansonsten geltenden gesetzlichen Regelungen reichen nach Ansicht des Gesetzgebers aus. Nicht verschreibungspflichtige Arzneimittel seien schon nach § 34 Absatz 1 SGB V von der Versorgung ausgeschlossen. Der Gemeinsame Bundesausschuss legte zudem in den Richtlinien fest, welche nicht verschreibungspflichtigen Arzneimittel als Therapiestandard zur Behandlung einer schwerwiegenden Erkrankung ausnahmsweise mit Begründung verordnet werden können. Der Gemeinsame Bundesausschuss sei zudem befugt, die Verordnung unzweckmäßiger oder unwirtschaftlicher Arzneimittel einzuschränken oder auszuschließen.[89]

Nach § 34 Absatz 1 Satz 7 SGB V sind von der Versorgung außerdem Arzneimittel ausgeschlossen, bei deren Anwendung eine Erhöhung der Lebensqualität im Vordergrund steht (Lifestyle-Präparate).[90] Die innere Rechtfertigung des Leistungsausschlusses liegt darin, dass die Art der persönlichen Lebensführung, eine individuelle Bedürfnisbefriedigung oder die Aufwertung des Selbstwertgefühls nicht zu Lasten der Solidargemeinschaft finanziert werden soll.

§ 34 Absatz 3 SGB V ermächtigte außerdem dazu, unwirtschaftliche Arzneimittel von der Versorgung nach § 31 SGB V auszuschließen. Von dieser Ermächtigung wurde durch die Verordnung über unwirtschaftliche Arzneimittel in der GKV vom 21. Februar 1990 Gebrauch gemacht.[91] Auch diese Regelung ist

---

85   *Wagner*, in: Krauskopf, Soziale Krankenversicherung, Pflegeversicherung, 73. Ergänzungslieferung 2011, § 34 Rn. 7 ff.; *Hess*, in: Kasseler Kommentar, Sozialversicherungsrecht, SGB V, 70. Ergänzungslieferung 2011, § 34 Rn. 11.

86   *Hess*, in: Kasseler Kommentar, Sozialversicherungsrecht, SGB V, 69. Ergänzungslieferung 2010, § 34 Rn. 13; *Axer*, in: Becker/Kingreen, SGB V, 2. Auflage 2010, § 34 Rn. 7; *Wagner*, in: Krauskopf, Soziale Krankenversicherung, Pflegeversicherung, 70. Ergänzungslieferung 2010, § 34 Rn. 14.

87   Gesetz zur Neuordnung des Arzneimittelmarktes in der gesetzlichen Krankenversicherung (AMNOG) vom 22. Dezember 2010, BGBl. I, S. 2262.

88   Vgl. zu den Änderungen durch das AMNOG die Ausführungen auf Seite 86 ff. und insbesondere 86 ff. zu den deregulierenden Elementen.

89   Hierzu insgesamt: BT-Drs. 17/2413, S. 18.

90   *Fuhrmann/Klein/Fleischfresser*, in: Fuhrmann/Klein/Fleischfresser (Hrsg.), Arzneimittelrecht, Handbuch für die pharmazeutische Rechtspraxis, 2010, § 46 Rn. 74.

91   BGBl. I 1990, S. 301, geändert durch die Verordnung vom 16. November 2000, BGBl. I 2000, S. 1593.

mit dem Gesetz zur Neuordnung des Arzneimittelmarktes in der gesetzlichen Krankenversicherung (AMNOG)[92] zum 1. Januar 2011 entfallen.[93]

2. Einschränkung durch Richtlinien des Gemeinsamen Bundesausschusses

Eine weitere Begrenzung ergibt sich aus den Arzneimittelrichtlinien (AM-RL)[94]. Nach § 92 Absatz 1 Satz 1 SGB V hat der Gemeinsame Bundesausschuss (G-BA) zur Sicherung der ärztlichen Versorgung Richtlinien über die Gewähr einer ausreichenden, zweckmäßigen und wirtschaftlichen Versorgung zu beschließen. Dies schließt die Befugnis ein, die Verordnung von Arzneimitteln einzuschränken oder auszuschließen, wenn der diagnostische oder therapeutische Nutzen, die medizinische Notwendigkeit oder die Wirtschaftlichkeit nicht nachgewiesen sind.[95]

Nach § 92 Absatz 2 SGB V sind in den Arzneimittelrichtlinien außerdem Präparate unter Berücksichtigung der Festbeträge so zusammenzustellen, dass dem Arzt der Preisvergleich und die Auswahl therapiegerechter Verordnungsmengen ermöglicht werden (Satz 1).[96] Dabei ist die Zusammenstellung der Arzneimittel nach Indikationsgebieten und Stoffgruppen zu gliedern (Satz 2). Ferner sind zu den einzelnen Indikationsgebieten Hinweise aufzunehmen, aus denen sich für Arzneimittel mit pharmakologisch vergleichbaren Wirkstoffen oder therapeutisch vergleichbarer Wirkung eine Bewertung des therapeutischen Nutzens auch im Verhältnis zum jeweiligen Abgabepreis unter Berücksichtigung der gesetzli-

---

92 Gesetz zur Neuordnung des Arzneimittelmarktes in der gesetzlichen Krankenversicherung (AMNOG) vom 22. Dezember 2010, BGBl. I, S. 2262.

93 Vgl. zu den Änderungen durch das AMNOG die Ausführungen auf Seite 86 ff. und insbesondere 86 ff. zu den deregulierenden Elementen.

94 Richtlinie des Gemeinsamen Bundesausschusses über die Verordnung von Arzneimitteln in der vertragsärztlichen Versorgung (AM-RL) in der Fassung vom 18. Dezember 2008 / 22. Januar 2009 veröffentlicht im Bundesanzeiger 2009, Nr. 49a, zuletzt geändert am 23. Juni 2011, veröffentlicht im Bundesanzeiger Nr. 144: S. 3328, in Kraft getreten am 23. September 2011.

95 § 92 SGB V überträgt dem G-BA die Aufgabe das Wirtschaftlichkeitsgebot der §§ 2 Abs. 4, 12 Abs. 1 und 73 Abs. 2 SGB V zu konkretisieren. Die nach § 92 SGB V zu erlassenden Richtlinien sollen eine Koordination zwischen den Behandlungsansprüchen der Versicherten und der den Vertragsärzten auferlegten Verpflichtung für eine wirtschaftliche Behandlung sicherstellen. Letztlich soll auch eine flexible Reaktion auf den medizinischen Fortschritt sichergestellt werden. Vgl. hierzu: *Beier*, in: Schlegel/Voelzke, SGB V, 2008, § 92 Rn. 15.

96 Hierzu: *Beier*, in: Schlegel/Voelzke, SGB V, 2008, § 92 Rn. 59 ff.; *Roters*, in: Kasseler Kommentar, Sozialversicherungsrecht, SGB V, 70. Ergänzungslieferung 2011, § 92 Rn. 33-39; *Sproll*, in: Krauskopf, Soziale Krankenversicherung, Pflegeversicherung, 73. Ergänzungslieferung 2011, § 92 SGB V Rn 30-35.

chen Zwangsrabatte nach § 130a Absatz 1 und 3b SGB V und damit zur Wirtschaftlichkeit der Verordnung ergibt (Satz 3).[97] Der Vertragsarzt ist allerdings lediglich zur Kenntnisnahme der Preisvergleichsliste verpflichtet. Ihn trifft keine Pflicht, nach der Preisvergleichsliste zu handeln.[98] Es entsteht allerdings ein faktischer Rechtfertigungsdruck auf den Arzt in der Wirtschaftlichkeitsprüfung, sofern er diese Liste in seiner Verordnungspraxis nicht beachtet.

II. Kostenreduktion durch Beschränkung der Erstattungshöhe

Die bislang dargestellten Leistungsbeschränkungen betreffen allein die Frage, ob und unter welchen Voraussetzungen ein Arzneimittel überhaupt als Leistung im System der gesetzlichen Krankenversicherung gewährt wird. Hiervon zu unterscheiden ist die Frage, ob der Leistungsanspruch der Höhe nach beschränkt wird. Zentrale Norm für eine solche Regulierung ist § 31 Absatz 2 Satz 1 SGB V.[99] Danach sind zu unterscheiden: Die Festbetragsregelung, die Zuzahlungsregelung, die Abschlagsregelungen sowie die Höchstbetragsregelung.

1. Festbetragssystem

Nach § 31 Absatz 2 Satz 1 SGB V übernehmen die Krankenkassen die Kosten von Arzneimitteln nur bis zur Höhe des Festbetrags. Ziel des Festbetragsregimes ist es in erster Linie die Preisspannen zwischen Arzneimitteln desselben Wirkstoffes, pharmakologisch-therapeutisch vergleichbarer Wirkstoffe oder therapeutisch vergleichbarer Wirkung auf Höchstbeträge zu begrenzen, soweit dies mit dem fortbestehenden Anspruch des Versicherten auf eine qualitativ einwandfreie Arzneimittelversorgung vereinbar ist.[100] Gleichzeitig soll das Festbetragssystem Transparenz auf dem Arzneimittelmarkt schaffen, indem die für bestimmte Indikationen zur Verfügung stehenden Arzneimittel zusammengestellt und hinsichtlich Wirksamkeit sowie Wirtschaftlichkeit bewerten werden. Über-

---

97 Hierzu: *Beier*, in: Schlegel/Voelzke, SGB V, 2008, § 92 Rn. 62 ff.

98 *Reese/Stallberg*, in: Dieners/Reese, Handbuch des Pharmarechts, 2010, § 17 Rn 163; *Becker*, Die Steuerung der Arzneimittelversorgung im Recht der GKV, 2005, S. 190 und 139.

99 *Axer*, in: Becker/Kingreen, SGB V, 2. Auflage 2010, § 31 Rn. 25 ff.; *Nolte*, in: Kasseler Kommentar, Sozialversicherungsrecht, 70. Ergänzungslieferung 2011, § 31 Rn. 44.

100 BT-DRs. 11/3480, S. 24; *Hess*, in: Kasseler Kommentar, Sozialversicherungsrecht, SGB V, 70. Ergänzungslieferung 2011, § 35 Rn. 2; *Axer*, in: Becker/Kingreen, SGB V, 2. Auflage 2010, § 35 Rn 1-2; *Reese/Stallberg*, in: Dieners/Reese, Handbuch des Pharmarechts, 2010, § 17 Rn 172.

steigt der Apothekenverkaufspreis den Festbetrag, ist die Differenz vom Patienten selbst zu tragen. Hierzu werden die Patienten jedoch regelmäßig nicht bereit und/oder in der Lage sein, wenn andere Substanzen derselben Festbetragsgruppe zum einem Festbetrag verfügbar sind. Das Festbetragssystem zielt deshalb auch darauf ab, die Hersteller zu einer Absenkung ihrer Abgabepreise zu veranlassen.[101]

Mit dem Gesetz zur Modernisierung der gesetzlichen Krankenversicherung (GMG)[102] wurden Festbeträge auch im Bereich der Originalpräparate etabliert. Nach Maßgabe des § 35 Absatz 1a SGB V können Festbetragsgruppen bestehend aus mindestens drei (jeweils) patentgeschützte Medikamenten mit pharmakologisch-therapeutisch vergleichbaren Wirkstoffen, insbesondere chemisch verwandten Stoffen gebildet werden. Gleiches gilt für Arzneimittelkombinationen mit Wirkstoffen, die in eine Festbetragsgruppe nach § 35 Absatz 1 oder Absatz 1a Satz 1 SGB V einbezogen oder nicht neuartig sind. Ausgenommen von dieser Festbetragsregelung bleiben jedoch Arzneimittel mit patentgeschützten Wirkstoffen, die eine therapeutische Verbesserung, auch wegen geringerer Nebenwirkungen, erzielen.[103] Gegen diese Regelung haben sich die Arzneimittelhersteller erfolglos gewehrt. Das BVerfG hat in seiner Entscheidung[104] klargestellt, dass auch für patentgeschützte Medikamente Festbetragsgruppen gebildet werden können (insbesondere aufgegliedert nach Wirkstoffen).

2. Erstattungshöchstbeträge

Eine weitere Möglichkeit die Kosten zu begrenzen, war die Festsetzung von Erstattungshöchstbeträgen nach § 31 Absatz 2a SGB V.[105] Nach der gesetzgeberischen Intention sollte die Regelung sicherstellen, dass die zusätzliche Kostenbelastung des Gesundheitssystems, die durch neue innovative Arzneimittel hervor-

---

101 *Reese/Stallberg*, in: Dieners/Reese, Handbuch des Pharmarechts, 2010, § 17 Rn 172, 194;
102 Gesetz zur Modernisierung der gesetzlichen Krankenversicherung (GMG) vom 14. November 2003, BGBl. I, S. 2190.
103 Hierüber soll der Anreiz zur Entwicklung von innovativen Arzneimitteln erhalten bleiben. Auch zu diesem Zweck haben Sachverständige der medizinischen und pharmazeutischen Wissenschaft und Praxis sowie die Arzneimittelhersteller und die Vertretungen der Apotheker bei der Gruppenbildung Anhörungsrechte. Hierzu: *Hess*, in: Kasseler Kommentar, Sozialversicherungsrecht, SGB V, 70. Ergänzungslieferung 2011, § 35 Rn 12 ff; *Wagner*, in: Krauskopf, Soziale Krankenversicherung, Pflegeversicherung, 73. Ergänzungslieferung 2011, § 35 Rn 13.
104 BVerfG, Beschluss vom 20. September 1991, Az.: 1 BvR 879/90.
105 Eingeführt wurde die Regelung erst mit dem Gesetz zur Stärkung des Wettbewerbs in der gesetzlichen Krankenversicherung vom 26. März 2007, GKV-WSG, BGBl I, S. 378 zum 1. April 2007.

gerufen wird, in einem angemessenen Verhältnis zu dem zusätzlichen therapeutischen Nutzen des Arzneimittels steht.[106] War für ein höchstbetragsfähiges Arzneimittel auf Grund einer positiven Kosten-Nutzen-Bewertung des Instituts für Qualität und Wirtschaftlichkeit im Gesundheitswesen (IQWiG)[107] nach § 35b Absatz 1 Satz 3 SGB V oder im Einvernehmen mit dem pharmazeutischen Unternehmer ein Höchstbetrag festgesetzt worden, so war eine Erstattung des Arzneimittels durch die gesetzliche Krankenkasse nur bis zu diesem Höchstbetrag möglich. Ein darüber hinausgehender Betrag war vom Versicherten zu tragen. Mit dem Gesetz zur Neuordnung des Arzneimittelmarktes in der gesetzlichen Krankenversicherung (AMNOG)[108] ist diese Regelung zum 1. Januar 2011 entfallen.[109] Die Erstattungsbeträge für Arzneimittel mit neuen Wirkstoffen, die nicht festbetragsfähig sind, werden seitdem nach Maßgabe des § 130b SGB V (i. d. F. des AMNOG[110]) in einem Vertrag zwischen dem Spitzenverband Bund der Krankenkassen und dem pharmazeutischen Unternehmer vereinbart bzw. durch einen Schiedsspruch festgelegt.[111]

3. Gesetzliche Zwangsrabatte

Ein weiteres Instrument, mit dem die Erstattung in der Höhe beschränkt wird, sind gesetzliche Rabatte zugunsten der Krankenkassen. Auf diese Art und Weise werden auch die Arzneimittelversorger (Apotheken, Pharmaunternehmen) in die Bemühungen zur Kostenreduktion eingebunden.[112] Die Krankenkassen erhalten

---

106 Hierzu im Überblick: *Nolte*, in: Kasseler Kommentar, Sozialversicherungsrecht, SGB V, 66. Ergänzungslieferung 2010, § 31 Rn. 51 ff.; *Wagner*, in: Krauskopf, Soziale Krankenversicherung, Pflegeversicherung, 70. Ergänzungslieferung 2010, § 31 Rn. 20; *Adelt/Kraftberger*, in: Kruse/Hänlein, SGB V, 3. Auflage 2009, § 31 Rn. 82 ff. Eine eingehende Bewertung dieses Instrumentes unter Analyse der bestehenden Fehler nimmt *Kingreen*, NZS 2011, 441, 443 f. vor.
107 Weitere Informationen zum IQWiG, seinen Aufgaben und Arbeitsweisen sind über die Homepage unter https://www.iqwig.de verfügbar.
108 Gesetz zur Neuordnung des Arzneimittelmarktes in der gesetzlichen Krankenversicherung (AMNOG) vom 22. Dezember 2010, BGBl. I, S. 2262.
109 BT-Drs. 17/2413, S. 18. Vgl. hierzu auch die Ausführungen im 4. Teil der Arbeit auf Seite 86 ff. und hier insbesondere Seite 86 ff.
110 Gesetz zur Neuordnung des Arzneimittelmarktes in der gesetzlichen Krankenversicherung (AMNOG) vom 22. Dezember 2010, BGBl. I, S. 2262.
111 *Kingreen*, NZS 2011, 441, 442 weißt zu recht darauf hin, dass man die Preisentwicklung bei den nicht-festbetragsfähigen Arzneimitteln durch sog. Kosten-Nutzen-Bewertungen durch das Institut für Wirtschaftlichkeit und Qualität im Gesundheitswesen (IQWiG) hätte in den Griffe bekommen können.
112 Vgl. hierzu: *Knittel*, in: Krauskopf, Soziale Krankenversicherung, Pflegeversicherung, 73. Ergänzungslieferung 2011, § 130 Rn. Rn. 3 ff. Zu den Verfassungsrechtlichen Prob-

zunächst gem. § 130 Absatz 1 Satz 1 SGB V von den Apotheken für jedes verschreibungspflichtige Arzneimittel einen in § 130 SGB V näher definierten Abschlag. Hinzu kommt ein gesetzlicher Zwangsrabatt für die pharmazeutischen Unternehmen nach § 130a SGB V.

4. Zuzahlungsregelungen

Nach der Zuzahlungsregelung ist die Kostenübernahme von vornherein um eine vom Versicherten zu leistende Zuzahlung reduziert (§ 31 Absatz 2 Satz 1, § 31 Absatz 3 Satz 1 SGB V).[113] Der Zweck dieser Zuzahlung liegt nicht (allein) in der Finanzierung der GKV, die ja ausschließlich durch die Beitragszahlung erfolgt.[114] Vielmehr sollen durch diese Form der Selbstbeteiligung die Patienten zu einer maßvollen Inanspruchnahme der Leistungen angehalten werden.[115]

Nach § 31 Absatz 3 Satz 4 SGB V kann der GKV-Spitzenverband Festbetragsarzneimittel, deren Apothekeneinkaufspreis einschließlich Mehrwertsteuer mindestens 30 % niedriger ist als der jeweilige Festbetrag, durch Beschluss von der Zuzahlung freistellen. Für Arzneimittel die einem Rabattvertrag nach § 130a Absatz 8 SGB V unterliegen, kann die Krankenkasse die Zuzahlung nach § 31 Absatz 3 Satz 5 SGB V um die Hälfte ermäßigen oder aufheben[116].

lem mit einer Reihe von Nachweisen vgl. *Joussen*, in: Rolfs/Giesen/Kreikebohm/ Udsching (Hrsg.), Beck'scher Online-Kommentar Sozialrecht, Stand: 01.09.2011, Edition: 23, § 130 SGB V.

113 *Axer*, in: Becker/Kingreen, SGB V, 2. Auflage 2010, § 31 Rn. 30 ff.; *Nolte*, in: Kasseler Kommentar, Sozialversicherungsrecht, 70. Ergänzungslieferung 2011, § 31 Rn. 58 ff.; *Wagner*, in: Krauskopf, Soziale Krankenversicherung, Pflegeversicherung, 73. Ergänzungslieferung 2011, § 31 Rn. 20 ff.

114 Hierzu: *Becker*, Die Steuerung der Arzneimittelversorgung im Recht der GKV, 2005, S. 235.

115 *Höfler*, in: Kasseler Kommentar, Sozialversicherungsrecht, SGB V, 67. Ergänzungslieferung 2010, § 31 Rn. 58.

116 Eine solche Ermäßigung oder Aufhebung der Zuzahlungspflicht wird auch als Steuerungsinstrument im Rahmen der Rabattverträge eingesetzt. Auf diese Weise soll ein Anreiz auf Seiten der Patienten geschaffen werden. Vgl. hierzu die Ausführungen auf Seite 86 ff.

III. Kostenreduktion durch Lenkung auf Verordnungs- und Abgabeebene

Die bislang vorgestellten Instrumente betreffen die Erstattungsfähigkeit sowie die Höhe der Erstattung. Sie regeln in verbindlicher Form, welche Arzneimittel überhaupt zum Leistungskatalog der gesetzlichen Krankenversicherung gehören und in welcher Höhe ihre Kosten von den Krankenkassen getragen werden. Diese Instrumente setzen damit reaktiv an. Im System der gesetzlichen Krankenversicherung gibt es allerdings ebenfalls eine Reihe von absatzrelevanten Regeln, die gleichsam auf einer früheren Ebene proaktiv ansetzen. Diese Maßnahmen können einerseits auf der Verordnungsebene andererseits auf der Abgabeebene ansetzen.

1. Lenkung auf der Verordnungsebene

Nach § 106 SGB V sind die Kassenärztlichen Vereinigungen und Krankenkassen berechtigt und verpflichtet, die Wirtschaftlichkeit der vertragsärztlichen Versorgung zu überwachen.[117] Steht nach einer Wirtschaftlichkeitsprüfung fest, dass der jeweilige Arzt unwirtschaftlich verordnet hat, unterliegt er einem Regressanspruch. Durch diesen (drohenden) Arzneimittelregress findet eine (faktische) Steuerung des ärztlichen Verordnungsverhaltens statt, die den Absatz von Arzneimitteln beeinflussen kann. Durch das Gesetz zur Neuordnung des Arzneimittelmarktes in der gesetzlichen Krankenversicherung (AMNOG)[118] haben sich hier einige Detailänderungen ergeben.[119]

---

117 Vgl. aus der Literatur: *Ascher*, Die Wirtschaftlichkeitsprüfung mit Richtgrößenprüfung, 3. Auflage 2005; *Bahner*, Honorarkürzungen, Arzneimittelregresse, Heilmittelregresse, 2006; *Becker*, Die Steuerung der Arzneimittelversorgung im Recht der GKV, 2005, S. 353 ff.
118 Gesetz zur Neuordnung des Arzneimittelmarktes in der gesetzlichen Krankenversicherung (AMNOG) vom 22. Dezember 2010, BGBl. I, S. 2262.
119 Der neu eingeführte Absatz 3b enthält eine Regelung, wonach die Selbstverwaltung die Möglichkeit erhält, die Richtgrößen- und die Zufälligkeitsprüfung durch eine Prüfung der Einhaltung von Anforderungen an die Wirkstoffauswahl und die Wirkstoffmenge in den jeweiligen Anwendungsgebieten abzulösen. Die Vereinbarungen sind jeweils für Vergleichsgruppen von Ärzten zu bilden. Damit wird die Verantwortung der Ärzte für die Einhaltung medizinisch begründeter Regelungen für die Verordnung beschränkt. Die Verantwortung für Preise und Morbiditätsentwicklung geht auf die Krankenkassen über (BT-Drs. 17/2413, S. 28).

Auswirkungen auf das ärztliche Verordnungsverhalten haben auch die Therapiehinweise nach § 92 Absatz 2 Satz 1 und 7 SGB V.[120] Sie sollen das Wirtschaftlichkeitsgebot beim Einsatz meist neuer und hochpreisiger Wirkstoffe in der ambulanten Versorgung konkretisieren. Inhaltlich informieren die Therapiehinweise daher über Indikation, Wirkungen, Wirksamkeit sowie Risiken neuer Arzneimittel. Sie gehören als Teil der Arzneimittelrichtlinien zu den Bundesmantelverträgen (vgl. § 92 Absatz 8 SGB V) und sind für die Ärzte verbindlich.[121] Eine abweichende Verordnung ist zwar nicht verboten und auch nicht automatisch unwirtschaftlich, jedoch erzeugt sie auf Seiten des Arztes einen faktischen Rechtfertigungsdruck, wenn die Verordnungspraxis im Widerspruch zu einem Therapiehinweis steht.[122] Durch das Gesetz zur Neuordnung des Arzneimittelmarktes in der gesetzlichen Krankenversicherung (AMNOG)[123] haben sich hier (lediglich) einige Detailänderungen ergeben.[124]

Für die Wirtschaftlichkeit des ärztlichen Verordnungsverhaltens war bisher auch das sog. Zweitmeinungsverfahren nach § 73d SGB V von Bedeutung.[125] Es regelte im Wesentlichen, dass »besondere Arzneimittel«[126] nur noch von Ärzten für besondere Arzneimitteltherapie oder in Abstimmung mit diesen verordnet werden durften. Die Einhaltung dieser Anforderungen konnte in Wirtschaftlichkeitsprüfungen nachvollzogen werden, und wirkte sich daher auf das Verordnungsverhalten des Arztes aus. Mit dem Gesetz zur Neuordnung des Arzneimittelmarktes in der gesetzlichen Krankenversicherung (AMNOG)[127] ist diese Re-

---

120 *Roters*, in: Kasseler Kommentar, Sozialversicherungsrecht, SGB V, 70. Ergänzungslieferung 2011, § 92 Rn. 33 a.E.; *Reese/Stallberg*, in: Dieners/Reese, Handbuch des Pharmarechts, 2010, § 17 Rn. 250 ff.

121 *Reese/Stallberg*, in: Dieners/Reese, Handbuch des Pharmarechts, 2010, § 17 Rn 251.

122 *Reese/Stallberg*, in: Dieners/Reese, Handbuch des Pharmarechts, 2010, § 17, Rn. 251; *Becker*, Die Steuerung der Arzneimittelversorgung im Recht der GKV, S. 370; *Francke*, MedR 2006, 683, 688.

123 Gesetz zur Neuordnung des Arzneimittelmarktes in der gesetzlichen Krankenversicherung (AMNOG) vom 22. Dezember 2010, BGBl. I, S. 2262.

124 Vgl. hierzu auch die Ausführungen auf Seite 86 ff.

125 Siehe hierzu *Klückmann*, in: Hauck/Noftz (Hrsg.), SGB V, Kommentar, 2006, § 73 d Rn. 1 f.; *Schulz*, PharmR 2007, 177 ff.

126 Der G-BA hat das Nähere im Nachgang zu seiner Verpflichtung aus § 73d Absatz 1 Sätze 2 bis 5 SGB V u.a. hinsichtlich der Wirkstoffe, Anwendungsgebiete, Patientengruppen, qualitätsgesicherter Anwendung und Anforderungen an die Qualifikation der Ärzte für besondere Arzneimitteltherapie zu regeln. Dementsprechend hat er der AM-RL einen Abschnitt Q hinzugefügt, der das Zweitmeinungsverfahren umsetzt. In der Anlage 13 werden Wirkstoffe aufgeführt, die als besondere Arzneimittel im Sinne des Abschnitts Q gelten.

127 Gesetz zur Neuordnung des Arzneimittelmarktes in der gesetzlichen Krankenversicherung (AMNOG) vom 22. Dezember 2010, BGBl. I, S. 2262.

gelung zum 1. Januar 2011 entfallen.[128] Damit soll dem Ziel Rechnung getragen werden, Überregulierungen im Arzneimittelmarkt der gesetzlichen Krankenversicherung abzubauen. In der Praxis hatte sich herausgestellt, dass die sehr speziellen und auch teuren Arzneimittel ohnehin von Spezialisten verordnet werden. Hinzu kam die Schwierigkeit genügend Zweitmeinungs-Ärzte zu finden.[129]

Eine weitere Beschränkung auf Verordnungsebene stellte die 2007 im Zuge des Gesetzes zur Stärkung des Wettbewerbs in der gesetzlichen Krankenversicherung (GKV-WSG)[130] eingeführte Bonus-Malus-Regelung nach § 84 Absatz 7a SGB V dar.[131] Danach vereinbarten die Kassenärztliche Bundesvereinigung und der GKV-Spitzenverband für Gruppen von Arzneimitteln für verordnungsstarke Anwendungsgebiete Durchschnittskosten je definierter Dosiereinheit, die sich bei wirtschaftlicher Verordnungsweise ergeben. Bei Unterschreitung der Durchschnittskosten ergab sich ein Bonus zugunsten des Vertragsarztes und bei Überschreitung ein Malus zu seinen Lasten. War Letzteres der Fall musste der Vertragsarzt einen Teil des Überschreitungsbetrags selbst bezahlen. Die Bonus-Malus-Regelung fand wegen § 84 Absatz 4a Satz 2 SGB V für einen Vertragsarzt keine Anwendung, soweit er zu Lasten der Krankenkasse Arzneimittel verordnete für die eine Rabattvereinbarung nach § 130a Absatz 8 SGB V besteht. Mit dem Gesetz zur Neuordnung des Arzneimittelmarktes in der gesetzlichen Krankenversicherung (AMNOG)[132] ist auch diese Regelung zum 1. Januar 2011 entfallen. Die Bonus-Malus-Regelung als Anreiz für die Verordnung eines preisgünstigen Arzneimittels im generikafähigen Markt ist nach Auffassung des Gesetzgebers entbehrlich geworden. Die Krankenkassen hätten durch Rabattverträge nach § 130a Absatz 8 SGB V die Verantwortung für die Auswahl eines preisgünstigen wirkstoffgleichen Arzneimittels übernommen. Mit der Streichung soll auch dem Ziel Rechnung getragen werden, Überregulierung im Arzneimittelmarkt der gesetzlichen Krankenversicherung abzubauen.[133]

---

128 BT-Drs. 17/2413, S. 18.
129 BT-Drs. 17/2413, S. 27.
130 Gesetz zur Stärkung des Wettbewerbs in der gesetzlichen Krankenversicherung (GKV-WSG) vom 26. März 2007, BGBl. I, S. 378.
131 *Hess*, in: Kasseler Kommentar, Sozialversicherungsrecht, SGB V, 70. Ergänzungslieferung 2011, § 84 Rn. 19; *Fuhrmann/Klein/Fleischfresser*, in: Fuhrmann/Klein/Fleischfresser (Hrsg.), Arzneimittelrecht, Handbuch für die pharmazeutische Rechtspraxis, 2010, § 46 Rn. 145 ff.
132 Gesetz zur Neuordnung des Arzneimittelmarktes in der gesetzlichen Krankenversicherung (AMNOG) vom 22. Dezember 2010, BGBl. I, S. 2262.
133 BT-Drs. 17/2413, S. 27. Vgl. hierzu auch die Ausführungen auf Seite 86 ff.

Eine weitere Einflussmöglichkeit auf der Verordnungsebene ist die Veröffentlichung einer Liste von Me-too-Präparaten.[134] Parallel hierzu sehen die entsprechenden Arzneimittelvereinbarungen vor, dass ein bestimmter arztgruppenbezogener Verordnungsanteil an Me-Too-Präparaten durch den jeweiligen Vertragsarzt nicht zu überschreiten ist. Eine solche Zielvereinbarung gilt unmittelbar lediglich im Verhältnis der Vertragsparteien, also der Kassenärztlichen Vereinigung und den Landesverbänden der Krankenkassen. Der Vertragsarzt ist daher nicht daran gebunden, sondern kann die jeweiligen Arzneimittel weiterhin verordnen. Eine Überschreitung der jeweiligen Quote kann allerdings im Rahmen einer Wirtschaftlichkeitsprüfung zu einem Arzneimittelregress führen.[135]

2. Beschränkungen auf Abgabeebene

Hier ist zunächst die in § 129 Absatz 1 SGB V i. V. m. § 4 RahmenV[136] geregelte Aut-Idem-Substitution zu nennen, wonach die Apotheken dazu verpflichtet sind das jeweils ärztlich verordnete Arzneimittel durch ein preisgünstiges wirkstoffgleiches Arzneimittel zu ersetzen.[137] Danach muss der Apotheker regelmäßig einen Austausch vornehmen, sofern die Substitution nicht ausnahmsweise durch den Vertragsarzt ausgeschlossen worden ist (aut-idem).

Durch das Gesetz zur Neuordnung des Arzneimittelmarktes in der gesetzlichen Krankenversicherung (AMNOG)[138] ist § 129 Absatz 1 SGB V modifiziert und weiter gefasst worden. Die Vorschrift verlangt zukünftig nur noch die Zulassung für ein gleiches Anwendungsgebiet. Bei den Packungsgrößen wird nun

---

134 Die »Me-too-Liste« der Kassenärztlichen Vereingiungen sind über die Homepage der Kassenärztlichen Bundesvereinigung verfügbar. Eine solche Klassifizierung eines Arzneimittels als »Me-too-Präparat« und eine hieran anknüpfende Steuerung des Verordnungsverhaltens des Arztes soll nach der Rechtsprechung des LSG NRW gesetzeskonform sein. Vgl. LSG Nordrhein-Westfalen, Beschluss vom 23. November 2007, Az.: L 10 B 11/07 KA ER.

135 Vgl. hierzu insgesamt: *Reese/Stallberg*, in: Dieners/Reese, Handbuch des Pharmarechts, 2010, § 17 Rn. 271.

136 Rahmenvertrag über die Arzneimittelversorgung nach § 129 Absatz 2 SGB V in der Fassung vom 1. Februar 2011 zwischen den Spitzenverbänden der Krankenkassen und dem Deutschen Apothekerverband e. V.

137 *Hess*, in: Kasseler Kommentar, Sozialversicherungsrecht, SGB V, 70. Ergänzungslieferung 2011, § 129 Rn 4 ff.; *Joussen*, in: Rolfs/Giesen/Kreikebohm/Udsching (Hrsg.), Beck'scher Online-Kommentar Sozialrecht, Stand: 01.09.2011, Edition: 23, § 129 SGB V; *Axer*, in: Becker/Kingreen, SGB V, 2. Auflage 2010, § 129 Rn. 8.

138 Gesetz zur Neuordnung des Arzneimittelmarktes in der gesetzlichen Krankenversicherung (AMNOG) vom 22. Dezember 2010, BGBl. I, S. 2262.

ausdrücklich Bezug auf N-Kennzeichnungen der Packungsgrößenverordnung[139] genommen. Insgesamt ist eine Substitution daher nun in einem deutlich größeren Umfang möglich. Außerdem ist den Versicherten die Möglichkeit eingeräumt worden, anstelle des Rabattvertrages zukünftig gegen Kostenerstattung ein anderes Präparat auszuwählen.[140] Dies könnte in der Praxis allerdings zu einer (deutlich) geringeren Umsetzungsquote führen[141].

Eine weitere Wirtschaftlichkeitsmaßnahme auf der Abgabeebene ist in § 129 Absatz 1 Satz 1 Nr. 2 SGB V geregelt. Zusammen mit den einschlägigen Regeln des Rahmenvertrags[142] (§§ 4, 5) wird dort festgelegt unter welchen Umständen die Apotheken dazu verpflichtet sind, dass jeweils verordnete Arzneimittel durch ein preisgünstiges Importarzneimittel zu ersetzen (sog. Importquote).[143]

Schließlich statuiert § 129 Absatz 1 Satz 1 Nr. 3 SGB V eine weitere Einschränkung auf der Abgabeebene, welche die Apotheken zur Abgabe wirtschaftlicher Einzelmengen verpflichtet.[144] Grundsätzlich bedeutet dies, dass der Apotheker nach § 6 Absatz 1 Satz 1 des Rahmenvertrags verpflichtet ist, die Packung mit der kleinsten Stückzahl abzugeben, wenn der Vertragsarzt die verordnete Menge mit einer Kurzbezeichnung (N1, N2, N3) bestimmt hat und unter der Kurzbezeichnung mehrere Packungen mit verschiedenen Stückzahlen im Handel sind.

IV. Kostenreduktion durch Etablierung eines Vertragswettbewerbs

Diese regulatorischen Instrumente hat der Gesetzgeber in den vergangenen Jahren[145] durch wettbewerbliche Elemente ergänzt.[146] Er hat das herkömmliche Zu-

---

139 Packungsgrößenverordnung vom 22. Juni 2004 (BGBl. I S. 1318), die zuletzt durch Artikel 1 der Verordnung vom 9. März 2011 (BGBl. I S. 384, 940) geändert worden ist.

140 BT-Drs. 17/2413, S. 29, 30.

141 Vgl. hierzu die Ausführungen auf Seite 86 ff.

142 Rahmenvertrag über die Arzneimittelversorgung nach § 129 Absatz 2 SGB V in der Fassung vom 1. Februar 2011 zwischen den Spitzenverbänden der Krankenkassen und dem Deutschen Apothekerverband e. V.

143 Vgl. hierzu *Barth*, in: Spickhoff, Medizinrecht, 2011, § 129 Rn. 10, der auch auf die immer wieder geäußerte Kritik an der Importquote hinweist. *Reese/Stallberg*, in: Dieners/Reese, Handbuch des Pharmarechts, 2010, § 17 Rn 298 ff.

144 *Hess*, in: Kasseler Kommentar, Sozialversicherungsrecht, SGB V, 70. Ergänzungslieferung 2011, § 129 Rn. 10; *Reese/Stallberg*, in: Dieners/Reese, Handbuch des Pharmarechts, 2010, § 17 Rn. 305 ff.

145 Schon seit langem ist eine Verstärkung der wettbewerblichen Ausrichtung der Krankenversicherung im Gespräch, um den Kosten- und Qualitätsproblemen zu begegnen. Hierzu etwa: *Gerlinger*, in: Gellner/Schön (Hrsg.), Paradigmenwechsel in der Gesundheitspolitik?, S. 123 ff; *Gitter/Oberender*, Möglichkeiten und Grenzen des Wettbewerbs, S. 31 ff; kritisch hingegen *Pitschas*, ZSR 2000, 475, 485 ff.

lassungs- und Verbandsvertragsmodell im Leistungserbringerrecht durch sog. Selektivverträge ergänzt.[147] Damit erfolgte eine (teilweise) Neuorientierung[148] des Vertragswesens im Leistungserbringerbereich weg von den Kollektivverträgen auf Verbandsebene, hin zu Verträgen mit einzelnen Leistungserbringern bzw. vom Zulassungs- zum sog. Einkaufsmodell.

Ein Vertragswettbewerb zwischen den verschiedenen Leistungserbringern sollte weitere Wirtschaftlichkeitsreserven zugänglich machen und helfen die Arzneimittelausgaben langfristig zu stabilisieren oder gar zu senken und gleichzeitig die Qualität der Versorgung zu erhöhen.[149] Die Krankenkassen können sich nunmehr bestimmte Leistungserbringer aussuchen und andere von der Versorgung ausschließen, während im Zulassungs- oder Kollektivvertragssystem die Beteiligung aller geeigneten Leistungserbringer rechtlich vorgeschrieben war.[150]

Ein zentraler Baustein dieses Vertragswettbewerbs sind die Arzneimittelrabattverträge nach § 130a Absatz 8 SGB V.[151] Diese werden ergänzt durch die besonderen Versorgungsformen der Hausarztzentrierten Versorgung nach § 73b SGB V[152], der besonderen ambulanten Versorgung nach § 73c SGB V[153] und der integrierten Versorgung nach § 140a ff. SGB V.[154] Auch diese enthalten Rege-

---

146 Zu den Grundproblemen und den Entwicklungen des Leistungserbringerwettbewerbs in der GKV vgl. *Penner*, Leistungserbringerwettbewerb in einer sozialen Krankenversicherung, 2009, S. 26 ff. Zu den Grenzen des Leistungserbringerwettbewerbs vgl. S. 166 ff.

147 *von Langsdorff*, in: Sodan (Hrsg.), Handbuch des Krankenversicherungsrechts, 2010, § 15 Rn. 2; zu frühen Formen der Selektivverträge vgl. *Wigge*, NZS 2001, 17 ff.; *Kingreen*, SGb 2008, 437, 438.

148 Historisch betrachtet ersetzten die Kollektivverträge die (früheren) Einzelverträge wegen des Ärztestreiks zu Beginn des 20. Jahrhunderts, vgl. *Schnapp*, in: Schnappe/Wigge, Kassenarztvertragsrecht, 2. Auflage 2006, § 1 Rn. 6 ff.; *Kingreen*, SGb 2008, 437, 444.

149 *Kamann/Gey*, PharmR 2006, 255ff.; *Wigge*, NZS 2001, 17ff; *Kaltenborn*, VSSR 2006, 357, 358 m.w.N.

150 Da die Krankenkassen den Bedarf von knapp 90 % der Bevölkerung an Gesundheitswaren und -dienstleistungen decken, stellt sich der Vertragsschluss mit den Krankenkassen aus Leistungserbringerseite als Existenzfrage dar.

151 Dazu sogleich unter dem folgenden Gliederungsunkt.

152 Eingehend hierzu: *Hensel*, Selektivverträge im vertraglichen Leistungserbringungsrecht, 2010, S. 105 ff. Vgl. auch: Huster, in: Becker/Kingreen, SGB V, 2. Auflage 2010, § 73b; Hess, in: Kasseler Kommentar, Sozialversicherungsrecht, SGB V, 70. Ergänzungslieferung 2011, § 73b.

153 Eingehend hierzu: *Hensel*, Selektivverträge im vertraglichen Leistungserbringungsrecht, 2010, S. 134 ff. Siehe auch: *Huster*, in: Becker/Kingreen, SGB V, 2. Auflage 2010, § 73c; *Hess*, in: Kasseler Kommentar, Sozialversicherungsrecht, SGB V, 70. Ergänzungslieferung 2011, § 73c.

154 *Huster*, in: Becker/Kingreen, SGB V, 2. Auflage 2010, § 140a Rn. 1 ff.; *Hess*, in: Kasseler Kommentar, Sozialversicherungsrecht, SGB V, 70. Ergänzungslieferung 2011, § 140a Rn. 1 ff.; *Neumann*, in: Rolfs/Giesen/Kreikebohm/Udsching (Hrsg.), Beck'scher Online-Kommentar Sozialrecht, Stand: 01.09.2011, Edition: 23, § 140a. Vgl. hierzu auch die Ausführungen auf Seite 50 ff., 86 ff.

lungen zur Steuerung der Arzneimittelausgaben; häufig in Bezug auf Rabattverträge.[155]

1. Rabattverträge nach § 130a Absatz 8 SGB V

Neben den gesetzlichen Zwangsabschlägen nach § 130 SGB V[156] ist es für die gesetzlichen Krankenkassen nach § 130a Absatz 8 Satz 1 SGB V möglich, mit den pharmazeutischen Unternehmern zusätzliche Rabatte vertraglich zu vereinbaren.[157]

a) Begriffsbestimmung und Struktur

Eingeführt wurde das Regulierungsinstrument des Rabattvertrages mit dem im Januar 2003 in Kraft getretene Beitragssatzsicherungsgesetz[158] (BSSichG).[159] Der Begriff beschreibt eine direkte vertragliche Vereinbarung zwischen pharmazeutischen Unternehmen und nationalen gesetzlichen Krankenversicherungen über die Gewährung von Rabatten auf den Medikamentenpreis.[160] Nach dem Willen des Gesetzgebers sollen durch Rabattverträge (weitere) Einsparmöglichkeiten über die Stärkung des Vertragsprinzips (= Wettbewerb) generiert wer-

---

155 Umfassend hierzu *Ecker/Preuß/Raski*, Handbuch Direktverträge, Nachhaltige Vertriebsstrategien im Gesundheitswesen, 2008; weiterführend zu »Managed Care«-Konzepten *Amelung*, Managed Care, 4. Auflage 2007.

156 Hierzu: *Knittel*, in: Krauskopf, Soziale Krankenversicherung, Pflegeversicherung, 73. Ergänzungslieferung 2011, § 130 Rn. Rn. 3 ff. Zu den Verfassungsrechtlichen Problem mit einer Reihe von Nachweisen vgl. *Joussen*, in: Rolfs/Giesen/Kreikebohm/Udsching (Hrsg.), Beck'scher Online-Kommentar Sozialrecht, Stand: 01.09.2011, Edition: 23, § 130 SGB V.

157 Die Bestimmung beinhaltet keine Ermächtigung zum Abschluss von Verträgen, die ohne diese Regelung nicht getroffen werden könnten. Die Regelung stellt den Krankenkassen also keine neue Handlungsform zur Verfügung (a.A. *Sodan*, NJW 2003, 1761, 1762 f.). Verträge zwischen den Krankenkassen und den pharmazeutischen Unternehmern bedürfen keiner gesetzlichen Zulassung (BVerfG, Beschluss vom 13. September 2005, Az.: 2 BvF 2/03).

158 Gesetz zur Sicherung der Beitragssätze in der gesetzlichen Krankenversicherung und in der gesetzlichen Rentenversicherung vom 23. Dezember 2002 (BBsichG), BGBl. I, S. 4637.

159 Zu den Neuerungen durch das AMNOG im Bereich der Rabattverträge nach § 130a Absatz 8 SGB V vgl. auch den aktuellen Aufsatz von *Wolf/Jäkel*, PharmR 2011, 1 ff.

160 In der Praxis beziehen sich viele Rabatte auf den Herstellerabgabepreis (ApU, früher: HAP). Dies ist aber nicht zwingend.

den.[161] Die Funktionsweise eines Rabattvertrages lässt sich dabei wie folgt beschreiben:

Der Vertragsarzt verordnet das benötigte Medikament mit dem Kassenrezept. Auf Grundlage dieser Verordnung wählt der Apotheker ein (rabattiertes) Präparat aus und gibt es an den Patienten ab.[162] Die Krankenkasse erstattet der Apotheke den gesamten Verkaufspreis (AVP) abzgl. gesetzlicher Abschläge, aber ohne Berücksichtigung bzw. Abzug des Rabattes. Auch Großhandel und Arzneimittelhersteller erhalten ihre übliche Vergütung. Der Rabattvertrag wirkt sich hier noch gar nicht aus. Er realisiert sich erst über die nachträgliche Rückerstattung. Der pharmazeutische Unternehmer verpflichtet sich vertraglich einen Preisnachlass für alle zu Lasten der jeweiligen Krankenkasse abgegebenen[163] bzw. verordneten rabattierten Medikamente nachträglich zu erstatten.

Diese Konstruktion erscheint unnötig kompliziert zu sein. Sie ist aber vor dem Hintergrund des sozialrechtlichen Dreiecksverhältnisses[164] und des Apothekenmonopols[165] nach § 43 Arzneimittelgesetz (AMG) notwendig. Im Zusammenhang mit der Medikamentenversorgung fehlt es schlicht an einem direkten Vertragsverhältnis zwischen den pharmazeutischen Unternehmern und der Krankenkasse.

Grundsätzlich können Rabattverträge sowohl generische Wirkstoffe als auch patentgeschützte Originale erfassen. Hier sieht das Gesetz keine Unterscheidung vor und eine solche ist auch nicht etwa aus anderen Gründen geboten.[166] So ist es

---

161 BT-Drs. 15/28, S. 17. Hierzu auch: *Coca/Nick/Schröder*, in: Schwabe/Paffrath (Hrsg.), Arzneiverordnungsreport 2011, S. 176 f.

162 Zu diesem Zwecke sind die Rabattverträge in die Apothekensoftware integriert worden. So kann der Apotheker in jedem Fall auf einer sicheren Grundlage entscheiden, welches Medikament im jeweiligen Fall abzugeben ist. Eine Rolle spielt diese Integration indes nur für Generika-Rabattverträge. Im Bereich der patentgeschützten Medikamente ist der Vertragsarzt der Dreh- und Angelpunkt für die zu treffende Auswahlentscheidung. Entsprechende Hinweise müssten daher in die Arzt-Software integriert werden. Dies ist teilweise, im sog. Ampel-Modell der AOKen, bereits geschehen. Dieser Weg sollte auch im Rahmen des AOK-Rabattvertrages zur Beschaffung von EPO-Präparaten (VK Bund, Beschluss vom 15. August 2008, Az.: VK 2 – 73/08).

163 Auf die *abgegebenen* Präparate abzustellen hat sich bei Rabattverträgen über Generika in der Praxis durchgesetzt. Man könnte theoretisch auch an die verordneten Präparate anknüpfen. Dies ist aber deswegen nicht empfehlenswert, weil der Arzt auch nur unter einer Wirkstoffbezeichnung verordnen kann und zudem (im Falle der Verordnung eines bestimmten Präparates) die Austauschquote nicht berücksichtigt wird.

164 Vgl. hierzu die Ausführungen auf Seite 15 ff.

165 Das BVerfG hat die Abgabe von Arzneimitteln als natürliches Privileg der Apotheken eingestuft und das Apothekenmonopol als verfassungsrechtlich zulässig angesehen (BVerfG, Urteil vom 11. Juni 1958, Az.: 1 BvR 596/56, BVerfGE 7, 377, 431).

166 Es ist nicht vollumfänglich bekannt wie viele Rabattverträge bereits abgeschlossen worden sind. Eine Veröffentlichungspflicht besteht nur im Falle einer europaweiten Ausschreibung. Einen Rückschluss lässt ein Blick in die Lauer-Taxe zu. Detaillierte Angaben

denn auch folgerichtig, wenn in der Praxis eine Vielzahl von Rabattverträgen sowohl über generische als auch über patentgeschützte Medikamente abgeschlossen worden sind.[167]

b) Nutzung und Entwicklung

In der Praxis wurde zunächst wenig Gebrauch von dem 2003 neu eingeführten Instrument gemacht.[168] Es gab für die pharmazeutischen Unternehmer schlicht nur sehr begrenzte Anreize Medikamente zu rabattieren.[169] Die gesetzlichen Krankenversicherungen sind (von Verordnungsausschlüssen[170] abgesehen) nach dem Sachleistungsprinzip verpflichtet die verordneten Medikamente zu bezahlen.[171] Entscheidend für Umsatz und Gewinn der pharmazeutischen Unternehmen war es, trotz Einführung der Rabattverträge weiterhin sicherzustellen, dass der Vertragsarzt das eigene Medikament verordnet. Dessen Entscheidung war damit weiterhin der maßgebliche Dreh- und Angelpunkt.

Eine grundlegende Änderung der Motivations- bzw. Anreizlage[172] ergab sich erst mit Wirkung zum 1. April 2007 durch das Gesetz zur Stärkung des Wettbewerbs in der Gesetzlichen Krankenversicherung (GKV-WSG)[173]. Mit dem Gesetz wurde die Aut-idem-Regelung[174] in § 129 Absatz 1 SGB V i.V.m § 4 des

zu den Jahren 2006 bis 2008 machen *v. Rothkirch/Ecker*, in: Ecker/Preuß/Raski (Hrsg.), Handbuch Direktverträge, 2008, S. 65 ff.

167 Vgl. hierzu die Ausführungen unten auf Seite 86.

168 Die AOK Baden-Württemberg hatte bereits im November 2006 federführend für die (damals 16 AOKen) eine Ausschreibung für 89 Wirkstoffe durchgeführt. Europaweit ausgeschrieben worden war der Abschluss der Rabattvereinbarungen jedoch nicht. Vielmehr hat sich die AOK mit Schreiben vom 31. Oktober 2006 direkt an verschiedene Arzneimittelhersteller gewandt.

169 *Stolz/Kraus*, VergabeR 2008, 1, 3; *Wolf/Jäkel*, PharmR 2011, 1, 2; *Beck/Seiter/Wartenberg*, PharmInd 2007, 897.

170 Vgl. hierzu die Ausführungen auf Seite 27 ff.

171 Zur Notwendigkeit und Ausgestaltung eines Anreizsystems vgl. die Ausführungen auf Seite 86.

172 BT-Drs. 16/3100, S. 142; *Dieners/Heil*, PharmR 2007, 142, 143; *Beck/Seiter/Wartenberg*, PharmInd 2007, 897; *Deutscher Generikaverband*, PharmR 2007, 192.

173 Gesetz vom 26. März 2007, BGBl. I, S. 378. Vgl. hierzu: *Bitter*, GesR 2007, 152 ff.; *Sodan*, NJW 2006, 3617 ff.; *Sodan*, NJW 2007, 1313 ff.; *Axer*, GesR 2007, 193 ff.; *Wille*, PharmR 2007, 503 ff.

174 Schon an dieser Stelle sei darauf hingewiesen, dass dieses Anreizsystem nur bei generischen Medikamenten funktioniert. Bei patentgeschützten Originalen gibt es kein wirkstoffgleiches Äquivalent.

RahmenV[175] so angepasst, dass die Apotheken vorrangig (verstanden im Sinne eines Automatismus) rabattierte Arzneimittel abzugeben hatten.[176] Hinzu kam, dass die Krankenkassen ihren Vertragspartnern in den Rabattvereinbarungen häufig eine exklusive Versorgungsstellung einräumten. Auf diese Weise wurde ein ganz wesentlicher Anreizmechanismus für pharmazeutische Unternehmer geschaffen einen Rabattvertrag mit den gesetzlichen Krankenkassen abzuschließen.[177] In der Folge wurde eine Vielzahl von Ausschreibungen[178] der unterschiedlichen Krankenkassen lanciert.[179]

Die Umsetzungsquote ist in der Praxis enorm. Inzwischen werden regelmäßig 70 % und mehr erreicht.[180] Gelingt es einem pharmazeutischen Unternehmen nicht Vertragspartner der gesetzlichen Krankenkasse zu werden, so verliert es für Laufzeit des Rabattvertrages (von maximal vier Jahren, regelmäßig jedoch von zwei Jahren[181]) weitgehend den Marktzugang in dem von dem Rabattvertrag er-

175 Rahmenvertrag über die Arzneimittelversorgung nach § 129 Absatz 2 SGB V in der Fassung vom 1. Februar 2011 zwischen den Spitzenverbänden der Krankenkassen und dem Deutschen Apothekerverband e. V.

176 Soll dies aus medizinischen Gründen einmal nicht eintreten, kann der verordnende Arzt durch Ankreuzen des Aut-idem-Feldes auf dem Rezept den Austausch gegen ein wirkstoffgleiches Äquivalent unterbinden.

177 Zu beachten ist dabei, dass die Substitution nach § 129 SGB V durch den behandelnden Arzt durch Setzen des sog. Aut-idem-Kreuzes ausgeschlossen werden kann. Daher hatte der Gesetzgeber mit Ausnahmen von der Bonus-Malus-Regelung nach § 84 Absatz 4a Satz 2 SGB V (a.F.) auch ein entsprechendes Lenkungsinstrument für die Verordnungsentscheidung des Facharztes etabliert. Flankierend wurde es in § 31 Absatz 3 Satz 3 und 4 SGB V ermöglicht die Zuzahlung des Patienten zu reduzieren oder gar ganz aufzuheben. Hierzu auch: *Stolz/Kraus*, VergabeR 2008, 1, 3 m.w.N. Zur Lenkungs- und Steuerungsmechanismen außerhalb der Aut-idem-Regelung vgl. auch die Ausführungen auf Seite 86 ff.

178 Die ersten vollständig nach förmlichem Vergaberecht abgewickelten Vergabeverfahren wurden von der Bahn-BKK (Veröffentlichung im EU-Abl. Vom 2. Oktober 2007, Nr. 2007/S 189-230182) und der IKK gesund plus (Veröffentlichung im EU-Abl. Vom 27. November 2007, Nr. 2007/S 228-278039) vorgenommen. Beide Krankenkassen haben sich für das offene Verfahren entschieden.

179 Im Juli 2007 hatten 172 Krankenkassen mit 53 pharmazeutischen Unternehmen Rabattverträge über 17.997 Medikamente abgeschlossen. Bis zum Dezember 2010 hat sich die Zahl der rabattierten Medikamente auf 31.295 erhöht. Für jedes zweite der 2010 verordneten Medikamente bestand ein Rabattvertrag. Vgl. hierzu: *Coca/Nick/Schröder*, in: Schwabe/Paffrath (Hrsg.), Arzneiverordnungsreport 2010, S. 179 f.

180 Diese Zahl haben die AOKen in ihrer aktuellen Generika-Ausschreibung unter Punkt II. 2.1 der EU-Bekanntmachung 2010/S 199-303581 vom 13. Oktober 2010 genannt.

181 Die zweijährige Laufzeit ist als Sollvorschrift nun in § 130a SGB V (i. d. F. des AM-NOG) enthalten. Diese Verkürzung der Laufzeit soll die Kontinuität und Planungssicherheit für sämtliche direkt oder mittelbar an Rabattverträgen Beteiligten erhöhen und den Bietern, die den Zuschlag nicht haben erhalten können, eine frühere Chance zur erneuten Teilnahme am Wettbewerb zu geben (BT-Drs. 17/2413, S. 30). Außerdem soll so die Patientencompliance verbessert werden, was jedoch fraglich erscheint, da diese Verkürzung

fassten Bereich. Dies mag bei Rabattverträgen kleinerer Krankenkassen und bei unbedeutenden Wirkstoffen vernachlässigbar sein. Schreibt hingegen eine große Krankenkasse, allein oder zusammen mit weiteren Kassen, aus und bezieht sich der Rabattvertrag dann noch auf einen »Blockbuster« (wie z. B. Omeprazol), kann dies für die nicht am Vertrag beteiligten Unternehmen schwerwiegende wirtschaftliche, ja existenzbedrohende Folgen haben.

Inzwischen ist es allgemein anerkannt, dass Rabattverträge im Bereich der Generika europaweit nach Maßgabe des Vergaberechts ausgeschrieben werden müssen.[182] In der Anfangszeit der Rabattverträge war diese Frage jedoch äußerst umstritten.[183] Viele Rabattverträge der ersten Stunde wurden nicht europaweit ausgeschrieben, vielmehr kamen sie (vergaberechtswidrig) im Wege direkter Verhandlungen zwischen den Krankenkassen und den pharmazeutischen Unternehmen zustande (sog. de-facto Verträge).[184] Trotz ihrer Vergaberechtswidrigkeit besteht eine Vielzahl dieser (Alt-)Verträge auch weiterhin und bildet die Grundlage für die Medikamentenversorgung der gesetzlich Krankenversicherten.[185] Bei Neuausschreibungen werden sie aber in Bezug auf den ausschreibungsgegenständlichen Wirkstoff (teilweise) gekündigt. Auch das Bundesversicherungsamt (BVA) hat sich als Aufsichtsbehörde (der bundesunmittelbaren Krankenkassen) geäußert und verlangt, dass diese (Alt-)Verträge gekündigt bzw. aufgegeben werden.

---

bei chronisch Kranken (vermutlich) zu einem häufigeren Wechsel der Präparate führt (so auch: *Wolf/Jäkel*, PharmR 2011, 1, 3).

182 Über die Details der Begründung dieses Ergebnisses besteht immer noch Unklarheit. Einen Überblick hierzu gibt *Jansen*, in: Byok/Jaeger (Hrsg.), Kommentar zum Vergaberecht, 3. Auflage 2011, Einl. B. Rn. 1 ff., 5 ff., 16 ff.

183 Vgl. hierzu die Ausführungen auf Seite 54 ff.

184 Häufig handelte es sich dabei um Sortimentsverträge, also Verträge in denen der Pharmazeutische Unternehmer den Krankenkassen einen Rabatt auf sein gesamtes Sortiment einräumt. Hierzu: *Ecker/Preuß*, in: Ecker/Preuß/Roski (Hrsg.), Handbuch Direktverträge, S. 29.

185 Dass dies so ist, ergibt ein Blick in die Lauer-Taxe. Für jedes Medikament ist dort vermerkt, ob es Gegenstand eines Rabattvertrages ist. Vergleicht man diese Daten mit den europaweiten Ausschreibungen, so zeigt sich, dass noch de-facto-Verträge bestehen und auch noch durchgeführt werden.

So heißt es in einem Rundschreiben[186] des BVA vom 19. März 2009:

>>Aufgrund der unmittelbaren Geltung der materiellen Vergaberechtsvorschriften der §§ 97 bis 101 GWB für Versorgungsverträge der Krankenkassen sind **bereits geschlossene** Rabattverträge in der Arzneimittelversorgung nach § 130a Absatz 8 SGB V, welche ohne ein an sich gebotenes Vergabeverfahren geschlossen wurden, **zum nächstmöglichen Zeitpunkt zu kündigen und unter Berücksichtigung der aktuellen Rechtslage neu auszuschreiben.**<<

(Hervorhebungen durch den Verfasser)

Auch der Europäischen Kommission ist dieser Sachverhalt bekannt. Die Bundesrepublik Deutschland ist bereits um eine Stellungnahme gebeten worden.[187]

c) Ausgestaltungsvarianten in der Praxis

In der Praxis haben sich verschiedene Ausgestaltungsvarianten für Rabattverträge entwickelt, die im Folgenden kurz vorgestellt werden sollen:[188]

Gesamtsortiments- oder Portfolioverträge werden von den gesetzlichen Krankenversicherungen entweder mit einer Vielzahl verschiedener Hersteller, oder aber mit wenigen Großunternehmen exklusiv abschlossen.[189] Dabei wird das gesamte Sortiment des Herstellers rabattiert. Es gibt einige als Gesamtsortiments-

---

186 Rundschreiben des Bundesversicherungsamtes an alle bundesunmittelbaren Krankenkassen vom 19. März 2009 (Az.: I 6 - 1140 - 973/2007).

187 Letter of intent der Europäischen Kommission vom 17. Oktober 2007 als erste Stufe eines Vertragsverletzungsverfahrens gegen die Bundesrepublik Deutschland. Vgl. hierzu auch den Bericht im Handelsblatt vom 23. Oktober 2007, abrufbar unter: www.handelsblatt.com/politik/deutschland/krankenkassen-rabattvertraegen-droht-das-aus/2876978.html?p2876978=all. Das Vertragsverletzungsverfahren gegen die Bundesrepublik wurde inzwischen eingestellt.

188 Neben den im Folgenden behandelten Vertragstypen gibt es in der Praxis noch eine Reihe weiterer Ausgestaltungsmodelle. Die Ausführungen im Folgenden beschränken sich allerdings auf die in der Praxis wichtigsten Vertragstypen. Mit den besonderen vertraglichen Ausgestaltungsvarianten der Rabattverträge setzten sich insgesamt *Ecker/Preuß*, in: Ecker/Preuß/Roski (Hrsg.), Handbuch Direktverträge, S. 27 ff. detailliert auseinander.

189 *Ecker/Preuß*, in: Ecker/Preuß/Roski (Hrsg.), Handbuch Direktverträge, S. 29. Hierzu auch die schriftliche Anfrage von Alexander Graf Lambsdorff (ALDE) an die Kommission vom 10. August 2009 (E-4066/09). Die Barmer GEK hat offenbar eine ganze Reihe solcher Verträge abgeschlossen. Dies ergibt sich aus den Angaben auf der Homepage. Dort werden 16 pharmazeutische Unternehmen genannt, die mit der Barmer GEK Verträge über ihr gesamtes Sortiment oder doch zumindest über einen Teil desselben abgeschlossen haben. Vgl. hierzu die Angaben auf der Homepage unter https://www.barmer-gek.de/barmer/web/Portale/Versicherte/Leistungen-Services/Leistungen-Beitraege/Multilexikon_20Leistungen/Alle_20Eintr_C3_A4ge/Extras__Rabattvertr_C3_A4ge.html?wcm=CenterColumn_tdocid.

vertrag ausgestaltete (Alt-)Verträge.[190] Soweit ersichtlich, ist ein solcher Vertrag noch nicht Gegenstand einer Ausschreibung gewesen.

Im Bereich generischer Wirkstoffe dominieren seit langem die wirkstoffbezogenen Ausschreibungen.[191] Dabei unterteilt die beschaffende Krankenkasse den Bedarf in wirkstoffbezogene Fachlose.[192] Innerhalb dieser fragt sie bestimmte Packungsgrößen sowie Darreichungsformen nach.[193] Das Gegenstück hierzu ist die indikationsbezogene Ausschreibung. Hierbei wird der Bedarf therapeutisch über die zu behandelnde Erkrankung bestimmt.[194]

Beim Ein-Partner-System (auch als AOK-Modell bekannt) wird pro Fachlos einem Unternehmen exklusiv der Zuschlag erteilt.[195] Für dieses System spricht die hohe Kalkulationssicherheit. Kritisch ist jedoch zu berücksichtigen, dass Apotheken zu bloßen Medikamentenausgabestellen degradiert werden und dass

---

190 Portfolioverträge wurden häufig von Ersatzkassen abgeschlossen (hierzu: *Coca/Nick/Schröder*, in: Schwabe/Paffrath (Hrsg.), Arzneiverordnungsreport 2011, S. 178). Nach Information des Branchen-Dienstes »apotheke adhoc« bestanden unter Berufung auf das Bundesversicherungsamt (BVA) 2010 noch ca. 200 Portfolioverträge zwischen gesetzlichen Krankenkassen und pharmazeutischen Unternehmen. Die Informationen sind über die Homepage von apotheke adhoch unter www.apotheke-adhoc.de/Nachrichten/Politik/11657.html abrufbar. Das Bundesversicherungsamt (BVA) hat in seinem Rundschreiben vom 19. März 2009 (Az.: I 6 - 1140 - 973/2007) alle bundesunmittelbaren Krankenkassen aufgefordert die bestehenden Portfolioverträge zum nächstmöglichen Zeitpunkt zu kündigen und die Beschaffung unter Anwendung des Vergaberechts europaweit neu auszuschreiben.
191 Zu alternativen Modellen: *Gabriel/Weiner*, NZS 2009, 422, 424 (dort Fn. 33).
192 Gebietslose werden dabei zum gegenwärtigen Zeitpunkt nur von den AOKen gebildet. Die einzelnen AOKen schreiben gemeinsam über die AOK Baden-Württemberg aus. Die Ausschreibung ist daher in verschiedene Gebietslose aufgeteilt worden.
193 Diese AOKen beschreiben diese Aufgliederung nach Darreichungsformen als sog. Preisvergleichsgruppen. Vgl. hierzu Punkt II 1.5. der Generika-Ausschreibung der AOKen vom 13. Oktober 2010 (EU-Bekanntmachung 2010/S 199-303581).
194 Die indikationsbezogene Bestimmung des Beschaffungsbedarfs eignet sich besonders gut, wenn man Rabattverträge über patentgeschützte Medikamente möglichst breit am Markt plazieren möchte. Vgl. hierzu die Ausführungen zur Wahl der Verfahrensart bei Rabattverträgen über patentgeschützte Medikamente ab Seite 86. Aber auch im Bereich der Generika ist eine indikationsbezogene Ausschreibungen durchaus möglich.
195 Zu diesem Begriff vgl. *Meyer-Hoffmann/Weng*, PharmR 2010, 324. Die Innungskrankenkassen (EU-Bekanntmachung vom 15. August 2009 - 2009/S 156-227906) und die Techniker Krankenkasse (EU-Bekanntmachung vom 15. Juli 2009 - 2009/S 133-194388) verfolgen das gleiche Modell. Im Jahre 2011 ist die Techniker-Krankenkasse von diesem Modell jedoch wieder abgerückt und hat sich für das Drei-Partner-Modell entschieden. Die KKH-Allianz hingegen, die bisher für das Drei-Partner-Modell stand, hat sich in der Ausschreibung 2011 für das Ein-Partner-Modell entschieden (vgl. hierzu der Bericht zur dritten Rabattrunde von Spektrum K vom 23. September 2011, veröffentlicht unter dem Titel »Spektrum K plant dritte Rabattrunde« im Branchen-Informationsblatt »apotheke-ad-hoc«, abrufbar online unter folgendem Link: http://www.apotheke-adhoc.de/nachrichten/politik/spectrum-k-plant-dritte-rabattrunde).

dieser Ansatz große Unternehmen tendenziell bevorzugt. In der Anfangsphase der Rabattvereinbarungen litt dieses Modell zudem unter Lieferschwierigkeiten einzelner kleinerer Pharmaunternehmen.[196] Zudem bedeutet das Modell für viele Versicherte eine Umstellung von vertrauten Medikamenten auf die exklusiven Rabattarzneimittel. Diese Problematik (auch unter dem Begriff »Patienten Compliance« geläufig) hat nun das Gesetz zur Neuordnung des Arzneimittelmarktes in der gesetzlichen Krankenversicherung (AMNOG)[197] aufgegriffen und den Patienten die Möglichkeit eröffnet, anstelle des Rabattpräparates ein anderes Medikament zu wählen und die höheren Kosten selbst zu übernehmen.[198]

Das Mehr-Partner-System ist dadurch gekennzeichnet, dass Rabattvereinbarungen mit mehreren verschiedenen pharmazeutischen Unternehmen abgeschlossen werden.[199] Der günstigste Anbieter nimmt dabei den ersten Rang ein, der zweit-, dritt- und viertgünstigste Anbieter folgen. Die DAK griff das Modell auf und bezog es als Drei-Partner-Modell[200] in ihre Generika-Ausschreibung aus dem Jahre 2008 ein.[201] Diese Ausgestaltung wurde von mehreren pharmazeutischen Unternehmen mit Nachprüfungsanträgen angegriffen. Hatte die Vergabekammer des Bundes diesen Anträgen noch stattgegeben[202], wurde diese Ausgestaltung vom LSG Essen jedoch als vergaberechtskonform anerkannt.[203] Inzwischen haben auch Spektrum K (als Dienstleister für die Betriebskrankenkassen)[204], KKH-Allianz[205] und die Knappschaft-Bahn-See[206] für dieses Modell

---

196 *Schumacher/Gewaltig/Busse/Greiner*, KrV 2009, 137, 139.

197 Gesetz zur Neuordnung des Arzneimittelmarktes in der gesetzlichen Krankenversicherung (AMNOG) vom 22. Dezember 2010, BGBl. I, S. 2262.

198 Vgl. hierzu die Ausführungen auf Seite 86 ff.

199 Hierzu: *Meyer-Hoffmann/Weng*, PharmR 2010, 324, 325.

200 Kritisch zu dieser Gestaltungsform: *Anders/Knöbl,* VergabeR 2010, 581 ff.; *Kamann/Gey,* PharmR 2009, 114 ff.; *Boldt,* PharmR 2009, 377 ff.

201 Bekanntmachung im Supplement zum Amtsblatt der Europäischen Union 2008/S. 222-295505 vom 14. November 2008, berichtigt durch 2008/S. 238-315545 vom 06. Dezember 2008.

202 VK Bund, Beschluss vom 22. Mai 2009, Az.: VK 2 - 27/09; Beschluss vom 19. Mai 2009, Az.: VK 2 - 15/09.

203 LSG Nordrhein-Westfalen, Beschluss vom 19. November 2009, Az.: L 21 KR 55/09 SFB; Beschluss vom 03. September 2009, Az.: L 21 KR 51/09 SFB. Hierzu eingehend: *Jansen*, in: Byok/Jaeger (Hrsg.), Kommentar zum Vergaberecht, 3. Auflage 2011, Einl. B. Rn. 34 ff.

204 VK Bund, Beschluss vom 29. September 2009, Az.: VK 3 – 166/09.

205 Bekanntmachung im Supplement zum Amtsblatt der Europäischen Union 2010/S 100-151744 vom 26. Mai 2010. Mit der Ausschreibungsrunde 2011 hat die sich die KKH-Allianz jedoch entschieden auf das Ein-Partner-Modell der AOKen zu wechseln (vgl. hierzu der Bericht zur dritten Rabattrunde von Spektrum K vom 23. September 2011, veröffentlicht unter dem Titel »Spektrum K plant dritte Rabattrunde« im Branchen-Informationsblatt »apotheke-ad-hoc«, abrufbar online unter folgendem Link: http://www.apotheke-adhoc.de/nachrichten/politik/spectrum-k-plant-dritte-rabattrunde).

optiert. Gegen diese Ausgestaltung spricht insbesondere die schlechte Kalkulierbarkeit – dafür jedoch ihre erhöhte Flexibilität sowie eine mögliche Verbesserung der Patientencompliance. Außerdem erscheint es mittelstandsfreundlicher.

Noch weiter geht das Open-House-Modell.[207] Dabei wird mit allen interessierten Bietern, die sich an einen vorgegebenen Mindestrabattrahmen halten ein Rabattvertrag geschlossen.[208] Es stellt sich allerdings die Frage, ob das Vergaberecht bei einer solchen Gestaltung überhaupt anwendbar ist.[209]

Bei den Mehrwertverträgen[210] werden anstelle oder in Ergänzung zu einem Preisabschlag geldwerte Nebenleistungen[211] kostenfrei/kostengünstig mit angeboten.[212] Diese können z. B. Ärzte- oder Patientenschulungen, Raucherentwöhnungskurse, Ernährungsberatungen, Personalschulungen, Labortests, Betreuungsleistungen oder sonstige, von der gesetzlichen Krankenversicherung nicht übernommene, Zusatzleistungen sein. Mehrwertverträge bieten sich vor al-

---

206 Bekanntmachung im Supplement zum Amtsblatt der Europäischen Union 2010/S 94-141877 vom 15. Mai 2010.

207 Hierzu: *Meyer-Hofmann/Hahn*, A&R 2010, 59 ff.

208 Vorinformation der Barmer GEK vom 03. Oktober 2009: *»Pro Wirkstoff und Gebietslos wird ein Rabattvertrag mit den Bietern abgeschlossen, deren Angebot sich in dem vom Auftraggeber vorgesehenen Rabattrahmen bewegt«.* Auch die AOKen haben diese Strategie im Jahre 2008 verfolgt, nachdem die Ausschreibungen aus dem Jahre 2007 gescheitert waren. Aus Sicht der AOKen handelte es sich aber nur um ein Übergangsmodell, um die »verlorenen« Einsparungen zumindest teilweise wieder aufzufangen. Vgl. hierzu den Artikel in der pharmazeutischen Zeitung (32/2008) abrufbar im Internet unter: www.pharmazeutische-zeitung.de/index.php?id=6401.

209 Hiergegen hat sich jüngst die VK Bund, Beschluss vom 06. Juli 2011, Az.: VK 3 – 80/11 ausgesprochen. Die beschaffende Krankenkasse hatte alle Anbieter angeschrieben und allen Anbietern einen Vertrag mit von ihr festgelegten Konditionen angeboten. Sie hat sich auf den Standpunkt gestellt, dass es sich wegen der fehlenden Exklusivität nicht um einen öffentlichen Auftrag handele. Dem ist die VK Bund ausdrücklich entgegengetreten. Sie hat in ihrer Entscheidung ausgeführt, dass die Exklusivität nicht als ungeschriebenes Tatbestandsmerkmal des öffentlichen Auftrags anzuerkennen sei. Auch ein Rabattvertrag in Form eines sog. Open-House-Modells sei ein öffentlicher Auftrag i. S. v. § 99 GWB.

210 *Ecker/Preuß*, in: Ecker/Preuß/Raski (Hrsg.), Handbuch Direktverträge, S. 34. Ein Fallbeispiel zum Abschluss eines Mehrwertvertrages findet sich *bei v. Rothkirch/Ecker*, in: Ecker/Preuß/Raski (Hrsg.), Handbuch Direktverträge, 2008, S. 91 f.; *Schickert*, PharmR 2009, 164, 172 f.

211 Solche Zusatzleistungen sind regelmäßig zulässig, auch wenn sie vom pharmazeutischen Unternehmer faktisch direkt gegenüber dem Patienten erbracht werden. Sie sind bei richtiger Ausgestaltung nicht als unzulässige Werbung für verschreibungspflichtige Arzneimittel (§ 10 Absatz 1 HWG) oder unzulässige Zuwendungswerbung gegenüber dem Patienten (§ 7 HWG) anzusehen, handelt es sich doch um Leistungen des pharmazeutischen Unternehmers an die Krankenkasse.

212 *Schickert*, PharmR 2009, 164, 172; *Reese/Stallberg*, in: Dieners/Reese, Handbuch des Pharmarechts, 2010, § 17 Rn. 320.

lem bei chronischen Krankheiten wie Diabetes, Bluthochdruck oder Atemwegserkrankungen an.

Die sog. Bundling Verträge[213] koppeln Originalpräparate und Generika aneinander. Die pharmazeutischen Unternehmen gewähren Preisvorteile für ihre Originalpräparate unter der Bedingung, dass die beteiligten Krankenkassen konzerneigene Generika oder OTC-Präparate abnehmen.[214]

Bei einem Kapitationsvertrag[215] liefert der pharmazeutische Unternehmer den gesamten Bedarf einer Krankenkasse für eine Indikation, einen Wirkstoff, oder aber für das konkrete Arzneimittel zu einem Fixbetrag. Für die Krankenkasse ist dies nur rentabel, wenn sie die Nachfrage effektiv auf das Rabattpräparat umsteuern kann.

Im Rahmen von Cost-Sharing-Verträgen[216] vereinbaren die pharmazeutischen Hersteller mit Krankenkassen oder Kliniken eine Preisobergrenze für kostenintensive Arzneimittel.[217] So bot die Roche Pharma an, die Kosten für eines ihrer Präparate teilweise zu übernehmen, wenn es zusammen mit einem bestimmten anderen Medikament verabreicht wird.[218] Bei den Risk-Sharing-Verträgen[219] verpflichten sich die Krankenkassen gegen eine Geld-zurück-Garantie ein bestimmtes Arzneimittel einzusetzen.[220] Die Novartis Pharma GmbH verpflichtete sich z. B. den Krankenkassen die Arzneimittelkosten zurückzuerstatten, wenn der gewünschte Behandlungserfolg (Abstoßung eines Spenderorgans bzw. durch Osteoporose bedingter Knochenbruch) ausbleibt.[221]

213 *Ecker/Preuß*, in: Ecker/Preuß/Raski (Hrsg.), Handbuch Direktverträge, S. 32.
214 Hierzu: *Coca, Nick, Schröder*, in: Schwabe/Paffrath (Hrsg.) Arzneiverordnungsreport 2011, S. 170.
215 *Ecker/Preuß*, in: Ecker/Preuß/Raski (Hrsg.), Handbuch Direktverträge, S. 39 ff.; *Schickert*, PharmR 2009, 164, 172.
216 *Ecker/Preuß*, in: Ecker/Preuß/Raski (Hrsg.), Handbuch Direktverträge, S. 43 ff.
217 *Reese/Stallberg*, in: Dieners/Reese, Handbuch des Pharmarechts, 2010, § 17 Rn. 317 ff.; *Fuhrmann/Klein/Fleischfresser*, in: Fuhrmann/Klein/Fleischfresser (Hrsg.), Arzneimittelrecht, Handbuch für die pharmazeutische Rechtspraxis, 2010, § 46 Rn. 142.
218 *Ecker/Preuß*, in: Ecker/Preuß/Raski (Hrsg.), Handbuch Direktverträge, S. 45., *Coca/Nick/Schröder*, in: Schwabe/Paffrath (Hrsg.), Arzneiverordnungsreport 2011, S. 179.
219 *Ecker/Preuß*, in: Ecker/Preuß/Raski (Hrsg.), Handbuch Direktverträge, S. 49 ff.; *Schickert*, PharmR 2009, 164, 173.
220 *Schickert*, PharmR 2009, 164, 173; *Fuhrmann/Klein/Fleischfresser*, in: Fuhrmann/Klein/Fleischfresser (Hrsg.), Arzneimittelrecht, Handbuch für die pharmazeutische Rechtspraxis, § 46 Rn. 142. Mit dem AMNOG hat der Gesetzgeber erstmals das Risk-Sharing-Modell einer Regelung insofern zugeführt, als er das Modell als möglichen Inhalt eines Rabattvertrages in § 130a Absatz 8 Satz 2 SGB V aufgenommen hat.
221 Ecker/Preuß, in: Ecker/Preuß/Raski (Hrsg.), Handbuch Direktverträge, S. 52; Arzneimittelkommission der deutschen Ärzteschaft, Stellungnahme zu »Cost-Sharing-Initiativen« und »Risk-Share-Verträgen« zwischen pharmazeutischen Herstellern und Krankenkassen beziehungsweise Kliniken, 2008, abrufbar im Internet unter: http://www.akdae.de/Stellungnahmen/Weitere/20080508.pdf.

2. Besondere Versorgungsmodelle

Die Integrierte Versorgung[222] nach §§ 140a ff. SGB V stellt eine Durchbrechung der ansonsten im Sozialrecht geltenden strengen Trennung zwischen ambulanter und stationärer Versorgung dar. Sie ermöglicht die interdisziplinär fachübergreifende Versorgung der Versicherten und bietet durch die optimale Abstimmung der Leistungserbringer untereinander sowie durch die modifizierte Vergütung ein erhebliches Einsparpotential bei gleichzeitig effektiverer Versorgung der Versicherten.[223]

Bisher konnten die pharmazeutischen Unternehmer selbst nicht Vertragspartner eines solchen Modells werden und damit keinen Einfluss auf die Medikamentenversorgung nehmen.[224] Allein die beteiligten Leistungserbringer und die Krankenkasse legten einen Behandlungspfad fest, in dem auch die im Regelfall anzuwendenden Arzneimittel bestimmt wurden. Hierbei spielten medizinisch-therapeutische Kriterien und Wirtschaftlichkeitserwägungen eine Rolle. Nach § 140a Absatz 1 Satz 5 SGB V sollte die Versorgung der Versicherten in der integrierten Versorgung durch solche Arzneimittel erfolgen, die durch einen Vertrag gem. § 130a Absatz 8 SGB V rabattiert sind.

Nach dem Gesetz zur Neuordnung des Arzneimittelmarktes in der gesetzlichen Krankenversicherung (AMNOG)[225] ist nun auch eine direkte Beteiligung pharmazeutischer Unternehmer an Verträgen zur integrierten Versorgung möglich. Die zuvor beschriebene indirekte Steuerung wird damit zwar nicht hinfällig, sie kann jedoch durch einen direkten Einfluss pharmazeutischer Unternehmen ergänzt werden. Gleichzeitig ist die Soll-Vorschrift zur Medikamentenversorgung über Rabattverträge entfallen. Wegen der Möglichkeit einer direkten Beteiligung pharmazeutischer Unternehmen an integrierten Versorgungsmodellen

---

222 Hierzu: *Huster*, in: Becker/Kingreen, SGB V, 2. Auflage 2010, § 140a Rn. 1 ff.; Hess, in: Kasseler Kommentar, Sozialversicherungsrecht, SGB V, 70. Ergänzungslieferung 2011, § 140a Rn. 1 ff.; *Neumann*, in: Rolfs/Giesen/Kreikebohm/Udsching (Hrsg.), Beck'scher Online-Kommentar Sozialrecht, Stand: 01.09.2011, Edition: 23, § 140a.

223 Ausführlich dazu *Hensel*, Selektivverträge im vertragsärztlichen Leistungserbringerrecht, 2010, S. 50 ff; *Hess*, in: Kasseler Kommentar, Sozialversicherungsrecht, SGB V, 66. Ergänzungslieferung, vor § 140a Rn. 1 ff. Zur Anwendbarkeit des Vergaberechts auf Verträge dieser Art vgl. *Kaltenborn*, GesR 2011, 1, 4.

224 Siehe die bis zum 31. Dezember 2010 abschließende Aufzählung der möglichen Vertragsparteien in § 140b Absatz 1 SGB V. Seit dem 1. Januar 2011 sind dort unter den Nummern 8 und 9 zusätzlich zu den schon genannten Vertragspartnern auch pharmazeutische Unternehmern und Herstellern von Medizinprodukten im Sinne des Gesetzes über Medizinprodukte genannt.

225 Gesetz zur Neuordnung des Arzneimittelmarktes in der gesetzlichen Krankenversicherung (AMNOG) vom 22. Dezember 2010, BGBl. I, S. 2262.

bedürfe es des Hinweises auf Rabattverträge nicht mehr, so der Gesetzgeber.[226] Ob und in welchem Umfang eine Managementgesellschaft die Verordnung von Arzneimittel steuern kann, hängt primär von der jeweiligen Vertragsgestaltung ab. Es bestehen aber in aller Regel Spielräume, um eine qualitätsgesicherte wie auch kostengünstige Arzneimittelversorgung der teilnehmenden Versicherten mit den Leistungserbringern zu vereinbaren.[227]

Die Krankenkassen sind nach § 73b SGB V verpflichtet, ihren Versicherten Verträge zur Hausarztzentrierten Versorgung[228] anzubieten und können darüber hinaus Verträge zur besonderen ambulanten Versorgung[229] (§ 73c SGB V) abschließen. Auch diese Modelle eröffnen neben einer Versorgungsverbesserung eine nachhaltige Kostenreduktion indem sie Einfluss auf das Verordnungsverhalten der Ärzte nehmen.[230]

D. Zusammenfassung

Die Mitglieder der gesetzlichen Krankenversicherungen haben nach § 31 Absatz 1 SGB V im Rahmen der Krankenbehandlung einen Anspruch auf Versorgung mit den notwendigen Medikamenten. Dieser Anspruch erfasst neben Generika auch patentgeschützte Originalpräparate. Nach Maßgabe des Sachleistungsprinzips erhalten die Versicherten diese Leistung als Sachleistung und nicht etwa im Wege der Kostenerstattung/Geldleistung. Ausgehändigt werden die vom Vertragsarzt mit dem Kassenrezept verordneten Präparate von den Apotheken und nicht von den Krankenkassen. Diese Tatsache ist dem Apothekenmonopol nach § 34 Arzneimittelgesetz (AMG) geschuldet, wonach apothekenpflichtige Arzneimittel an Endverbraucher nur in Apotheken abgegeben werden dürfen.

Die Ausgaben im Gesundheitssystem insgesamt, und dabei ganz besonders die Kosten für die Medikamentenversorgung, steigen seit Jahren immer weiter

---

226 BT-Drs. 17/2413, S. 33. Zu der Frage, ob dieser Gedanke richtig ist, vgl. die Ausführungen auf Seite 86 f.

227 *Reese/Stallberg*, in: Dieners/Reese, Handbuch des Pharmarechts, 2010, § 17 Rn. 338 ff.

228 Eingehend hierzu: *Hensel*, Selektivverträge im vertraglichen Leistungserbringerrecht, 2010, S. 105 ff. Vgl. auch: *Huster*, in: Becker/Kingreen, SGB V, 2. Auflage 2010, § 73b; *Hess*, in: Kasseler Kommentar, Sozialversicherungsrecht, SGB V, 70. Ergänzungslieferung 2011, § 73b.

229 Eingehend hierzu: *Hensel*, Selektivverträge im vertraglichen Leistungserbringerrecht, 2010, S. 134 ff. Siehe auch: *Huster*, in: Becker/Kingreen, SGB V, 2. Auflage 2010, § 73c; *Hess*, in: Kasseler Kommentar, Sozialversicherungsrecht, SGB V, 70. Ergänzungslieferung 2011, § 73c.

230 Zur Lenkungs- und Steuerungsfunktion dieser besonderen Vertragsformen vgl. die Ausführungen auf Seite 86 ff.

an. Der Gesetzgeber hat daher in den vergangenen Jahren verschiedene Instrumente zur Senkung der Ausgaben etabliert. Im Bereich der Arzneimittel setzt er auf mehreren Stufen an. In einem ersten Schritt wird die Erstattungsfähigkeit verschiedener Medikamente beschränkt. Nur noch wirklich »notwendige« Arzneimittel sollen zu Lasten der Krankenkasse abgegeben werden dürfen. Insbesondere Präparate zur Behandlung von Bagatellerkrankungen (z. B. grippaler Infekte) oder Life-Style-Medikamente sollen so nicht mehr das Budget der Krankenkasse belasten. In einem weiteren Schritt hat der Gesetzgeber durch verschiedene Maßnahmen die Erstattungshöhe beschränkt. Hier ist insbesondere das Festbetragssystem nach § 35 SGB V zu nennen. In einem nächsten Schritt sieht der Gesetzgeber Beschränkungen auf der Verordnungs- und Abgabeebene vor. So wurden auf Verordnungsebene die vertragsärztlichen Verordnungen einer Wirtschaftlichkeitsprüfung unterzogen und Therapiehinweise in die Arzneimittelrichtlinien aufgenommen. Auf der Abgabeebene wurden eine Substitutionsverpflichtung für den Apotheker (aut-idem) sowie Importquoten eingeführt.

Ergänzend hierzu hat der Gesetzgeber nach und nach wettbewerbliche Elemente in das SGB V aufgenommen. Durch den Vertragswettbewerb der Leistungserbringer sollen zusätzliche Wirtschaftlichkeitsreserven aufgedeckt und zugänglich gemacht werden. Die wohl größte Bedeutung haben hierbei die Arzneimittelrabattverträge nach § 130a Absatz 8 SGB V. Zwar handelt es sich nur um ein Instrument unter vielen, die in der gesetzlichen Krankenversicherung zur Preissteuerung auf dem Arzneimittelmarkt eingesetzt werden.[231] Sie sind aber zweifellos ein besonders wirksames Instrument. In der Praxis wurde diesem Steuerungs- bzw. Regulierungsinstrument zunächst wenig Beachtung geschenkt. Erst mit Stärkung von Anreizsystemen bzw. einer Lenkungs- und Steuerungswirkung (insbes. § 129 SGB V) durch das Gesetz zur Stärkung des Wettbewerbs in der Gesetzlichen Krankenversicherung (GKV-WSG)[232] haben sie eine überragende Bedeutung erlangt.

In der Praxis dominieren dabei Rabattverträge über Generika, während Rabattverträge über patentgeschützte Medikamente (jedenfalls in der öffentlichen Diskussion) ein Schattendasein führen.[233] Rabattverträge müssen inhaltlich nicht

---

231 Mit der Stellung der Rabattverträge im System der Kostensenkung und dem Wettbewerbsgedanken setzen sich auch *Fuerst*, GesR 2010, 183 ff. und *Windt/Glaeske/ Hoffmann*, KrV 2010, 185 ff. auseinander.

232 Gesetz zur Stärkung des Wettbewerbs in der Gesetzlichen Krankenversicherung (GKV-WSG) vom 26. März 2007, BGBl. I, S. 378.

233 Die Rabattverträge über patentgeschützte Medikamente stehen schon deswegen nicht im Vordergrund der öffentlichen Diskussion, weil es bisher erst eine öffentliche Ausschreibung hierzu gegeben hat (vgl. hierzu die Ausführungen auf Seite 86). Tatsächlich gibt es aber eine ganze Reihe von Rabattverträgen im Bereich der patentgeschützten Originale (vgl. hierzu die Ausführungen auf Seite 86). Diese Verträge sind jedoch allesamt das Er-

auf einen bloßen Rabatt beschränkt sein. Sie können alternativ oder zusätzlich auch noch weitere Elemente enthalten. In der Praxis gebräuchlich sind Mehrwertverträge, Cost- bzw. Risk-Sharing Modelle, Kombinations- sowie Kapitationsverträge. In einem engen Zusammenhang zu den Rabattverträgen stehen Verträge zur Integrierten Versorgung (§§ 140a ff. SGB V) sowie Verträge zur Hausarztzentrierten Versorgung (§ 73b SGB V). Zwar steht die Reduktion der Arzneimittelausgaben nicht im Fokus dieser Verträge, praktisch haben sie allerdings eine nicht unerhebliche Steuerungswirkung auf Abgabe und Verordnung.

Auffällig ist dabei, dass keines dieser Kostensenkungsmodelle die Bildung des Herstellerabgabepreises direkt zum Gegenstand hat. Der Eingriff erfolgt immer auf einer späteren Marktstufe. Durch das Gesetz zur Neuordnung des Arzneimittelmarktes in der gesetzlichen Krankenversicherung (AMNOG)[234] haben sich jedoch hier Änderungen ergeben.[235]

gebnis von direkten Verhandlungen zwischen pharmazeutischen Unternehmen und gesetzlichen Krankenkassen und gerade nicht einer Ausschreibung im offenen Verfahren oder im Verhandlungsverfahren ohne vorheriger Vergabebekanntmachung.

234 Gesetz zur Neuordnung des Arzneimittelmarktes in der gesetzlichen Krankenversicherung (AMNOG) vom 22. Dezember 2010, BGBl. I, S. 2262.

235 Vgl. hierzu die umfassende Darstellung im 4. Teil der Arbeit auf den Seiten 86 ff.

Teil 2: Arzneimittelrabattverträge über Generika

A. Einleitung

Rabattverträge sind nur ein Baustein[236] im derzeitigen gesetzlichen System zur Kontrolle/Senkung der Arzneimittelausgaben in der gesetzlichen Krankenversicherung.[237] Rabattverträge unterscheiden sich in ihrer Struktur deutlich von den überkommenen Instrumenten.[238] Im Gegensatz zu den einseitigen Eingriffen/Regelungen auf Leistungs- und Erstattungsebene nutzen sie wettbewerbliche Elemente.[239] Durch einen Vertragswettbewerb zwischen den pharmazeutischen Unternehmen soll sich die Medikamentenpreisbildung an der Konkurrenzsituation im Markt orientieren und den gesetzlichen Krankenversicherungen sollen so Wirtschaftlichkeitsreserven zugänglich gemacht werden.[240]

Eingeführt[241] im Jahre 2003 mit dem Beitragssatzsicherungsgesetz (BSSichG)[242] wurde den Rabattverträgen zunächst kaum Beachtung geschenkt. Für die pharmazeutischen Unternehmen bestand wenig Anreiz sich an einem Rabattvertrag zu beteiligen.[243] Entscheidend für eine erfolgreiche Vermarktung

---

236 Vgl. hierzu die Ausführungen auf Seite 34 ff., insbesondere Seite 40 ff.

237 Auch in Italien ist derzeit geplant sich die Einsparmöglichkeiten von Rabattverträgen über Generika zu Nutze zu machen. So sieht ein Plan der italienischen Regierung die Einführung eines neuen Ausschreibungssystems für Generika vor, welches von der nationalen Arzneimittelagentur (AIFA) durchgeführt werden soll. Hierzu: *Natz*, PharmR 2010, 496, 497.

238 Das Versorgungssystem in der gesetzlichen Krankenversicherung ist durch das System der Kollektivverträge geprägt. Erst nach und nach wurden Selektivverträge in das System aufgenommen und wettbewerbliche Elemente integriert. Vgl. hierzu die Ausführungen auf Seite 38 ff.

239 Zu sozialrechtlichen Normen mit wettbewerblichen Elementen vgl. *Engelmann*, SGb 2008, 133, 134; *Eggert*, VSSR 2007, 335 ff.

240 BT-Drs. 15/28, S. 17. Hierzu auch: *Coca/Nick/Schröder*, in: Schwabe/Paffrath (Hrsg.), Arzneiverordnungsreport 2011, S. 176 f.

241 Stellenweise wird dabei davon ausgegangen, dass Rabattverträge als öffentliche Verträge auch schon vorher möglich waren. Jedenfalls sind sie aber im mit dem BSSichG erstmals einer Regelung zugeführt worden.

242 Gesetz zur Sicherung der Beitragssätze in der gesetzlichen Krankenversicherung und in der gesetzlichen Rentenversicherung (BSSichG) vom 23. Dezember 2002, BGBl. I, S. 4637.

243 Die Steuerungsfunktion des § 129 SGB V war noch nicht eingeführt. Die Vorschrift lautete: »*In den Fällen der Ersetzung durch ein wirkstoffgleiches Arzneimittel haben die Apotheken ein preisgünstigeres Arzneimittel abzugeben, das mit dem verordneten in Wirkstärke und Packungsgröße identisch sowie für den gleichen Indikationsbereich zugelassen ist und ferner die gleiche oder eine austauschbare Darreichungsform besitzt. 3Ein Arzneimittel ist preisgünstig nach Satz 1 Nr. 1, wenn sein Preis unter Berücksichtigung identischer Wirkstärke und Packungsgröße sowie austauschbarer Darreichungsformen das untere Drittel des Abstandes zwischen dem Durchschnitt der drei niedrigsten Preise*

ihrer Arzneimittel war es für pharmazeutische Unternehmen weiterhin, gezielt Einfluss auf das Verordnungsverhalten der Ärzte bzw. das Abgabeverhalten der Apotheker zu nehmen.

Diese Motivationslage änderte sich erst durch Einführung der Substitutionsverpflichtung in § 129 Absatz 1 SGB V i. V. m. § 4 RahmenV[244] sowie einiger flankierender Maßnahmen[245] mit dem Gesetz zur Stärkung des Wettbewerbs in der Gesetzlichen Krankenversicherung (GKV-WSG)[246] im Jahre 2007. Nun waren die Apotheker verpflichtet bei wirkstoffgleichen substitutionsfähigen Präparaten stets das rabattierte Medikament abzugeben. Außerdem mussten die verordnenden Ärzte nun gezielt den Austausch in der Apotheke durch das sog. Autidem-Kreuz untersagen. So war gewährleistet, dass rabattierte Arzneimittel vorrangig verordnet und abgegeben wurden. Durch diese Absatzlenkung schaffte der Gesetzgeber einen großen Anreiz, ja fast schon den wirtschaftlichen Zwang für pharmazeutische Unternehmer Rabattverträge abzuschließen.[247]

Dabei war rechtlich zunächst völlig unklar welche rechtlichen Rahmenbedingungen beim Abschluss von Rabattverträgen beachtet werden mussten – das Zivilrecht, das europäische Vergaberecht, das nationale Sozialrecht oder gar mehrere Regelungskomplexe in Kombination? Es entwickelte sich schnell eine äußerst kontrovers geführte Diskussion in Rechtsprechung[248] und Schrifttum[249].

---

und dem Durchschnitt der drei höchsten Preise wirkstoffgleicher Arzneimittel nicht übersteigt. 4Die obere Preislinie des unteren Preisdrittels zum Quartalsanfang kommt für das gesamte Quartal zur Anwendung; sie ergibt sich auf der Grundlage des Preis- und Produktstandes des ersten Tages des jeweils vorhergehenden Monats und wird von den Spitzenverbänden der Krankenkassen bekannt gemacht. 5Die Sätze 3 und 4 finden keine Anwendung, wenn weniger als fünf Arzneimittel im unteren Preisdrittel zur Verfügung stehen; in diesem Fall gilt jedes der bis zu fünf preiswertesten Arzneimittel als preisgünstig nach Satz 1 Nr. 1.«

244 Rahmenvertrag über die Arzneimittelversorgung nach § 129 Absatz 2 SGB V in der Fassung vom 1. Februar 2011 zwischen den Spitzenverbänden der Krankenkassen und dem Deutschen Apothekerverband e. V.

245 Vgl. hierzu die Ausführungen auf Seite 74 ff.

246 Gesetz zur Stärkung des Wettbewerbs in der Gesetzlichen Krankenversicherung (GKV-WSG) vom 26. März 2007, BGBl. I, S. 378.

247 Die große wirtschaftliche Bedeutung resultiert aus der Marktabschottung durch die Rabattverträge. Die Umsetzungsquoten liegen hoch – sie erreichen bis zu 70 %. Gelingt es einem Unternehmen nicht Rabattvertragspartner der Krankenkasse zu werden, dann verliert es den Zugang zu dem Marktsegment weitgehend. Das mag wirtschaftlich erträglich sein, wenn es sich um einen unbedeutenden Wirkstoff handelt und nur ein geringer Umsatzanteil betroffen ist. Anders ist es hingegen dann, wenn sich der Rabattvertrag auf einen bedeutenden Wirkstoff bezieht und dazu noch einen große Krankenkasse mit vielen Versicherten ausgeschrieben hat.

248 Die Anzahl der relevanten Entscheidungen ist inzwischen unüberschaubar groß geworden. Genannt sind daher hier nur die prägenden Entscheidungen aus der Anfangsphase der Rabattverträge: BGH, Beschluss vom 15. Juli 2008, Az.: X ZB 17/08; BSG, Be-

Folgende Punkte standen im Fokus dieser Diskussion:

- Ist das Vergaberecht überhaupt anwendbar? Stehen seiner Anwendung Sondervorschriften entgegen?[250]
- Sind die gesetzlichen Krankenkassen öffentliche Auftraggeber?[251] Sind Rabattverträge öffentliche Aufträge?[252]
- Welche Verfahrensart ist die richtige?[253] Wie ist der Beschaffungsbedarf zu bestimmen und auszugestalten?
- Welcher Rechtsweg ist eröffnet? Welche Rechtsschutzmöglichkeiten stehen zur Verfügung?[254]
- Ist das Kartellrecht anwendbar? Müssen/können kartellrechtliche Fragen von den Vergabekammern entschieden werden?[255]

Inzwischen kann ein beträchtlicher Teil dieser Fragen für den Bereich der Generika-Rabattverträge als (weitgehend) beantwortet angesehen werden. Gestritten wird nicht mehr über das »Ob« sondern nur noch über das »Wie«.[256] Hierbei stehen die ungleiche Verteilung der Risiken in den jeweils streitgegenständlichen Verträgen, die konkrete Ausgestaltung des Beschaffungsbedarfs sowie die Berechnung des für den Zuschlag entscheidenden Einsparvolumens im Mittelpunkt. Es stellt sich jedoch die Frage, ob diese gefundenen Ergebnisse auf Rabattverträge über patentgeschützte Medikamente vollständig übertragen werden können.

schluss vom 22. April 2008, Az.: B 1 SF 1/08; LSG Baden-Württemberg, Beschluss vom 27. Februar 2008, Az.: L 5 KR 507/08 ER-B, L 5 KR 508/08 W-A; OLG Düsseldorf, Beschluss vom 17. Januar 2008, Az.: VII-Verg 57/07, Beschlüsse vom 18./19. Dezember 2007, Az.: 44/07 u.a.; VK Bund, Beschluss vom 15. November 2007; Az.: VK 2 – 102/07 u.a.; VK Düsseldorf, Beschluss vom 31. Oktober 2007, Az.: VK 31/2007.

249 Auch die Anzahl der verfügbaren wissenschaftlichen Literatur ist enorm. Als zentrale Beiträge seien genannt: *Willenbruch/Bischoff*, PharmR 2005, 477 ff.; *Kamann/Gey*, PharmR 2006, 291 ff.; *Hesshaus*, PharmR 2007, 334 ff.; *Kaeding*, PharmR 2007, 244 ff; *Natz*, PharmInd 2007, 567 ff.; *Sträter/Natz*, PharmR 2007, 7 ff.; *Czettritz*, PharmR 2008, 115 ff.; *Amelung/Heise*, NZBau 2008, 489 ff.; *Burgi*, NZBau 2008, 480 ff.; *Byok/Csaki*, NZS 2008, 402 ff; *Karenfort/Stopp*, NZBau 2008, 232 ff.; *Hölzl/Eichler*, NVwZ 2009, 27 ff; *Röbke*, NVwZ 2008, 726 ff.; *Stolz/Kraus*, VergabeR 2008, 1 ff.; *Thüsing/Granetzy*, NJW 2008, 3188 ff.; *Willenbruch*, PharmR 2008, 265 ff.; *Willenbruch*, PharmR 2008, 488 ff.; *Ehlers/Trümper*, in: Ecker/Preuß/Raski (Hrsg.), Handbuch Direktverträge, S. 225 ff.

250 Vgl. hierzu die Ausführungen auf Seite 57 ff.
251 Vgl. hierzu die Ausführungen auf Seite 60.
252 Vgl. hierzu die Ausführungen auf Seite 61 ff.
253 Vgl. hierzu die Ausführungen auf Seite 84 ff.
254 Vgl. hierzu insgesamt die Ausführungen auf Seite 86 ff.
255 Vgl. hierzu insgesamt die Ausführungen auf Seite 85 ff.
256 So auch ausdrücklich: *Gabriel/Weiner*, NZS 2009, 422, 422, 424. Weiterführende Informationen geben die Autoren in den Fn. 30 und 31.

B. Vergaberechtliche Determinanten für Generika-Rabattverträge

Für die Antwort ist zunächst eine Analyse der Situation bei Generika notwendig. Erst auf dieser Basis kann die Übertragung bzw. der Vergleich gelingen und lassen sich Besonderheiten im Bereich der patentgeschützten Originale erkennen und näher herausarbeiten. Die wesentlichen Fragestellungen bzw. Streit- und Diskussionspunkte sollen daher in diesem Teil der Arbeit erläutert und die gefundenen Ergebnisse vorgestellt werden. Sie bilden die Basis für den dritten Teil[257] der vorliegenden Arbeit, welcher sich mit Rabattverträgen im Bereich der patentgeschützten Originale befasst.

I. Anwendbarkeit des Vergaberechts (»Ob«)

In einem ersten Schritt muss der Frage nachgegangen werden, ob das Vergaberecht überhaupt auf Rabattverträge nach § 130a Absatz 8 SGB V anwendbar ist.[258]

1. Keine Verdrängung des Vergaberechts durch Sondervorschriften

Teilweise wurde angenommen, dass das Vergaberecht beim Abschluss von Rabattverträgen durch das Sozialrecht verdrängt wird.[259] Eine solche Verdrängung sollte sich, so wurde vielfach argumentiert, aus § 69 SGB V (i. d. F. des GKV-WSG[260])[261] ergeben, wonach das vierte Kapitel des SGB V sowie die §§ 63 und

---

257 Vgl. hierzu die Ausführungen auf Seite 86 ff.

258 Einen Überblick über die historische Entwicklung des Verhältnisses von Sozialrecht und Kartellvergaberecht gibt *Jansen*, in: Byok/Jaeger (Hrsg.), Kommentar zum Vergaberecht 3. Auflage 2011, Einl. B. Rn. 1 ff.

259 Eine eingehende Analyse findet dieser Fragestellung findet sich bei *Hensel*, Selektivverträge im vertragsärztlichen Leistungserbringerrecht, S. 239 ff.

260 Gesetz zur Stärkung des Wettbewerbs in der gesetzlichen Krankenversicherung (GKV-WSG) vom 26. März 2007, BGBl. I, S. 378.

261 Seinerzeit lautete die Vorschrift: »*Dieses Kapitel sowie die §§ 63 und 64 regeln abschließend die Rechtsbeziehungen der Krankenkassen und ihrer Verbände zu Ärzten, Zahnärzten, Psychotherapeuten, Apotheken sowie sonstigen Leistungserbringern und ihren Verbänden, einschließlich der Beschlüsse des Gemeinsamen Bundesausschusses und der Landesausschüsse nach den §§ 90 bis 94. [...] Für die Rechtsbeziehungen nach den Sätzen 1 und 2 gelten im Übrigen die Vorschriften des Bürgerlichen Gesetzbuches entsprechend, soweit sie mit den Vorgaben des § 70 und den übrigen Aufgaben und Pflichten der Beteiligten nach diesem Kapitel vereinbar sind. Die Sätze 1 bis 3 gelten auch, soweit durch diese Rechtsbeziehungen Rechte Dritter betroffen sind*«.

64 SGB V die Rechtsbeziehungen der Krankenkassen und ihrer Verbände zu den Leistungserbringern »abschließend« regeln.[262] Insgesamt handelt es sich um eine der umstrittensten Rechtsfragen der letzten Jahre.[263]

Eine ähnliche Wirkung sollten die verschiedenen Bestimmungen über »Ausschreibungen« im SGB V (z. B. § 73b Absatz 4, Satz 5, § 73c Absatz 3, Satz 3, § 127 Absatz 1 SGB V) haben. Hier würde nicht das Vergaberecht, sondern ein eigenes sozialrechtliches Ausschreibungsregime in Bezug genommen.[264] Dies würde aber, unterstellt man dass Krankenkassen öffentliche Auftraggeber sind und Rabattverträge die Tatbestandsmerkmale des öffentlichen Auftrages erfüllen, dazu führen, dass der nationale Gesetzgeber den Anwendungsbereich des Vergaberechts eingeschränkt hätte, was seinerseits europarechtliche rechtfertigungsbedürftig wäre. Dem nationalen Gesetzgeber müsste ein entsprechender Gestaltungsspielraum europarechtlich eingeräumt worden sein, was jedoch nicht der Fall ist.[265] Letztlich kann diese Frage hier aber offen bleiben.[266] Der Gesetzgeber hat mit dem Gesetz zur Weiterentwicklung der Organisationsstrukturen in der gesetzlichen Krankenversicherung (GKV-OrgWG)[267] in § 69 SGB V einen Rechtsgrundverweis in das GWB aufgenommen. Über § 69 SGB V lässt sich

---

262 LSG Nordrhein-Westfalen, Beschluss vom 20. Dezember 2007, Az.: L 16 B 127/07 KR; LSG Baden-Württemberg, Beschluss vom 6. Februar 2008, Az.: L 5 KR 316/08 B. In gleicher Weise argumentiert die 3. VK Bund in ihrer Entscheidung zum de-facto-Rabattvertrag der AOK Baden-Württemberg, VK Bund, Beschluss vom 15. August 2008, Az.: VK 3 – 107/08 auf S. 14 des Beschlussumdrucks, die darauf hinweist, dass § 69 SGB V (in der seinerzeit geltenden Fassung) im Zweifel richtlinienkonform dahingehend auszulegen sei, dass er die in Umsetzung der gemeinschaftsrechtlichen Vorgaben ergangenen Bestimmungen die nationalen vergaberechtlichen Bestimmungen nicht verdrängt. Parallel argumentiert hier auch die VK Bund in ihrer Entscheidung zur Beschaffung von TNF-Alpha-Blockern durch die Techniker Krankenkasse (VK Bund, Beschluss vom 22. August 2008, Az.: VK 2 – 73/08, Beschlussumdruck S. 36 m.w.N.). Kritisch hierzu auch: *Schickert*, PharmR 2009, 164, 165, der darauf hinweist, dass auch der Verweis auf den Versorgungsauftrag der Krankenkassen zu keinem anderen Ergebnis führt.

263 Hierzu etwa: *Ebsen*, in: Sodan (Hrsg.) Die sozial-marktwirtschaftliche Zukunft, S. 70 f.; *Gabriel*, NZS 2007, 344, 345; *Gassner*, in: Ebsen (Hrsg.), Vergaberecht und Vertragswettbewerb, S. 115 ff.; *Hesselmann/Motz*, MedR 2005, 498, 498 f.; *Kaltenborn*, VSSR 2006, 357, 361 f.; *Kingreen*, MedR 2004, 188, 192; *Kingreen*, SGb 2004 659, 661 f.; *Klöck*, NZS 2008, 178, 179; *Koenig/Busch*, NZS 2003, 461, 462 f,; *Rixen* GesR 2006, 49, 54; *Rixen*, Sozialrecht, S. 215.

264 Eine Zusammenstellung dieser Pflichten findet sich bei *Engelmann*, SGb 2008, 133, 134.

265 Vgl. zu dem Verhältnis von Vergaberecht und nationalem Sozialrecht die Ausführungen im Zusammenhang mit der Berechtigung der Lenkungs- und Steuerungswirkung auf Seite 86 ff.

266 Eingehend zu dieser Problematik mit einer Reihe von Nachweisen: *Hensel*, Selektivverträge im vertragsärztlichen Leistungserbringungsrecht, 2010, S. 246 f.

267 Gesetz zur Weiterentwicklung der Organisationsstrukturen in der gesetzlichen Krankenversicherung (GKV-OrgWG) vom 15. Dezember 2008, BGBl. I, S. 2426.

daher keine Ausnahme vom Anwendungsbereich des Vergaberechts (mehr) begründen.

Ebenso wenig kommt eine Verdrängung des Vergaberechts wegen der Zugehörigkeit der hier in Frage stehenden Leistungen zu einem System der sozialen Sicherung in Betracht.[268] Es gibt hier zwar eine anerkannte Ausnahme innerhalb des Europarechts, allerdings betrifft diese nur die Anwendbarkeit des europäischen Kartellrechts nach Artikel 101, 102 AEUV[269]. Dies deshalb, weil die hier tätigen Einheiten unter bestimmten Voraussetzungen nicht Unternehmen im Sinne jener Vorschriften sind bzw. nicht als solche angesehen werden.[270] Im Vergaberecht geht es jedoch nicht um die Qualifizierung der gesetzlichen Krankenkassen als Unternehmen sondern um die Qualifizierung als Teil der Ausschreibungsverwaltung.[271]

Eine Bereichsausnahme von grundlegender Bedeutung für das Gesundheitswesen enthält Artikel 21 der RL 2004/18/EG in Verbindung mit Anhang VII der Verordnung Nr. 213/2008[272]. Danach ist das Vergaberecht auf nicht-prioritäre Dienstleistungen (im Gesundheits-, Veterinär- und Sozialwesen) unanwendbar. Der europäische Richtliniengeber ist davon ausgegangen, dass ein europaweiter Markt noch nicht in hinreichendem Maße entwickelt ist.[273] Da es sich bei Arzneimittelrabattverträgen aber nicht um Dienstleistungs-, sondern um Lieferverträge[274] handelt, greift auch diese Bereichsausnahme im vorliegenden Zusammenhang nicht ein.[275] Erst dann, wenn der Vertrag inhaltlich so ausgestaltet ist, dass der Schwerpunkt im Bereich der Dienstleistung liegt, könnte diese Ausnahme einschlägig sein.[276] Auch die in § 100 GWB geregelten formellen Ausnahmetatbestände sind hier nicht einschlägig.

---

268 OLG Düsseldorf, Beschluss vom 19. Dezember 2007, Az.: VII-Verg 51/07; *Burgi*, NZBau 2008, 480, 482.
269 Früher: Art. 81, 82 EG
270 *Burgi*, NZBau 2008, 481, 482; Vgl. nur *Weiß*, in: Calliess/Ruffert (Hrsg.), EUV/EGV, 3. Auflage 2007, Art. 81 Rn. 30 f.; vgl. hierzu auch die Ausführungen auf Seite 85 ff.
271 *Burgi*, NZBau 2008, 480, 482.
272 Verordnung vom 28. November 2007, EU-ABl. L 74, S. 373. Diese Verordnung ändert die RL 2004/18/EG insofern, als Anhang II der Richtlinie durch Anhang VII ersetzt wird. In der Sache ändert dies aber Nichts.
273 *Burgi*, NZBau 2008, 480, 482.
274 Vgl. hierzu die Ausführungen auf Seite 65 ff.
275 Hierzu insgesamt: *Burgi*, NZBau 2008, 480 482 f.
276 Hier sei insbesondere an die sog. Mehrwertverträge gedacht. Hierbei wird die Lieferung des Medikamentes mit einer Dienstleistung verbunden. Sollte im Einzelfall die Dienstleistung überwiegen, so könnte dies zur Nichtanwendbarkeit des Vergaberechts oder zumindest zu einer eingeschränkten Anwendbarkeit führen. Vgl. hierzu die Ausführungen auf Seite 86.

Damit stehen der Anwendbarkeit des Vergaberechts auf Generika-Rabattverträge weder formelle noch materielle Ausnahmevorschriften entgegen.[277]

2. Krankenkassen als öffentliche Auftraggeber

Die Frage nach der Auftraggebereigenschaft der gesetzlichen Krankenversicherungen war schon im Jahr 2003 in Rechtsprechung[278] und Literatur[279] umstritten.[280] Nach einer Entscheidung[281] des Bayerischen Obersten Landesgerichts, wonach die gesetzlichen Krankenkassen nicht als öffentliche Auftraggeber angesehen worden waren, hatte die Diskussion zunächst an Schärfe verloren. Erst im Jahre 2007 intensivierte sich die Auseinandersetzung zwischen Literatur[282], Bundesversicherungsamt[283], Europäischer Kommission[284] und Rechtsprechung[285] wieder.[286]

---

277 So im Ergebnis auch *Kaltenborn*, GesR 2011, S. 1.

278 VK Bund, Beschluss vom 5. September 2001, Az.: VK 1 – 23/01; VK Düsseldorf, Beschluss vom 30. Juni 2000; Az.: VK-30/2000-L.

279 *Koenig/Busch*, NZS 2003, 461, 463; *Kingreen*, MedR 2004, 188, 192; *Wollenschläger*, NZBau 2004, 655 ff.; *Boldt*, NJW 2005, 3757 ff.– jeweils m.w.N.

280 Eine eingehende Analyse findet sich bei *Hensel*, Selektivverträge im vertragsärztlichen Leistungserbringungsrecht, 2010, S. 247 ff.

281 BayOblG, Beschluss vom 24. Mai 2004, Az.: Verg 06/04.

282 *Koenig/Engelmann/Hentschel*, MedR 2003, 562, 564; Quaas, VSSR 2004, 175, 190 f.;. *Byok/Jansen*, NVwZ 2005, 53, 56; *Hesselmann/Motz*, MedR 2005, 498, 501; *Mestwerdt/v. Münchhausen*, ZfBR 2005, 659, 665; Rixen, GesR 2006, 49, 54; *Frenz* NZS 2007, 233, 235; *Gabriel*, VergabeR 2007, 630, 633; *Gabriel*, NZS 2007, 344, 346 ff.; *Goodarzi/Junker*, NZS 2007, 632, 634; *Hesshaus*, VergabeR 2007, 333, 334; *Kaeding*, PharmR 2007, 239, 244 ff.; *Sträter/Natz*, PharmaR 2007, 7, 9; *Wigge/Müller*, A&R 2007, 207, 208.

283 BVA Rundschreiben vom 22. August 2007, Az.: I 6 - 1140 - 973/2007.

284 Schreiben der Europäischen Kommission vom 19. Oktober 2007 zur Beschwerde 2007/4416.

285 OLG Düsseldorf, Beschlüsse vom 18. Dezember 2007, Az. VII-Verg 44 bis 47/07; Beschlüsse vom 19. Dezember 2007, Az.: VII-Verg 48 bis 51/07; VK Bund, Beschluss vom 15. November 2007, Az.: VK 2 – 102/07 (in der Folge immer wieder bestätigt); VK Bund, Beschluss vom 9. Mai 2007, Az.: VK 1 – 26/07; VK Düsseldorf, Beschluss vom 31. Oktober 2007, Az.: VK 31/2007; VK Düsseldorf, Beschluss vom 31. August 2006, Az.: VK-38/2006-L; VK Lüneburg, Beschluss vom 21. September 2004, Az.: 203-VgK-42/2004; VK Hamburg, Beschluss vom 21. April 2004, Az.: VgK FB 1/04.

286 Einen historischen Überblick zu der Frage, ob die gesetzlichen Krankenkassen öffentliche Auftraggeber sind und den hierzu vertretenen Ansichten, gibt *Jansen*, in: Byok/Jaeger (Hrsg.), Kommentar zum Vergaberecht, 3. Auflage 2011, Einl. B. Rn. 8 ff. Hierzu auch: *Stolz/Kraus*, VergabeR 2008, 1.

Der Europäische Gerichtshof (EuGH) hat auf Vorlage[287] des OLG Düsseldorf am 11. Juni 2009[288] erwartungsgemäß festgestellt, dass die gesetzlichen Krankenkassen in Deutschland Einrichtungen des öffentlichen Rechts sind und damit als öffentliche Auftraggeber im Sinne von § 98 GWB zu qualifizieren sind. Inhaltlich hat sich der Gerichtshof in seiner Entscheidung lediglich mit der Alternative der überwiegenden (wenn auch teilweise mittelbaren) staatlichen Finanzierung auseinandergesetzt. Zur Frage der, von der nationalen Rechtsprechung in Deutschland praktisch einhellig (zusätzlich) bejahten, staatlichen Leitungsaufsicht hat sich der Europäische Gerichtshof (EuGH) nicht mehr geäußert.[289]

3. Rabattverträge als öffentliche Aufträge

Arzneimittelrabattverträge nach § 130a Absatz 8 SGB V müssten auch öffentliche Aufträge sein. Auch diese Frage war in der Vergangenheit äußerst umstritten. Anlässlich der AOK-Ausschreibung von August 2007[290] ist sie Gegenstand einer intensiven Diskussion in Rechtsprechung und Schrifttum gewesen.[291] Teilweise wurde dabei die Anwendbarkeit des Vergaberechts verneint[292], teilweise die Eröffnung des vergaberechtlichen Rechtsweges abgelehnt[293]. Der Großteil

---

287 Anlass der Entscheidung war ein Vorabentscheidungsverfahren auf Grundlage einer Vorlage durch das OLG Düsseldorf aus dem Jahre 2007 (Beschluss vom 23. Mai 2007, Az.: VII-Verg 50/06). Ein Unternehmen aus dem Bereich der Orthopädieschuhtechnik (die Fa. Oymanns) hatte sich hier gegen die Vergabepraxis der AOKen gewandt.

288 EuGH, Urteil vom 11. Juni 2009, Rs. C-300/07 (Oymanns); Urteil vom 13. Dezember 2007; Schlussanträge des Generalanwalts Mazak vom 16. Dezember 2008 in der Rs. C-300/07 (Oymanns) betreffend das Vorabentscheidungsverfahren des OLG Düsseldorf, Beschluss vom 23. Mai 2007, Az.: VII-Verg 50/06 mit Anm. *Gabriel*, VergabeR 2007, 630 ff.

289 Zusammenfassend: *von Langsdorff*, in: Sodan (Hrsg.), Handbuch des Krankenversicherungsrechts, 2010, § 15 Rn. 12.

290 Bekanntmachung im elektronschen Bundesanzeiger am 3. August 2007.

291 Einen eingehenden Überblick liefern hier: *Hensel*, Selektivverträge im vertragsärztlichen Leistungserbringungsrecht, 2010, S. 263 ff.; *Jansen*, in: Byok/Jaeger (Hrsg.), Kommentar zum Vergaberecht, 3. Auflage 2011, Einl. B Rn. 16 ff.

292 LSG Baden-Württemberg, Beschluss vom 6. Februar 2008, Az.: L 5 KR 316/08 B; Beschluss vom 18. Februar 2008, Az.: L 5 KR 528/08 B; Beschluss vom 27. Februar 2008, Az.: L 5 KR 508/08 W-A; SG Stuttgart, Beschlüsse vom 20. Dezember 2007, Az.: S 10 KR 8404/07 ER, Az.: S 10 KR 8495/07, Az.: S 10 KR 8604/07 ER, Az.: S 10 KR 8605/07.

293 OLG Karlsruhe, Beschluss vom 19. November 2007, Az.: 17 Verg 11/07; VK Baden-Württemberg, Beschluss vom 7. November 2007, Az.: 1 VK 47/07; Beschluss vom 26. Januar 2007, Az.: 1 VK 82/06 mit krit. Anmerkung *Willenbruch*, PharmR 2007, 197 f.

der vergaberechtlichen Rechtsprechung[294], die Literatur[295] sowie die Europäische Kommission[296] haben sich für die Einstufung der Rabattverträge als öffentliche Aufträge ausgesprochen.

Ende 2008 ist mit dem Gesetz zur Weiterentwicklung der Organisationsstrukturen in der gesetzlichen Krankenversicherung (GKV-OrgWG)[297] ein Rechtsgrundverweis[298] in § 69 SGB V aufgenommen worden. Damit hat der Gesetzgeber bestimmt, dass das Vergaberecht auch auf den Abschluss von Rabattverträgen anwendbar ist. Die Spruchpraxis der Vergabekammer des Bundes[299], das LSG Nordrhein-Westfalen[300] und das OLG Düsseldorf[301] gehen inzwischen in ständiger Rechtsprechung davon aus, dass es sich bei Rabattverträgen dem Grunde nach (jedenfalls im Generika-Bereich) um öffentliche Aufträge handelt.[302]

---

294 OLG Düsseldorf, Beschluss vom 13. Februar 2008, Az.: VII-Verg 3/08; Beschluss vom 17. Januar 2008, Az.: VII-Verg 57/07, Beschlüsse vom 18./19. Dezember 2007, Az.: 44 u.a./07; VK Düsseldorf, Beschluss vom 18. Dezember 2007, Az.: VK 31/2007.

295 *Kamann/Gey*, PharmR 2005, 481, 484; *Willenbruch/Bischoff*, PharmR 2005, 481, 484; *Kaeding*, PharmR 2007, 239, 244 ff.; *Sträter/Natz*, PharmR 2007, 7, 12 f.; *Natz*, PharmInd 2007, 567, 569; *Stolz/Kraus*, VergabeR 2008, 1 ff. *Frenz*, NZS 2007, 233, 235 sah die Einordnung der Rabattverträge als öffentliche Aufträge sogar als unproblematisch an. Ausdrücklich gegen die Einstufung als öffentlicher Auftrag *Brixius/Esch*, Rabattverträge im Lichte des Vergaberechts, S. 47 ff.; aus jüngerer Zeit etwa *Kaltenborn*, GesR 2011, S. 1, 2 ff.

296 Schreiben der Europäischen Kommission vom 19. Dezember 2007 zur Beschwerde 2007/4416.

297 Gesetz zur Weiterentwicklung der Organisationsstrukturen in der gesetzlichen Krankenversicherung (GKV-OrgWG) vom 15. Dezember 2008, BGBl. I S. 2426.

298 Zur Notwendigkeit des Rechtsgrundverweises vgl. die Ausführungen auf Seite 57 ff.

299 VK Bund, Beschlüsse vom 15. November 2007, Az.: VK 2 – 102/07, 105/07, 108/07, 114/07, 117/07, 120/07, 123/07 (in der Folge immer wieder bestätigt).

300 hierzu: *Goodarzi/Jansen*, NZS 2010, S. 427 ff. mit detaillierter Aufstellung der verschiedenen Standpunkte innerhalb der Rechtsprechung.

301 OLG Düsseldorf, Beschlüsse vom 18. November 2007, Az.: VII-Verg 44/07 bis 51/07 (in der Folge immer wieder bestätigt).

302 So sieht es auch die VK Bund in ihrem Beschluss vom 06. Juli 2011 (Az.: VK 3 – 80/11). In diesem Fall ging es um ein sog. Open-House-Modell. Die ausschreibende Krankenkasse hatte sich ohne Anwendung des Vergaberechts direkt an potentielle Vertragspartner gewandt und diesen einen Vertrag angeboten. Die Krankenkasse hat argumentiert, das Vergaberecht sei nicht anwendbar, da der Rabattvertrag nicht exklusiv abgeschlossen werde. Die VK Bund ist dieser Auffassung ausdrücklich entgegengetreten. Sie hat ausgeführt, dass ihrer Ansicht nach die Exklusivität nicht als ungeschriebenes Merkmal in den Begriff des öffentlichen Auftrag hineingelesen werden dürfe (vgl. Seite 15 f. des Entscheidungsumdrucks). Vgl. hierzu auch die Ausführungen auf Seite 86 ff.

Dogmatisch ist diese Frage jedoch noch <u>nicht</u> vollständig geklärt, was bei Rabattverträgen über patentgeschützte Medikamente virulent wird.[303] Ausgangspunkt der Prüfung, ob ein öffentlicher Auftrag vorliegt, ist stets § 99 GWB. Danach sind öffentliche Aufträge entgeltliche Verträge zwischen öffentlichen Auftraggebern und Unternehmen, die Liefer-, Bau- oder Dienstleistungen zum Gegenstand haben.

Früher wurde zusätzlich gefordert, dass der öffentliche Auftraggeber den Vertrag zur Befriedigung seines eigenen Beschaffungsbedarfs schließt.[304] Dies steht jedoch in klarem Widerspruch zur Rechtsprechung des Europäischen Gerichtshofs (EuGH).[305] Auch lässt sich aus der Definition des öffentlichen Auftrags nicht folgern, dass Leistung und Gegenleistung synallagmatisch[306] verknüpft sein müssen.[307] Für die Anwendbarkeit des Vergaberechts ist es auch ohne Bedeutung, dass Verträge zwischen gesetzlichen Krankenkassen und Leistungserbringern als öffentlich-rechtliche Verträge anzusehen sind.[308] Die Rechtsform des abzuschließenden Vertrages wird weder durch das GWB noch durch die Vergabekoordinierungsrichtlinie(n) vorgegeben.[309]

---

303 Vgl. hierzu die Ausführungen auf Seite 86 ff. und hier insbesondere die Frage nach der Berechtigung des ungeschriebenen Tatbestandsmerkmals des öffentlichen Auftrages – Exklusivität (S. 86) sowie Lenkungs- und Steuerungswirkung (S. 86).

304 BayObLG, Beschluss vom 19. Oktober 2000, Az.: Verg 9/00; OLG Düsseldorf, Beschluss vom 28. April 2004, Az.: VII Verg 2/04; *Stolz/Kraus*, VergabeR 2008, 1, 5. Diese Auffassung vertreten auch *Brixius/Esch*, Rabattverträge im Lichte des Vergaberechts, 47 ff., die dieses Element als ungeschriebenes Tatbestandsmerkmal betrachten.

305 Der Gerichtshof differenziert nicht zwischen Aufträgen zur Erfüllung einer im Allgemeininteresse liegenden Aufgabe und sonstigen Aufträgen. EuGH, Urteil vom 18. November 2004, Rs. C-126/03 (Kommission/Deutschland); Urteil vom 15. Januar 1998, Rs. C-44/96 (Mannesmann/Strohal). Inzwischen hat sich die nationale Rechtssprechung dieser Auffassung angeschlossen und ihre bisherige Sichtweise ausdrücklich aufgegeben: OLG Düsseldorf, Beschluss vom 13. Juni 2007, Az.: VII Verg 2/07; Beschluss vom 12. Dezember 2007, Az.: VII Verg 30/07.

306 So aber ausdrücklich etwa *Brixius/Esch*, Rabattverträge im Lichte des Vergaberechts, 50 ff., die einen beiderseitig verpflichtenden Vertrag im Sinne eines »do ut des« verlangen.

307 So auch: *Goodarzi/Junker*, NZS 2007, 632, 635; *Eschenbruch*, in: Kulartz/Kus/Portz (Hrsg.), Kommentar zum GWB Vergaberecht, 2. Auflage 2009, § 99 Rn. 38 m.w.N. In diese Richtung geht auch die Entscheidung des OLG Düsseldorf vom 19. Dezember 2007, Az.: VII Verg 51/07 (letztlich konnte die Frage aber in der Entscheidung offen bleiben).

308 Dies hat der EuGH ausdrücklich entschieden, EuGH, Urteil vom 12. Juli 2001, Rs. C-399/98 »Milano et Lodi". Auch die Literatur und die nationale Rechtsprechung sehen dies überwiegend so: OLG Düsseldorf, Beschluß vom 23. Mai 2007, Az.: VII-Verg 50/06; *Gabriel*, NZS 2007, 344, 345; *Goodarzi/Junker*, NZS 2007, 632, 635; *Hartmann/Suoglu*, SGb 2007, 404, 407; *Burgi*, NZBau 2008, 480, 482.

309 Ursprünglich ist der Gesetzgeber des Vergaberechtsänderungsgesetzes zwar noch davon ausgegangen, dass nur privatrechtliche Verträge unter den Auftragsbegriff gefasst werden

Neben den geschriebenen Tatbestandsmerkmalen des § 99 GWB werden in Rechtsprechung und Literatur teilweise eine Lenkungs- und Steuerungswirkung[310] bzw. eine (vertragliche oder gesetzliche) Exklusivität[311] als weitere ungeschriebene Tatbestandsmerkmale des öffentlichen Auftragsbegriffs (jedenfalls im Bereich der sozialrechtlichen Vergaben) gefordert.[312] Ob diese berechtigt sind, wird im weiteren Verlauf der Arbeit an den entsprechenden Stellen noch angesprochen.[313] Im Ergebnis wird man dies aber wohl verneinen müssen.

a)   Vertragsparteien des Rabattvertrages

Es unterliegt keinen Zweifeln, dass pharmazeutische Unternehmer einer wirtschaftlichen Tätigkeit i. S. d. § 99 GWB nachgehen und damit Unternehmen[314] i. S. d. Vorschrift sind. Die Eigenschaft der gesetzlichen Krankenkassen als öffentlicher Auftraggeber ist zwar lange Zeit unklar gewesen, kann inzwischen aber als geklärt angesehen werden.[315] Rabattverträge werden damit zwischen öffentlichen Auftraggebern und Unternehmen abgeschlossen.

können (BT-Drs. 13/9340, S. 15). Eine solche Beschränkung ist aber weder mit dem europäischen Recht vereinbar noch findet sie eine Stütze im Gesetzestext.

310 Vgl. hierzu die Ausführungen auf Seite 74 ff. für den Bereich der Generika und Seite 86 ff. für den Bereich der patentgeschützten Originale.

311 Vgl. hierzu die Ausführungen auf Seite 79 ff. für den Bereich der Generika und Seite 86 ff. für den Bereich der patentgeschützten Originale

312 Diese ungeschriebenen Merkmale behandelt eingehend auch *Jansen*, in: Byok/Jaeger (Hrsg.), Kommentar zum Vergaberecht, 3. Auflage 2011, Einl. B. Rn. 18 ff. Allerdings gelangt der Autor im Ergebnis zu einer anderen Einschätzung als der Verfasser.

313 vgl. hierzu die Ausführungen auf Seite 74 f., 86 ff.

314 Im Gegensatz zum Begriff des öffentlichen Auftraggebers ist derjenige des Unternehmens nicht legaldefiniert. Nach der Rechtsprechung des EuGH (Urteil vom 18. Januar 2007, Az.: C-220/05) ist entscheidend, dass sich der Vertragspartner des öffentlichen Auftraggebers am Markt als Wirtschaftsteilnehmer darstellt, sich mithin wirtschaftlich betätigt. Der Unternehmesbegriff ist dabei extensiv auszulegen (hierzu: *Eschenbruch*, in: Kulartz/Kus/Portz (Hrsg.), Kommentar zum GWB Vergaberecht, 2. Auflage 2009, § 99 Rn. 125).

315 Vgl. hierzu die Ausführungen auf Seite 57.

b) Lieferleistung als Vertragsgegenstand

Arzneimittelrabattverträge müssten eine der in § 99 Absatz 1 GWB genannten Leistungen zum Gegenstand haben - mithin eine Liefer-, Bau-, oder Dienstleistung[316]. Auf den ersten Blick erscheint fraglich, ob dies tatsächlich so ist.

aa) Isolierte Betrachtung

Die Leistung des Unternehmers könnte bei Rabattverträgen zunächst (allein) in einer Rabattgewährung/Geldleistung gesehen werden.[317] Die Arzneimittelversorgung ist durch ein komplexes System multilateraler Sach- und Geldleistungen gekennzeichnet. Verordnet ein Vertragsarzt ein Medikament, wird dieses nicht von der Krankenkasse (als Leistungspflichtige) selbst zur Verfügung gestellt, sondern durch den Apotheker abgegeben. Nur dieser ist wegen des Apothekenmonopols[318] (§ 43 Absatz 1 AMG) berechtigt, das Arzneimittel gegenüber dem Endverbraucher in Verkehr zu bringen. Der Apotheker bezieht das Medikament direkt über den Großhandel, den er hierfür auch bezahlt. Die Abgabe des Arzneimittels (also die Sachleistung gegenüber dem Versicherten) rechnet der Apotheker mit der gesetzlichen Krankenkasse ab. Der pharmazeutische Unternehmer als Vertragspartner der Krankenkasse ist an diesem Lieferverhältnis aber gerade nicht beteiligt. Er liefert allein an den Großhandel und erhält für diese Leistung seine Vergütung. In dieses Rechtsverhältnis ist wiederum die Krankenkasse aber nicht eingebunden.[319]

Vor diesem Hintergrund scheint Gegenstand eines Rabattvertrages nach Maßgabe des § 130a Absatz 8 SGB V weniger die Lieferung von Arzneimitteln zur Deckung des Bedarfs der gesetzlichen Krankenkassen als Leistungspflichtige und Kostenträgerin zu sein, sondern in erster Linie der Preisnachlass, den der

---

316 Die weiteren in § 99 Absatz 1 GWB genannten Vertragsgegenstände - Baukonzessionen und Auslobungsverfahren, die zu Dienstleistungaufträgen führen sollen - kommen hier von vornherein nicht in Betracht und können daher außen vor bleiben.

317 Rabattverträge enthalten i. d. R. eine eigenständige (vertragsstrafenbewährte) Lieferverpflichtung des pharmazeutischen Unternehmers. Schon vor diesem Hintergrund könnte man von einer Lieferleistung ausgehen. Außerdem dienen Rabattverträge letztlich dazu, die für die Versorgung der Versicherten benötigten Medikamente möglichst kostengünstig zu beschaffen. Auch vor diesem Hintergrund scheint die Lieferleistung im Vordergrund zu stehen. (vgl. hierzu auch: *Stolz/Kraus*, VergabeR 2008, 1, 5).

318 *Fuhrmann/Klein/Fleischfresser*, in: Fuhrmann/Klein/Fleischfresser (Hrsg.), Arzneimittelrecht, Handbuch für die pharmazeutische Rechtspraxis, 2010, § 18 Rn. 15 - 16; *Rehmann*, Arzneimittelgesetz, 3. Auflage 2008, § 43 Rn. 1.

319 Dies ist auch der Grund dafür, dass die Rabattierung nicht als Abschlag auf den Verkaufspreis, sondern als eigenständige Rückzahlungspflicht ausgestaltet ist.

pharmazeutische Unternehmer den gesetzlichen Krankenkassen gewährt und in bestimmten Zeiträumen (z. B. Quartalen) auf Basis der zu Lasten der Krankenkasse abgegebenen bzw. verordneten Medikamente auskehrt. Es erscheint daher zweifelhaft zu sein, ob eine Lieferleistung vorliegt oder nicht.[320]

Diese Ansicht übersieht jedoch, dass Rabattverträge üblicherweise noch die (eigenständige und vertragsstrafenbewehrte) Verpflichtung des pharmazeutischen Unternehmers enthalten, die Apotheken während der Vertragslaufzeit zu beliefern.[321] Diese selbständige Leistungspflicht ist notwendig, damit die pharmazeutischen Unternehmen negative wirtschaftliche Folgen eines Rabattvertrages nicht dadurch abwenden, dass sie das vertragsgegenständliche Medikament nicht mehr ausliefern, um keine Rabatte auszahlen zu müssen.[322]

Problematisch könnte dabei allerdings sein, dass sich die Lieferung nicht an die gesetzlichen Krankenkassen als Auftraggeber, sondern (über die Apotheken) an die Versicherten richtet. Teilweise wird nämlich verlangt, dass die Lieferung in die unmittelbare oder zumindest mittelbare Verfügungsgewalt des öffentlichen Auftraggebers gelangen muss.[323] Auch wenn dies wohl der Regelfall sein wird, so ergibt sich dies nicht als konstitutives Element aus § 99 Absatz 2 GWB bzw. Artikel 1 Absatz 2 lit. c der RL 2004/18/EG. Da es auch nicht darauf ankommt, ob der öffentliche Auftraggeber einen eigenen Beschaffungsbedarf befriedigen will, ist es vielmehr konsequent, wenn öffentliche Lieferaufträge auch Verträge sein können, die eine Lieferverpflichtung an Dritte begründen.[324]

Wie das OLG Düsseldorf[325] unter Bezugnahme auf die Rechtsprechung des Europäischen Gerichtshofs (EuGH)[326] klargestellt hat, ist es auch unerheblich, ob der Auftraggeber die Leistung selber nutzt. Entscheidend ist allein, dass ein Vertrag geschlossen wird der eine Lieferverpflichtung begründet, gegenüber wem und zu welchem Zweck auch immer.

Wegen dieser eigenständigen vertraglichen Lieferverpflichtung der pharmazeutischen Unternehmen wird man im Ergebnis von einer Lieferleistung im Sin-

---

320 LSG Baden-Württemberg, Beschluss vom 28. August 2008, Az.: L 11 KR 4810/08 ER-B; *Schickert,* PharmR 2009, 164 ff.

321 Eine entsprechende eigenständige Lieferverpflichtung war schon in § 7 Absatz 1 des Rabattvertrages der AOKen vom 6. August 2007 enthalten. (Information zitiert nach *Stolz/Kraus*, VergabeR 2008, 1, 3 [Fn. 23]).

322 *Stolz/Kraus*, VergabeR 2008, 1, 3, 5.

323 So *Boesen*, Vergaberecht, § 99 Rn. 69, 74, 77; *Eschenbruch*, in: Kulartz/Kus/Portz (Hrsg.), Kommentar zum GWB-Vergaberecht, § 99 Rn. 149; *Stickler*, in: Reidt/Stickler/Glahs, Vergaberecht Kommentar, 3. Auflage 2003, § 99 Rn. 8.

324 So auch: *Stolz/Kraus*, VergabeR 2008, 1, 6 auf Basis einer Gesamtbetrachtung. Ebenso *Burgi*, NZBau 2008, 480, 484.

325 OLG Düsseldorf, Beschluss vom 23. Mai 2007, Az.: VII Verg 50/06; ebenso VK Bund, Beschluss vom 15. November 2007, Az. VK 2 – 102/07.

326 EuGH, Urteil vom 18. Januar 2007, Rs. C-220/05 (Auroux).

ne des Tatbestandes des § 99 GWB ausgehen können.[327] Letztlich wäre dies aber eine Frage des Einzelfalls.

bb) Gesamtbetrachtung

Zumindest aber dann, wenn man den Rabattvertrag nicht isoliert sondern als Bestandteil des Gesamtvorgangs der Arzneimittelbeschaffung betrachtet, ist das Vorliegen eines öffentlichen Lieferauftrages zu bejahen. Nach dem Sachleistungsprinzip[328] des SGB V (§ 2 Absatz 2 Satz 1 SGB V) erhalten die Versicherten die Leistungen (Behandlung, Arzneimittel, etc.) als Sach- bzw. Dienstleistung[329]. Dass dies bei der Versorgung mit Arzneimitteln nicht direkt geschieht, hat seinen Grund im Apothekenmonopol[330] nach § 43 Absatz 1 AMG. Dies ändert aber nichts daran, dass die Krankenkassen letztlich die Medikamente für ih-

---

327 *Stolz/Kraus*, VergabeR 2008, 1, 5 ff. setzen sich noch detailliert mit Problemen im Zusammenhang mit dieser isolierten Betrachtungsweise auseinander. Sie befassen sich dabei auch mit der Frage, ob ein öffentlicher Auftrag nach § 99 GWB das Vorliegen einer bestimmten Vertragsart voraussetzt, was sie zu Recht verneinen. So auch ausdrücklich *Burgi*, NZBau 2008, 480, 484. Ebenso wenig ist die synallagmatische Verknüpfung von Leistung und Gegenleistung für die Beurteilung bedeutsam, ob es sich um einen öffentlichen Auftrag handelt oder nicht. Hierzu: *Burgi*, NZBau 2008, 480, 484; *Stolz/Kraus*, VergabeR 2008, 1, 5.

328 Das Sachleistungsprinzip prägt die gesetzliche Krankenversicherung seit ihrem Bestehen und wurde vom Bundessozialgericht bereits vor seiner gesetzlichen Kodifizierung als »übernormatives Grundprinzip« bezeichnet. Allgemein hierzu: *Schiller*, in: Schnapp/Wigge, Handbuch des Vertragsarztrechts, 2. Auflage 2006, § 5 Rn. 8; *Haft*, ZRP 2002, 457, 458 f.; zu den historischen Ursprüngen des Sachleistungsprinzips: *Schimmelpfeng-Schütte*, ZRP 2006, 180, 182; kritisch zum Sachleistungsprinzip als Grundprinzip: *Lesinski-Schiedat*, MedR 2007, 345, 346; *Merten*, NZS 1996, 593, 597; *Sodan*, JZ 1998, 1168, 1172; *Schimmelpfeng-Schütte*, NZS 1999, 530, 535.

329 Nur im Ausnahmefall helfen die Krankenkassen durch eine unmittelbare Geldzahlung. Letzteres ist insbesondere bei der Zahlung von Krankengeld nach § 44 SGB V der Fall. Hierzu etwa: *Joussen*, in: Becker/Kingreen, SGB V, 2. Auflage 2010, § 44 Rn. 1 ff.; *Berchtold*, in: Rolfs/Giesen/Kreikebohm/Udsching (Hrsg.), Beck'scher Online-Kommentar Sozialrecht, Stand: 01.09.2011, Edition: 23, § 44 Rn. 1 ff; *Rolfs*, in: Müller-Glöge/Preis/Schmidt (Hrsg.), Erfurter Kommentar zum Arbeitsrecht, 11. Auflage 2011, SGB V, § 44 Rn. 1 ff.

330 *Fuhrmann/Klein/Fleischfresser*, in: Fuhrmann/Klein/Fleischfresser (Hrsg), Arzneimittelrecht, Handbuch für die pharmazeutische Rechtspraxis, 2010, § 18 Rn. 15 - 16; *Rehmann*, Arzneimittelgesetz, 3. Auflage 2008, § 43 Rn. 1. In Bezug auf Rabattverträge führt dies jedoch dazu, dass die Apotheken zu bloßen Abwicklungs- bzw. Ausgabestellen »degradiert« werden. So auch ausdrücklich: VK Bund, Beschluss vom 15. November 2007, Az.: VK 2 – 102/07; zurückhaltender aber mit ähnlicher Tendenz VK Düsseldorf, Beschluss vom 31. Oktober 2007, Az.: VK 31/2007 L.

re Versicherten beschaffen und diese Beschaffung auch schulden. Dass sie den Einkauf nicht direkt erledigen, liegt schließlich nur an dem Apothekenmonopol.

Funktional und wirtschaftlich betrachtet liegt deshalb im Abschluss des Rabattvertrags bereits die Beschaffung der preisgünstigen Arzneimittel,[331] deren bevorzugte Abgabe und Nachfrage durch die flankierenden Regelungen zu § 130a Absatz 8 SGB V gewährleistet wird.[332] Das unter funktionaler und wirtschaftlicher Betrachtungsweise relevante Marktgeschäft ist die kassenfinanzierte Abnahme eines Medikamentes eines bestimmten Herstellers.[333]

Diese funktionale Betrachtung unter Einbeziehung der sozialrechtlichen Rahmenbedingungen ist auch richtig.[334] Es entspricht inzwischen allgemeiner Auffassung, dass der Begriff des öffentlichen Auftrags nicht formal, sondern funktional zu verstehen ist.[335] Es ist nicht nur auf den gerade zur Vergabe anstehenden Vertrag abzustellen, sondern eine Gesamtbetrachtung der damit in Zusammenhang stehenden wirtschaftlichen Vorgänge anzustellen. Der Öffnung des Binnenmarktes für das staatliche Auftragswesen, die Verwirklichung der Grundfreiheiten und der effet-util-Grundsatz dürfen nicht durch gesetzliche Bestimmungen und erst Recht nicht durch vertragliche Bestimmungen umgangen werden. Wenn sich der nationale Gesetzgeber entschließt die Arzneimittelversorgung in einen multilateralen Leistungsaustausch zu zergliedern, darf dies nicht dazu führen, dass hierdurch der Anwendungsbereich des europäischen Vergaberechts eingeschränkt wird.[336] Für eine Rechtfertigung einer solchen Einschrän-

---

331 So auch *Stolz/Kraus*, VergabeR 2008, 1, 7; *Natz*, PharmInd 2007, 567, 569.

332 Dem Apotheker wird damit indirekt ein Teil seiner Aufgaben genommen, hat er doch insbesondere bei den im Ein-Partner-Modell abgeschlossenen Rabattverträgen keinerlei Einscheidungs- und Beratungsspielraum mehr. Etwas mehr an Freiheit steht dem Apotheker bei einem Drei-Partner Modell zur Verfügung.

333 VK Düsseldorf, Beschluss vom 31. Oktober 2007, Az.: VK31/2007; OLG Düsseldorf, Beschluss vom 19. Dezember 2007, Az.: VII-Verg 50/07; *Stolz/Kraus*, VergabeR 2008, 1, 7; *Gabriel*, NZS 2007, 344, 348; *Burgi*, NZBau 2008, 480, 484. Vgl. zur funktionalen Betrachtungsweise im Kartellvergaberecht ausführlich *Dreher*, in: Immenga/Mestmäcker, Wettbewerbsrecht: GWB, 4. Auflage 2008, vor §§ 97 Rn. 95 ff.

334 Die funktionale Betrachtungsweise wendet auch die VK Bund in ihrer Entscheidung zum de-facto-Rabattvertrag der AOK Baden-Württemberg, Beschluss vom 15. August 2008, Az.: VK 3 – 107/08, an (S. 19 des Beschlussumdrucks) an. Gleiches gilt für die Entscheidung zum Rabattvertrag der Techniker Krankenkasse (TK) für die Beschaffung von TNF-Alpha-Blockern (VK Bund, Beschluss vom 22. August 2008, Az.: VK 2 – 73/08, Beschlussumdruck S. 20 f.). Eingehend zur funktionalen Betrachtungsweise bei Rabattverträgen *Stolz/Kraus*, VergabeR 2008, 1, 9. So im Ergebnis auch *Kaltenborn*, GesR 2011, S. 1, 2.

335 BGH, Beschluss vom 1. Februar 2005, Az.: X ZB 27/04; OLG Düsseldorf, Beschluss vom 13. Juni 2007, Az.: VII-Verg 2/07; *Dreher*, in: Immenga/Mestmäcker, Wettbewerbsrecht, 4. Auflage 2007, § 99 Rn. 20; *Willenbruch*, in: Willenbruch/Wieddekind, Vergaberecht Kompaktkommentar, 2. Auflage 2011, § 99 Rn. 8.

336 So auch: *Stolz/Kraus*, VergabeR 2008, 1, 10.

kung ist hier nichts ersichtlich.[337] Im Ergebnis ist daher sowohl bei isolierter als auch bei funktionaler Betrachtung davon auszugehen, dass eine Lieferleistung i. S. v. § 99 GWB vorliegt.[338]

c) Entgeltlichkeit

Rabattverträge müssten darüber hinaus auch als entgeltliche Verträge i. S. v. § 99 Absatz 1 GWB zu qualifizieren sein. Die Funktion des Tatbestandsmerkmals der Entgeltlichkeit besteht darin, wirtschaftlich ausgerichtete Aufträge von nicht wirtschaftlichen Leistungsbeziehungen zu trennen.[339] Durch die Bezeichnung als entgeltlicher Vertrag soll dabei klargestellt werden, dass der öffentliche Auftraggeber eine Gegenleistung im Sinne einer eigenen Zuwendung erbringen muss.[340] Ein entgeltlicher Vertrag besteht damit grundsätzlich aus einer vereinbarten Leistung des Auftragnehmers für den Auftraggeber und einer geldwerten Gegenleistung des öffentlichen Auftraggebers für eben diese Leistung.[341] Die Gegenleistung des öffentlichen Auftraggebers muss dabei nicht notwendig in Geld bestehen. Es genügt jede Art von Vergütung die einen Geldwert haben kann.[342]

---

337 Vgl. hierzu die Ausführungen auf Seite 86 ff.

338 So im Ergebnis auch: *Jansen*, in: Byok/Jaeger (Hrsg.), Kommentar zum Vergaberecht, 3. Auflage 2011, Einl. B Rn. 20; LSG Nordrhein-Westfalen, Beschluss vom 3. September 2009, Az.: L 21 KR 51/09 SFB.

339 *Dreher*, in: Immenga/Mestmäcker, Wettbewerbsrecht: GWB, 4. Auflage 2007, § 99 Rn. 20.

340 Zum Entgeltbegriff: *Eschenbruch*, in: Kulartz/Kus/Portz (Hrsg.), Kommentar zum GWB-Vergaberecht, 2. Auflage 2009, § 99 Rn. 69 ff; *Hailbronner*, in: Byok/Jaeger (Hrsg.), Kommentar zum Vergaberecht, 3. Auflage 2011, § 99 Rn. 6; *Willenbruch*, in: Willenbruch/Wieddekind, Vergaberecht Kompaktkommentar, 2. Auflage 2011, § 99 Rn. 37.

341 BGH, Beschluss vom 1. Dezember 2008, Az.: X ZB 31/08; VK Lüneburg, Beschluss vom 14. Juni 2005, Az.: VgK-22/2005.

342 BGH, Beschluss vom 1. Dezember 2008, Az.: X ZB 31/08; OLG Düsseldorf, Beschluss vom 8. September 2005, Az.: VII-Verg 35/04; Beschluss vom 27. Oktober 2004, Az.: VII-Verg 41/04; LSG Nordrhein-Westfalen, Beschluss vom 10. September 2009, Az.: L 21 KR 53/09 SFB; dazu auch *Burgi*, NZBau 2008, 480, 485. Zusammenfassend hierzu: *Kaltenborn*, GesR 2011, S. 1, 2 ff.

aa) Gegenleistung der Krankenkassen

Auf den ersten Blick scheinen die Krankenkassen keine Gegenleistung für die vereinbarte Verpflichtung zur Lieferung und Rabattierung der vertragsgegenständlichen Arzneimittel zu erbringen.

(1) Entgeltliche Gegenleistung

Insbesondere entrichten sie direkt kein Entgelt an ihren Vertragspartner. Es ist vielmehr so, dass sie die abgegebenen Medikamente gegenüber dem Apotheker bezahlen. Erst über diesen bzw. den zwischengeschalteten Großhandel erfolgt die Bezahlung der pharmazeutischen Unternehmer. Grundsätzlich genügt aber eine solche Geldleistung durch Dritte, um einen öffentlichen Auftrag annehmen zu können.[343]

Bei isolierter Betrachtung des Rabattvertrages ist jedoch problematisch, dass der Verkauf an die Apotheke nicht erst durch den Rabattvertrag ermöglicht oder gestattet wird.[344] Gleichwohl ist vorliegend die Entgeltzahlung[345] durch den Rabattvertrag zumindest kausal bedingt. Denn aufgrund der Lieferverpflichtung hat das pharmazeutische Unternehmen den Apotheker (bzw. den Großhandel) zu beliefern, was wiederum dessen vertragliche Vergütungspflicht auslöst. Eine darüber hinausgehende Veranlassung der Entgeltzahlung durch den Auftraggeber ist nicht zu verlangen. Außerdem lässt sich dem Wortlaut von § 99 Absatz 1 GWB nicht entnehmen, dass das Entgelt für die beauftragte Leistung vom öffentlichen Auftraggeber in Persona geleistet werden muss. Wenn man davon ausgeht, dass ein öffentlicher Auftrag auch eine Leistungspflicht an Dritte beinhalten kann, ist

---

343 EuGH, Urteil vom 18. Januar 2007, Rs. C-220/05 (Auroux); OLG Düsseldorf, Beschluss vom 13. Juni 2007, Az.: VII Verg 2/07.

344 Die Lieferung der Medikamente ist schließlich nicht von dem Rabattvertrag abhängig. Dieser enthält zwar (i. d. R.) eine vertragsstrafenbewährte Lieferverpflichtung (hierzu: *Stolz/Kraus*, VergabeR 2008, 1, 3) und befasst sich inhaltlich bei funktionaler Betrachtung mit der Beschaffung von Medikamenten zur Versorgung der versicherten Mitglieder. Beide Aspekte sind aber nicht kausal – sie bedingen die Lieferung grds. nicht. Auch ohne das Bestehen entsprechender Verträge beschaffen die Krankenkassen die benötigten Medikamente – dann allerdings ohne eine entsprechende Rabattierung.

345 Es ist ja vielmehr sogar so, dass bei isolierter Betrachtung von Seiten der Krankenkasse als öffentlichem Auftraggeber überhaupt gar keine Zahlungspflicht geschuldet wird, diese vielmehr dem pharmazeutischen Unternehmer als Auftragnehmer obliegt. Dies ist jedoch unschädlich. Es ist bereits entschieden, dass eine Zahlungspflicht des Auftragnehmers nicht von Vornherein gegen die Entgeltlichkeit spricht (OLG Düsseldorf, Beschluss vom 27. Oktober 2007, Az.: Verg 41/04; BGH, Beschluss vom 1. Februar 2005, Az.: X ZR 27/04). Hierzu auch *Stolz/Kraus*, VergabeR 2008, 1, 7 f.

es vielmehr konsequent die Entgeltzahlung durch diesen Dritten als ausreichend anzusehen.[346]

Jedenfalls bei einer Gesamtbetrachtung[347] der Arzneimittelbeschaffung durch die gesetzliche Krankenkasse ist die Entgeltlichkeit des Lieferauftrages anzunehmen. Der multilaterale Leistungsaustausch, welcher der Arzneimittelbeschaffung zugrunde liegt ist allein dem Apothekenmonopol[348] (§ 43 AMG) geschuldet. Die Versorgung der Versicherten im Rahmen des Sachleistungsprinzips[349] über die Apotheke macht es notwendig, dass der Apotheker die Arzneimittel bei den pharmazeutischen Unternehmen einkauft und diese gegen Rückvergütung durch die gesetzliche Krankenkasse an den Versicherten abgibt.

Legt man eine solche Gesamtbetrachtung zugrunde, dann ist nicht von einer bloßen Entgeltzahlung durch Dritte, sondern von einer Entgeltzahlung (unmittelbar) durch die gesetzliche Krankenkasse auszugehen.[350]

(2) Unentgeltliche Gegenleistung

Ergänzt werden die geldlichen durch unentgeltliche Leistungen. Praktisch bedeutsam ist dabei vor allem die Substitutionsregelung des § 129 Absatz 1 SGB V. Hintergrund ist dabei folgende Überlegung: Bei Abschluss des Rabattvertrages mit der Krankenkasse verpflichtet sich der pharmazeutische Unternehmer zur Gewährung eines Rabattes für alle zu Lasten der Krankenkasse verordneten bzw. abgegebenen vertragsgegenständlichen Medikamente. Der Rabatt begründet für den Unternehmer die Gefahr, dass der Erlös für ihn nicht mehr auskömmlich ist, wenn das Arzneimittel doch nicht in den erwarteten Mengen abgenommen wird. Dem wirkt die Substitutionsverpflichtung nach § 129 Ab-

---

346 EuGH, Urteil vom 18. Januar 2008, Az.: C-220/05 (Auroux); OLG Düsseldorf, Beschluss vom 13. Juni 2007, Az.: VII-Verg 2/07. Hierzu auch: *Stolz/Kraus*, VergabeR 2008, 1, 9.

347 Vgl. zur Notwendigkeit und Begründung einer solchen Gesamtbetrachtung die Ausführungen auf Seite 65.

348 *Fuhrmann/Klein/Fleischfresser*, in: Fuhrmann/Klein/Fleischfresser (Hrsg.), Arzneimittelrecht, Handbuch für die pharmazeutische Rechtspraxis, 2010, § 18 Rn. 15 - 16; *Rehmann*, Arzneimittelgesetz, 3. Auflage 2008, § 43 Rn. 1

349 Das Sachleistungsprinzip prägt die gesetzliche Krankenversicherung seit ihrem Bestehen und wurde vom Bundessozialgericht bereits vor seiner gesetzlichen Kodifizierung als »übernormatives *Grundprinzip*« bezeichnet. Allgemein hierzu: *Schiller*, in: Schnapp/Wigge, Handbuch des Vertragsarztrechts, 2. Auflage 2006, § 5 Rn. 8; *Haft*, ZRP 2002, 457, 458 f.; zu den historischen Ursprüngen des Sachleistungsprinzips: *Schimmelpfeng-Schütte*, ZRP 2006, 180, 182; kritisch zum Sachleistungsprinzip als Grundprinzip: *Lesinski-Schiedat*, MedR 2007, 345, 346; *Merten*, NZS 1996, 593, 597; *Sodan*, JZ 1998, 1168, 1172; *Schimmelpfeng-Schütte*, NZS 1999, 530, 535.

350 So im Ergebnis auch Stolz/Kraus, VergabeR 2008, 1, 8 f.

satz 1 SGB V entgegen. Die Rabattvereinbarung stellt damit faktisch eine (teilweise) Absatzgarantie dar und damit eine erhebliche geldwerte Leistung.[351] Es spielt dabei keine Rolle, dass es sich um eine gesetzliche Begünstigung handelt. Es kann keinen Unterschied machen, ob die Begünstigung auf gesetzlicher oder vertraglicher Grundlage beruht. Ansonsten wäre eine Umgehung des Vergaberechts durch eine gesetzliche Regelung der Gegenleistung in Form eines wirtschaftlichen Vorteils problemlos möglich. Unschädlich ist auch, dass die Höhe des Entgelts nicht von Beginn an feststeht. Es kommt lediglich darauf an, dass überhaupt eine geldwerte Leistung vorhanden ist.[352]

Als weitere geldwerte Leistungen kommen außerdem Werbemaßnahmen[353] i. w. S. in Betracht, also alle Maßnahmen der gesetzlichen Krankenkasse, die auf eine Verbesserung der Umsetzungsquote gerichtet sind.[354]

bb) Rahmenvereinbarung oder Konzessionen

Im Rahmen der Entgeltlichkeit des Rabattvertrages stellt sich weiterhin die Frage, ob Rabattverträge Rahmenvereinbarungen[355] i. S. v. § 4 EG-VOL/A[356] oder Konzession sind.[357]

---

351 So auch *Byok*, GesR 2007, 553, 556.
352 *Kaeding*, PharmR 2007, 239, 245.
353 Beispielhaft sei hier der von der Techniker Krankenkasse ausgeschriebene Rabattvertrag zur Beschaffung von TNF-Alpha-Blockern genannt. Hier war ganz gezielt eine gemeinsame Kommunikations- und Werbestrategie vereinbart worden. Vgl. hierzu die Entscheidung der VK Bund, Beschluss vom 22. August 2008, Az.: VK 2 – 73/08 sowie die Ausführungen auf den Seiten 86 ff. und 86 f.
354 Zu den weiteren geldwerten Steuerungs- und Lenkungsinstrumenten vgl. die Ausführungen im dritten Teil der Arbeit zur Frage der Wirtschaftlichkeit von Rabattverträgen über patentgeschützte Medikamente. Die dort genannten Steuerungsinstrumente sind (von wenigen Ausnahmen abgesehen) auch für Generika anwendbar. Vgl. hierzu die Ausführungen auf Seite 86 ff.
355 Für die Einstufung als Rahmenvereinbarung: LSG Baden-Württemberg, Beschluss vom 23. November 2009, Az.: L 11 WB 5971/08; Beschluss vom 28. Oktober 2008, L 11 KR 4810/08 ER-B; OLG Düsseldorf, Beschluss vom 17. Januar 2008, Az.: VII-Verg 57/07; Beschluss vom 20. Februar 2008, Az.: VII-Verg 7/08; Beschluss vom 18./19. Dezember 2007, Az.: VII-Verg 44/07 u.a.; VK Düsseldorf, Beschluss vom 31. Oktober 2007, Az.: VK – 31/2007; VK Bund, Beschluss vom 15. November 2007, Az.: VK 2 – 114/07. Letztere geht dabei davon aus, dass durch die Einordnung als Rahmenvereinbarung gleichsam feststeht, dass es sich auch bei dem Einzelvertrag um einen öffentlichen Auftrag handelt. Ähnlich *Koenig/Klahn/Schreiber*, GesR 2007, 559, 563. Hierzu insgesamt auch: *Schickert*, PharmR 2009, 164, 166, der jedoch davon ausgeht, dass nicht die Arzneimittellieferung Gegenstand des Leistungsaustausches ist, sondern die Rabattierung in Form einer nachträglichen. Rückerstattung Anders aber: *Brixius/Esch*, Rabattverträge im Lichte des Vergaberechts, 57 ff. Kritisch äußert sich hier *Burgi* NZBau 2008, 480, 484, der ausführt:

Sowohl bei Rahmenvereinbarungen als auch bei Konzessionen kann sich der Auftragnehmer nicht sicher sein, ob und in welchem Umfang die vertragsgegenständliche Leistung tatsächlich abgerufen wird. Im Unterschied zu einer Rahmenvereinbarung trägt der Unternehmer bei Konzessionen jedoch das wirtschaftliche Marktrisiko selbst.[358] Er muss die Leistungseinrichtungen vorhalten und die Leistung erbringen. Ein Entgelt erhält er dafür nicht. Er muss vielmehr selbst dafür Sorge tragen, dass sich die Konzession wirtschaftlich rechnet, er seinen return on investment erreicht.

Bei Generika-Rabattverträgen kann sich der Unternehmer (fast) sicher sein, dass die vertragsgegenständliche Leistung aus dem Rahmenvertrag auch abgerufen wird.[359] Die effektive Nachfragesteuerung durch die Substitutionsverpflichtung des § 129 Absatz 1 SGB V i. V. m. § 4 RahmenV[360] sowie die weiteren gesetzlichen und/oder vertraglichen Steuerungsmaßnahmen[361] gewährleisten eine zuverlässige (Um-) Steuerung der Nachfrage auf das Rabattpräparat. Das wirtschaftliche Risiko liegt damit im Wesentlichen bei den Krankenkassen und nicht bei den pharmazeutischen Unternehmen.[362] Rabattverträge über Generika wer-

---

»Richtigerweise ist eher daran zu zweifeln, ob die vergaberechtlichen Vorschriften über »Rahmenvereinbarungen" überhaupt eingreifen können, da auf der »zweiten Stufe" (des konkreten Einzelabrufs) nicht der auf der ersten Stufe tätige öffentliche Auftraggeber (die gesetzliche Krankenkasse), sondern der Versicherte, mithin ein eindeutig nicht vergaberechtlich verpflichteter Privater, agiert.«. Ebenfalls zweifelnd *Gabriel*, NZS 2007, 344, 349.

356 Entspricht § 3a Nr. 4 VOL/A 2006.

357 Zusammenfassend hierz auch *Kaltenborn*, GesR 2011, S. 1, 2 ff.

358 Der EuGH hat in seiner Entscheidung »Kommission/Italien« (Urteil vom 18. Juli 2007, Az.: C-382/05) hervorgehoben, dass die Abgrenzung zwischen öffentlichem Auftrag und Konzession ausschließlich anhand des Gemeinschaftsrechts getroffen werden muss. Entscheidendes Abgrenzungskriterium ist die Ausschöpfung der Nutzungsbefugnis auf eigenes Risiko. Die vereinbarte Vergütung muss im Recht des Dienstleistungserbringers auf Verwertung der eigenen Leistung bestehen und damit implizieren, dass der Unternehmer das mit der Leistung verbundene Risiko übernimmt. Zuvor schon: EuGH, Urteil vom 13. Oktober 2005, Rs. C-458/08 (Parking Brixen). Hierzu auch: *Hailbronner*, in: Byok/Jaeger, Kommentar zum Vergaberecht, 3. Auflage 2011, § 99 Rn. 54.

359 Die Umsetzungsquote beträgt nach Angaben der AOKen derzeit rund 70 %. Diese Zahl haben die AOKen in der EU-Bekanntmachung vom 13. Oktober 2010 (EU-Abl.: 2010/S 199-303581) zu ihrer Generika-Ausschreibung unter Punkt II. 2.1. genannt. Der pharmazeutische Unternehmer kann sich also sicher sein, dass er seine Konkurrenten fast vollständig aus deren Marktposition verdrängen kann.

360 Rahmenvertrag über die Arzneimittelversorgung nach § 129 Absatz 2 SGB V in der Fassung vom 1. Februar 2011 zwischen den Spitzenverbänden der Krankenkassen und dem Deutschen Apothekerverband e. V.

361 Zu den Lenkungs- und Steuerungsinstrumenten (hier als Frage der Wirtschaftlichkeit und der Anreizsystem verstanden) vgl. die ausführlichen Ausführungen auf Seite 86 ff.

362 So auch *Burgi*, NZBau 2008, 480, 485.

den folglich als Rahmenvereinbarungen angesehen.[363] Daher kann auch die Frage offen bleiben, ob Konzessionen im Bereich von Lieferleistungen überhaupt anzuerkennen sind.[364]

d) Ungeschriebene Tatbestandsmerkmale

Subsumiert man streng unter die bisher behandelten Tatbestandsmerkmale, so kann kein Zweifel daran bestehen, dass es sich bei einem Arzneimittelrabattvertrag um einen öffentlichen Auftrag i. S. v. § 99 Absatz 1 GWB handelt. Dennoch werden neben diesen geschriebenen Tatbestandsmerkmalen des öffentlichen Auftrags in Rechtsprechung und Schrifttum weitere konstitutive ungeschriebene Merkmale diskutiert.

aa) Lenkungs- und Steuerungswirkung

So wird insbesondere das Vorliegen einer Lenkungs- und Steuerungswirkung verlangt. Nur dann, wenn gewährleistet sei, dass die Nachfrage durch Arzt und Apotheker auf das Rabattpräparat (um-)gesteuert werde, realisiere sich letztlich die durch die Krankenkasse getroffene Auswahlentscheidung. Nur dann könne ein öffentlicher Auftrag vorliegen.

---

363 Für die Einstufung als Rahmenvereinbarung: LSG Baden-Württemberg, Beschluss vom 23. November 2009, Az.: L 11 WB 5971/08; Beschluss vom 28. Oktober 2008, L 11 KR 4810/08 ER-B; OLG Düsseldorf, Beschluss vom 17. Januar 2008, Az.: VII-Verg 57/07; Beschluss vom 20. Februar 2008, Az.: VII-Verg 7/08; Beschluss vom 18./19. Dezember 2007, Az.: VII-Verg 44/07 u.a.; VK Düsseldorf, Beschluss vom 31. Oktober 2007, Az.: VK – 31/2007; VK Bund, Beschluss vom 15. November 2007, Az.: VK 2 – 114/07. Letztere geht dabei davon aus, dass durch die Einordnung als Rahmenvereinbarung gleichsam feststeht, dass es sich auch bei dem Einzelvertrag um einen öffentlichen Auftrag handelt. Ähnlich *Koenig/Klahn/Schreiber*, GesR 2007, 559, 563. Hierzu insgesamt auch: *Schickert*, PharmR 2009, 164, 166, der jedoch davon ausgeht, dass nicht die Arzneimittellieferung Gegenstand des Leistungsaustausches ist, sondern die Rabattierung in Form einer nachträglichen Anders aber: *Brixius/Esch*, Rabattverträge im Lichte des Vergaberechts, 57 ff. Kritisch äußert sich hier *Burgi* NZBau 2008, 480, 484, der ausführt: »*Richtigerweise ist eher daran zu zweifeln, ob die vergaberechtlichen Vorschriften über »Rahmenvereinbarungen" überhaupt eingreifen können, da auf der »zweiten Stufe" (des konkreten Einzelabrufs) nicht der auf der ersten Stufe tätige öffentliche Auftraggeber (die gesetzliche Krankenkasse), sondern der Versicherte, mithin ein eindeutig nicht vergaberechtlich verpflichteter Privater, agiert.*«. Ebenfalls zweifelnd *Gabriel*, NZS 2007, 344, 349.

364 Vgl. hierzu die Ausführungen auf Seite 86.

(1) Problemstellung

Zentraler Grundsatz des Vergaberechts ist die Vergabe im Wettbewerb.[365] Eine Vergabe im Wettbewerb ist aber nur dann möglich, wenn den Bietern die Rahmenbedingungen der Ausschreibung bekannt sind. Sie müssen insbesondere den Umfang des Auftrages kennen, um sicher und wirtschaftlich kalkulieren zu können. Genau diese Kalkulationsfrage ist bei Rabattverträgen mit Blick auf das sozialrechtliche Dreiecksverhältnis[366] aber problematisch. Im Unterschied zu klassischen Beschaffungsvorgängen entscheidet der öffentliche Auftraggeber bei Rabattverträgen nicht selbst über den Einzelabruf. Es entscheidet vielmehr ein Dritter, auf dessen Entscheidung die Krankenkasse als öffentlicher Auftraggeber keinen unmittelbaren Einfluss im Sinne einer Weisungsbefugnis[367] hat. Ein pharmazeutischer Unternehmer kann sich also niemals sicher sein, ob seine Leistungen überhaupt bzw. in welchem Umfang sie abgerufen werden.

Nach teilweise vertretener Ansicht führt dies bereits dazu, dass die Anwendung vergaberechtlicher Vorschriften auf Rabattverträge (als Selektivverträge) ausscheiden muss.[368] Eine verbreitete Ansicht nimmt hingegen vor diesem Hintergrund an, dass beim Abschluss von Arzneimittelrabattverträgen nur dann ein öffentlicher Auftrag i. S. d. § 99 GWB vorliegt, wenn es vertragliche und/oder gesetzliche Instrumente gibt, welche die Nachfrage bzw. den Einzelabruf so steuern, dass sich die Auswahlentscheidung des öffentlichen Auftraggebers auch auf einzelvertraglicher Ebene realisiert.[369] Der Tatbestand des § 99 GWB soll danach bei Arzneimittelrabattverträgen um das ungeschriebenes Tat-

365 *Dreher*, in: Immenga/Mestmäcker, Wettbewerbsrecht: GWB, 4. Auflage 2007 , § 97 GWB Rn. 8 ff.; *Bungenberg*, in: Loewenheim/Meessen/Riesenkampff, Kartellrecht, 2. Auflage 2009, § 97 GWB Rn. 6 ff.

366 *Rixen*, Sozialrecht, 2005 S. 119; *Ebsen*, in: von Maydell/Ruland/Becker, Sozialrechtshandbuch, 4. Auflage 2009, § 15 Rn. 117; *Muckel*, Sozialrecht, 3. Auflage 2009, § 8 Rn. 135; *Flint*, in: Grube/Wahrendorf, SGB XII Sozialhilfe, 3. Auflage 2010 § 75 Rn 4 ff; *Schön*, in : Plagemann, Sozialrecht, 3. Auflage 2009, § 40 Rn. 6 f.

367 Der Vertragsarzt genießt Therapiefreiheit. Schon deshalb kann die gesetzliche Krankenkasse ihm nicht die Auswahl eines bestimmten Medikamentes vorschreiben.

368 *Lietz/Natz*, A&R 2009, 1, 9; *Pruns*, Kartell- und vergaberechtliche Probleme des selektiven Kontrahierends auf europäischer Ebene, S. 422.

369 *Byok*, GesR 2007, 553, 556, der sich bei seiner Argumentation im Kern darauf stützt, dass die entgeltliche Gegenleistung der Krankenkassen darin bestehe, den ausgewählten Pharmaunternehmen eine aufgrund der Substitutionspflicht nach § 129 Absatz 1 S.3 SGB V gesetzlich gesicherte Sonderstellung im Wettbewerb und damit eine Absatzgarantie für die rabattierten Medikament auf dem Arzneimittelmarkt einzuräumen. In die gleiche Richtung gehen: OLG Düsseldorf, Beschluss vom 18. Dezember 2007, Az.: VII-Verg 47/07; Beschluss vom 20. Februar 2008, Az.: VII-Verg 7/08.

bestandsmerkmal einer Lenkungs- und Steuerungswirkung zu ergänzen sein.[370] Häufig wird hier auch der Begriff des Wettbewerbsvorteils gebraucht.[371]

(2) Pro Lenkungs- und Steuerungswirkung

Für die Notwendigkeit des ungeschriebenen Merkmals einer Lenkungs- und Steuerungswirkung spricht zunächst der vergaberechtliche Wirtschaftlichkeits[372]- und Wettbewerbsgrundsatz[373].

Nur ein Wettbewerb zwischen den Bietern gewährleistet einen möglichst günstigen Preis und damit eine wirtschaftliche Beschaffung. Ein für den öffentlichen Auftraggeber besonders wirtschaftliches Angebot wird der Bieter aber nur dann abgeben können, wenn er den Beschaffungsumfang kennt.[374] Genau dies ist bei Rabattverträgen mit Blick auf das sozialrechtliche Dreiecksverhältnis[375] aber problematisch. Sucht ein Versicherter zur Behandlung einer Krankheit einen Vertragsarzt auf, so verordnet dieser das notwendige Medikament unter Verwendung des sog. Kassenrezepts. Auf dieser Grund-

---

370 Teilweise wird dieses Merkmal zwar nicht ausdrücklich genannt, jedenfalls wird aber dann von einem öffentlichen Auftrag ausgegangen, wenn ein Rabattvertrag exklusiv abgeschlossen wurde und zugleich aufgrund der öffentlichen Verpflichtung in § 129 Absatz 1 Satz 2 SGB V zur Substitution eine Abgabe der rabattierten Medikamente sichergestellt werde. Vgl. etwa: LSG Baden-Württemberg, Beschluss vom 23. Januar 2009, Az.: L 11 WB 5971/08; Beschluss vom 4. Februar 2009, Az.: L 11 WB 381/09; VK Bund, Beschluss vom 23. Januar 2009, Az.: VK 3 – 194/08.

371 LSG Nordrhein-Westfalen, Beschluss vom 19. November 2009, Az. L 21 KR 55/09 SFB; Beschluss vom 10. September 2009, L 21 KR 53/09 SFB; Beschluss vom 29. April 2009, Az.: L 21 KR 40/09 SFB.; LSG Baden-Württemberg, Beschluss vom 23. Januar 2009, Az.: L 11 WB 5971/08, Beschluss vom 28, Oktober 2008; Az.: L 11 KR 4810/08 ER-B. Hierzu auch: *Jansen*, in: Byok/Jaeger (Hrsg.), Kommentar zum Vergaberecht, 3. Auflage 2011, Einl. B. Rn. 23.

372 *Hailbronner*, in: Byok/Jaeger (Hrsg.), Kommentar zum Vergaberecht, 3. Auflage 2011, § 97 Rn. 130 ff.; *Brauer*, in: Kulatz/Kus/Portz, Kommentar zum GWB Vergaberecht, 2. Auflage 2009, § 97 Rn. 124 ff.

373 *Brauer*, in: Kulatz/Kus/Portz, Kommentar zum GWB Vergaberecht, 2. Auflage 2009, § 97 Rn. 4 ff.; *Hailbronner*, in: Byok/Jaeger (Hrsg.), Kommentar zum Vergaberecht, 3. Auflage 2011, § 97 Rn. 130 ff.; *Bungenberg*, in: Loewenheim/Meessen/Riesenkampff, Kartellrecht, 2. Auflage 2009, § 97 Rn. 6 ff.

374 *Prieß*, in: Kulartz/Marx/Portz/Prieß (Hrsg.), Kommentar zur VOL/A, 2. Auflage 2011, § 8 Rn. 1 f., 27 ff. *Traupel*, in: Müller-Wrede (Hrsg.), VOL/A Kommentar, 3. Auflage 2010, § 8 EG Rn. 4 ff.

375 *Rixen*, Sozialrecht, 2005 S. 119; *Ebsen*, in: von Maydell/Ruland/Becker, Sozialrechtshandbuch, 4. Auflage 2009, § 15 Rn. 117; *Muckel*, Sozialrecht, 3. Auflage 2009, § 8 Rn. 135; *Flint*, in: Grube/Wahrendorf, SGB XII Sozialhilfe, 3. Auflage 2010 § 75 Rn 4 ff; *Schön*, in: Plagemann, Sozialrecht, 3. Auflage 2009, § 40 Rn. 6 f.

lage wählt der Versicherte eine Apotheke aus, wo er das verordnete Präparat erhält. Der eigentliche Kaufvertrag über das Medikament kommt zwischen der Krankenkasse und der Apotheke zustande, also gerade nicht zwischen den Rabattvertragsparteien. Im Ergebnis besteht so für den Unternehmer stets die Gefahr, dass der kalkulierte Erlös für ihn nicht mehr auskömmlich ist und er daher ein Angebot unterbreitet, welches nicht bis an die Grenze der Wirtschaftlichkeit kalkuliert ist, womit die Krankenkassen als öffentliche Auftraggeber auf einen nicht unerheblichen Teil an Einsparungen verzichten müssen.

Außerdem handelt es sich bei Rabattverträgen um Rahmenvereinbarungen. Legt man einen klassischen Beschaffungsvorgang in Form einer Rahmenvereinbarung nach § 4 Absatz 1 EG-VOL/A[376] zugrunde, ist es der öffentliche Auftraggeber der die Rahmenvereinbarung abschließt und auf dieser Basis schließlich die einzelne Leistung auswählt bzw. abruft. So ist es bei Arzneimittelrabattverträgen (die ebenfalls Rahmenvereinbarungen sind[377]) aber gerade nicht. Die einzelne Abrufentscheidung wird von dritten Personen[378] getroffen. Wegen ihrer Struktur als Rahmenvertrag kann sich der Unternehmer bei Rabattverträgen also ebenfalls niemals sicher sein, ob seine Leistungen überhaupt und in welchem Umfang sie abgerufen werden. Im Ergebnis besteht so für den Unternehmer also die (doppelte) Gefahr, dass der Erlös (auf Basis seiner unsicheren Kalkulationsgrundlage) für ihn nicht mehr

---

376 Entspricht § 3a Nr. 4 VOL/A 2006.

377 Für die Einstufung als Rahmenvereinbarung: LSG Baden-Württemberg, Beschluss vom 23. November 2009, Az.: L 11 WB 5971/08; Beschluss vom 28. Oktober 2008, L 11 KR 4810/08 ER-B; OLG Düsseldorf, Beschluss vom 17. Januar 2008, Az.: VII-Verg 57/07; Beschluss vom 20. Februar 2008, Az.: VII-Verg 7/08; Beschluss vom 18./19. Dezember 2007, Az.: VII-Verg 44/07 u.a.; VK Düsseldorf, Beschluss vom 31. Oktober 2007, Az.: VK – 31/2007; VK Bund, Beschluss vom 15. November 2007, Az.: VK 2 – 114/07. Letztere geht dabei davon aus, dass durch die Einordnung als Rahmenvereinbarung gleichsam feststeht, dass es sich auch bei dem Einzelvertrag um einen öffentlichen Auftrag handelt. Ähnlich *Koenig/Klahn/Schreiber*, GesR 2007, 559, 563. Hierzu insgesamt auch: *Schickert*, PharmR 2009, 164, 166, der jedoch davon ausgeht, dass nicht die Arzneimittellieferung Gegenstand des Leistungsaustausches ist, sondern die Rabattierung in Form einer nachträglichen Anders aber: *Brixius/Esch*, Rabattverträge im Lichte des Vergaberechts, 57 ff. Kritisch äußert sich hier *Burgi* NZBau 2008, 480, 484, der ausführt: »*Richtigerweise ist eher daran zu zweifeln, ob die vergaberechtlichen Vorschriften über »Rahmenvereinbarungen" überhaupt eingreifen können, da auf der »zweiten Stufe" (des konkreten Einzelabrufs) nicht der auf der ersten Stufe tätige öffentliche Auftraggeber (die gesetzliche Krankenkasse), sondern der Versicherte, mithin ein eindeutig nicht vergaberechtlich verpflichteter Privater, agiert.*«. Ebenfalls zweifelnd *Gabriel*, NZS 2007, 344, 349.

378 Letztlich entscheiden insbesondere der Arzt und der Apotheker über den Abruf der einzelnen Leistung aus dem Rahmenvertrag. Ersterer, weil der über die Ersetzungsbefugnis (aut-idem nach § 129 SGB V) entscheidet und Letzterer, weil er den Austausch des Arzneimittels vornimmt.

auskömmlich ist, wenn das Arzneimittel doch nicht in den erwarteten Mengen abgenommen wird.

Für die Notwendigkeit einer Lenkungs- und Steuerungswirkung spricht auch der Rechtsgrundverweis in § 69 Absatz 2 SGB V. Danach wäre in jedem Einzelfall die Anwendbarkeit des Vergaberechts zu prüfen. Auch insofern scheint es um eine Einzelfallentscheidung zu gehen. Dem ließe sich allerdings entgegenhalten, dass § 69 Absatz 2 SGB V nur einen allgemeinen Rechtsgrundverweis enthält und noch keine Aussage über den Umfang des öffentlichen Auftragsbegriffs trifft.

Ebenfalls für die Notwendigkeit des zusätzlichen Kriteriums spricht die Gesetzgebungsgeschichte. So heißt es in der Gesetzesbegründung zu § 69 SGB i. d. F. des GKV-OrgWG[379]:

> »Beim Abschluss von Einzelverträgen in der GKV ist in jedem Einzelfall zu prüfen, ob die tatbestandlichen Voraussetzungen des § 97 ff. GWB vorliegen, insbesondere ob es sich bei den jeweiligen Vergaben um öffentliche Aufträge i. S. d. § 99 GWB handelt. Im Wesentlichen hängt die Beantwortung davon ab, **ob** und **inwieweit** die **Krankenkassen** auf die **Auswahlentscheidung, welcher Vertragsgegenstand im einzelnen Versorgungsfall abgegeben wird, Einfluss nehmen. Abhängig von der individuellen Vertragsgestaltung** können Arzneimittelrabattverträge über Generika wegen der Verpflichtung der Apotheken in § 129 Absatz 1 Satz 3, die Ersetzung durch ein wirkstoffgleiches Arzneimittel vorzunehmen, für das ein Rabattvertrag geschlossen worden ist, **und des damit verbundenen mittelbaren Einflusses der Krankenkassen auf die Auswahlentscheidung des Vertragsgegenstandes als öffentliche Aufträge, zu qualifizieren sein.«**

(Hervorhebungen durch den Verfasser)

Danach scheint es so zu sein, dass auch der Gesetzgeber das konstitutive Merkmal der Lenkungs- und Steuerungsfunktion ausdrücklich anerkennt und Rabattverträge als nicht per se dem Vergaberecht unterstellt sieht, sondern die Eröffnung des vergaberechtlichen Regelungsbereiches stets von den Umständen des Einzelfalls, insbesondere der vertraglichen Ausgestaltung oder den faktischen Auswirkungen des Rabattvertrages im Einzelfall, abhängig machen wollte.

(3) Contra Lenkungs- und Steuerungswirkung

Es gibt jedoch auch einige gewichtige Argumente, die gegen das ungeschriebene und zugleich konstitutive Merkmal einer Lenkungs- und Steuerungswirkung sprechen. So setzt sich das Merkmal in einen unüberwindbaren Widerspruch zu den europarechtlichen Vorgaben für die Struktur bzw. die Merkmale des öffentlichen Auftragsbegriffs der RL 2004/18/EG, dem effet-util-Grundsatz

---

379 BT-Drs. 16/10609, S. 57.

und führt das Merkmal gleichzeitig zu einer Vermischung des öffentlichen Auftragsbegriffs nach § 99 GWB mit Fragen der Wirtschaftlichkeit des ausgeschriebenen Vertrags. Details sollen den Ausführungen zu den patentgeschützten Medikamenten vorbehalten bleiben.[380]

(4) Zusammenfassung

Eine detaillierte dogmatische Auseinandersetzung mit dem Merkmal der Lenkungs- und Steuerungswirkung ist bei der Beschaffung von Generika nicht erforderlich. Neben den sonstigen Steuerungsinstrumenten[381] ist bei Rabattverträgen über Generika die Substitutionsverpflichtung nach § 129 SGB V i. V. m. § 4 RahmenV[382] anwendbar. Außerdem werden Rabattverträge über Generika (soweit ersichtlich) stets exklusiv abgeschlossen. Die Lenkungs- und Steuerungswirkung liegt damit im Ergebnis bei Generika stets vor.

bb) Exklusivität

Ergänzend oder parallel zu dem Merkmal der Lenkungs- und Steuerungswirkung wird verlangt, dass den pharmazeutischen Unternehmen eine exklusive Versorgungsstellung eingeräumt wird.[383] Nur dann, wenn vertraglich oder zumindest faktisch gewährleistet sei, dass das bezuschlagte Unternehmen exklusiver Vertragspartner für das vertragsgegenständliche Arzneimittel werde, könne ein öffentlicher Auftrag vorliegen.[384]

---

380 Vgl. hierzu die Ausführungen auf Seite 86.
381 Vgl. hierzu die Ausführungen auf Seite 86.
382 Rahmenvertrag über die Arzneimittelversorgung nach § 129 Absatz 2 SGB V in der Fassung vom 1. Februar 2011 zwischen den Spitzenverbänden der Krankenkassen und dem Deutschen Apothekerverband e. V.
383 Kritisch hat sich hierzu das LSG Baden-Württemberg in seinem Beschluss vom 23. Januar 2009, Az.: L 11 WB 5971/08 (EPO) geäußert. Das Gericht führt aus, dass eine Lenkungs- und Steuerungswirkung durch das Verhalten des Apothekers ausscheiden müsse. Der Apotheker sei Vertragspartner der Krankenkassen. Sein Verhalten könne den Krankenkassen daher nicht zugerechnet werden. Auch das Handeln des Vertragsarztes können wegen der bestehenden Therapiefreiheit nicht zugerechnet werden. Eine Auswahlentscheidung könne aber dann vorliegen, wenn die Krankenkasse dem pharmazeutischen Unternehmer Exklusivität zusichere. Kritisch zu dieser Argumentation *Schickert*, PharmR 2009, 164, 170.
384 So betrachtet das LSG Baden-Württemberg das Kriterium als entscheidend für die Annahme eines öffentlichen Auftrages. Das LSG Nordrhein-Westfalen (Beschluss vom 10. September 2009, Az.: L 21 KR 53/09 SFB) hingegen will auch solche Verträge erfassen, die nicht exklusiv abgeschlossen worden sind. Entscheidend sei, dass ein faktischer

Ausdrücklich gesetzlich vorgesehen ist das Merkmal der Exklusivität dabei aber weder im nationalen noch im europäischen Vergaberecht. Es erscheint daher fraglich, ob dieses einschränkende Merkmal berechtigt ist oder ob es sich gar um eine bloße Wiedergabe der schon in den vergaberechtlichen Bestimmungen selbst angelegten Vorgaben handelt.[385]

Bei Generika-Rabattverträgen ist eine nähere dogmatische Auseinandersetzung hierzu entbehrlich. Soweit ersichtlich, werden gegenwärtig alle Generika-Rabattverträge exklusiv abgeschlossen. Völlig eindeutig ist dies für den Bereich des Ein-Partner-Modells[386]. Zweifel könnten sich allenfalls mit Blick auf das z. B. von der DAK verfolgte Drei-Partner-Modell[387] ergeben, ist dort doch der Rabattvertrag so ausgestaltet, dass er mit drei Partnern pro Wirkstoff abgeschlossen wird. Es ist jedoch zu berücksichtigen, dass die Vereinbarung auch hier insofern exklusiv ist, als keine weiteren Vertragspartner mit in den Kreis der Lieferanten für den Wirkstoff aufgenommen werden. Bei Rabattverträgen im Bereich patentgeschützter Medikamente können sich jedoch Besonderheiten ergeben. Die rechtsdogmatische Auseinandersetzung soll daher dem dritten Teil der vorliegenden Arbeit vorbehalten bleiben.[388]

II. Ausgestaltung der Ausschreibung (»Wie«)

Steht für die gesetzlichen Krankenkassen als öffentliche Auftraggeber[389] nun fest, dass auf Generika-Rabattverträge das Vergaberecht Anwendung findet[390], ist im Folgenden der Frage nachzugehen, wie ein solches Vergabeverfahren inhaltlich auszugestalten wäre.

Wettbewerbsvorteil bestehe. Hierzu: *Ulshöfer*, VergabeR 2010, 132 ff; *Meyer-Hofmann/Weng*; PharmR 2010, 324 ff.; *Anders/Knöbl*, VergabeR 2010, 581; *Goodarzi/Jansen*, NZS 2010, 427, 428; *Gabriel*, VergabeR 2010, 142, 142; *Dreher/Hoffmann*, NZBau 2009, 273, 275.

385 So z. B. von *Langsdorff*, in: Sodan (Hrsg.), Handbuch des Krankenversicherungsrechts, 2010, § 15 Rn. 62.

386 Zum Begriff des Ein-Partner-Modells vgl. die Ausführungen auf Seite 45 ff.

387 Zum Begriff des Drei-Partner-Modells vgl. die Ausführungen auf Seite 45 ff.

388 Vgl. hierzu die Ausführungen im Dritten Teil der Arbeit auf Seite 86 ff.

389 Vgl. zur Frage, ob die gesetzlichen Krankenversicherungen öffentliche Auftraggeber nach § 98 GWB sind die Ausführungen auf Seite 60 m.w.N.

390 Das dass Vergaberecht auf Rabattverträge im Bereich generischer Medikamente anwendbar ist dürfte inzwischen allgemein anerkannt sein. Vgl. hierzu die Ausführungen oben auf Seite 61 ff.

1. Bedarfsanalyse

In einem ersten Schritt muss die beschaffende Krankenkasse sich in einer umfassenden Analyse Gewissheit über ihren Bedarf im Allgemeinen sowie die Besonderheiten der zu beschaffenden Medikamente und damit auch das Ziel des geplanten Rabattvertrages verschaffen.

Generika-Rabattverträge sind dabei in aller Regel auf eine möglichst kostengünstige Beschaffung der benötigten Medikamente fokussiert. Im Bereich generischer Wirkstoffe gibt es eine Vielzahl von untereinander austauschbaren Medikamenten am Markt. Besondere vertragliche Modelle, wie Mehrwertverträge[391] oder Risk/Cost-Sharing-Modelle[392] sind von deutlich untergeordneter Bedeutung. Soweit ersichtlich, sind entsprechende Modelle im Zusammenhang mit der Beschaffung von Generika noch nicht umgesetzt worden. Die Schaffung von Wettbewerb[393] zur Abschöpfung von Wirtschaftlichkeitsreserven steht im Vordergrund.

Von großer Bedeutung für die Ausgestaltung der Ausschreibung im Detail ist es auch die Besonderheiten der verschiedenen Darreichungsformen im Vorfeld der Ausschreibung zu erfassen und zu bewerten, damit sie in der Ausschreibung so abgebildet werden können, dass die Angebote nach § 8 Absatz 1 EG-VOL/A[394] miteinander vergleichbar[395] sind und den beteiligten Unternehmen

---

391 *Ecker/Preuß*, in: Ecker/Preuß/Raski (Hrsg.), Handbuch Direktverträge, S. 34. Ein Fallbeispiel zum Abschluss eines Mehrwertvertrages findet sich *bei v. Rothkirch/Ecker*, in: Ecker/Preuß/Raski (Hrsg.), Handbuch Direktverträge, 2008, S. 91 f. Vgl. hierzu auch die Ausführungen auf Seite 45 ff.

392 Zu den Risk-Sharing-Modellen vgl. *Ecker/Preuß*, in: Ecker/Preuß/Raski (Hrsg.), Handbuch Direktverträge, S. 43 ff.; *Reese/Stallberg*, Dieners/Reese, Handbuch des Pharmarechts, 2010, § 17 Rn. 317 ff.; *Fuhrmann/Klein/Fleischfresser*, in: Fuhrmann/Klein/Fleischfresser (Hrsg.), Arzneimittelrecht, Handbuch für die pharmazeutische Rechtspraxis, 2010, § 46 Rn. 142. Vgl. auch die Ausführungen auf Seite 45 ff. Zu den Cost-Sharing-Modellen vgl. *Ecker/Preuß*, in: Ecker/Preuß/Raski (Hrsg.), Handbuch Direktverträge, S. 49 ff.; *Schickert*, PharmR 2009, 164, 173; *Fuhrmann/Klein/Fleischfresser,* in: Fuhrmann/Klein/Fleischfresser (Hrsg.), Arzneimittelrecht, Handbuch für die pharmazeutische Rechtspraxis, 2010, § 46 Rn. 142. Vgl. auch die Ausführungen auf Seite 45 ff.

393 Wettbewerb ist letztlich die Grundlage für eine möglichst wirtschaftliche Beschaffung durch den öffentlichen Auftraggeber. Daher sind auch die Lenkungs-und Steuerungsinstrumente von so großer Bedeutung (vgl. hierzu die Ausführungen auf Seite 86 ff.). Dabei handelt es sich nach der hier vertretenen Auffassung bei den Lenkungs- und Steuerungsinstrumenten nicht um ungeschriebene Tatbestandsmerkmale des öffentlichen Auftragsbegriffs, sondern um Fragen der Wirtschaftlichkeit des abzuschließenden Rabattvertrages.

394 Entspricht § 8 Nr. 1 Absatz 1 VOL/A 2006.

keine ungewöhnlichen Wagnisse auferlegt werden.[396] Diese Bedarfsanalyse ist sorgfältig in einem Vergabevermerk zu dokumentieren.[397]

2. Vorgaben der Verdingungsordnungen für die Ausgestaltung des Beschaffungsbedarfs

Auf Basis der Bedarfsanalyse muss die Krankenkasse den Beschaffungsbedarf im Detail ausgestalten. Grundsätzlich verfügt der öffentliche Auftraggeber hier über einen weit reichenden Ausgestaltungsspielraum.[398] Er ist in seiner Entscheidung aber nicht vollkommen frei - für ihn gilt zwar das Privatrechtrecht, nicht aber die Privatautonomie.[399] Die Ausgestaltung des Beschaffungsbedarfs muss sich stets an den allgemeinen vergaberechtlichen Grundsätzen des § 97 GWB und den Vorgaben der Verdingungsordnungen orientieren.[400]

Der öffentliche Auftraggeber muss den Beschaffungsbedarf daher zunächst einmal extensiv bestimmen. Nur so kann sich im Wettbewerb das wirtschaftlichste Angebot durchsetzen. Besonderheiten innerhalb des Beschaffungsbedarfs

---

395 Mit den Details zur Leistungsbeschreibung setzt sich *Jansen*, in: Byok/Jaeger (Hrsg.), Kommentar zum Vergaberecht, 3. Auflage 2011, Einl. B. Rn. 40 ff. eingehend auseinander.

396 In der Praxis hat es z. B. eine intensive Diskussion über die Aufnahme topischer Darreichungsformen in den Beschaffungsbedarf gegeben. Die pharmazeutischen Unternehmen haben argumentiert, dass schon das Trägermedium (Wasser, Alkohol) selbst therapeutische Wirkung habe. Salbe, Creme bzw. Lotion ließen sich daher nicht beliebig gegeneinander austauschen. Die Krankenkassen hingegen haben die Auffassung vertreten, dass es um die Beschaffung für eine größtmögliche Schnittemenge an Patienten gehe. Die gemeinsame Ausschreibung sei unschädlich, sei es doch letztlich die Entscheidung des Arztes, ob er den Austausch nach § 129 Absatz 1 SGB V zulasse oder nicht.

397 Eine sorgfältige Dokumentation im Vergabevermerk ist deswegen von so großer Bedeutung, weil sich auf diese Weise im Vergabenachprüfungsverfahren der Nachweis führen lässt, dass an dieser Stelle ordnungsgemäß gearbeitet worden ist.

398 Das Vergaberecht legt dem Auftraggeber keine Beschränkung dahingehend auf, was beschafft werden darf. Es enthält »lediglich« die Verfahrensregeln für die Beschaffung, gibt dieser eine Struktur und stattet sie zudem mit Rechtsdurchsetzungsmacht aus. Für die Bestimmung und Ausgestaltung des Beschaffungsbedarfs gelten die allgemeinen vergaberechtlichen Grundsätze des § 97 GWB. Vgl. hierzu: *Wiedemann*, in: Kulartz/Marx/Portz/Prieß (Hrsg.), Kommentar zur VOL/A, 2. Auflage 2011, § 19 EG Rn. 283 sowie § 2 Rn. 27 f.; OLG Schleswig, Beschluss vom 19. Januar 2007, Az.: 1 Verg 14/06; OLG Jena, beschluss vom 6. Juni 2007, Az.: 9 Verg 3/07; OLG Düsseldorf, Beschluss vom 26. Juli 2006, Az.: VII-Verg 19/06.

399 BGH, Urteil vom 05. April 1984, Az.: III ZR 12/83.

400 Die Rechtsnatur der Vergabegrundsätze liegt nicht lediglich in der Statuierung von Vergabezielen. Die Grundsätze des § 97 GWB sind vielmehr materielle Vergaberechtsgrundsätze. Sie enthalten daher rechtlich bindende Anforderungen für das Vergabeverfahren an sich und für die Verhaltensweisen der an diesem Beteiligten.

können über (Fach-)Lose abgebildet und berücksichtigt werden.[401] Will der Auftraggeber hingegen den Beschaffungsbedarf enger bestimmen, muss sich dies sachlich über die zu vergebende Leistung begründen lassen und ist nur unter den strengen Voraussetzungen der § 8 EG-VOL/A[402] zulässig. Auch ist der öffentliche Auftraggeber nach § 8 Absatz 1 EG-VOL/A[403] verpflichtet den Beschaffungsbedarf so auszugestalten, dass die abgegebenen Angebote miteinander verglichen werden können.[404]

In Anlehnung an diese Vorgaben ist bei Generika-Rabattverträgen eine wirkstoffbezogene Ausgestaltung des Beschaffungsbedarfs vorzugswürdig.[405] Zwar wäre auch eine indikationsbezogene Ausschreibung denkbar. Dies hätte aber den entscheidenden Nachteil, dass man die Aut-idem-Substitution des § 129 Absatz 1 SGB V mangels Wirkstoffgleichheit nicht nutzen könnte. Ein bedeutsames Lenkungs- und Steuerungsinstrument[406] wäre damit nicht anwendbar. Innerhalb der Ausschreibung können bei wirkstoffbezogener Ausschreibung (und so ist es gängige Praxis) Wirkstofflose gebildet werden.[407] Innerhalb dieser Lose wird dann häufig noch einmal weiter in verschiede Darreichungsformen unterteilt oder werden Besonderheiten der verschiedenen Präparate in die Gestaltung aufgenommen. Regionallose werden hingegen nur von den AOKen in ihrer gemeinsamen Ausschreibung gebildet. Damit soll dem Vorwurf einer Ausnutzung von Marktmacht entgegengewirkt werden.[408]

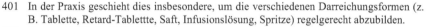

---

401 In der Praxis geschieht dies insbesondere, um die verschiedenen Darreichungsformen (z. B. Tablette, Retard-Tablettte, Saft, Infusionslösung, Spritze) regelgerecht abzubilden.

402 Entspricht § 8, 8a VOL/A 2006.

403 Entspricht § 8 Nr. 1 Absatz 1 VOL/A 2006.

404 Hierzu: *Prieß*, in: Kulartz/Marx/Portz/Prieß (Hrsg.), Kommentar zur VOL/A, § 8 EG Rn. 15 ff; *Traupel*, in: Müller-Wrede (Hrsg.), VOL/A Kommentar, 3. Auflage 2010, § 8 EG Rn. 12 ff. Mit den Details zur Leistungsbeschreibung bei Beschaffungen im Bereich des Sozialrechts setzt sich *Jansen*, in: Byok/Jaeger (Hrsg.), Kommentar zum Vergaberecht, 3. Auflage 2011, Einl. B. Rn. 40 ff. eingehend auseinander.

405 Anders ist dies bei Rabattverträgen im Bereich der patentgeschützten Medikamente. Wegen des Wirkstoffpatentschutzes ist es dort besser, den Beschaffungsbedarf über die Indikation zu bestimmen. Vgl. hierzu die Ausführungen auf Seite 86 ff.

406 Zur Bedeutung und Funktion der Lenkungs- und Steuerungsinstrumente bei Rabattverträgen vgl. die Ausführungen auf S. 84 und 86 ff.

407 Hierzu *Gabriel/Weiner*, NZS 2009, 422 ff., Fn. 33.

408 Praktisch ist die Marktmacht der AOKen trotz der Losaufteilung allerdings nicht zu unterschätzen. Sie vertreten rund 40 % des gesamten Krankenkassenmarktes. Dies ist kartellrechtlich problematisch. Vgl. hierzu die Ausführungen auf Seite 85 ff.

3. Verfahrensart

Die gesetzlichen Krankenversicherungen sind als öffentliche Auftraggeber über § 101 Absatz 7 GWB i. V. m. § 3 Absatz 1 EG-VOL/A[409] verpflichtet grundsätzlich das offene Verfahren zu wählen. Auf diese Weise soll ein Ausgleich in dem Spannungsverhältnis zwischen Wettbewerb, Transparenz und Diskriminierungsfreiheit gewährleistet werden und gleichzeitig dem Wunsch nach möglichst umfassender Flexibilität bei der wirtschaftlichen Leistungsbeschaffung Rechnung getragen werden.[410] Das offene Verfahren verwirklicht die in § 97 GWB normierten Grundsätze von Wettbewerb, Transparenz und Gleichbehandlung am besten.[411] Die Unternehmen handeln (jedenfalls dem Grunde nach[412]) in Unsicherheit[413] über ihre jeweilige Konkurrenz und deren Angebote. Die (einschränkenden) Voraussetzungen der anderen Verfahrensarten[414] liegen bei der Ausschreibung von Generika-Rabattverträgen nicht vor.[415] In der Praxis werden (soweit ersichtlich) alle Ausschreibungen zum Abschluss von Generika-Rabattverträgen im offenen Verfahren abgewickelt.

4. Wirtschaftlichkeit bzw. Lenkungs- und Steuerungsinstrumente

Der Nachfragesteuerung bzw. Umlenkung der Abgaben auf das rabattierte Medikament müssen die Krankenkassen bei Generika-Rabattverträgen keine besondere Aufmerksamkeit schenken.

---

409 Entspricht § 3a Nr. 1 Absatz 1 VOL/A 2006.
410 *Hausmann/von Hoff*, in: Kulartz/Marx/Portz/Prieß (Hrsg.), Kommentar zur VOL/A, 2. Auflage 2011, § 3 EG Rn. 7; *Kulartz*, in: Kulartz/Kus/Portz (Hrsg.), Kommentar zum GWB Vergaberecht, 2. Auflage 2009, § 101 Rn. 64 ff; *Kaeble*, in: Müller-Wrede (Hrsg.), VOL/A Kommentar, 3. Auflage 2010, § 3 EG Rn. 10 ff.; *Bungenberg*, in: Loewenheim/Meessen/Riesenkampff, Kartellrecht, 2. Auflage 2009, § 101 Rn. 13.
411 So die Regierungsbegründung zum Vergaberechtsänderungsgesetz, BT-Drs. 13/9340, S. 15; *Werner*, in: Byok/Jaeger (Hrsg.), Kommentar zum Vergaberecht, 3. Auflage 2011, § 101 Rn. 135 ff.
412 Vorbehaltlich strafrechtlich sanktionierter Absprachen (§§ 263, 298 StGB).
413 Die Angebote bleiben nach Maßgabe des § 22 Nr. 1 VOL/A 2006 (entspricht § 17 Absatz 1 EG-VOL/A) bis zum Eröffnungstermin geheim.
414 Also des Nichtoffenen Verfahrens, des Verhandlungsverfahrens und des wettbewerblichen Dialoges.
415 *Wille*, A&R 2008, 164 wirft dabei die Frage auf, ob generische Arzneimittel, die z. B. aufgrund einer abweichenden Bioverfügbarkeit in ihrer Austauschbarkeit begrenzt sind, über eine technische Besonderheit im Sinne von § 4 EG-VOL/A verfügen und deshalb möglicherweise der Beschaffung durch ein Verhandlungsverfahren zugänglich sind.

Über die Aut-Idem-Substitution des § 129 Absatz 1 i. V. m. § 4 RahmenV[416] wird die Nachfrage zuverlässig auf das Rabattvertragsmedikament (um-)gelenkt. Zusätzlich werden Rabattverträge in der Praxis stets exklusiv abgeschlossen.[417] Zusammen mit den schon gesetzlich angelegten Steuerungsinstrumenten[418] werden so Umsetzungsquoten von 70 Prozent und mehr erreicht.[419]

C. Vorgaben und Anforderungen des Kartellrechts

Die Ausgaben der gesetzlichen Krankenversicherung sind enorm. Im Jahre 2010 haben sie insgesamt ca. 171 Mrd. Euro für die Versorgung der rund 70 Millionen Versicherten ausgegeben.[420] Vor dem Hintergrund der hiermit verbundenen Nachfragemacht liegt die Frage nahe, ob die gesetzlichen Krankenkassen gegenüber den Leistungserbringern nicht nur dem Sozialrecht, sondern bei der Anwendung vergaberechtlicher Vorschriften auch dem Kartellrecht verpflichtet sind.[421] Es sind hier verschiedene Problemkreise zu unterscheiden, die im folgenden Abschnitt zusammenfassend vorgestellt werden sollen. Dabei sind auch die Änderungen zum 1. Januar 2011 durch das Gesetz zur Neuordnung der Arzneimittelmarktes (AMNOG)[422] berücksichtigt worden.[423]

---

416 Rahmenvertrag über die Arzneimittelversorgung nach § 129 Absatz 2 SGB V in der Fassung vom 1. Februar 2011 zwischen den Spitzenverbänden der Krankenkassen und dem Deutschen Apothekerverband e. V.

417 Zur Frage ob eine vertraglich vereinbarte exklusive Vertragsstellung bei als Rahmenvereinbarungen einzustufenden Rabattverträgen überhaupt eine Lenkungswirkung entfalten kann, vgl. die Ausführungen auf Seite 86.

418 Zu den Lenkungs- und Steuerungsinstrumenten insgesamt die Ausführungen auf Seite 86 ff. Die Ausführungen gelten dabei unabhängig davon, dass sie sich auf patentgeschützte Medikamente beziehen. Die zu berücksichtigenden Besonderheiten ergeben sich aus dem Text.

419 Die AOKen erreichen mit ihren Generika-Rabattverträgen inzwischen Umsetzungsquoten von 70 % und mehr. Diese Zahl wird in den Verdingungsunterlagen zur AOK-Ausschreibung (EU-Abl.: 2010/S 199-303581 vom 13. Oktober 2010) unter Punkt II. 2. 1. genannt.

420 Eine detaillierte Übersicht der Ausgaben unter Berücksichtigung einer prozentualen Verteilung ist auf Seite 23 ff. verfügbar.

421 Hierzu aus jüngerer Zeit: *Gaßner/Eggert*, NZS 2011, 249 ff.

422 Gesetz zur Neuordnung des Arzneimittelmarktes in der gesetzlichen Krankenversicherung (AMNOG) vom 22. Dezember 2010, BGBl. I, S. 2262.

423 Zum Kartellrecht in der GKV nach dem AMNOG vgl. *Holzmüller*, NZS 2011, 485 ff.

I. Anwendbarkeit des Kartellrechts auf gesetzlichen Krankenkassen

Zunächst ist der Frage nachzugehen, ob das Kartellrecht überhaupt auf die gesetzlichen Krankenkassen in Deutschland anwendbar, mithin sein persönlicher Anwendungsbereich eröffnet ist.[424]

1. Gesetzliche Krankenkassen als Unternehmen

Voraussetzung hierfür ist dabei zunächst, dass es sich bei den Krankenkassen um Unternehmen im Sinne des Kartellrechts handelt. Aus der Sicht des europäischen Kartellrechts (Artikel 101, 102 AEUV[425]) lässt sich dies klar verneinen. In der Festbetrags-Entscheidung[426] aus dem Jahre 2004 hat der Europäische Gerichtshof (EuGH) die Krankenkassen nicht als Unternehmen im Sinne des europäischen Kartellrechts eingestuft. Die gesetzlichen Krankenkassen würden eine rein soziale Aufgabe wahrnehmen, die auf dem Grundsatz der Solidarität beruhe und ohne Gewinnerzielungsabsicht ausgeübt werde. Die Krankenkassen konkurrierten somit weder untereinander noch mit den privaten Einrichtungen.[427] Eine weitere Eingrenzung hat der Europäische Gerichtshof (EuGH) in der Fenin-Entscheidung[428] vorgenommen. In dieser Entscheidung bestätigte der Gerichtshof die vorangegangene Entscheidung des EuG[429], wonach bei der Beurteilung des Wesens einer Einkaufstätigkeit (von Krankenhäusern in Spanien) der Kauf eines Erzeugnisses nicht von dessen späterer Verwendung getrennt werden könne. Deshalb bestimme der wirtschaftliche oder nichtwirtschaftliche Charakter der späteren Verwendung des erworbenen Erzeugnisses zwangsläufig den Charakter der Einkaufstätigkeit.[430]

---

424 Umfassend zur Anwendbarkeit des europäischen Kartellrechts auf gesetzliche Krankenkassen *Penner*, Leistungserbringerwettbewerb in einer sozialen Krankenversicherung, 2009, S. 236 ff.; *Hensel*, Selektivverträge im vertragsärztlichen Leistungserbringungsrecht, 2010, S. 172 ff.; hierzu auch: *Leitz/Natz*, A&R 2009, 3, 6. Vgl.
425 Früher: Artikel 81, 82 EG
426 EuGH, Urteil vom 16. März 2004, verb. Rs. C-264/01 (AOK Bundesverband), C-306/01, C-354/01 und C-355/01.
427 Der Gerichtshof setzte sich damit in Widerspruch zu den Schlussanträgen des Generalanwalts, der ein unternehmerisches Handeln bejaht hatte und die Besonderheiten des Systems der gesetzlichen Krankenversicherung im Rahmen von Artikel 86 EG berücksichtigen wollte. Generalanwalt *Jacobs*, Slg. 2004, I-2495 (AOK).
428 EuGH, Urteil vom 11. Juli 2006, Rs. C-205/03 (Fenin).
429 EuG, Urteil vom 4. März 2003, Rs. T-319/99 (Fenin).
430 Diese Entscheidung steht in einem deutlichen Gegensatz zu den Rechtstraditionen zahlreicher Mitgliedstaaten. Ihre äußerst apodiktische Begründung ist daher auf harsche Kri-

In Deutschland hingegen war lange allgemein anerkannt, dass gesetzliche Krankenkassen im Rahmen ihrer Beschaffungstätigkeit den Vorschriften des GWB und des UWG unterliegen.[431] Erfasst wurde hiervon der gesamte Bereich der auf dem Sachleistungsprinzip[432] beruhenden Leistungsbeschaffung.[433] Die Kassen als Unternehmen[434] im kartellrechtlichen Sinne unterlagen nicht nur dem Boykottverbot[435], sondern bei Existenz einer marktbeherrschenden Stellung auch der Anwendung der Missbrauchs-, Behinderungs- und Diskriminierungsverbote. Auch im Arzneimittelbereich wurde davon ausgegangen, dass die gesetzlichen Krankenkassen mittelbar an der Nachfrage beteiligt sind.[436] Nach der Theorie der Doppelqualifizierung[437] waren die gesetzlichen Krankenkassen schließlich auf der Ebene der öffentlich-rechtlich ausgestalteten Leistungsbeziehungen zu den Versicherten dem Wettbewerbsrecht insoweit unterworfen (und geschützt), als sie sich auf der Ebene der Gleichordnung zu potentiellen Wettbewerbern bewegten.[438]

In Reaktion auf die Judikatur des OLG Düsseldorf, die in der verbandsübergreifenden Festsetzung von Festbeträgen eine unzulässige Kartellvereinbarung sah[439], hat der Gesetzgeber durch das Gesetz zur Reform der gesetzlichen Kran-

---

tik gestoßen. Besonders deutlich *Möschel*, JZ 2007, 601, 602 der von »*Begriffsjurisprudenz in ihrer übelsten Form*« spricht; kritisch auch *Roth*, GRUR 2007, 645, 652.

431 *Möschel*, JZ 2007, 601 ff.; *Roth*, GRUR 2007, 645, 646.
432 Das Sachleistungsprinzip prägt die gesetzliche Krankenversicherung seit ihrem Bestehen und wurde vom Bundessozialgericht bereits vor seiner gesetzlichen Kodifizierung als »*übernormatives Grundprinzip*« bezeichnet. Allgemein hierzu: *Schiller*, in: Schnapp/Wigge, Handbuch des Vertragsarztrechts, 2. Auflage 2006, § 5 Rn. 8; *Haft*, ZRP 2002, 457, 458 f.; zu den historischen Ursprüngen des Sachleistungsprinzips: *Schimmelpfeng-Schütte*, ZRP 2006, 180, 182; kritisch zum Sachleistungsprinzip als Grundprinzip: *Lesinski-Schiedat*, MedR 2007, 345, 346; *Merten*, NZS 1996, 593, 597; *Sodan*, JZ 1998, 1168, 1172; *Schimmelpfeng-Schütte*, NZS 1999, 530, 535.
433 BGH, Urteil vom 26. Mai 1987, Az.: KZR 13/85; Urteil vom 10. Oktober 1989, Az.: KZR 22/88; Urteil vom 26. Oktober 1961, Az.: KZR 1/61.
434 Zusammenfassend zum Unternehmensbegriff im Kartellrecht: *Jansen/Johannsen*, PharmR 2010, 576 ff. (m.w.N.).
435 Hierzu: *Köhler*, in: Köhler/Bornkamm, UWG, 29. Auflage 2011, Einl. Rn 6.16; *Mayer/Karl*, in: Gloy/Loschelder/Erdmann (Hrsg.), Wettbewerbsrecht, 4. Auflage 2010, § 19 Rn 70 ff.; *Loewenheim*, in: Loewenheim/Meessen/Riesenkampff, Kartellrecht, 2. Auflage 2009, § 21 Rn 2 ff.
436 OLG Düsseldorf, Urteil vom 28. August 1998, Az.: U (Kart) 19/98.
437 BGH, NJW 1976, 1794 (Studentenversicherung); BGH, NJW 1982, 2117 (Brillenselbstabgabestellen); zum Ganzen näher *Roth*, GRUR 2007, 645, 647.
438 BGH, Beschluss vom 22. März 1976, Az.: GSZ 1/75; BGH, Urteil vom 18. Dezember 1981, Az.: I ZR 34/80; zum Ganzen näher *Roth*, GRUR 2007, 645, 647.
439 OLG Düsseldorf, Urteil vom 28. 8. 1998, Az.: U (Kart) 19/98

kenversicherung ab dem Jahr 2000 (GKV-Gesundheitsreformgesetz 2000)[440] zum 1. Januar 2000 in § 69 SGB V angeordnet, dass die Rechtsbeziehungen der Krankenkassen untereinander und ihr Verhältnis zu den Leistungserbringern bzw. den davon betroffenen Dritten abschließend dem 4. Kapitel des SGB V zu unterstellen sind. Hierdurch sollte der Theorie der Doppelqualifikation der gesetzliche Boden entzogen werden.[441] Im Ergebnis wurde damit für den Anwendungsbereich des SGB V eine komplette Bereichsausnahme gegenüber dem deutschen Kartell- und Lauterbarkeitsrecht geschaffen.

Zur Nichtanwendbarkeit des Kartellrechts wegen fehlender Unternehmenseigenschaft würde man seit der 7. GWB-Novelle 2005 aber auch unter Anwendung von § 1 GWB gelangen. Die Vorschrift entspricht im Wesentlichen dem europarechtlichen Kartellverbot in Artikel 101 AEUV.[442] Regionale Sachverhalte sollten nicht anders behandelt werden als solche mit grenzüberschreitenden Auswirkungen.[443] Die Auslegung der Vorschrift durch nationale Behörden und Gerichte sollte sich an der Praxis der europäischen Kommission und der europäischen Rechtsprechung orientieren.[444] Damit muss zwangsläufig davon ausgegangen werden, dass die Krankenkassen keine Unternehmen im Sinne des Kartellrechts sind.[445] Das Kartellrecht ist jedenfalls nicht unmittelbar auf die Tätigkeit der gesetzlichen Krankenversicherungen anwendbar.

2. Entsprechende Anwendbarkeit des Kartellrechts

Durch das Gesetz zur Stärkung des Wettbewerbs in der gesetzlichen Krankenversicherung (GKV-WSG)[446] ist diese Bereichsausnahme mit Wirkung zum 1. April 2007 insoweit partiell zurückgenommen worden, als nunmehr die »ent-

---

440 Gesetz zur Reform der gesetzlichen Krankenversicherung ab dem Jahr 2000 (GKV- Gesundheitsreformgesetz 2000) vom 22. Dezember 1999, BGBl. I, S. 2626.

441 BSG, Urteil vom 31. August 2000, Az: B 3 KR 11/98 R; Urteil vom 25. September 2001, Az.: B 3 KR 3/01 R; *Roth*, GRUR 2007, 645, 649.

442 Früher Artikel 81 EG.

443 BT-Drs. 15/3640, S. 21; *Bechtold/Otting*, GWB, 6. Auflage 2010, § 1 Rn 4; *Nordemann*, in: Loewenheim/Messen/Riesenkampff, Kartellrecht, 2. Auflage 2009, GWB, vor §§ 1 bis 3 Rn 2; *Klees*, EWS 2010, 1, 6.

444 BT-Drs. 15/3640, S. 44; *Bechtold/Otting*, GWB, 6. Auflage 2010, § 1 Rn 4; *Rehbinder*, in: Immenga/Mestmäcker, Wettbewerbsrecht EG/Teil 2, 4. Auflage 2008, Artikel 3 VO 1/2003 Rn. 24.

445 Eine detaillierte Subsumtion unter die gesetzlichen Tatbestandsmerkmale mit erläuternden Hinweisen nehmen z. B. *Jansen/Johannsen*, PharmR 2010, 576, 576 f. vor.

446 Gesetz zur Stärkung des Wettbewerbs in der gesetzlichen Krankenversicherung (GKV-WSG) vom 26. März 2007, BGBl. I, S. 378.

sprechende Anwendung« der §§ 19 bis 21 GWB angeordnet wurde.[447] Über diese partielle Rechtsgrundverweisung finden seitdem auch die nationalen Vorschriften zum Missbrauchsverbot[448] auf die Rechtsbeziehungen der gesetzlichen Krankenkassen Anwendung.

Diese entsprechende Anwendung kartellrechtlicher Regelungen erstreckte sich jedoch nicht auf das Kartellverbot[449] der §§ 1 bis 3 GWB. Dies hat sich durch das Gesetz zur Neuordnung des Arzneimittelmarktes in der gesetzlichen Krankenversicherung (AMNOG)[450] zum 1. Januar 2011 geändert.[451] Die §§ 1 bis 3, 19 bis 21, 32 bis 34a und 48 bis 95 GWB gelten nun für die Rechtsbeziehungen zwischen den gesetzlichen Krankenversicherungen und den Leistungserbringern entsprechend. Hintergrund dieser Änderung ist nach der Gesetzesbegründung[452] insbesondere, dass Krankenkassen dazu übergegangen sind, gemeinsam Verträge abzuschließen. Beispielhaft werden hierfür die gemeinsamen Ausschreibungen der AOKen im Bereich der Rabattverträge genannt. Da derartiges Verhalten von den §§ 19 bis 21 GWB nicht erfasst werde, sei es erforderlich das Kartellverbot für entsprechend anwendbar zu erklären. Dies stelle sicher, dass das Kartellrecht als Ordnungsrahmen umfassend auf die Einzelvertragsbeziehungen zwischen Krankenkassen und Leistungserbringern Anwendung finde und

---

447 Mit dem GKV-WSG hat sich eine Diskussion entzündet, ob die tragenden Erwägungen der Festbetrags-Entscheidung auch heute noch auf das aktuell gültige System der GKV übertragen werden können. Bejahend weiterhin *Knispel*, GesR 2008, 181, 184; verneinend demgegenüber *Gassner*, NZS 2007, 283, 285 sowie *Sträter/Natz*, PharmR 2007, 7, 10.
448 *Köhler*, in: Köhler/Bornkamm, UWG, 29. Auflage 2011, § 4 Rn 10.206.
449 *Zimmer*, in: Immenga/Mestmäcker, Wettbewerbsrecht: GWB, 4. Auflage 2007, § 1 Rn. 13 ff.; *Nordemann*, in: Loewenheim/Meessen/Riesenkampff, Kartellrecht, 2. Auflage 2009, § 1 Rn 6 ff.
450 Gesetz zur Neuordnung der Arzneimittelmarkts in der gesetzlichen Krankenversicherung (AMNOG) vom 22. Dezember 2010, BGBl. I, S. 2262.
451 Schon vor dieser Änderung durch das Gesetz zur Neuordnung der Arzneimittelmarktes (AMNOG) vom 22. Dezember 2010, BGBl. I, S. 2262, ging z. B. das Bundeskartellamt von der Anwendbarkeit des Kartellrechts auf die gesetzlichen Krankenkassen aus. So hat das Bundeskartellamt am 17. Februar 2010 wegen der Erhebung von Zusatzbeiträgen ein Verfahren gegen neun gesetzliche Krankenversicherungen eingeleitet. Pressemitteilung vom 22. Februar 2010, verfügbar über die Homepage des Bundeskartellamtes. Kritisch hat sich auch der Präsident des Bundeskartellamtes, Dr. Bernhard *Heitzer* in einer Rede beim Studienkreis Regulierung Europäischer Gesundheitsmärkte am 29. Juni 2009 auf dem Petersberg in Königswinter geäußert (Gliederungspunkt II, S. 5 - 7), verfügbar über die Homepage des Bundeskartellamtes unter: http://www.bundeskartellamt.de/wDeutsch/download/pdf/Diskussionsbeitraege/090629_Petersberg_Gesundheit.pdf.
452 BT-Drs. 17/2413, S. 26.

es auf Nachfrager- und Anbieterseite zu keinen unerwünschten Wettbewerbsbeschränkungen komme (Kartellabsprachen und Oligopolbildung).[453]

Damit erfasst das Kartellrecht den Leistungsmarkt im Bereich der gesetzlichen Krankenversicherungen nach Maßgabe des Gesetzes zur Neuordnung des Arzneimittelmarktes (AMNOG)[454] nun sowohl über die schon bisher geltende Missbrauchskontrolle nach §§ 19 bis 21 GWB als auch über das Kartellverbot nach §§ 1 bis 3 GWB.

II. Schutzumfang

1. Missbrauch der marktbeherrschenden Stellung

Soweit eine gesetzliche Krankenversicherung eine marktbeherrschende Stellung besitzt, darf sie diese nicht missbrauchen.[455] Eine marktbeherrschende Stellung wird dabei nach § 19 Absatz 3 GWB vermutet, wenn ein Marktanteil von mindestens einem Drittel überschritten wird.[456] Damit könnten die AOKen gegenwärtig von dieser Regelung erfasst werden. Nach eigenen Angaben verfügen sie über einen Marktanteil (in Versicherten) von ca. 35 Prozent.[457]

Noch nicht abschließend geklärt ist, wie sich das Sozialrecht auf die Auslegung des Missbrauchsbegriffs auswirkt. Teilweise wird davon ausgegangen, dass ein Verhalten, das im Einklang mit den sozialrechtlichen Vorgaben steht, nicht missbräuchlich sein könne.[458] Unklar ist auch, ob ein möglicher Missbrauch zum Gegenstand eines Vergabenachprüfungsverfahrens gemacht werden kann. Soweit ersichtlich haben die Vergabenachprüfungsinstanzen bisher noch nicht über kartellrechtliche Fragen entschieden. Einer Prüfung der §§ 19 und 20 GWB ste-

---

453 Diese vom Gesetzgeber intendierte Rechtsfolge wird in der Literatur teilweise bestritten. So vertreten *Jansen/Johannsen*, PharmR 2010, 576, 580 (m.w.N.) die Auffassung, dass das Kartellrecht zukünftig zwar vertikale Vereinbarungen erfassen würden, nicht aber horizontale Absprachen zwischen den Krankenkassen im Zusammenhang mit der Ausschreibung von Rabattverträgen nach § 130a Absatz 8 SGB V.

454 Gesetz zur Neuordnung der Arzneimittelmarkts in der gesetzlichen Krankenversicherung (AMNOG) vom 22. Dezember 2010, BGBl. I, S. 2262.

455 Hierzu auch: *Ehlers/Trümper*, in: Ecker/Preuß/Raski (Hrsg.), Handbuch Direktverträge, 2008, 225, 226 f.

456 *Jansen/Johannsen*, PharmR 2010, 576, 578 sowie *Natz*, A&R 2007, 29, 30 gehen hiervon nicht aus.

457 Nach eigenen Angaben (Stand: November 2011) verfügen die AOKen zusammen über einen Marktanteil von 34,18 %. Diese Information ist verfügbar über: www.aok-bv.de/zahlen/aok/index.html.

458 Hierzu: BT-Drs. 16/10609, S. 47, 48; LSG Stuttgart, Beschluss vom 4. April 2007, Az.: L 5 KR 518/07; *Jansen/Johannsen*, PharmR 2010, 576, 578.

he, so wird insbesondere vom LSG Baden-Württemberg argumentiert,[459] vor allem der vergaberechtliche Beschleunigungsgrundsatz[460] entgegen. Im Vergabenachprüfungsverfahren (einschließlich des Beschwerdeverfahrens) sei nach §§ 107 Absatz 2 Satz 1, 97 Absatz 7 GWB allein zu prüfen, ob der Auftraggeber die Bestimmungen über das Vergabeverfahren einhalte. Dazu gehörten die §§ 19 und 20 GWB nicht, weil sich diese Normen auf Verstöße außerhalb des Vergabeverfahrens bezögen.[461] Soweit rechtswidrige Zusammenschlüsse von Einkaufsgemeinschaften gerügt würden, betreffe das zeitlich vor dem Vergabeverfahren liegende Fragen. Die Anwendung europäischen und nationalen Kartellrechts im Vergabenachprüfungsverfahren (einschließlich des Beschwerdeverfahrens) bedürfe es im Übrigen auch nicht, da gerade durch das Vergaberecht dem Missbrauch einer marktbeherrschenden Stellung bei der Auftragsvergabe durch einen öffentlichen Auftraggeber vorgebeugt würde.[462]

Eine andere Auffassung vertritt hier das OLG Düsseldorf.[463] Im Zusammenhang mit einer patentrechtlichen Streitigkeit entschied es, dass die Prüfungskompetenz der Nachprüfungsorgane selbst komplexe Problemstellungen aus sehr speziellen Rechtsmaterien umfassen kann, wenn und soweit ein vergaberechtlicher Bezug besteht.[464] Sollte im Einzelfall tatsächlich das erforderliche Know-How fehlen, bestehe für die Vergabenachprüfungsinstanzen immer noch die Möglichkeit sich der Unterstützung des Bundeskartellamtes im Wege der Amtshilfe zu bedienen (§ 5 Absatz 1 VwVfG).[465]

2. Kartellverbot

Nachdem das AMNOG[466] die Anwendbarkeit der §§ 1 bis 3 GWB im Verhältnis zwischen den Krankenkassen[467] anerkennt, ist im Einzelfall zu prüfen, ob tat-

---

459 LSG Baden-Württemberg, Beschluss vom 23. Januar 2009, Az.: L 11 WB 5971/08.
460 Hierzu: *Maier*, in: Kulartz/Kus/Portz (Hrsg.), Kommentar zum GWB Vergaberecht, 2. Auflage 2009, § 113 Rn. 1 ff.; *Dreher*, in: Immenga/Mestmäcker, Wettbewerbsrecht: GWB, 4. Auflage 2007, § 113 Rn. 2ff.; *Heuvels*, in: Loewenheim/Meessen/Riesenkampff, Kartellrecht, 2. Auflage 2009, § 113 Rn 1ff.
461 LSG Baden-Württemberg, Beschluss vom 23. Januar 2009, Az.: L 11 WB 5971/08.
462 LSG Baden-Württemberg Beschluss vom 23. Januar 2009, Az.: L 11 WB 5971/08; Beschluss vom 27. Februar 2008, Az.: L 5 KR 6123/07 ER-B; LSG Nordrhein-Westfalen, Beschluss, Az.: L 21 KR 29/09.
463 OLG Düsseldorf, Beschluss vom 21. Februar 2005, Az.: Verg 91/04; *Gabriel*, VergabeR 2008, 801, 803.
464 Hierzu: *Gabriel/Weiner*, NZS 2009, 422, 425.
465 Hierzu allgemein: VK Thüringen, Beschluss vom 15. Februar 2008, Az.: 001-ABG.
466 Gesetz zur Neuordnung des Arzneimittelmarktes in der gesetzlichen Krankenversicherung (AMNOG) vom 22. Dezember 2010, BGBl. I, S. 2262.

sächlich eine Einschränkung des Nachfragewettbewerbs vorliegt. Dies wird regelmäßig dann der Fall sein, wenn der gemeinsame Marktanteil der Krankenkassen 15 % überschreitet.[468] Der relevante Markt wird dabei aus Sicht der Anbieter zu beurteilen sein. In Anbetracht der Tatsache, dass die AOKen rund 35 % der gesetzlich Krankenversicherten repräsentieren,[469] kann diese Voraussetzung als erfüllt angesehen werden.

Bisher war unklar, welche Behörde in einem Verwaltungsverfahren zuständig sein sollte. Der Verweis in § 69 Absatz 2 SGB V (a.F.) erstreckte sich bisher nicht auf die entsprechenden Vorschriften des GWB. Daher wurde das Bundesversicherungsamt für zuständig gehalten.[470] Es solle beratend darauf hinwirken, dass Versicherungsträger eine mögliche Rechtsverletzung binnen einer angemessenen Frist beheben. Erfolge dies nicht, könne der Versicherungsträger verpflichtet werden, die Rechtsverletzung zu beheben, was mit den Mitteln des allgemeinen Verwaltungsvollstreckungsrechts durchgesetzt werden könne. Durch den umfassenden Verweis in § 69 Absatz 2 SGB V (i. d. F. des AMNOG[471]) wird nun klargestellt, dass das Bundeskartellamt bzw. die Kartellbehörden der Länder zuständig sind.[472]

Die Streichung der Verpflichtung (§ 69 Absatz 2 Satz 3 SGB V) zur besonderen Berücksichtigung des Versorgungsauftrags der gesetzlichen Krankenkassen führt dabei zu keiner Veränderung des Prüfungsmaßstabes. Nach der Gesetzesbegründung war dieser Satz überflüssig. Die Kartellbehörden seien ohnehin zu einer entsprechenden Berücksichtigung verpflichtet[473]. Zur Klarstellung und Präzisierung wird die Streichung dieses Satzes in der Praxis allerdings wohl nicht beitragen.

467 Vgl. dazu die Ausführungen zuvor auf Seite 86 f.
468 Leitlinien zur Anwendbarkeit von Artikel 81 EG-Vertrag auf Vereinbarungen über horizontale Zusammenarbeit (2001/C 3/02), Rn 131.
469 Nach eigenen Angaben (Stand: November 2011) verfügen die AOKen zusammen über einen Marktanteil von 34,18 %. Diese Information ist verfügbar über: www.aok-bv.de/zahlen/aok/index.html.
470 *Hess*, in: Kasseler Kommentar, Sozialversicherungsrecht, SGB V, 65. Ergänzungslieferung 2010, § 69 Rn 14. Teilweise wurde aber auch eine extensive Interpretation des § 69 Absatz 2 SGB V favorisiert und damit das Bundeskartellamt für zuständig gehalten. So z. B. *Gassner*, NZS 2007, 281, 284; 18.
471 Gesetz zur Neuordnung des Arzneimittelmarktes in der gesetzlichen Krankenversicherung (AMNOG) vom 22. Dezember 2010, BGBl. I, S. 2262.
472 BT-Drs. 17/2413, S. 26, 27.
473 BT-Drs. 17/2413, S. 27.

D. Prozessrechtliche Fragestellungen

Rechtsstreitigkeiten im Zusammenhang mit Rabattverträgen können sich unter zahlreichen Gesichtspunkten ergeben. Im Fokus stehen dabei eindeutig vergaberechtliche Fragestellungen. Streitigkeiten während der Vertragslaufzeit bezogen auf den Vertragsinhalt sind hingegen von untergeordneter Bedeutung. Dies schon deswegen, weil die wesentlichen Vertragsdetails von den pharmazeutischen Unternehmen während des Vergabeverfahrens regelmäßig intensiv geprüft werden und häufig zum Gegenstand eines Nachprüfungsverfahrens gemacht werden.[474]

I. Rechtsschutz vor den Vergabenachprüfungsinstanzen

Die Spruchpraxis bzw. Rechtsprechung war hier zu Beginn der Rabattverträge von erheblichen Unsicherheiten geprägt. Es war schon völlig unklar welche Gerichtsbarkeit[475] für die Nachprüfung zuständig sein sollte und nach welchen Maßstäben bzw. in welchem Verfahren diese zu erfolgen hatte.

1. Rechtsweg

Seinerzeit erklärten sich sowohl die Sozialgerichtsbarkeit als auch die Vergabenachprüfungsinstanzen für zuständig. Die Sozialgerichtsbarkeit[476] verstand ihre Zuständigkeit umfassend und bezog sie sowohl auf die Vertragsanbahnung als auch auf die Vertragsdurchführung. Zur Begründung wurde auf § 130a Absatz 9 SGB V (a.F.)[477], § 69 SGB V sowie § 51 Absatz 1 Nr. 2 Absatz 2 Satz 1, 2 SGG

---

474 Zu Fragen und Problemen im Zusammenhang Kosten und der Streitwertberechnung vgl. die Ausführungen von *Jansen*, in: Byok/Jaeger (Hrsg.), Kommentar zum Vergaberecht, 3. Auflage 2011, Einl. B. Rn. 50 ff., 59 ff.

475 Aus der Literatur hierzu z. B.: *Byok/Csaki*, NZS 2008, 402, 404 ff.; *Müller*, A&R 2008, 195 ff.

476 LSG Nordrhein-Westfalen, Beschluss vom 20. Dezember 2007, Az.: L 16 B 127/06; SG Stuttgart, Beschlüsse vom 20. Dezember 2007, Az.: S 10 KR 8604/07 ER und S 10 KR 8605/07; LSG Baden-Württemberg, Beschlüsse vom 27. Februar 2008, Az.: L 5 KR 507/08 ER-B und L 5 KR 123/07 ER-B. Anders nur: SG Düsseldorf, Beschluss vom 14. November 2007, Az.: S 9 KR 147/07 ER.

477 § 130a Absatz 9 SGB V enthielt seinerzeit folgende Formulierung: »*Bei Streitigkeiten in Angelegenheiten dieser Vorschrift ist der Rechtsweg vor den Gerichten der Sozialgerichtsbarkeit gegeben.*«

(a.F.) zurückgegriffen. Aber auch die Vergabenachprüfungsinstanzen[478] reklamierten die Zuständigkeiten für sich. § 130a Absatz 9 SGB V enthalte gerade keine Regelung über die Vertragsanbahnung. Die Vorschriften über die Nachprüfung von Vergabeentscheidungen seien für sämtliche Vergaben leges specialis.[479]

2. Rechtsschutzregime

Eng hiermit verbunden war in der Praxis die Frage nach dem richtigen Rechtsbehelf gegen erstinstanzliche Vergabekammerentscheidungen. So legten die AOKen gegen die den Zuschlag untersagenden Entscheidungen der VK Bund[480] bzw. der VK Düsseldorf,[481] neben dem Rechtsmittel der sofortigen Beschwerde nach §§ 116 ff. GWB, auch Rechtsmittel zum SG Stuttgart[482] ein[483]. Sie vertraten dabei die Auffassung, dass die Entscheidungen der Vergabekammern als Verwaltungsakte (§ 114 Absatz 3 Satz 1 GWB) jedenfalls in zweiter Instanz der Überprüfung durch die Sozialgerichte zugänglich seien.[484] Sie beantragten daher die Entscheidungen der Vergabekammern aufzuheben und begehrten gleichzeitig im Wege vorläufigen Rechtsschutzes den Zuschlag zu gestatten (§ 86b Absatz 2 SGG) und die aufschiebende Wirkung der Anfechtungsklage anzuordnen. Das SG Stuttgart[485] und das LSG Baden-Württemberg[486] sind dieser Auffassung ge-

---

478 Dabei kann es sein, dass sowohl die Vergabekammern beim Bundeskartellamt als auch die Nachprüfungsinstanzen auf Landesebene zuständig sind. Soweit nämlich die Krankenkassen der Landesaufsicht (was für die AOKen zutrifft) unterliegen, sind neben der VK Bund (wegen der Finanzierung durch den Bund nach § 106a Absatz 1 Nr. 2 GWB) auch die Vergabenachprüfungsinstanzen auf Landesebene zuständig. Vgl. hierzu: *Otting*, NZBau 2010, 734, 735.

479 VK Bund, Beschluss vom 15. November 2007, Az.: VK 2 – 105/07; 3. VK Bund, Beschluss vom 14. November 2007, Az.: VK 3 – 124/07; VK Düsseldorf, Beschluss vom 31. Oktober 2007, Az.: VK – 31/2007; OLG Düsseldorf, Beschlüsse vom 18. Dezember 2007, Az.: VII-Verg 47/07 und VII-Verg 57/07. Anders nur: VK Baden-Württemberg, Beschluss vom 26. Januar 2007, Az.: VK 82/06.

480 VK Bund, Beschluss vom 15. November 2007, Az.: VK 2 – 107/07.

481 VK Düsseldorf, Beschluss vom 31. Oktober 2007, Az.: VK – 31/2007.

482 SG Stuttgart, Beschlüsse vom 20. Dezember 2007, Az.: S 10 KR 8605/06 ER und Az.: S 10 KR 8604/07 ER.

483 In gleicher Weise sind die AOKen bei dem Verfahren um ihren de-facto-Rabattvertrag zu (patentgeschützten) EPO-Präparaten verfahren. Vgl. hierzu die Darstellung auf Seite 86 ff.

484 Hintergrund dieser Vorgehensweise könnte auch rein faktische Ansätze gewesen sein. Das Einsparvolumen, welches sich durch Abschluss eines Rabattvertrages erzielen lässt, ist enorm. Je schneller aus Sicht der Krankenkassen der Zuschlag erteilt werden kann, desto größer sind die realisierbaren Einsparungen.

485 SG Stuttgart, Beschluss vom 26. September 2008, Az.: S 10 KR 5932/08 ER.

folgt, während das OLG Düsseldorf[487] die sofortige Beschwerde zum OLG für den richtigen Rechtsbehelf gehalten hat.

In der Sache hat sich nachfolgend das BSG[488] der Auffassung des LSG Baden-Württemberg angeschlossen, der BGH[489] demgegenüber der Auffassung des OLG Düsseldorf. Vor dem Hintergrund dieser verfahrenen Situation sah sich der Gesetzgeber veranlasst, durch das Gesetz zur Weiterentwicklung der Organisationsstrukturen in der gesetzlichen Krankenversicherung (GKV-OrgWG)[490] Ende 2008 den Rechtsweg für vergaberechtliche Streitigkeiten in der gesetzlichen Krankenversicherung zu regeln: Der neu gefasste § 69 Absatz 2 SGB V enthielt nunmehr einen Verweis auf die §§ 102 bis 115 und 128 GWB. Gleichzeitig wurde § 130a Absatz 9 SGB V gestrichen. Damit war klargestellt, dass nun in erster Instanz ein Nachprüfungsantrag zur Vergabekammer (regelmäßig des Bundes) erhoben werden musste. Abweichend von üblichen Verfahren hat der Gesetzgeber angeordnet, dass der Rechtsbehelf der sofortigen Beschwerde zum Landessozialgericht und nicht wie sonst üblich zum Oberlandesgericht erhoben werden musste.[491] Der Gesetzgeber hatte damit einen gespaltenen Rechtsweg etabliert.

Diese Ausgestaltungsentscheidung ist auf nachhaltige Kritik gestoßen. Schon während des Gesetzgebungsverfahrens[492] hat sich der Bundesrat äußerst kritisch geäußert.[493] Die Rechtswegzersplitterung habe negative Folgen für Auftraggeber und Bieter in Form von widersprüchlichen Ergebnissen und untragbar langen

---

486 LSG Baden-Württemberg, Beschluss vom 28. Oktober 2008, Az.: L 11 KR 4810/08 ER-B.

487 OLG Düsseldorf, Beschluss vom 16. Juni 2008, Az: VII-Verg 7/08.

488 BSG, Beschluss vom 11. September 2009, Az.: B 1 KR 3/09 D.

489 BGH, Beschluss vom 15. Juli 2008, Az.: X ZB 17/08; vorhergehend: OLG Düsseldorf, Beschluss vom 30. April 2008, Az.: VII-Verg 57/07 (Vorlagebeschluss). Hierzu aus der Literatur: *Thüsing/Granetzny*, NJW 2008, 3188 ff.; *Hölzl/Eichler*, NVwZ 2009, 27 ff.; *Buchner/Middel*, SGb 2008, 556 ff.

490 Gesetz zur Weiterentwicklung der Organisationsstrukturen in der gesetzlichen Krankenversicherung (GKV-OrgWG) vom 15. Dezember 2008, BGBl. I S. 2426.

491 Damit war auch klargestellt, dass eine Anfechtungsklage gegen die Entscheidung der Vergabekammer nicht statthaft war.

492 BT-DRs. 16/10117, S. 55.

493 Unter ausdrücklicher Bezugnahme auf die Streitigkeiten schlug er vor, § 116 Absatz 1 Satz 1 GWB neu zu fassen. Die Vorschrift sollte nach der Auffassung des Bundesrats zukünftig wie folgt lauten: »*Gegen Entscheidungen der Vergabekammer ist ausschließlich die sofortige Beschwerde zulässig*". Diese Klarstellung hielt der Bundesrat für erforderlich, um die bei der Vergabe von Rabattverträgen eingetretene »*Rechtswegzersplitterung rückgängig zu machen*". Der Bundesrat hat zudem in seiner Stellungnahme zur GWB-Novelle mit ungewöhnlich deutlichen Worten darauf hingewiesen, dass die Entscheidung des BSG, wonach gegen die Entscheidung der Vergabekammer Klage zum zuständigen Sozialgericht zulässig sei, die Vorschrift des § 104 Absatz 2 GWB missachte und Rechte i. S. von § 97 Absatz 7 GWB nur vor den Vergabekammern und dem Beschwerdegericht geltend gemacht werden können.

Verfahren.[494] Mit dem Gesetz zur Neuordnung des Arzneimittelmarktes in der gesetzlichen Krankenversicherung (AMNOG)[495] hat der Gesetzgeber diese Rechtswegspaltung zum 1. Januar 2011 wieder zurückgenommen.[496] Anstelle der Landessozialgerichte sind wieder die Oberlandesgerichte (bei sofortigen Beschwerden gegen Beschlüsse der VK Bund also das OLG Düsseldorf) zuständig.[497]

3. Prüfungsmaßstab

Im Rahmen des Nachprüfungsverfahrens wird die Rabattvertragsvergabe auf die Einhaltung der vergaberechtlichen Anforderungen auf Basis der allgemeinen Grundsätze des GWB und der EG-VOL/A geprüft. Diese allgemeinen Vorgaben sollten bei Rabattverträgen jedoch um einen besonderen Prüfungsmaßstab ergänzt werden. Nach § 69 Absatz 2 Satz 3 SGB V (i. d. F. des GKV-OrgWG[498]) sollte »der Versorgungsauftrag der gesetzlichen Krankenkassen« besonders berücksichtigt werden. Diese nicht näher definierte und damit unwägbare Verschiebung des vergaberechtlichen Prüfungsmaßstabs rechtfertigte der Gesetzgeber mit einem (vermeintlich) wesentlichen Unterschied zwischen Arzneimittelrabattverträgen und sonstigen fiskalischen Hilfsgeschäften.[499] Die Versorgungsverträge der gesetzlichen Krankenversicherung seien unmittelbarer Bestandteil der den Krankenkassen zugewiesenen Aufgaben; nur durch deren Abschluss könnten die Krankenkassen ihren Versorgungsverpflichtungen nachkommen. Die Vergabekammern und die Beschwerdeinstanzen hätten darauf zu achten, dass die Verpflichtung zur Sicherung medizinisch notwendiger, aber auch wirt-

---

494 Die überlange Verfahrensdauer hat sich in der Praxis nicht bewahrheitet. Jedoch ist zu vermuten, dass das Landessozialgericht mehr sozialrechtliche Aspekte in Betrachtung einbeziehet und sich nicht so sehr dem Wettbewerb verpflichtet sieht wie der Vergabesenat eines Oberlandesgerichts.

495 Gesetz zur Neuordnung des Arzneimittelmarktes in der gesetzlichen Krankenversicherung (AMNOG) vom 22. Dezember 2010, BGBl. I, S. 2262.

496 Rechtstechnisch wird dies durch die Streichung von § 29 Absatz 5 SGG, die Einführung eines neuen § 51 Absatz 3 SGG sowie die Streichung des letzten Halbsatzes in § 116 Absatz 3 Satz 1 GWB erreicht. Hierdurch können von den Landessozialgerichten und dem BSG bereits entschiedene Rechtsfragen wieder ausgetragen werden. Eine Vorlagepflicht nach § 124 Absatz 3 GWB soll nämlich insoweit nach Art. 3 Nr. 3 des AMNOG entfallen.

497 BT-Drs. 17/2413, S. 33, 34. Vgl. hierzu auch die Ausführungen auf Seite 86 f. Nach dem neuen § 207 SGG sollen bei den Landessozialgerichten anhängige Verfahren an die Oberlandesberichte abgegeben werden.

498 Gesetz zur Weiterentwicklung der Organisationsstrukturen in der gesetzlichen Krankenversicherung (GKV-OrgWG) vom 15. Dezember 2008, BGBl. I, S. 2426.

499 BT-Drs. 16/10609, S. 66.

schaftlicher Versorgung nicht gefährdet werde. Darüber hinaus seien auch sonstige Versorgungsaspekte, wie etwa die Praktikabilität einer Vielzahl von Einzelverträgen im Zusammenhang mit dem Erfordernis flächendeckender Versorgungsstrukturen, zu berücksichtigen.[500]

Jedenfalls im Hinblick auf die Vorgaben des europäischen Vergaberechts stellt sich allerdings die Frage, ob der Versorgungsauftrag der Krankenkassen tatsächlich eine besondere Behandlung bei vergaberechtlichen Verfahren rechtfertigt, besteht doch so die Gefahr eines sektorspezifischen Vergaberechts. Um dies zu vermeiden ist stets eine Auslegung zu wählen, die einerseits dem Vergaberecht zu umfassender Geltung verhilft und andererseits die Autonomie der Mitgliedstaaten im Bereich des Gesundheitsrechts (Artikel 168 AEUV) beachtet.

Mit dem Gesetz zur Neuordnung des Arzneimittelmarktes in der gesetzlichen Krankenversicherung (AMNOG)[501] ist § 69 Absatz 2 Satz 3 SGB V gestrichen worden. Nach Auffassung des Gesetzgebers ist die Regelung entbehrlich.[502] Die Krankenkassen und die Nachprüfungsinstanzen seien stets zu einer umfassenden Würdigung des Sachverhaltes verpflichtet, was auch den Versorgungsauftrag der gesetzlichen Krankenkassen einschließe. Jede Krankenkasse habe bei der Erteilung eines Zuschlages zu überprüfen, ob sie ihre Aufgabe, die Versorgung der Versicherten sicherzustellen, durch den ausgewählten Anbieter erfüllen kann. Die zuständigen Stellen (Vergabekammern, Oberlandesgerichte) hätten im Rahmen des Vergabenachprüfungsverfahrens diese besondere Aufgabe der gesetzlichen Krankenkassen zu berücksichtigen. In der Sache hat sich also durch die Streichung von § 69 Absatz 2 Satz 3 SGB V nichts geändert.

II. Rechtsschutz nach Maßgabe des UWG

Neben vergaberechtlichem Rechtsschutz kommt bei Streitigkeiten im Zusammenhang mit der Vergabe von Rabattverträgen auch Rechtsschutz auf Grundlage der §§ 3, 4 Nr. 11 UWG in Betracht.[503]

Vergabevorschriften sind Normen, die das Marktverhalten regeln und deren Verletzung eine unlautere Wettbewerbshandlung nach § 4 Nr. 11 UWG darstellen kann.[504] Hier sei z. B. an die Nichtausschreibung von Rabattverträgen oder Fehler im Verlauf des Vergabeverfahrens verbunden mit de-facto-Vergaben ge-

---

500 BT-Drs. 16/10609, S. 66 f.
501 Gesetz zur Neuordnung des Arzneimittelmarktes in der Gesetzlichen Krankenversicherung (AMNOG) vom 22. Dezember 2010, BGBl. I, S. 2262.
502 BT-Drs. 17/2413, S. 27.
503 Hierzu: *Prieß/Niestedt*, Rechtsschutz im Vergaberecht, 2006, S. 150 ff.
504 Vgl. etwa *Prieß/Hölzl*, LKV 2006, 481, 485; *Alexander*, WRP 2004, 700, 702.

dacht. Dem benachteiligten Mitbewerber könnten insofern Unterlassungsansprüche zustehen.[505] Dies soll dabei auch dann gelten, wenn der Zuschlag bereits erfolgt ist. War der Rechtsverstoß für das bevorzugte Unternehmen erkennbar, kommen darüber hinaus auch Schadensersatzansprüche für die bis dahin erlittenen Nachteile des Konkurrenten in Betracht. Die Unterlassungsansprüche können grundsätzlich auch in einem wettbewerbsrechtlichen Eilverfahren durchgesetzt werden. Insofern wird die Anwendung des Wettbewerbsrechts nicht durch § 69 Absatz 2 SGB V ausgeschlossen, da es um die wettbewerbsrechtlichen Beziehungen zwischen zwei Konkurrenten geht und nicht um das sozialversicherungsrechtliche Rechtsverhältnis.

In diesem Zusammenhang war unklar welche Gerichtsbarkeit für die Entscheidung zuständig ist. So hatte das LG Düsseldorf[506] sich im Rahmen eines einstweiligen Verfügungsverfahrens (gestützt auf §§ 3, 4 UWG) zum de-facto-Rabattvertrag[507] der AOKen für zuständig gehalten, während das OLG Düsseldorf[508] auf die gegen die Entscheidung des Landgerichts eingelegte Beschwerde die Sache an das Sozialgericht München verwiesen[509] hat.[510]

Durch das Gesetz zur Neuordnung des Arzneimittelmarktes in der gesetzlichen Krankenversicherung (AMNOG)[511] ist diese Frage nun zu Gunsten der Zivilgerichtsbarkeit entschieden worden. § 69 Absatz 2 SGB V (i. d. F. des AMNOG[512]) enthält einen umfassenden Verweis auf das Kartellrecht. Außerdem hat der Gesetzgeber den Rechtsweg bei Streitigkeiten im Zusammenhang mit Arzneimittelrabattverträgen nun wieder bei den Zivilgerichten konzentriert.[513]

---

505 Zum sekundären Rechtsschutz im Vergaberecht *vgl.* Hertwig, Praxis der öffentlichen Auftragsvergabe, 4. Auflage 2009, Rn. 316 ff.; *Prieß/Niestedt*, Rechtsschutz im Vergaberecht, 2006, S. 159 ff.

506 LG Düsseldorf, Urteil vom 6. August 2008, Az.: 34 O (Kart) 114/08.

507 VK Bund, Beschluss vom 15. August 2008, Az.: VK 3 – 107/08.

508 OLG Düsseldorf, Beschluss vom 22. Oktober 2008, Az.: I-27 U2/08.

509 Dort ist die Rechtssache am 25. Oktober 2008 eingegangen und wurde unter dem Az.: S 3 KR 1129/08 geführt. Noch vor einer Entscheidung in der Sache wurde das Rechtsmittel unter dem 18. Februar 2009 von den Prozessbevollmächtigten zurückgenommen.

510 Hierzu: *Lietz/Natz*, A&R 2009, 3, 6.

511 Gesetz zur Neuordnung des Arzneimittelmarktes in der gesetzlichen Krankenversicherung (AMNOG) vom 22. Dezember 2010, BGBl. I, S. 2262.

512 Gesetz zur Neuordnung des Arzneimittelmarktes in der gesetzlichen Krankenversicherung (AMNOG) vom 22. Dezember 2010, BGBl. I, S. 2262.

513 Vgl. hierzu die Ausführungen auf Seite 86 ff.

Teil 3: Rabattverträge im Bereich patentgeschützter Medikamente

Durch Generika-Rabattverträge ist es in den letzten Jahren gelungen, die Ausgaben der gesetzlichen Krankenversicherungen für generische Präparate erheblich zu senken.[514] Nach den erbitterten Auseinandersetzungen zwischen pharmazeutischer Industrie und den gesetzlichen Krankenkassen über

- die Anwendbarkeit des Vergaberechts (»ob«),[515]
- die inhaltliche Ausgestaltung der Ausschreibung (»wie«),[516]
- den Rechtsweg bzw. Rechtsschutz[517]

kann die Anwendbarkeit des Vergaberechts auf Generika-Rabattverträge inzwischen als geklärt angesehen werden.[518] Bei der Ausgestaltung der Ausschreibung hat sich das offene Verfahren bei wirkstoffbezogener Beschreibung des Beschaffungsbedarfs durchgesetzt. Inzwischen sind fast alle bedeutsamen generischen Wirkstoffe Gegenstand von Rabattverträgen der verschiedenen gesetzlichen Krankenkassen. Von wenigen (de-facto-)Altverträgen abgesehen sind alle derzeit im Bereich der Generika bestehenden Rabattverträge in einem wettbewerblichen Verfahren nach Maßgabe des europäischen Vergaberechts zustande gekommen.

Bei patentgeschützten Medikamenten stellt sich die Sach- und Rechtslage hingegen völlig anders dar. Zwar besteht auch im Bereich der Originatoren eine ganze Reihe von Rabattverträgen.[519] Diese sind jedoch alle das Ergebnis direkter Verhandlungen zwischen den gesetzlichen Krankenkassen und den pharmazeutischen Unternehmen. Soweit ersichtlich, hat es erst eine Ausschreibung zum Abschluss eines Rabattvertrages über patentgeschützte Medikamente gegeben.[520]

---

514 Zu den Einsparungen durch Rabattverträge im Bereich der generischen Wirkstoffe vgl. die Ausführungen auf Seite 1 ff.

515 Einzelheiten zu der Frage, ob das Vergaberecht auf Arzneimittelrabattverträge (über Generika) anwendbar ist, ergeben sich aus den Ausführungen auf Seite 57 ff.

516 Rabattverträge über Generika werden in aller Regel wirkstoffbezogen ausgestaltet. Dabei bildet häufig ein Wirkstoff jeweils ein Los. Vergeben werden diese Rabattverträge regelmäßig im offenen Verfahren. Vgl. hierzu insgesamt die Ausführungen auf Seite 81 ff.

517 Zum Streitigkeiten im Zusammenhang mit dem Rechtsschutz vgl. die Ausführungen auf Seite 86 ff.

518 Vgl. hierzu die Ausführungen auf Seite 61.

519 Zu den bestehenden Rabattverträgen im Bereich der patentgeschützten Originale vgl. die Ausführungen auf Seite 86 ff.

520 Mit EU-Vergabebekanntmachung Nr. 2008/S 76-102835 vom 18. April 2008 hatte die Techniker Krankenkasse die Beschaffung von TNF-Alpha-Blockern europaweit in einem Verhandlungsverfahren ausgeschrieben. Der ausgeschriebene Rabattvertrag ist jedoch

Auch ist dieser Themenkomplex erst Gegenstand von zwei Entscheidungen der Vergabekammern des Bundes[521] sowie drei zweitinstanzlicher Entscheidungen deutscher Gerichte gewesen.[522] Auch in der vergabe- bzw. sozialrechtlichen Literatur wird er kontrovers diskutiert[523] - viel Literatur ist hierzu allerdings bisher nicht verfügbar.

Es ist inhaltlich dabei schon völlig unklar, ob[524] es sich bei Rabattverträgen im Bereich der patentgeschützten Originale überhaupt um öffentliche Aufträge i. S. d. § 99 GWB handelt. Auch besteht Unklarheit wie[525] sich ein Patentrecht auf die Ausgestaltung des Beschaffungsbedarfs und die zu wählende Verfahrensart auswirkt - ja insbesondere, ob die Krankenkassen berechtigt sind, entsprechende Verträge im Wege von Verhandlungen ohne vorherige Vergabebekanntmachung abzuschließen.

niemals bezuschlagt worden. Nach einem Nachprüfungsverfahren vor der VK Bund (Beschluss vom 22. August 2008, Az.: VK 2 – 73/08) hat die Techniker-Krankenkasse das Vergabeverfahren mit Bekanntmachung im EU-Amtsblatt vom 13. September 2008 (2008/S 178/236430) aufgehoben. Zu den Einzelheiten des Verfahrens vgl. die Ausführungen auf Seite 86 ff.

521 VK Bund, Beschluss vom 15. August 2008, Az.: VK 3 – 107/08 (AOK Baden-Württemberg - EPO); Beschluss vom 22. August 2008, Az.: VK 2 – 73/08 (Techniker Krankenkasse – TNF-Alpha-Blocker). Bestätigt wird die Spruchpraxis der VK Bund durch eine aktuelle Entscheidung aus Juli 2011 (Az.: VK 3 – 80/11). Die VK Bund hatte sich hier meinem Open-House-Modell einer Krankenkasse zu befassen, in welches auch drei Wirkstoffe einbezogen waren deren Patentschutz zwar schon abgelaufen war, die jedoch unter dem Schutz eines ergänzenden Schutzzertifikates standen. Die VK Bund hat hervorgehoben, dass diese Wirkstoffe in die Ausschreibung zwar einbezogen werden dürften, als Verfahrensarten stünden jedoch nur das offene Verfahren und das Verhandlungsverfahren ohne vorherige Vergabebekanntmachung zur Verfügung. Je nach Situation müsse sich die beschaffende Krankenkasse für eine der beiden Verfahrensarten entscheiden.

522 OLG Düsseldorf, Beschluss vom 20. Oktober 2008, Az.: VII-Verg 46/08; OLG Düsseldorf, Beschluss vom 22. Oktober 2008, Az.: I-27 U 2/08; LSG Baden-Württemberg, Beschluss vom 28. Oktober 2008, Az.: L 11 KR 4810/08 ER-B.

523 *Wille*, A&R 2008, 164 ff.; *Gabriel/Weiner*, NZS 2009, 422 ff.; *Gabriel*, NZS 2008, 455 ff.; *Schickert*, PharmR 2009, 164 ff.; *Lietz/Natz*, A&R 2009, 3 ff.

524 Hinsichtlich der Problematik, ob ein Rabattvertrag auch im Bereich der patentgeschützten Originale ein öffentlicher Auftrag ist, konzentriert sich die Diskussion auf die Frage ob Exklusivität und/oder eine Lenkungs- und Steuerungswirkung ungeschriebene tatbestandliche Ergänzungen des öffentlichen Auftragsbegriff sind. Vgl. hierzu die Ausführungen auf Seite 86 ff.

525 Vgl. hierzu die Ausführungen auf Seite 86 ff.

A. Einleitung

I. Kostenentwicklung, Ursachen und Maßnahmen

Die Ausgaben der gesetzlichen Krankenversicherungen für die Versorgung ihrer Versicherten mit den notwendigen Medikamenten steigen seit Jahren kontinuierlich an.[526] Die hohen Ausgabenzuwächse der vergangenen Jahre haben dazu geführt, dass im Jahr 2010 von den gesetzlichen Krankenversicherungen fast 30 Mrd. Euro für Arzneimittel ausgegeben wurden.[527]

Dieser Zuwachs wird vor allem durch Arzneimittel ohne Festbetrag verursacht.[528] Wachstumsträger sind in erster Linie die sehr kostenintensiven Spezialpräparate mit jährlich zweistelligen Zuwachsraten.[529] Der Umsatzanteil patentgeschützter Arzneimittel am Gesamtmarkt der Fertigarzneimittelverordnungen hat sich innerhalb der letzten Jahre von 10,2 % im Jahr 1993 auf 36,8 % fast vervierfacht[530], obwohl ihr Verordnungsanteil nur 2,5 % beträgt.[531]

Auffällig ist dabei auch, dass die Arzneimittelpreise in Deutschland im Verhältnis zu anderen europäischen Ländern und den USA teilweise erheblich höher sind. So ist im Arzneiverordnungsreport 2011 nachzulesen, dass das Medikament Betaferon (angewandt bei Multipler Sklerose) in Deutschland rund 4.200 Euro pro Quartal, in Italien aber nur 2.450 Euro kostet. Das Rheumamittel Humira kostet in Deutschland 1.900 Euro, in Schweden 1.100 Euro und in England 800 Euro (jeweils bezogen auf die Monatsdosis von zwei Spritzen).[532]

Ohne Zweifel sind in den letzten Jahren viele innovative Medikamente eingeführt worden und ist die Entwicklung neuer Wirkstoffe teuer und aufwändig. Die

---

526 Vgl. hierzu die Ausführungen auf Seite 23 ff.
527 BMG, Gesetzliche Krankenversicherung – Kennzahlen und Faustformeln, Stand: September 2011; *Schwabe*, in: Schwabe/Paffrath (Hrsg.), Arzneiverordnungsreport 2011, S. 4.
528 Bemerkenswert ist dabei, dass im substitutionsfähigen Markt der Anteil der Generika an der Gesamtverordnungszahl immer weiter angestiegen ist und die Preise parallel hierzu sogar noch deutlich gesunken sind. Seit 1996/97 besteht in Deutschland der höchste Anteil an Generika im Gesamtmarkt (*Coca/Nick/Schröder*, in: Schwabe/Paffrath (Hrsg.), Arzneiverordnungsreport 2011, S. 194).
529 Vgl. hierzu eingehend die Ausführungen auf Seite 25 ff.
530 In den letzten 16 Jahren hat sich der Umsatzanteil patentgeschützter Arzneimittel am Gesamtmarkt von 11,2 % (1993) auf 47,8 % (2010) mehr als vervierfacht. Vgl. hierzu: *Coca/Nick/Schröder*, in: Schwabe/Paffrath (Hrsg.), Arzneiverordnungsreport 2011, S. 190..
531 BT-Drs. 17/2413, S. 1.
532 *Coca, Nink, Schröder*, in: Schwabe/Paffrath (Hrsg.), Arzneiverordnungsreport 2011 S. 167. Vgl. hierzu auch der Artikel auf Spiegel Online vom 14. September 2010 mit dem Titel: »Pharma-Giganten kassieren in Deutschland ab« verfügbar über: http://www. spiegel.de/wirtschaft/soziales/0,1518,717212,00.html.

Gesamtkosten für die Entwicklung eines Medikamentes sollen sich auf bis zu 870 Millionen Euro belaufen.[533]

Dies allein vermag die Preisentwicklung aber nicht vollständig zu erklären. Vielmehr ist es das bestehende Preisbildungs- und Erstattungssystem, welches die hohen Medikamentenpreise in Deutschland begünstigt. Die pharmazeutischen Unternehmen sind in Deutschland berechtigt, den Herstellerabgabepreis (ApU) selbst und ohne jede Kontrolle festzulegen.[534] So bestimmen sie indirekt auch den Apothekenverkaufspreis (AVP) und damit die Ausgaben der gesetzlichen Krankenversicherungen für die Versorgung der Versicherten mit Medikamenten.[535] Mit diesem System steht Deutschland im europäischen Vergleich relativ allein.[536] Nur noch Dänemark und Malta verfolgen das gleiche System. Einige Länder regulieren den Marktpreis indirekt über eine Gewinnlimitierung (Vereinigtes Königreich, Nord-Irland) oder Preisverhandlungen (Frankreich, Italien, Ungarn, Republik Irland).[537] Alle anderen Mitgliedstaaten arbeiten mit einer gesetzlichen Preisbildung.[538]

Auf den ersten Blick erscheint das nationale Verfahren dabei nicht ungewöhnlich zu sein. Es ist in einer Marktwirtschaft üblich, dass ein Unternehmer den Preis zunächst mit Blick auf das jeweilige Marktsegment selbst festlegt und sich erst im Wettbewerb durch Angebot und Nachfrage erweist, ob dieser Preis erzielbar ist. Auf dieser Grundlage bildet sich sukzessive der Marktpreis heraus.

---

533 Die tatsächlichen Forschungskosten für die Entwicklung neuer Wirkstoffe sind nur schwer zu ermitteln. Aus den Reihen der pharmazeutischen Industrie werden immer wieder Zahlen zwischen 632 und 802 Millionen Dollar Forschungs- und Entwicklungskosten pro neuem Arzneimittel genannt. Eine unabgängige Studie geht hingegen davon aus, dass diese Kosten eher in der Nähe von 100 Millionen Dollar liegen. Diese große Differenz kommt vermutlich dadurch zustande, dass viele Pharmaunternehmen die Kosten für Werbung wie auch die geschätzten Gewinne, die der Firma entgangen sind, weil sie das Forschungs- und Entwicklungsbudget nicht anderweitig an den Finanzmärkten investiert hat, in den Forschungsetat mit einrechnen. Eine aktuelle Studie aus den USA schätzt, dass pharmazeutische Unternehmen für Werbung annähernd doppelt so viel ausgeben wie für Forschung und Entwicklung. Hinzu kommt, dass mittlerweile ein großer Teil der Forschung nach wirklich innovativen Substanzen (zumindest teilweise) aus öffentlichen Mitteln finanziert wird (vgl. hierzu: *Coca, Nink, Schröder*, in: Schwabe/Paffrath (Hrsg.), Arzneiverordnungsreport 2011, S. 167 ff.).

534 Vgl. hierzu auch der Artikel auf Spiegel Online vom 14. September 2010 mit dem Titel: »Pharma-Giganten kassieren in Deutschland ab« verfügbar über: http://www.spiegel.de/ wirtschaft/soziales/0,1518,717212,00.html. Eine Mischung aus gesetzlicher Preisbildung, Verhandlungen und Rabattverträgen ist mit dem Gesetz zur Neuordnung des Arzneimittelmarktes in der gesetzlichen Krankenversicherung (AMNOG) vom 22. Dezember 2010, BGBl. I, S. 2262, über die §§ 130b und 130c SGB V n. F. eingeführt worden.

535 Zur Bildung des Medikamentenpreises vgl. die Ausführungen auf Seite 22 ff.

536 Hierzu insgesamt: *AOK Bundesverband*, G+G Blickpunkt, Mai 2010, Seite 6.

537 Hierzu insgesamt: *AOK Bundesverband*, G+G Blickpunkt, Mai 2010, Seite 6.

538 Hierzu insgesamt: *AOK Bundesverband*, G+G Blickpunkt, Mai 2010, Seite 6.

Auf den Bereich patentgeschützter Medikamente lässt sich dieses System der Preisbildung indes nicht 1:1 übertragen. Es fehlt schon an einem ausgeprägten Wettbewerb zwischen den einzelnen Medikamenten. Zur Behandlung einer bestimmten Indikation gibt es stellenweise nur einen Wirkstoff oder zumindest nur wenige Wirkstoffe, die miteinander konkurrieren.[539] Zudem unterscheidet sich die Marktstruktur des Arzneimittelmarktes deutlich von vielen anderen Märkten. In einem alltäglichen Markt, wie dem Konsumgütermarkt, wählt der Kunde das Produkt selbst aus, legt die für ihn wesentlichen Auswahlkriterien (z. B. den Preis oder die Qualität) selbst fest und entscheidet sich auf dieser Grundlage für ein bestimmtes Produkt. Genau dieser Mechanismus funktioniert auf dem Arzneimittelmarkt aber nur eingeschränkt.

So entscheidet die Krankenkasse als Kostenträgerin (Kundin) nicht selbst darüber, welches Medikament verordnet wird. Diese Entscheidung trifft der Arzt im Rahmen seiner Therapiefreiheit nach medizinischen Gesichtspunkten.[540] Zwar hat auch er die Kosten im Blick – jedoch nicht primär, sondern (abgesehen von Steuerungsinstrumenten wie z. B. der Wirtschaftlichkeitsprüfung nach § 106 SGB V[541]) nur sekundär.

Eine gewisse Kontrollfunktion könnte hier der Patient übernehmen.[542] Allerdings erfährt dieser erst auf Nachfrage den wirklichen Preis für ein Medikament in der Apotheke und ihm fehlt regelmäßig jeder Vergleich. Zudem bezahlt der Patient die Kosten nicht unmittelbar aus seiner eigenen Tasche, sondern nur mittelbar über die Krankenkassenbeiträge. Der Patient hat deshalb wenige bzw. keine Anreize zu hinterfragen, ob Kosten und Nutzen eines Präparats angemessen sind. Außerdem hat er regelmäßig keine Kenntnis zum Thema Arzneimittelpreise und auch daher keinen Anlass den Preis zu hinterfragen. Hinzu kommt, dass die Krankenkasse im Wege des Sachleistungsprinzips[543] verpflich-

---

539 Zu der Auswirkung von Reimporten, Co-Marketing und weiteren Ansatzpunkten, die dazu führen, dass es nicht mehr nur einen, sondern mehrere Anbieter gibt vgl. im Folgenden die Ausführungen auf Seite 86 ff.

540 Hier kann man allerdings die Frage aufwerfen, ob ein Arzt wirklich allein nach medizinischen Gesichtspunkten entscheidet. Es ist zumindest denkbar, dass er sich bei seiner Entscheidung auch vom Einfluss der pharmazeutischen Industrie (z. B. durch deren Außendienst) leiten lässt.

541 *Scholz*, in: Becker/Kingreen, SGB V, 2. Auflage 2010, § 106 Rn. 1 ff.; *Hess*, in: Kasseler Kommentar, Sozialversicherungsrecht, SGB V, 70. Ergänzungslieferung 2011, § 106 Rn. 2; *Krauskopf*, in: Krauskopf, Soziale Krankenversicherung, Pflegeversicherung, 73. Ergänzungslieferung 2011, § 106 Rn. 11.

542 Im Unterschied zu Mitgliedern der gesetzlichen Krankenversicherungen müssen Privatversicherte in der Apotheke das Medikament zunächst selbst bezahlen. Ihre Aufwendungen werden erst nach Einreichung des Rezeptes rückvergütet.

543 Das Sachleistungsprinzip prägt die gesetzliche Krankenversicherung seit ihrem Bestehen und wurde vom Bundessozialgericht bereits vor seiner gesetzlichen Kodifizierung als

tet ist, die Kosten für ein bestimmtes Medikament zu übernehmen, sofern es nicht von der Versorgung ausgeschlossen ist[544]. Sie hat keine Wahl und muss den vollen Abgabepreis in der Apotheke (AVP) übernehmen. Die pharmazeutischen Unternehmen geben mit ihrem Preis (ApU) also (indirekt) den durch die gesetzlichen Krankenversicherungen zu erstattenden Betrag vor.

Dieser Befund ist nicht neu, er ist vielmehr schon seit Jahren Gegenstand einer intensiven Diskussion.[545] Bisher hat sich der Gesetzgeber aber dagegen entschieden schon bei der Bildung des Marktpreises anzusetzen. Er hat vielmehr eine Vielzahl von Mechanismen zur Senkung der Arzneimittelausgaben entwickelt die auf den verschiedenen Stufen ansetzen.[546] Eines dieser Regulierungsinstrumente sind Rabattverträge nach § 130a Absatz 8 SGB V.[547]

II. Bestandsaufnahme zu Rabattverträgen über patentgeschützte Originale

Die gesetzlichen Krankenkassen haben das Instrument des Rabattvertrages auch im Bereich der patentgeschützten Originale bereits umfänglich aufgegriffen und sog. Versorgungsverträge nach ihrer regionalen Versorgungssituation mit diversen Herstellern abgeschlossen.[548]

»übernormatives Grundprinzip« bezeichnet. Allgemein hierzu: *Schiller*, in: Schnapp/Wigge, Handbuch des Vertragsarztrechts, 2. Auflage 2006, § 5 Rn. 8; *Haft*, ZRP 2002, 457, 458 f.; zu den historischen Ursprüngen des Sachleistungsprinzips: *Schimmel-pfeng-Schütte*, ZRP 2006, 180, 182; kritisch zum Sachleistungsprinzip als Grundprinzip: *Lesinski-Schiedat*, MedR 2007, 345, 346; *Merten*, NZS 1996, 593, 597; *Sodan*, JZ 1998, 1168, 1172; *Schimmelpfeng-Schütte,* NZS 1999, 530, 535.

544   Vgl. hierzu die Ausführungen auf Seite 27 ff.
545   *Cassel/Wille*, Steuerung der Arzneimittelausgaben und Stärkung des Forschungsstandortes für die pharmazeutische Industrie, Gutachten für das Bundesministerium für Gesundheit vom 2. Juni 2006, S. 381 ff., verfügbar über die Homepage des wissenschaftlichen Institutes der AOK unter http://www.wido.de/fileadmin/wido/downloads/pdf_arznei-mittel/wido_arz_gutachten_bmg_0806.pdf.
546   Der Gesetzgeber hat im Laufe der Jahre ein mehrstufiges System mit folgenden vier Stufen entwickelt: 1. Beschränkung der Erstattungsfähigkeit (Seite 27 ff.), 2. Beschränkung der Erstattungshöhe (Seite 30 ff.), 3. Kostenreduktion durch Lenkung auf Verordnungs- und Abgabeebene (Seite 34 ff.)und 4. Etablierung eines Vertragswettbewerbs (Seite 38 ff.)
547   Zur Struktur des Rabattvertragsinstrumentes vgl. die Ausführungen auf Seite 40 ff.
548   Gleichwohl betreffen der weit überwiegende Teil der Rabattverträge das generikafähige Segment. *Lietz/Natz*, A&R 2009, 3.

1. Bestehende Verträge

Inzwischen gibt es eine ganze Reihe von Rabattverträgen im Bereich der patentgeschützten Originalpräparate, an denen sich bis zu 135 Krankenkassen beteiligen und die bis zu 60 Millionen Versicherte erfassen.[549] Diese Rabattverträge sind alle das Ergebnis von direkten Verhandlungen zwischen den Krankenkassen und den pharmazeutischen Unternehmen. Sie sind nicht das Ergebnis eines europaweiten Vergabeverfahrens.

Ohne Anspruch auf Vollständigkeit sind dabei die in der folgenden Tabelle aufgeführten Medikamente zu nennen.[550] In der folgenden Aufstellung ist zunächst der Patentinhaber (Fettdruck) genannt mit dem ein Rabattvertrag abgeschlossen wurde. Die weiteren Unternehmen sind Re- bzw. Parallelimporteure.

Nr	Medikament	Hersteller	Versicherte	KK
1	Aclasta	**Novartis Phrama GmbH** CC-Pharma GmbH, Emra-Med Arzneimittel GmbH, EurimPharm Arzneimittel GmbH, Pharma Gerke GmbH, Haemato Pharm AG, Kohlpharma GmbH, Pharma Westen GmbH	14.306.606	3
2	Actonel plus Calcium D3	**Warner Chillcot Deutschland GmbH**	8.371.081	2
3	Advagraf	**Astellas Pharma GmbH** ACA Müller ADAG Pharma AG, Beragena Arzneimittel GmbH, BR-Pharma, CC-Pharma GmbH, Emra-Med Arzneimittel GmbH, EurimPharm Arzneimittel GmbH, Pharma Gerke GmbH, Haemato Pharm AG, Kohlpharma GmbH, Medico Pharm AG, Pharma Westen GmbH	18.551.125	109
4	Aldara	**MEDA Pharma GmbH & Co. KG** ACA Müller ADAG Pharma AG, AxiCorp GmbH, Beragena Arzneimittel GmbH, Emra-Med Arzneimittel GmbH, EurimPharm Arzneimittel GmbH, Pharma Gerke GmbH, Kohlpharma GmbH, Medico Pharm AG, Pharma Westen GmbH	10.047.276	34
5	Alvesco	**Nycomed Germany Holding GmbH** ACA Müller ADAG Pharma AG, EurimPharm Arzneimittel GmbH, Kohlpharma GmbH	581.947	1

---

549 Stand: 15. Oktober 2010.
550 Diese Verträge können jederzeit online im Internet unter der Internetadresse www.deutschesapothekenportal.de abgerufen werden.

Nr	Medikament	Hersteller	Versicherte	KK
6	Anemet	**Sanofi-Aventis Deutschland GmbH**	602.542	1
7	Aprovel	**Sanofi-Aventis Deutschland GmbH** ACA Müller ADAG Pharma AG, CC-Pharma GmbH, Emra-Med Arzneimittel GmbH, EurimPharm Arzneimittel GmbH, Kohlpharma GmbH, Pharma Westen GmbH	3.553.195	5
8	Arimidex	**Astra Zenca** ACA Müller ADAG Pharma AG, Apothekamed S.A., AxiCorp GmbH, Beragene Arzneimittel GmbH, CC-Pharma GmbH, Docpharm Arzneimittelvertrieb GmbH & Co KGaA, Emra-Med Arzneimittel GmbH, EurimPharm Arzneimittel GmbH, Pharma Gerke GmbH, Haemato Pharm AG, Kohlpharma GmbH, MILINDA Arzneimittel GmbH, MTK Pharma Vertriebs GmbH, Pharma Westen GmbH	48.684.000	46
9	Betaferon	**Bayer Vital GmbH** Aaston Healthcare GmbH, ACA Müller ADAG Pharma AG, AxiCorp GmbH, Beragena Arzneimittel GmbH, CC-Pharma GmbH, Emra-Med Arzneimittel GmbH, EurimPharm Arzneimittel GmbH, Fertimed Pharma GmbH, Pharma Gerke GmbH, Haemato Pharm AG, Kohlpharma GmbH, Medico Pharm AG, Pharma Westen GmbH	43.847.821	115
10	Bipreterax	**Servier Deutschland GmbH**	3.386.841	3
11	Blopress	**Taked Pharma GmbH** ACA Müller ADAG Pharma AG, AxiCorp GmbH, Beragena Arzneimittel GmbH, CC-Pharma GmbH, Docpharm Arzneimittelvertrieb GmbH & Co KGaA, Emra-Med Arzneimittel GmbH, EurimPharm Arzneimittel GmbH, Pharma Gerke GmbH, Kohlpharma GmbH, Pharma Westen GmbH	190.000	1
12	Bondronat	**Roche Pharma AG** Beragena Arzneimittel GmbH, CC-Pharma GmbH, Emra-Med Arzneimittel GmbH, EurimPharm Arzneimittel GmbH, Pharma Gerke GmbH, Haemato Pharm AG, Kohlpharma GmbH, Pharma Westen GmbH	1.009.030	1

Nr	Medikament	Hersteller	Versicherte	KK
13	Bonviva	**Roche Pharma AG** ACA Müller ADAG Pharma AG, AxiCorp GmbH, Beragena Arzneimittel GmbH, BR-Pharma, CC-Pharma GmbH, Docpharm Arzneimittelvertrieb GmbH & Co KGaA, Emra-Med Arzneimittel GmbH, EurimPharm Arzneimittel GmbH, Pharma Gerke GmbH, Kohlpharma GmbH, Pharma Westen GmbH	206.427	2
14	Cellcept	**Roche Pharma AG** ACA Müller ADAG Pharma AG, AxiCorp GmbH, Beragena Arzneimittel GmbH, BR-Pharma, CC-Pharma GmbH, Emra-Med Arzneimittel GmbH, EurimPharm Arzneimittel GmbH, Pharma Gerke GmbH, Haemato Pharm AG, Kohlpharma GmbH, Pharma Westen GmbH	13.187.495	12
15	Coaprovel	**Sanofi-Aventis Deutschland GmbH** ACA Müller ADAG Pharma AG, AxiCorp GmbH, Beragena Arzneimittel GmbH, BR-Pharma, CC-Pharma GmbH, Docpharm Arzneimittelvertrieb GmbH & Co KGaA, Emra-Med Arzneimittel GmbH, EurimPharm Arzneimittel GmbH, Kohlpharma GmbH, Pharma Westen GmbH	3.553.195	7
16	Copegus	**Roche Pharma AG** ACA Müller ADAG Pharma AG, AxiCorp GmbH, Beragena Arzneimittel GmbH, CC-Pharma GmbH, Emra-Med Arznei- mittel GmbH, EurimPharm Arzneimittel GmbH, Pharma Gerke GmbH, Kohlpha- rma GmbH, Pharma Westen GmbH	21.507.235	13
17	Delmuno	**Sanofi-Aventis Deutschland GmbH**	602.542	1
18	Enbrel	**Wyeth Pharma AG** ACA Müller ADAG Pharma AG, AxiCorp GmbH, Beragena Arzneimittel GmbH, CC-Pharma GmbH, Emra-Med Arznei- mittel GmbH, EurimPharm Arzneimittel GmbH, Pharma Gerke GmbH, Haemato Pharm AG, Kohlpharma GmbH, Medico Pharm AG, Mevita Handelsgesellschaft mbH, R.P. Pharma GmbH, Veron Pharma Vertriebs GmbH, Pharma Westen GmbH	24.864.574	106

Nr	Medikament	Hersteller	Versicherte	KK
19	Evista	**Daiichi-Sankyo Deutschland GmbH** ACA Müller ADAG Pharma AG, AxiCorp GmbH, Beragena Arzneimittel GmbH, BR-Pharma, CC-Pharma GmbH, Emra-Med Arzneimittel GmbH, EurimPharm Arzneimittel GmbH, Pharma Gerke GmbH, Kohlpharma GmbH, Pharma Westen GmbH	1.853.766	2
20	Extavia	**Novartis Phrama GmbH** CC-Pharma GmbH, Emra-Med Arzneimittel GmbH, Pharma Gerke GmbH, Haemato Pharm AG, Kohlpharma GmbH	45.159.513	135
21	Femara	**Novartis Phrama GmbH** ACA Müller ADAG Pharma AG, Beragena Arzneimittel GmbH, CC-Pharma GmbH, Emra-Med Arzneimittel GmbH, EurimPharm Arzneimittel GmbH, Pharma Gerke GmbH, Kohlpharma GmbH, MILINDA Arzneimittel GmbH, Pharma Westen GmbH	5.190.424	2
22	Fortzaar	**MSD Cibropharm GmbH** ACA Müller ADAG Pharma AG, AxiCorp GmbH, Beragena Arzneimittel GmbH, Emra-Med Arzneimittel GmbH, EurimPharm Arzneimittel GmbH, Kohlpharma GmbH, Pharma Westen GmbH	5.822.930	2
23	Fortzaar Plus	**MSD Cibropharm GmbH**	5.822.930	2
24	Fosavance	**MSD Cibropharm GmbH** AxiCorp GmbH, CC-Pharma GmbH, Emra-Med Arzneimittel GmbH, EurimPharm Arzneimittel GmbH, Pharma Gerke GmbH, Kohlpharma GmbH, Pharma Westen GmbH	3.688.622	1
25	Invirase	**Roche Pharma AG** ACA Müller ADAG Pharma AG, AxiCorp GmbH,CC-Pharma GmbH, Emra-Med Arzneimittel GmbH, EurimPharm Arzneimittel GmbH, Pharma Gerke GmbH, Haemato Pharm AG, Kohlpharma GmbH, Medico Pharm AG, Pharma Westen GmbH	1.500.365	4

Nr	Medikament	Hersteller	Versicherte	KK
26	Keppra	**UCB Pharma GmbH** ACA Müller ADAG Pharma AG, AxiCorp GmbH, BR-Pharma, CC-Pharma GmbH, Docpharm Arzneimittelvertrieb GmbH & Co KGaA, Emra-Med Arzneimittel GmbH, EurimPharm Arzneimittel GmbH, Pharma Gerke GmbH, Haemato Pharm AG, Kohlpharma GmbH, MILINDA Arzneimittel GmbH, Pharma Westen GmbH	59.904.257	134
27	Lucentis	**Novartis Phrama GmbH** CC-Pharma GmbH, EurimPharm Arzneimittel GmbH, Pharma Gerke GmbH, Haemato Pharm AG	7.328.831	8
28	Macugen	**Pfizer Pharma GmbH**	3.888.660	3
29	Mircera	**Roche Pharma AG** CC-Pharma GmbH, Pharma Gerke GmbH, Kohlpharma GmbH	10.981.937	7
30	Olmetec	**Daiichi-Sankyo Deutschland GmbH** ACA Müller ADAG Pharma AG, AxiCorp GmbH, BR-Pharma, Emra-Med Arzneimittel GmbH, EurimPharm Arzneimittel GmbH, Kohlpharma GmbH, Pharma Westen GmbH	10.787.661	32
31	Olmetec Plus	**Daiichi-Sankyo Deutschland GmbH** ACA Müller ADAG Pharma AG, BR-Pharma, Emra-Med Arzneimittel GmbH, EurimPharm Arzneimittel GmbH, Kohlpharma GmbH, Pharma Westen GmbH	10.787.661	32
32	Pariet	**Eisai Pharma GmbH** Pharma Gerke GmbH, Kohlpharma GmbH, Mevita Handelsgesellschaft mbH, Pharma Westen GmbH	1.273.512	2
33	Pegasys	**Roche Pharma AG** Beragena Arzneimittel GmbH, CC-Pharma GmbH, Emra-Med Arzneimittel GmbH, EurimPharm Arzneimittel GmbH, Pharma Gerke GmbH, Kohlpharma GmbH, Medico Pharm AG, Pharma Westen GmbH	9.061.059	4

Nr	Medikament	Hersteller	Versicherte	KK
34	Plavix	**Sanofi-Aventis Deutschland GmbH** ACA Müller ADAG Pharma AG, AxiCorp GmbH, Beragena Arzneimittel GmbH, CC-Pharma GmbH, Docpharm Arznei-mittelvertrieb GmbH & Co KGaA, Emra-Med Arzneimittel GmbH, EurimPharm Arzneimittel GmbH, Pharma Gerke GmbH, Kohlpharma GmbH, Veron Phar-ma Vertriebs GmbH, Pharma Westen GmbH	46.187.938	120
35	Preterax	**Servier Deutschland GmbH** Emra-Med Arzneimittel GmbH, EurimP-harm Arzneimittel GmbH, Kohlpharma GmbH	3.386.841	3
36	Prograf	**Astellas Pharma GmbH** ACA Müller ADAG Pharma AGApothe-kamed S.A., AxiCorp GmbH, Beragena Arzneimittel GmbH, BR-Pharma, CC-Pharma GmbH, Docpharm Arzneimittel-vertrieb GmbH & Co KGaA, Emra-Med Arzneimittel GmbH, EurimPharm Arz-neimittel GmbH, Pharma Gerke GmbH, Kohlpharma GmbH, Medico Pharm AG, Mevita Handelsgesellschaft mbH, MTK Pharma Vertriebs GmbH, Veron Pharma Vertriebs GmbH, Pharma Westen GmbH	18.551.125	111
37	Pulmozyme Tarceva	**Roche Pharma AG** CC-Pharma GmbH, Emra-Med Arznei-mittel GmbH, Pharma Gerke GmbH, MTK Pharma Vertriebs GmbH, Pharma Westen GmbH	3.826.856	3
38	Rebif	**Merck Serono Pharma GmbH** Aaston Healthcare GmbH, ACA Müller ADAG Pharma AG, AxiCorp GmbH, Be-ragena Arzneimittel GmbH, CC-Pharma GmbH, Emra-Med Arzneimittel GmbH, EurimPharm Arzneimittel GmbH, Pharma Gerke GmbH, Haemato Pharm AG, Inopl, Kohlpharma GmbH, Medico Pharm AG, Pharma Westen GmbH	39.277.665	110
39	Relpax	**Pfizer Pharma GmbH** ACA Müller ADAG Pharma AG, AxiCorp GmbH, Beragena Arzneimittel GmbH, Emra-Med Arzneimittel GmbH, EurimP-harm Arzneimittel GmbH, Pharma Gerke GmbH, Kohlpharma GmbH, Mevita Han-delsgesellschaft mbH, Pharma Westen GmbH	602.542	1

Nr	Medikament	Hersteller	Versicherte	KK
40	Reminyl	**Janssen Cilag GmbH** ACA Müller ADAG Pharma AG, AxiCorp GmbH, Beragena Arzneimittel GmbH, CC-Pharma GmbH, Emra-Med Arznei-mittel GmbH, EurimPharm Arzneimittel GmbH, Pharma Gerke GmbH, Kohlpharma GmbH, Pharma Westen GmbH	6.739.358	3
41	Saizen	**Merck Serono GmbH** AxiCorp GmbH, CC-Pharma GmbH, Em-ra-Med Arzneimittel GmbH, Pharma Ger-ke GmbH, Kohlpharma GmbH, Pharma Westen GmbH	2.315.454	1 0
42	Sevikar	**Daiichi-Sankyo Deutschland GmbH** AxiCorp GmbH, Pharma Westen GmbH	6.367.639	4
43	Sortis	**Pfizer Pharma GmbH** EurimPharm Arzneimittel GmbH	1.009.030	1
44	Synflorix	**GlaxoSmithKline GmbH & Co. KG** CC-Pharma GmbH, Veron Pharma Ver-triebs GmbH, Pharma Westen GmbH	2.825.873	2
45	Tarceva	**Roche Pharma AG** CC-Pharma GmbH, Emra-Med Arznei-mittel GmbH, EurimPharm Arzneimittel GmbH, Pharma Gerke GmbH, Haemato Pharm AG, MTK Pharma Vertriebs GmbH, Pharma Westen GmbH	3.826.856	2
46	Valcyte	**Roche Pharma AG** Beragena Arzneimittel GmbH, CC-Pharma GmbH, Emra-Med Arzneimittel GmbH, EurimPharm Arzneimittel GmbH, Pharma Gerke GmbH, Kohlpharma GmbH, R.P. Pharma GmbH, Pharma Wes-ten GmbH	1.500.365	4
47	Vocado	**Berlin Chemie**	2.817.826	1
48	Votum	**Berlin Chemie**	2.817.826	1
49	Votum Plus	**Berlin Chemie**	2.817.826	1
50	Xeloda	**Roche Pharma AG** ACA Müller ADAG Pharma AG, CC-Pharma GmbH, Emra-Med Arzneimittel GmbH, EurimPharm Arzneimittel GmbH, Pharma Gerke GmbH, Haemato Pharm AG, Kohlpharma GmbH, Pharma Westen GmbH	1.500.365	4

Nr	Medikament	Hersteller	Versicherte	KK
51	Zometa	**Novartis Phrama GmbH** ACA Müller ADAG Pharma AG, CC-Pharma GmbH, Pharma Gerke GmbH, Haemato Pharm AG, Kohlpharma GmbH	1.501.802	1

2. Ausgestaltungsvarianten

Wie die bestehenden Rabattverträge über patentgeschützte Medikamente inhaltlich ausgestaltet sind, lässt sich nicht genau feststellen. Grundsätzlich halten die Vertragsparteien den Inhalt der Vereinbarungen geheim. Nur vereinzelt sind hier Informationen verfügbar.[551] Eine Reihe von Ausgestaltungsvarianten ist denkbar. Wie bei Generika auch kann die einfache Rabattierung einzelner Wirkstoffe (oder gar PZN) vereinbart werden. Die Vertragsgestaltung kann jedoch auch deutlich komplizierter sein.

Im Einzelnen:

Bei den Mehrwertverträgen[552] werden anstelle eines Preisabschlages, oder aber kumulativ zu diesem, geldwerte Nebenleistungen kostenfrei/kostengünstig angeboten. Hier kommen insbesondere Ärzte- oder Patientenschulungen, Raucherentwöhnungskurse, Ernährungsberatungen, Personalschulungen, Labortests sowie Betreuungsleistungen oder sonstige von der gesetzlichen Krankenversicherung nicht übernomme therapeutische oder diagnostische Zusatzleistungen in Betracht.[553] Mehrwertverträge bieten sich vor allem bei chronischen Krankheiten wie Diabetes, Bluthochdruck oder Atemwegserkrankungen an.

---

551 So haben die Firmen Roche und Pfizer im Rahmen von Cost- bzw. Risk-Sharing Modellen den Krankenkassen den Abschluss von besonderen Vertragsmodellen angeboten. Vgl. hierzu die Ausführungen auf den Seiten 45 ff.

552 *Ecker/Preuß*, in: Ecker/Preuß/Raski (Hrsg.), Handbuch Direktverträge, S. 34. Ein Fallbeispiel zum Abschluss eines Mehrwertvertrages findet sich bei *v. Rothkirch/Ecker*, in: Ecker/Preuß/Raski (Hrsg.), Handbuch Direktverträge, 2008, S. 91 f.

553 Solche Zusatzleistungen sind regelmäßig zulässig – auch wenn sie vom pharmazeutischen Unternehmer faktisch direkt gegenüber dem Patienten erbracht werden. Sie sind bei richtiger Ausgestaltung nicht als unzulässige Werbung für verschreibungspflichtige Arzneimittel (§ 10 Absatz 1 HWG) oder unzulässige Zuwendungswerbung gegenüber dem Patienten (§ 7 HWG) anzusehen, denn es handelt sich um Leistungen des pharmazeutischen Unternehmers an die Krankenkasse.

Die Bundling Verträge[554] koppeln Originalpräparate und Generika aneinander. Die pharmazeutischen Unternehmen gewähren Preisvorteile für ihre Originalpräparate nur unter der Bedingung, dass die beteiligten Krankenkassen konzerneigene Generika oder OTC-Präparate abnehmen.

Im Rahmen von Cost-Sharing-Verträgen[555] vereinbaren die pharmazeutischen Unternehmer mit Krankenkassen oder Kliniken eine Preisobergrenze für kostenintensive Arzneimittel. So bot die Roche Pharma AG den Krankenkassen in der Therapie des metastasierten Mammakarzinoms an, die Kosten für ihren monoklonalen Antikörper Avastin teilweise zu übernehmen, wenn der Patientin das Medikament in Kombination mit einem bestimmten anderen Präparat verabreicht wird.[556] Die Risk-Sharing-Verträge[557] hingegen gewähren eine Geld-zurück-Garantie bei Nichteintritt der gewünschten Wirkung. Die Novartis Pharma GmbH verpflichtete sich in einem Rabattvertrag die Arzneimittelkosten für die Therapie mit bestimmten Immunsuppressiva[558] zu übernehmen, wenn der Patient unter der Therapie das Spenderorgan verliert.[559]

Bei einem Kapitationsvertrag[560] liefert der pharmazeutische Unternehmer den gesamten Bedarf einer Krankenkasse für eine Indikation oder für das konkrete Arzneimittel zu einem Fixbetrag. Die Krankenkassen müssen also versuchen die Nachfrage soweit als möglich (und innerhalb der Grenzen der Therapiefreiheit) auf das rabattierte Arzneimittel umzulenken.[561]

554 *Ecker/Preuß*, in: Ecker/Preuß/Raski (Hrsg.), Handbuch Direktverträge, S. 32.; *Coca, Nick, Schröder*, in: Schwabe/Paffrath (Hrsg.) Arzneiverordnungsreport 2011, S. 170.

555 *Ecker/Preuß*, in: Ecker/Preuß/Raski (Hrsg.), Handbuch Direktverträge, S. 43 ff.; *Reese/Stallberg*, Dieners/Reese, Handbuch des Pharmarechts, 2010, § 17   Rn 317 ff.; *Fuhrmann/Klein/Fleischfresser*, in: Fuhrmann/Klein/Fleischfresser (Hrsg.), Arzneimittelrecht, Handbuch für die pharmazeutische Rechtspraxis, 2010, § 46 Rn. 142.

556 Arzneimittelkommission der deutschen Ärzteschaft, Stellungnahme zu »Cost-Sharing-Initiativen« und »Risk-Sharing-Verträgen« zwischen pharmazeutischen Herstellern und Krankenkassen bzw. Kliniken, 2008, abrufbar im Internet unter: http://www.akdae.de/Stellungnahmen/Weitere/20080508.pdf.

557 *Ecker/Preuß*, in: Ecker/Preuß/Raski (Hrsg.), Handbuch Direktverträge, S. 49 ff.; *Schickert*, PharmR 2009, 164, 173; *Fuhrmann/Klein/Fleischfresser,* in: Fuhrmann/Klein/Fleischfresser (Hrsg.), Arzneimittelrecht, Handbuch für die pharmazeutische Rechtspraxis, 2010, § 46 Rn. 142.

558 Konkret ging es um Sandimmun Optoral (Ciclosporin), Myfortic (Mycophenolsäure) oder Certican (Everolimus).

559 Zu weiteren gegenwärtig genutzten Verträgen vgl. etwa *Laschet*, Risk- und Cost-Sharing - das kommt Ärzten spanisch vor, Deutsche Ärzte Zeitung vom 23. Dezember 2008.

560 *Ecker/Preuß*, in: Ecker/Preuß/Raski (Hrsg.), Handbuch Direktverträge, S. 39 ff.; *Schickert*, PharmR 2009, 164, 172.

561 Vgl. hierzu auch die Ausführungen auf Seite 50 f., 86 f., 86 ff.

B. Spruchpraxis zu Rabattverträgen über Originatoren

I. TNF-Alpha-Blocker

Soweit ersichtlich, hat es bisher erst eine europaweite Ausschreibung einer gesetzlichen Krankenkasse zum Abschluss von Arzneimittelrabattverträgen über patentgeschützte Medikamente gegeben.[562]

1. Vorstellung des Sachverhaltes

Diesen ersten Vorstoß unternahm die Techniker Krankenkasse. Sie schrieb im Jahre 2008 den Abschluss eines Rabattvertrages nach § 130a Absatz 8 SGB V über TNF-Alpha-Blocker[563] europaweit aus.[564] Zusätzlich forderte sie die ihr bekannten Anbieter mit Schreiben vom 16. April 2008 zur Abgabe eines Angebots auf.[565] Unter den angeschriebenen Anbietern befanden sich neben patentrechtsbegünstigten Unternehmen auch etliche Re- und Parallelimporteure. Als Verfahrensart optierte die Techniker Krankenkasse für ein Verhandlungsverfahren nach § 3 Absatz 4 lit. c) EG-VOL/A[566]. Die Nachfrage war dabei nicht, wie es bei Rabattverträgen über Generika regelmäßig der Fall ist, wirkstoffbezogen, sondern indikationsbezogen bestimmt worden.[567]

Seinerzeit existierten auf dem Markt für TNF-Alpha-Blocker nur drei patentgeschützte (wirkstoffverschiedene) Medikamente: Etanercept, Adalimumab und Infliximab. Neben den Patentinhabern kamen als weitere Anbieter der (Original) Wirkstoffe in Deutschland Re- und Parallelimporteure in Betracht. Die drei Wirkstoffe sind jeweils sowohl für die gleiche Hauptindikation (Rheumatoide Arthritis) als auch für weitere Indikationen aus dem einschlägigen Bereich zugelassen. Es gibt jedoch auch einzelne Krankheitsbilder, bei denen nur einer der Wirkstoffe angewendet werden darf. Außerdem unterscheiden sich die drei

---

562 Stand: 30. November 2011.
563 TNF-Alpha-Blocker hemmen den Signalstoff des Tumornekrosefaktors (TNF), der an der Steuerung der Zellaktivität des Immunsystems beteiligt ist. TNF-Alpha-Blocker werden gegenwärtig vor allem zur Behandlung der chronisch-entzündlichen Darmerkrankung Morbus Crohn, der Hautkrankheit Psoriasis sowie der Rheumatoiden Arthritis genutzt. Die wichtigsten medizinisch genutzten Vertreter sind die monoklonalen Antikörper Infliximab, Adalimumab und Certolizumab sowie das gentechnolgisch hergestellte Eiweiß Etanercept.
564 EU-Vergabebekanntmachung Nr. 2008/S76-102835 vom 18. April 2008.
565 VK Bund, Beschluss vom 22. August 2008, Az.: VK 2 – 73/08. Beschlussumdruck S. 3.
566 Entspricht § 3 Nr. 2 lit. c) VOL/A 2006.
567 VK Bund, Beschluss vom 22. August 2008, Az.: VK 2 – 73/08. Beschlussumdruck S. 3.

Wirkstoffe in Zusammensetzung, Wirkweise (teilweise), Dosierung, Handelsform und/oder Verabreichung.[568] Der ausgeschriebene Rabattvertrag enthielt keine (wie es im Bereich der Generika üblich wäre) Exklusivitätsklausel. Allerdings wurde zum Zwecke der Nachfragesteuerung in § 5 Absatz 2 RabattV eine Beitrittsmöglichkeit für Vertragsärzte integriert und § 7 RabattV enthielt eine Regelung zur Ansprache der Ärzte, Apotheker und Versicherten.[569]

2. Verfahrensgang und Zusammenfassung der rechtlichen Bewertung

Die Ausschreibung der Techniker Krankenkasse wurde von einem Patentinhaber mit einem Nachprüfungsverfahren vor der Vergabekammer des Bundes[570] angegriffen. Inhaltlich wurden dabei insbesondere die fehlende Vergleichbarkeit mit anderen Präparaten aufgrund des bestehenden Patentschutzes sowie die Zulassung für teilweise unterschiedliche Indikationsbereiche gerügt.[571]

Die Vergabekammer wies zwar den Hauptantrag der Antragstellerin zurück, entschied aber auf den gestellten Hilfsantrag hin, dass die Antragsgegnerin bei Fortbestehen der Vergabeabsicht die Vergabeunterlagen unter Berücksichtigung der Rechtsauffassung der Vergabekammer zu überarbeiten und das Vergabeverfahren spätestens ab der Aufforderung zur Angebotsabgabe zu wiederholen habe.

Inhaltlich hat die Vergabekammer dabei den ausgeschriebenen Rabattvertrag als öffentlichen Auftrag in Form einer Rahmenvereinbarung nach § 4 EG-VOL/A[572] angesehen.[573] Die Kammer äußerte sich allerdings kritisch zu der Frage, ob ein Lenkungseffekt zur (Um-)Steuerung der Nachfrage auf die rabattierten Produkte konstitutives Tatbestandsmerkmal des öffentlichen Auftrages sei. Dies könne jedoch dahinstehen, weil es eine Vielzahl vertraglicher und gesetzlicher Anreizmechanismen gebe, die auch im Bereich der patentgeschützten Originale eine nicht unerhebliche Lenkungswirkung entfalten. Im Einzelnen nennt die Vergabekammer folgende Aspekte:[574]

- gemeinsame Informationsrunden,
- kassenindividuelle Zuzahlungsbefreiungen,
- gemeinsame Kommunikationsstrategie,

---

568 VK Bund, Beschluss vom 22. August 2008, Az.: VK 2 – 73/08. Beschlussumdruck S. 3.
569 VK Bund, Beschluss vom 22. August 2008, Az.: VK 2 – 73/08. Beschlussumdruck S. 5.
570 VK Bund, Beschluss vom 22. August 2008, Az.: VK 2 – 73/08.
571 VK Bund, Beschluss vom 22. August 2008, Az.: VK 2 – 73/08. Beschlussumdruck S. 12.
572 Entspricht § 3a Nr. 4 VOL/A 2006.
573 VK Bund, Beschluss vom 22. August 2008, Az.: VK 2 – 73/08. Beschlussumdruck S. 19.
574 VK Bund, Beschluss vom 22. August 2008, Az.: VK 2 – 73/08. Beschlussumdruck S. 21 – 33.

- vorläufige faktische Exklusivität,
- Wirtschaftlichkeitsprüfung,
- Bonus-Malus-Regelung,
- individuelle Vereinbarungen mit Ärzten,
- Arzneimittel für die integrierte Versorgung,
- Begünstigungen im Blick auf die Importquote.

Auch die fehlende vertragliche Exklusivitätsklausel stehe im Ergebnis der Annahme eines öffentlichen Auftrages nicht entgegen.[575] Die Unternehmer gehörten zu den ersten Rabattvertragspartnern für TNF-Alpha-Blocker und erhielten daher jedenfalls vorübergehend einen faktischen Wettbewerbsvorteil. Die abzuschließenden Verträge seien auch entgeltlich. Als unmittelbare Gegenleistung für die Lieferung von Arzneimitteln sei der rabattierte Preis zu zahlen. Ergänzend bestünden auch mittelbare geldwerte (Gegen-)Leistungen. So habe die Techniker-Krankenkasse im Rabattvertrag Fördermaßnahmen vorgesehen, die darauf abzielten, vorhandene Anreizmechanismen zur Steigerung des Umsatzes des Unternehmers mit dem fraglichen Arzneimittel in größtmöglichem Umfang zur Entfaltung zu bringen.

Schließlich scheide die Annahme einer bloßen Konzession aus.[576] Es könne sich im vorliegenden Fall allenfalls um eine Lieferkonzession handeln, für deren Existenz bzw. Ausgenommenheit vom GWB-Vergaberecht es spätestens seit der kohärenten Neukodifizierung der Rechtsmaterie durch die Vergabekoordinierungsrichtlinie im Jahre 2004 keinen Anlass mehr gebe.[577] Außerdem fehle es hier bereits an der für Konzessionen typischen Risikoverteilung, da die Gefahr, dass keine oder nur wenige Einzelverträge zustande kommen, gerade auch bei Rahmenvereinbarungen bestehe, der Abschluss etwaiger Einzelverträge der Techniker Krankenkasse zuzurechnen sei und überdies eine Lenkungswirkung von der hier streitgegenständlichen Rabattkooperation ausgehe.

Die Vergabekammer hat weiter ausgeführt, dass ein Verhandlungsverfahren ohne vorherigen Teilnahmewettbewerb nach Maßgabe des § 3 Absatz 4 lit. c)

---

575 Die VK Bund hat diese Sichtweise nun in einer neueren Entscheidung (Beschluss vom 06. Juli 2011, Az.: VK 3- 80/11) bestätigt. In diesem Fall hatte eine Krankenkasse zum Abschluss eines Open-House-Vertrages viele verschiedene pharmazeutische Unternehmer angeschrieben – ausgeschrieben wurde der Vertragsabschluss jedoch nicht. Von diesem Vertrag waren auch drei patentgeschützte Medikamente erfasst. Die Krankenkasse hat sich auf den Standpunkt gestellt, dass das Vergaberecht mangels Exklusivität hier nicht anwendbar sei. Die VK Bund ist dem entgegengetreten und hat betont, dass eine Exklusivität nicht als ungeschriebener Bestandteil des öffentlichen Auftragsbegriffs anzuerkennen sei.

576 VK Bund, Beschluss vom 22. August 2008, Az.: VK 2 – 73/08. Beschlussumdruck S. 35.

577 So auch: OLG Düsseldorf, Beschluss vom 18. Dezember 2007, Az.: VII-Verg 44/07.

EG-VOL/A[578] nicht in Betracht komme. Voraussetzung für die Durchführung eines Verhandlungsverfahrens ohne Teilnahmewettbewerb sei nicht nur, dass ein Ausschließlichkeitsrecht bestehe. Die Norm fordere darüber hinaus als eng auszulegender Ausnahmetatbestand zusätzlich, dass aufgrund des Ausschließlichkeitsrechts nur ein einziges Unternehmen in der gesamten EU den fraglichen Auftrag durchführen könne. Gerade dies scheide hier aber schon deshalb aus, weil auch bei einem Zuschnitt auf einzelne patentgeschützte Wirkstoffe zumindest noch die Re- und Parallelimporteure als Wettbewerber zu berücksichtigen wären. Dem könne nicht entgegengehalten werden, dass Re- oder Parallelimporteure bereits wegen mangelhafter Lieferfähigkeit von vornherein als Vertragspartner ausscheiden würden. Dies müsse vielmehr im Vorfeld der Ausschreibung geprüft und dokumentiert werden.

Gegen diese Entscheidung hat die Antragstellerin mit Schriftsatz vom 22. Juli 2008 im Wege der sofortigen Beschwerde das OLG Düsseldorf angerufen. Das OLG hat in der Sache nicht entschieden. Es hat das Verfahren mit Beschluss vom 20. Oktober 2008[579] ausgesetzt, um die Entscheidung des Europäischen Gerichtshofs (EuGH) zu der Frage abzuwarten, ob gesetzliche Krankenkassen öffentliche Auftraggeber sind.[580] Noch vor der Entscheidung des Vergabesenates hat die Techniker Krankenkasse die Ausschreibung mit Bekanntmachung vom 13. September 2008 aufgehoben.[581]

Das OLG Düsseldorf hat sich in seinem obiter dictum nicht ausdrücklich zum Begriff des öffentlichen Auftrages geäußert. Gleichwohl scheint der Senat von der Anwendbarkeit des Vergaberechts auch bei Rabattverträgen bei patentgeschützten Medikamenten auszugehen. Der Senat befasst sich inhaltlich nämlich allein mit der Frage ob und ggf. unter welchen Voraussetzungen nach Maßgabe des § 3 Absatz 4 lit. c) EG-VOL/A[582] bei der Ausschreibung patentgeschützter Medikamente das Verhandlungsverfahren anwendbar ist. Inhaltlich bestätigt das Gericht dabei die Argumentation der Vergabekammer.

Es sei zudem zweifelhaft, ob sich ein Patentinhaber mit Erfolg darauf berufen könne, die Vergabestelle habe zu Unrecht auf ein Offenes Verfahren zurückgegriffen und hätte stattdessen ein Verhandlungsverfahren ohne vorherige öffentliche Vergabebekanntmachung durchführen müssen. Die Wahl der letztgenannten Vergabeart führe zu einer Beschränkung des Wettbewerbs. Zudem sei die Vergabestelle nach dem eindeutigen Wortlaut der Vorschriften nicht verpflichtet

---

578 Entspricht § 3a Nr. 2 lit. c) VOL/A 2006.
579 OLG Düsseldorf, Beschluss vom 20. Oktober 2008, Az.: VII-Verg 46/08.
580 EuGH, Urteil vom 16. Dezember 2008, Rs. 300/07 (Oymanns). Hierzu der Vorlagebeschluss des OLG Düsseldorf vom 23. Mai 2007, Az.: VII-Verg 50/06.
581 Bekanntmachung im EU-Amtsblatt vom 13. September 2008 (2008/S 178/236430).
582 Entspricht § 3a Nr. 2 lit. c) VOL/A 2006.

von einem offenen Verfahren oder einem Verhandlungsverfahren nach öffentlicher Ausschreibung abzusehen; es stehe vielmehr in ihrem Ermessen. Das Vergaberecht gehe zudem davon aus, dass möglichst wettbewerbsoffen auszuschreiben sei. Nach § 8 Absatz 7 EG-VOL/A[583] dürfe zudem nur dann auf (den Wettbewerb verengende) bestimmte Spezifikationen hingewiesen werden, wenn dies durch den Auftragsgegenstand gerechtfertigt sei. Es sei daher zweifelhaft, ob die Vergabestelle Rabattverträge nach § 130a Absatz 8 SGB V nur wirkstoffbezogen und nicht indikationsbezogen oder bezogen auf Wirkstoffe einer Gruppe ausschreiben könne, wenn rein tatsächlich zwischen Arzneien mit unterschiedlichen Wirkstoffen Wettbewerb herrsche, weil der Arzt nach medizinischer Erkenntnis in einer Vielzahl von Fällen zwischen mehreren Wirkstoffen auswählen könne. Unterschiedliche Applikationswege und Wirkungsweisen stünden dem nicht von vornherein entgegen. Eine unterschiedliche Wirtschaftlichkeit könne durch die Anwendung dem Rechnung tragender Zuschlagskriterien berücksichtigt werden.

Eine weitergehende Begünstigung patentgeschützter Arzneimittel komme nicht in Betracht. Zwar habe der Senat wiederholt[584] darauf hingewiesen, dass gegebenenfalls bestimmte Vorschriften der VOL/A im Bereich der Vergabe von Aufträgen gesetzlicher Krankenkassen entweder im Lichte des SGB V ausgelegt werden oder gar hinter den Vorschriften des SGB V zurücktreten müssten. Er habe aber gleichzeitig betont, dass dies nicht möglich sei soweit die RL 2004/18/EG zwingende Vorschriften enthalte. Genau dies sei hier aber der Fall. Die Richtlinie enthalte in Artikel 23 Absatz 8 und Artikel 31 Nr. 1 lit. b) Regelungen über die Berücksichtigung von Patenten im Vergabeverfahren, worüber nationales Recht nicht hinausgehen könne.[585]

Vor dem Hintergrund des Überleitungstatbestandes des § 207 SGG hat das OLG Düsseldorf in der Sache jedoch keine Entscheidung mehr getroffen. Die Zuständigkeit liegt nunmehr beim LSG Essen.[586]

---

583 Entspricht § 8a Nr. 5 VOL/A 2006.
584 Z. B. mit Beschluss vom 26. Mai 2008, Az.: VII-Verg 14/08, m.w.N.
585 So letztlich auch *Gabriel,* NZS 2008, 455, 457.
586 Dort wird das Verfahren unter dem Az.: L 21 KR 59/09 SFB geführt. Die mündliche Verhandlung zum Feststellungsantrag hat am 25. November 2010 vor dem Landessozialgericht Nordrhein-Westfalen stattgefunden.

II. Anti-Anämika (EPO)

Der zweite Rechtsprechungskomplex geht zurück auf einen (de-facto) Rabatt-vertrag der AOK Baden-Württemberg aus dem Jahre 2008, welcher auf die Beschaffung zweier Präparate zur Behandlung von Anämie gerichtet war.[587]

1. Vorstellung des Sachverhaltes

Gegenstand des Rabattvertrages waren die Präparate[588] NeoRecormon und Mircera. Letzteres ist patentgeschützt. Das Medikament NeoRecormon enthält den Wirkstoff Epoetin-beta, Mircera den Wirkstoff Methoxy-Polyethylenelycol. Mircera ist, anders als NeoRecormon, welches auch eine Zulassung für die onkologische Indikation besitzt, nur für die nephrologische Indikation zugelassen. Ein konkurrierendes Pharmaunternehmen[589] bot mit dem Medikament Aranesp ein Präparat mit dem Wirkstoff Darbepoetin-alfa an, welches sowohl für die nephrologische als auch die onkologische Indikation zugelassen ist. Zwischen den Mitteln der beiden Anbieter bestehen Unterschiede in der Dosierung und in der Halbwertzeit. Neben diesen drei Präparaten waren zum Entscheidungszeitpunkt weitere sieben Medikamente zur Behandlung von Anämie (mit abweichenden Wirkstoffen) verfügbar.[590] Die AOK hatte den Abschluss der streitgegenständlichen Rabattvereinbarung nicht ausgeschrieben. Sie verhandelte vielmehr unmittelbar mit mehreren pharmazeutischen Unternehmen. Unter dem 28. April 2008 wurde sie mit der Roche Pharma AG handelseinig. Die Öffentlichkeit und damit auch die Konkurrenz erfuhr hiervon erst durch gemeinsame Pressemitteilung der Vertragsschließenden vom 6. Juni 2008.

---

587 Die Anämie ist in der Medizin definiert als eine Verminderung der Konzentration des roten Blutfarbstoffs (Hämoglobin) und/oder eine Verminderung des Hämatokrits und/oder eine Verminderung der Anzahl der roten Blutkörperchen (Erythrozyten). Ursachen einer Anämie sind vor allem chronische Nierenerkrankungen (sog. nephrologische Indikation), die eine dauerhafte Behandlung erfordern und Chemotherapien (sog. onkologische Indikation) mit meist beschränkter Behandlungsdauer. Zur Therapie werden standardmäßig biotechnologisch produzierte Nachbildungen des körpereigenen Hormons Erythropoetin (EPO), so genannte "erythropese-stimulierende Proteine" (ESP) eingesetzt.
588 Hersteller ist jeweils die Roche Pharma AG.
589 Konkurrierendes Pharmaunternehmen ist die Amgen GmbH.
590 VK Bund, Beschluss vom 15. August 2008, Az.: VK 3 – 107/08, Beschlussumdruck S. 2.

2. Verfahrensgang und Zusammenfassung der rechtlichen Bewertung

Die Amgen GmbH hat den abgeschlossenen Vertrag wegen Verstoßes gegen § 13 VgV (a.F.)[591] analog mit einem Nachprüfungsantrag vor der Vergabekammer des Bundes angegriffen. Sie hat in diesem Zusammenhang die Auffassung vertreten, die AOK hätte den Vertragsabschluss europaweit ausschreiben müssen, da es therapeutische vergleichbare Präparate am Markt gäbe. Nach Ansicht der AOK war eine Ausschreibung jedoch entbehrlich, weil eines der betroffenen Präparate noch unter Patentschutz stehe und für das andere Präparat keine wirkstoffgleiche Alternative vorhanden sei.

Die angerufene Vergabekammer hat mit Beschluss vom 15. August 2008 dem Nachprüfungsantrag stattgegeben.[592] Sie hat die Nichtigkeit des Vertrages vom 28. April 2008 festgestellt und gleichzeitig der AOK Baden-Württemberg aufgegeben, bei Fortbestehen der Beschaffungsabsicht die Vergabe in einem offenen Verfahren bei indikationsbezogener Bestimmung des Beschaffungsbedarfs durchzuführen.

Die Vergabekammer stuft den auszuschreibenden Rabattvertrag als Rahmenvereinbarung nach § 4 EG-VOL/A[593] ein. Die Rabatthöhe werde dabei vor die Klammer der nachfolgenden Einzelverträge gezogen. Die von der AOK angesprochene Lenkungswirkung, die bei patentgeschützten Arzneimitteln angeblich nicht vorliege, sei kein Tatbestandsmerkmal des § 99 Absatz 2 GWB. Abgesehen hiervon bestünden aber auch im vorliegenden Fall trotz des Nichteingreifens der Substitutionsverpflichtung nach § 129 Absatz 1 SGB V gewisse Lenkungseffekte.

Eine freihändige Vergabe nach § 3 Absatz 4 lit. c) EG-VOL/A[594] sei jedoch nicht zulässig. Das bloße Bestehen eines Patentrechts führe nicht dazu, dass in dem relevanten Marktsegment kein Wettbewerb bestehe. Entscheidend sei die Perspektive des Arztes. Wenn und soweit dieser aus mehreren therapeutisch vergleichbaren Arzneimittel auswählen könne, sei die Ausschreibung in einem offenen Verfahren notwendig. Um den Vorstellungen der AOK gerecht zu werden, möglichst viele Arzneimittel dieser Gruppe rabattieren zu können (was im Hinblick auf die Interessen ihrer Versicherten und die Therapiefreiheit der Ärzte objektiv gerechtfertigt erscheine), sei eine Losebildung möglich. Dies selbst dann, wenn auf diese Weise für einzelne Lose ggf. nur ein einziger Anbieter (und allenfalls noch Re- oder Parallelimporteure) in Frage komme.

---

591 Das über § 13 VgV a.F. (analog) begründete Verbot einer de-facto Vergabe ist mit der Vergaberechtsreform 2009 ausdrücklich in § 101a Absatz 1 Nr. 2 GWB normiert worden.
592 VK Bund, Beschluss vom 15. August 2008, Az.: VK 3 – 107/08.
593 Entspricht § 3a Nr. 4 Absatz 1 VOL/A 2006.
594 Entspricht § 3a Nr. 2 lit. c) VOL/A 2006.

Gegen diese Entscheidung hat die AOK Anfechtungsklage vor dem Sozialgericht Stuttgart[595] erhoben. Mit der Klage hat sie einen Eilantrag auf Feststellung der aufschiebenden Wirkung verbunden, um den geschlossenen Rabattvertrag weiter durchführen zu können. Das SG Stuttgart hat mit Beschluss vom 26. September 2008[596] festgestellt, dass die Klage aufschiebende Wirkung hat.

Das konkurrierende Unternehmen hat die Entscheidung des Sozialgerichts Stuttgart erfolglos vor dem Landessozialgericht Baden-Württemberg mit einer sofortigen Beschwerde angegriffen. Das Gericht hat in seiner Entscheidung vom 28. Oktober 2008[597] den Beschluss des SG Stuttgart bestätigt. Es vertritt dabei den Standpunkt, dass das Vergaberecht auf den streitgegenständlichen Vertrag überhaupt nicht anwendbar sei. Im Hinblick auf die fehlende vergaberechtliche Auswahlentscheidung fehle es an einem öffentlich-rechtlichen Auftrag. Für das beteiligte Unternehmen ergebe sich hier wegen mangelnder Steuerungswirkung kein relevanter Wettbewerbsvorteil. Der hier zu beurteilende Rabattvertrag sei kein öffentlicher Lieferauftrag. Bei der Auslieferung von Arzneimitteln an Versicherte der gesetzlichen Krankenkasse komme ein Kaufvertrag zwischen der Krankenkasse und dem Apotheker zustande. Der pharmazeutische Unternehmer sei an diesem Vertrag weder beteiligt noch werde er dadurch in seinen Rechten betroffen. Da der Apotheker Vertragspartner der Krankenkasse werde, könne sein Handeln auch nicht der Krankenkasse zugerechnet werden. Auf Seiten der Krankenkasse agiere nur der Vertragsarzt bei der Ausstellung der Arzneimittelverordnung (als Vertreter der Krankenkasse) und der Versicherte (ebenfalls als Vertreter bei der Auswahl der Apotheke, im Übrigen als Bote). Die Nachfrage nach Arzneimitteln werde nicht durch die Rabattverträge sondern durch den Vertragsarzt bestimmt. Diese Entscheidung könne entgegen der Ansicht des OLG Düsseldorf[598] aufgrund der bestehenden Therapiefreiheit nicht der Krankenkasse zugerechnet werden. Allein dadurch erhalte ein pharmazeutischer Unternehmer, mit dem ein Rabattvertrag abgeschlossen worden sei, keine Sonderstellung im Wettbewerb, die einer Absatzgarantie für die rabattierten Medikamente gleichkomme. Etwas anderes könne allerdings nach Ansicht des Senats gelten, wenn der Rabattvertrag eine Bestimmung enthalte, nach der die Krankenkasse verpflichtet sei, keine weiteren Rabattverträge mit anderen pharmazeutischen Unternehmen abzuschließen, die vergleichbare Arzneimittel anbieten. In einem solchen Fall führe der Rabattvertrag i. V. m. der Ersetzungsverpflichtung des Apo-

---

595 SG Stuttgart, Az.: S 10 KR 5657/08.
596 SG Stuttgart, Beschluss vom 26. September 2008, Az.: S 10 KR 5932/08 ER.
597 LSG Baden-Württemberg, Beschluss vom 28. Oktober 2008, Az.: L 11 KR 4810/08 ER-B.
598 OLG Düsseldorf, Beschluss vom 17. Januar 2008, Az.: VII-Verg 57/07 m.w.N.

thekers nach § 129 Absatz 1 Satz 3 SGB V tatsächlich zu einem Wettbewerbs-vorteil.[599]

Daneben hat das betroffene Pharmaunternehmen (die Amgen GmbH) beim Landgericht Düsseldorf einen Antrag auf Erlass einer einstweiligen Verfügung mit der Begründung gestellt, die Antragsgegnerin habe sich an dem vergabe-rechtswidrig zustande gekommenen Vertragsschluss beteiligt. Das LG hat den Antrag mit Urteil vom 6. August 2008 zurückgewiesen.[600] Zwar sei der ordent-liche Rechtsweg gegeben, ein Anspruch bestehe jedoch nicht. Es sei nicht schon geklärt, ob gesetzliche Krankenkassen als öffentliche Auftraggeber im Sinne des § 98 Nr. 2 GWB anzusehen seien. Jedenfalls sei im Hinblick auf die Unter-schiede der Wirkstoffe eine freihändige Vergabe nach § 4 EG-VOL/A[601] mög-lich gewesen.

Gegen diese Entscheidung hat das konkurrierende Unternehmen Berufung zum OLG Düsseldorf eingelegt. Dieses hat das Urteil der 4. Kammer für Han-delssachen des Landgerichts Düsseldorf vom 6. August 2008 aufgehoben[602] und das Verfahren an das Sozialgericht München verwiesen[603]. Der Senat sieht dabei Rabattverträge über patentgeschützte Medikamente offenbar als öffentliche Auf-träge an, äußert er sich in der Sache doch direkt zur Berechtigung des Ver-handlungsverfahrens.[604] Das Arzneimittel Mircera enthalte zwar den patentge-schützten Wirkstoff Metoxy-Polyethyleneglycol-Epoetin-beta, es sei über den Patentschutz hinaus jedoch erforderlich, dass infolge des Ausschließlichkeits-rechts der Auftrag nur von bestimmten Unternehmen durchgeführt werden kön-ne. Infolge des Erschöpfungsgrundsatzes[605] könne die Einfuhr von Arzneien aus dem EU-Bereich nicht untersagt werden. Die Krankenkassen müssten zunächst eine umfassende Marktuntersuchung vornehmen. Eine weitergehende Be-günstigung patentgeschützter Arzneimittel komme, so der Senat, nicht in Be-tracht. Zwar habe der Senat wiederholt[606] darauf hingewiesen, dass gegebenen-

---

599 Tatsächlich ist diese Vorschrift mangels Wirkstoffgleichheit auf patentgeschützte Medi-kamente aber überhaupt gar nicht anwendbar. Vgl. hierzu die Ausführungen auf Seite 86 ff.

600 LG Düsseldorf, Urteil vom 23. Juli 2008, Az.: 34 O (Kart) 114/08.

601 Entspricht § 3 Nr. 4 lit. a) VOL/A 2006.

602 OLG Düsseldorf, Beschluss vom 22. Oktober 2008, Az.: I-27 U 2/08.

603 Dort ist die Rechtssache am 25. Oktober 2008 eingegangen und wurde unter dem Az.: S 3 KR 1129/08 geführt. Noch vor einer Entscheidung in der Sache wurde das Rechtsmittel unter dem 18. Februar 2009 von den Prozessbevollmächtigten zurückgenommen.

604 Es erscheint fraglich, ob das Landgericht hier auf die richtige Vorschrift abgestellt hat. Die von der Kammer in Bezug genommene Regelung gilt nur im Bereich der Unter-schwellenvergabe. Oberhalb der einschlägigen Schwellenwerte gilt § 3a Nr. 2 lit. c) VOL/A.

605 Vgl. *Scharen*, in: Benkard, Patentgesetz, 10. Auflage 2006, § 9 Rn. 15 ff.

606 Z. B. mit Beschluss vom 26. Mai 2008, Az.: VII-Verg 14/08, m. w. N.

falls bestimmte Vorschriften der VOL/A im Bereich der Vergabe von Aufträgen gesetzlicher Krankenkassen entweder im Lichte des SGB V ausgelegt werden oder gar hinter den Vorschriften des SGB V zurücktreten müssen. Gleichzeitig sei aber zu berücksichtigen, dass dies nicht möglich sei, soweit die Vergabekoordinationsrichtlinien zwingende Vorschriften enthalten. Genau dies sei aber mit dem Artikel 23 Absatz 8 und Artikel 31 Nr. 1 lit. c) RL 2004/18/EG der Fall. Darüber könne nationales Recht nicht hinausgehen. Insofern könne offen bleiben, ob und inwieweit das SGB V patentierten Medikamenten weitergehende Begünstigungen gewährt. Das Vergaberecht gehe zudem davon aus, dass möglichst wettbewerbsoffen auszuschreiben sei. Nach § 8 Absatz 7 EG-VOL/A[607] dürfe nicht auf ein Patent, wie es durch die Ausschreibung eines patentgeschützten Wirkstoffes praktisch geschehe, hingewiesen werden, wenn es nicht durch den Auftragsgegenstand gerechtfertigt sei. Unterschiedliche Applikationswege und Wirkungsweisen stünden einer Ausschreibung nicht von vornherein entgegen.

III. Zusammenfassung

Seit Aufhebung[608] der Ausschreibung der Techniker Krankenkasse (TNF-Alpha-Blocker)[609] und Nichtigkeitserklärung des de-facto Rabattvertrages der AOK Baden-Württemberg (EPO)[610] hat es keine weitere Ausschreibung einer gesetzlichen Krankenversicherung zum Abschluss von Rabattverträgen im Bereich der patentgeschützten Originatoren gegeben. Die derzeit bestehenden Rabattverträge über patentgeschützte Medikamente[611] sind alle nicht auf Basis eines wettbewerblichen Verfahrens nach vergaberechtlichen Grundsätzen abgeschlossen worden. Die jeweiligen Konditionen wurden vielmehr einzelvertraglich zwischen den Krankenkassen und den pharmazeutischen Unternehmern ausgehandelt.

Dieser Umstand ist auf der einen Seite sicherlich praktischen Erwägungen geschuldet. So ist es doch regelmäßig sehr viel einfacher, einen Rabattvertrag direkt mit einem oder mehreren ausgewählten Unternehmen direkt zu verhandeln als seinen Abschluss europaweit auszuschreiben. Auf der anderen Seite ist dies

---

607 Entspricht § 8a Nr. 5 VOL/A 2006.
608 Bekanntmachung im EU-Amtsblatt vom 13. September 2008 (2008/S 178/236430). Zur Ausgestaltung der Ausschreibung und weiterer Einzelheiten vgl. die Ausführung auf S. 86.
609 EU-Vergabebekanntmachung Nr. 2008/S76-102835 vom 18. April 2008.
610 VK Bund, Beschluss vom 15. August 2008, Az.: VK 3 – 107/08.
611 Vgl. hierzu die Aufstellung auf Seite 86.

aber wohl insbesondere den rechtlichen Unsicherheiten geschuldet.[612] Im Gegensatz zu Rabattverträgen über Generika sind die Rahmenbedingungen für Rabattverträge im Bereich der patentgeschützten Originale rechtlich noch völlig unklar.

1. Öffentlicher Auftrag

Schon bei der Frage, ob Rabattverträge im Bereich der Originatoren öffentliche Aufträge sind, gehen die Meinungen weit auseinander. Am weitesten geht hier OLG Düsseldorf.[613] Es befasst sich in seiner Entscheidung vom 20. Oktober 2008[614] zu § 115 Absatz 3 GWB zwar nicht ausdrücklich mit dem Begriff des öffentlichen Auftrages. Allerdings erläutert der Senat in seinem obiter dictum eingehend die Frage unter welchen Voraussetzungen die Wahl des Verhandlungsverfahrens möglich ist. Diese Frage ist für das Gericht aber nur dann von Interesse, wenn es von einem öffentlichen Auftrag auch bei patentgeschützten Medikamenten ausgeht. Nach Maßgabe dieser Rechtsprechung wären Rabattverträge im Bereich der Originatoren öffentliche Aufträge i. S. v. § 99 GWB. Ob das Gericht diesen Schluss allein auf Basis der Tatbestandsvoraussetzungen des § 99 GWB zieht oder zusätzlich ungeschriebene Tatbestandsmerkmale anerkennt und dabei davon ausgeht, dass die bestehenden Steuerungsinstrumente eine Lenkungs- und Steuerungswirkung entfalten, ist allerdings unklar.

Die Spruchpraxis der Vergabekammern des Bundes[615] geht in die gleiche Richtung. Auch sie sehen Rabattverträge über patentgeschützte Medikamente als öffentliche Aufträge an. Die Berechtigung des ungeschriebenen Tatbestandsmerkmals der Lenkungs- und Steuerungswirkung bezweifeln sie dabei ausdrücklich. Im Hinblick auf die bestehenden Steuerungsinstrumente des SGB V und einer faktischen Exklusivität nehmen die Vergabekammern im Ergebnis einen öffentlichen Auftrag an. Legt man die Spruchpraxis der Vergabekammern zugrunde, müsste wohl jeder Rabattvertrag gesondert betrachtet und auf Len-

---

612 Vgl. hierzu: *Gabriel/Weiner*, NZS 2009, 422 ff.; *Gabriel*, NZS 2008, 455 ff.; *Schickert*, PharmR 2009, 164 ff.; *Lietz/Natz*, A&R 2009, 3 ff.

613 Ganz ähnlich verhält sich das Landgericht Düsseldorf in seinem Urteil vom 23. Juli 2008, Az.: 34 O (Kart) 114/08. Es wirft die Frage auf, ob es sich bei den gesetzlichen Krankenkassen um öffentliche Auftraggeber i. S. v. § 98 GWB handelt und befasst sich dann eingehend mit der Frage, ob der Ausnahmetatbestand des § 3 Nr. 4 VOL/A 2006 einschlägig ist. Es ist daher davon auszugehen, dass auch das LG Düsseldorf Rabattverträge im Bereich der Originatoren als öffentliche Aufträge ansieht.

614 OLG Düsseldorf, Beschluss vom 22. Oktober 2008, Az.: VII-Verg 46/08.

615 VK Bund, Beschluss vom 22. August 2008 , Az.: VK 2 – 73/08 (TNF-Alpha-Blocker); Beschluss vom 15. August 2008, Az.: VK 3 – 107/08 (EPO).

kungs- und Steuerungsinstrumente bzw. eine (faktische) Exklusivität untersucht werden.

Völlig anders urteilt hingegen das Landessozialgericht Baden-Württemberg in seiner Entscheidung vom 28. Oktober 2008.[616] Einem Rabattvertrag über patentgeschützte Medikamente fehle es an der für einen öffentlichen Auftrag notwendigen vergaberechtlichen Auswahlentscheidung. Wegen mangelnder Steuerungswirkung liege kein relevanter Wettbewerbsvorteil vor. Auch eine Zurechnung des Verhaltens von Arzt bzw. Apotheker sei nicht möglich. Etwas anderes könne aber dann gelten, wenn der Rabattvertrag eine Exklusivitätsklausel enthalte. Allerdings bringt der Senat diese in Verbindung mit der Substitutionsverpflichtung des § 129 SGB V, die jedoch nur bei wirkstoffgleichen Generika einschlägig ist.[617] Nach Maßgabe dieser Vorgaben spricht vieles gegen die Annahme eines öffentlichen Auftrages. Allein bei Vorliegen einer Exklusivitätsklausel könnte ein Rabattvertrag im Bereich der patentgeschützten Originale als öffentlicher Auftrag angesehen werden, völlig klar ist dies wegen des Verweises auf den nicht einschlägigen § 129 SGB V aber nicht.

2.   Ausgestaltung des Verfahrens

Geht man mit der VK Bund[618] und dem OLG Düsseldorf[619] von dem Vorliegen eines öffentlichen Auftrages aus, stellt sich im Folgenden die Frage nach der richtigen Verfahrensart und der Beschreibung bzw. Bestimmung des Beschaffungsbedarfs. Muss das offene Verfahren gewählt werden oder ist ausnahmsweise das Verhandlungsverfahren ohne vorherige Öffentliche Vergabebekanntmachung (§ 3 Absatz 4 lit. c) EG-VOL/A)[620] zulässig?

Hier wird insbesondere um die Bestimmung des Merkmals einer Alleinstellung des jeweiligen Präparates gestritten. Vor dem Hintergrund einer möglichen Bedarfsabdeckung durch Importeure oder Nutzungsberechtigte (aus dem Patent) ließe sich die Auffassung vertreten, dass keine Alleinstellung im Sinne der Vorschrift vorliegt. Je nach tatsächlicher Konstellation, könnte sich jedoch auch ein anderes Ergebnis ergeben (z. B. dann, wenn ein Importeuer nicht leistungsfähig

---

616   LSG Baden-Württemberg, Beschluss vom 28. Oktober 2008, Az.: L 11 KR 4810/08 ER-B.
617   Zur Frage, ob sich die Substitutionsverpflichtung des § 129 Absatz 1 SGB V auch im Bereich der patentgeschützten Medikamente anwenden lässt, vgl. die Ausführungen auf Seite 86 ff.
618   VK Bund, Beschluss vom 22. August 2008, Az.: VK 2 – 73/08 (TNF-Alpha-Blocker); Beschluss vom 15. August 2008, Az.: VK 3 – 107/08 (EPO).
619   OLG Düsseldorf, Beschluss vom 22. Oktober 2008, Az.: VII-Verg 46/08.
620   Entspricht § 3a Nr. 2 lit. c VOL/A 2006.

ist). Hier kommt es auf den Einzelfall an. Außerdem ist unklar, ob die Krankenkassen indikationsbezogen oder wirkstoffbezogen ausschreiben müssen und ob sie sich bei Vorliegen der Voraussetzungen des Verhandlungsverfahrens auch für dieses entscheiden müssen oder ob sie auch eine andere (wettbewerblichere – mithin also insbesondere das offene Verfahren) Verfahrensart wählen können.

Auch ist bisher die Motivationslage für pharmazeutische Unternehmen sich an entsprechenden Verträgen zu beteiligen noch nicht hinreichend geklärt. Die bei Rabattverträgen über Generika maßgebliche Vorschrift des § 129 SGB V i. V. m. § 4 des RahmenV[621] lässt sich nicht auf patentgeschützte Originalpräparate übertragen. Es müssen daher andere Steuerungs- bzw. Motivationsinstrumente gefunden werden.[622]

C. *Vergaberechtliche Determinanten für Rabattverträge über patentgeschützte Medikamente*

Vor dem Hintergrund dieser unklaren Rechtslage sollen im Folgenden die vergaberechtlichen Vorgaben für die Ausschreibung von Rabattverträgen über patentgeschützte Originalpräparate eingehend untersucht werden.

I. Anwendbarkeit des Vergaberechts (»Ob«)

Zunächst stellt sich dabei die Frage, ob das Vergaberecht auf Rabattverträge über patentgeschützte Medikamente genauso anwendbar ist wie auf Generika-Rabattverträge. Ausgangspunkt der Prüfung bildet auch bei Rabattverträgen über patentgeschützte Originatoren der Rechtsgrundverweis (§ 69 Absatz 2 Satz 2 SGB V) auf den 4. Abschnitt des GWB.[623] Zwar wird man die Frage aufwerfen können, ob es eines solchen Verweises überhaupt bedurfte und nicht das europäische Vergaberecht auch ohne ihn anwendbar ist.[624] Letztlich kann diese Frage

---

621 Rahmenvertrag über die Arzneimittelversorgung nach § 129 Absatz 2 SGB V in der Fassung vom 1. Februar 2011 zwischen den Spitzenverbänden der Krankenkassen und dem Deutschen Apothekerverband e. V.

622 Zur Motivationslage von Krankenkasse und pharmazeutischer Industrie und der möglichen verschiedenen Steuerungsinstrumente vgl. die Ausführungen auf Seite 86 ff.

623 So auch: *Schickert*, PharmR 2009, 164, 165; *Lietz/Natz*, A&R 2009, 3, 4; Vgl. hierzu die Ausführungen auf Seite 61 ff.

624 Bis zur Neufassung des § 69 SGB V durch das GKV-OrgWG vom 18. Dezember 2008 war die Frage nach der Anwendbarkeit des Vergaberechts auf Arzneimittelrabattverträge in Literatur und Rechtsprechung äußerst umstritten. Durch den Rechtsgrundverweis hat der Gesetzgeber dem Streit jedoch den Boden entzogen. Nunmehr ordnet § 69 Absatz 2

aber offen bleiben. Es sind jeweils die gleichen Tatbestandsvoraussetzungen zu prüfen. Der Anwendungsbereich des Vergaberechts bei der Ausschreibung von Rabattverträgen über patentgeschützte Medikamente ist, wie bei Generika-Rabattverträgen, nach §§ 97 ff. GWB nur dann eröffnet, wenn

- keine Ausschlusstatbestände bzw. Ausnahmetatbestände vorliegen,[625]
- die ausschreibenden gesetzlichen Krankenversicherungen öffentliche Auftraggeber sind,[626]
- Rabattverträge über patentgeschützte Medikamente öffentliche Aufträge sind,[627]
- das Auftragsvolumen die Schwellenwerte[628] überschreitet.

Im Bereich generischer Wirkstoffe werden diese Voraussetzungen als erfüllt angesehen.[629] Allerdings lässt sich dieses Ergebnis nicht 1:1 auf die Ausschreibung von Rabattverträgen über patentgeschützte Originale übertragen. Es existieren dort einige Unterschiede und Besonderheiten, die es nun herauszuarbeiten gilt.

1. Keine Verdrängung des Vergaberechts durch materielle Sondervorschriften

Wie auch im Bereich der Generika wird das Vergaberecht bei der Ausschreibung von patentgeschützten Medikamenten im Ergebnis nicht durch formelle oder materielle Sondervorschriften ausgeschlossen. Es kann insofern auf die Ausfüh-

---

Satz 1 SGB V die Anwendung der §§ 97 bis 115 und 128 GWB ausdrücklich an soweit deren Voraussetzungen im Einzelfall erfüllt sind. Zu Einzelheiten und weiteren Literaturnachweisen vgl. die Ausführungen auf Seite 57 ff.

625 Für Generika vgl. die Ausführungen auf Seite 57 ff. Für patentgeschützte Medikamente vgl. die Ausführungen auf Seite 86 f.

626 Für Generika vgl. die Ausführungen auf Seite 60 f. Für patentgeschützte Medikamente vgl. die Ausführungen auf Seite 86 f.

627 Für Generika vgl. die Ausführungen auf Seite 61 f. Für patentgeschützte Medikamente vgl. die Ausführungen auf Seite 86 ff.

628 Die EU-Kommission hat mit Verordnung 1177/2009 vom 30. November 2009 neue Schwellenwerte für die Vergabe öffentlicher Aufträge mit Wirkung zum 1. Januar 2010 neu festgelegt. Für Dienstleistungs- und Lieferaufträge gilt damit eine Grenze von 193.000 Euro.

629 VK Bund, Beschlüsse vom 15. November 2007, Az.: VK 2 – 102/07, 105/07, 108/07, 114/07, 117/07, 120/07, 123/07 (in der Folge immer wieder bestätigt); VK Düsseldorf, Beschluss vom 31. Oktober 2007, Az.: VK31/2007 – L; OLG Düsseldorf, Beschlüsse vom 18. November 2007, Az.: VII-Verg 44/07 bis 51/07; LSG Nordrhein-Westfalen, Beschluss vom 26. März 2009, Az.: L 21 KR 26/09 SFB (in der Folge immer wieder bestätigt); LSG Baden-Württemberg, Beschluss vom 23. Januar 2009, Az.: L 11 WB 5971/08. *Goodarzi/Jansen*, NZS 2010, S. 427 ff. mit detaillierter Aufstellung der verschiedenen Standpunkte innerhalb der Rechtsprechung. Vgl. hierzu die Ausführungen auf Seite 57 ff.

rungen zu Generika-Rabattverträgen verwiesen werden.[630] Die dort diskutierten Ausnahmetatbestände greifen auch bei Rabattverträgen über patentgeschützte Medikamente nicht ein.

Im Zusammenhang mit Rabattverträgen über Originatoren wird aber noch ein weiteres Argument diskutiert. So wird vorgetragen, dass der Anwendungsbereich des Vergaberechts wegen fehlenden Wettbewerbs gar nicht eröffnet sei.[631] Grundsätzlich setze das Vergaberecht in § 97 Absatz 1 GWB eine Beschaffung im Wettbewerb voraus.[632] Nur so lasse sich für den öffentlichen Auftraggeber das Ziel einer möglichst wirtschaftlichen Beschaffung am Markt erreichen. Da es bei patentgeschützten Medikamenten aber nur einen einzigen Anbieter gebe, könne von der begriffsnotwendigen Beschaffung in einem wettbewerblichen Verfahren gar keine Rede sein.

Diese Argumentation ist abzulehnen. Sie geht schon von der unzutreffenden Prämisse aus, dass es im Bereich der patentgeschützten Medikamente keine Konkurrenz und damit keinen Wettbewerb gibt. Schon die Tatsache, dass auch bei patentgeschützten Medikamente die Rabattvereinbarungen durch die pharmazeutische Unternehmen angegriffen worden sind[633] macht deutlich, dass in diesem Segment sehr wohl ein Wettbewerb herrscht. Auch ist zu berücksichtigen, dass patentgeschützte Medikamente in Deutschland regelmäßig auch noch durch Importeure[634] oder im Wege des Co-Marketings[635] parallel angeboten werden.

Außerdem vermischt dieses Argument die Frage nach der Anwendbarkeit des Vergaberechts mit der Frage nach der Wahl der richtigen Verfahrensart. Liegen die Voraussetzungen der §§ 98, 99 GWB vor, ist das Vergaberecht grundsätzlich

---

630 Vgl. hierzu die Ausführungen auf Seite 57 ff.

631 Dieses Argument ist z. B. im Rahmen des Verfahrens zur TNF-Alpha-Blocker Ausschreibung der Techniker Krankenkasse vorgebracht worden. Vgl. hierzu den Entscheidungsumdruck VK Bund, Beschluss vom 22. August 2008, Az.: VK 2 – 73/08.

632 Zum Wettbewerbsprinzip im Vergaberecht: *Dreher*, in: Immenga/Mestmäcker, Wettbewerbsrecht: GWB, 4. Auflage 2007; § 97 Rn. 8 f.; vgl. auch die Begründung zum Vergaberechtsänderungsgesetzes, BT-Drs. 13/9340, S. 14 f.

633 Wie auf Seiten 86 ff. ausgeführt wurde, ist sowohl die Ausschreibung der Techniker Krankenkasse zu TNF-Alpha-Blockern als auch der de-facto-Rabattvertrag der AOK Baden-Württemberg zur Rabattierung von EPO-Präparaten angegriffen worden.

634 Auf diesen Umstand weißt auch die VK Bund in der TNF-Alpha-Blocker Entscheidung hin, VK Bund, Beschluss vom 22. August 2008, Az.: VK 2 – 73/08 zutreffend hin. Inhaltlich bestätigt durch die Entscheidung der VK Bund, Beschluss vom 06. Juli 2011 (Az.: VK 3 – 80/11).

635 Zuzugeben ist allerdings, dass die Konkurrenz durch Co-Marketing in der Praxis wohl keine Rolle spielt und den Wettbewerb nicht fördert. Schließlich sind es die Patentinhaber selbst, welche ihr Patent im Wege des Co-Marketings auf verschiedene Art- und Weise verwerten. Es würde sich damit letztlich um eine Konkurrenz aus dem eigenen Hause handeln.

anwendbar. Das Fehlen von Wettbewerb greift das Vergaberecht selbst auf. So sieht § 3 Absatz 4 lit. c) EG-VOL/A[636] für den Fall, dass ein Ausschließlichkeitsrecht besteht, die Möglichkeit direkter Verhandlungen zwischen dem öffentlichen Auftraggeber und dem anbietenden Unternehmen vor.

Zudem ist das Bestehen von Wettbewerb bei Abschluss von Rabattverträgen eine Tatsachenfrage. Rein tatsächlich wird es äußerst selten vorkommen, dass überhaupt gar kein Wettbewerb besteht. Selbst dann, wenn eine indikationsbezogene Beschaffung im Einzelfall ausscheidet und sich die Beschaffung auf einen Wirkstoff fokussiert, ist neben dem Patentinhaber stets an Re- bzw. Parallelimporteure zu denken.[637] Ob diese letztlich leistungsfähig genug sind, um den Bedarf/die Nachfrage abdecken zu können und damit als Konkurrenten in Betracht kommen muss im Rahmen der Vorbereitung der Ausschreibung erst ermittelt werden.

2. Krankenkassen als öffentliche Auftraggeber

Seit der Entscheidung des Europäischen Gerichtshofs (EuGH) i. S. Oymanns vom 11. Juni 2009[638] ist geklärt, dass die gesetzlichen Krankenkassen öffentliche Auftraggeber im Sinne des § 98 GWB sind und damit der persönliche Anwendungsbereich des Vergaberechts eröffnet ist.[639] Bei der Ausschreibung von Rabattverträgen über patentgeschützte Medikamente gelten insofern keinerlei Besonderheiten.[640]

---

636 Entspricht § 3a Nr. 2 lit. c) VOL/A 2006.
637 In der Aufstellung zu den bestehenden Rabattverträgen zu patentgeschützten Medikamenten oben auf Seite 86 ff. wird deutlich, dass neben dem Anbieter des Originals regelmäßig eine Vielzahl von Re- bzw. Parallelimporteuren in Betracht kommen. Letztlich hängt zwar deren Leistungsfähigkeit von den Lieferungen des Patentinhabers in das Exportland ab. Von vornherein kann man sie aber nicht bei Frage nach dem Bestehen eines Wettbewerbs ausblenden. Dies betont auch die VK Bund in ihrem Beschluss vom 06. Juli 2011 (Az.: VK 3 – 80/11). In diesem Fall waren durch ein ergänzendes Schutzzertifikat geschützte Wirkstoffe von einer Krankenkasse in ein Open-House-Modell einbezogen worden. Die VK Bund hat in den Entscheidungsgründen betont, dass die Anwendbarkeit des Vergaberechts nicht an einem fehlenden Wettbewerb scheitert. Neben dem Patentinhaber kämen regelmäßig noch Importeure als alternative Anbieter in Betracht. Diese könnten von vornherein aus der Betrachtung ausgeklammert werden. Ihre Leistungsfähigkeit müsse geprüft und dokumentiert werden.
638 EuGH, Urteil vom 11. Juni 2009, Rs. C-300/07 (Oymanns).
639 Vgl. hierzu die Ausführungen auf Seite 57 ff.
640 So auch VK Bund, Beschluss vom 15. August 2008, Az.: VK 3 – 107/08; Beschluss vom 22. August 2008, Az.: VK 2 – 73/08.

3. Öffentlicher Auftrag

Neben dem persönlichen, muss auch der sachliche Anwendungsbereich des Kartellvergaberechts eröffnet sein. Wie bei Rabattverträgen über Generika müssen auch bei Rabattverträgen über patentgeschützte Medikamente die Tatbestandsvoraussetzungen des öffentlichen Auftragsbegriffs nach § 99 GWB erfüllt sein. Rabattverträge über patentgeschützte Medikamente sind also nur dann öffentliche Aufträge, wenn es sich um entgeltliche Verträge zwischen öffentlichen Auftraggebern (§ 98 GWB) und Unternehmen handelt, die eine Bau-, Liefer- oder Dienstleistung zum Gegenstand haben.

Es unterliegt keinen Zweifeln, dass pharmazeutische Unternehmer einer wirtschaftlichen Tätigkeit nachgehen und gesetzliche Krankenkassen öffentliche Auftraggeber sind.[641] Auf Basis einer funktionalen (Gesamt-) Betrachtung ist zudem davon auszugehen, dass Rabattverträge letztlich die Lieferung von Arzneimitteln zum Gegenstand haben und nicht die bloße Gewährung von Rabatten.[642] Folgt man der funktionalen Betrachtung nicht, so kommt es auf die vertragliche Ausgestaltung im Einzelfall an.[643] Regelmäßig ist in Rabattverträgen eine Lieferverpflichtung ausdrücklich vorgesehen und werden Lieferausfälle von einer Vertragsstrafe erfasst oder eröffnen sie dem öffentlichen Auftraggeber das Recht zur außerordentlichen Kündigung.[644] Daher wird man auch ohne Anlegung eines funktionalen Maßstabes in aller Regel von einer Lieferleistung ausgehen können/müssen. Besonderheiten können sich allerdings bei Rabattverträgen ergeben, die zusätzliche Leistungspflichten (Mehrwerte) in Form von Dienstleistungen enthalten. Hier wird es auf den Schwerpunkt des Vertrages ankommen.[645]

Im Vergleich zu Rabattverträgen über Generika erweisen sich aber einige weitere Merkmale des öffentlichen Auftragsbegriffs als durchaus problematisch die im Folgenden näher betrachtet werden sollen.

a) Entgeltlichkeit

Rabattverträge über patentgeschützte Medikamente müssten entgeltlich sein. Die Funktion des Tatbestandsmerkmals der Entgeltlichkeit besteht darin, wirtschaftlich ausgerichtete Aufträge von nicht wirtschaftlichen Leistungsbeziehungen zu

---

641 Vgl. hierzu die Ausführungen auf Seite 64 ff.
642 Vgl. hierzu die Ausführungen auf Seite 67 ff.
643 Vgl. hierzu die Ausführungen auf Seite 65 ff.
644 Hierzu auch: VK Bund, Beschluss vom 22. August 2008, Az.: VK 2 – 73/08.
645 vgl. hierzu die Ausführungen auf Seite 86 f.

trennen.[646] Durch die Bezeichnung als entgeltlicher Vertrag soll klargestellt werden, dass der öffentliche Auftraggeber für die Leistung des Auftragnehmers eine Gegenleistung im Sinne einer eigenen Zuwendung erbringen muss.[647]

aa) Gegenleistung der Krankenkassen

Unter der gebotenen extensiven Auslegung des Entgeltbegriffs und Anlegung eines funktionalen Maßstabes liegt auch bei Rabattverträgen über Originatoren die Gegenleistung der gesetzlichen Krankenkassen für Lieferung[648] und Rabattauszahlung letztlich in der (über mehrere Stufen abgewickelten) Bezahlung des Medikamentes.[649] Die erforderliche Entgeltlichkeit liegt damit insofern vor.[650]

bb) Rahmenvereinbarung oder Konzession

Im Rahmen der Entgeltlichkeit des Rabattvertrages stellt sich weiterhin die Frage ob Rabattverträge im Bereich der patentgeschützten Originale Rahmenvereinbarungen i. S. v. § 4 EG-VOL/A[651] oder Konzession sind.[652] Sollte es sich um Rah-

646 Zum Entgeltbegriff: *Eschenbruch*, in: Kulartz/Kus/Portz (Hrsg.), Kommentar zum GWB-Vergaberecht, 2. Auflage 2009, § 99 Rn. 69 ff; *Hailbronner*, in: Byok/Jaeger (Hrsg.), Kommentar zum Vergaberecht, 3. Auflage 2011, § 99 Rn. 6; *Willenbruch*, in: Willenbruch/Wieddekind, Vergaberecht Kompaktkommentar, 2. Auflage 2011, § 99 Rn. 37.

647 Vgl. *Dreher*, in: Dreher/Stockmann, Kartellvergaberecht 2008, § 99 Rn. 20. *Bungenberg*, in: Loewenheim/Meessen/Riesenkampff, Kartellrecht, 2. Auflage 2009, § 99 Rn. 29 ff.; *Eschenbruch*, in: Kulartz/Marx/Portz/Prieß, Kommentar zum GWB-Vergaberecht, 2. Auflage 2009, § 99 Rn. 69 ff.

648 Dies ist jedenfalls bei gängiger Vertragsgestaltung der Fall. Regelmäßig ist die Lieferverpflichtung vertraglich geregelt und zusätzlich über Vertragsstrafenregelungen und/oder außerordentliche Kündigungsrecht abgesichert. Hierzu: *Stolz/Kraus*, VergabeR 2008, 1, 3.

649 Einen anderen argumentativen Ansatz wählt hier *Schickert*, PharmaR 2009, 164, 166. Als Leistung der pharmazeutischen Unternehmen sieht er die Auszahlung bzw. Rückvergütung des Rabattes an. Vor diesem Hintergrund prüft er sodann die Frage, was die Gegenleistung der gesetzlichen Krankenversicherungen in diesem Verhältnis ist und kommt so zur Frage der Lenkungswirkung. Diesem Ansatz ist nicht zu folgen, gerät er doch in Konflikt mit der notwendigen Gesamtbetrachtung bei der Bestimmung des Leistungsverhältnisses im Rahmen der Ausschreibung (vgl. hierzu die Ausführungen auf Seite 65 ff.).

650 Für den Bereich der Generika vgl. die Ausführungen auf Seite 69 ff.

651 Entspricht § 3a Nr. 4 VOL/A 2006.

652 Für die Einstufung als Rahmenvereinbarung: LSG Baden-Württemberg, Beschluss vom 23. November 2009, Az.: L 11 WB 5971/08; Beschluss vom 28. Oktober 2008, L 11 KR 4810/08 ER-B; OLG Düsseldorf, Beschluss vom 17. Januar 2008, Az.: VII-Verg 57/07; Beschluss vom 20. Februar 2008, Az.: VII-Verg 7/08; Beschluss vom 18./19. Dezember

menvereinbarungen handeln, so gilt das Vergaberecht uneingeschränkt. Stuft man Rabattverträge über patentgeschützte Medikamente hingegen als Konzessionen ein, so gilt das Vergaberecht nur in eng umgrenzten Fällen.[653]

Rabattverträge über Generika werden als Rahmenvereinbarungen angesehen.[654] Im Hinblick auf die effektive Nachfragesteuerung (insbesondere) durch die Substitutionsverpflichtung des § 129 Absatz 1 SGB V i. V. m. § 4 RahmenV[655] liege das wirtschaftliche Risiko der Vertragsabwicklung im Wesentlichen bei den Krankenkassen und nicht bei den pharmazeutischen Unternehmen.

Bei Rabattverträgen über patentgeschützte Originale greift genau dieses Steuerungsinstrument aber nicht ein. Es könnte sich daher um eine Konzession handeln für die das Vergaberecht aber nur eingeschränkt gilt. Die Grundkonstellation der Konzession ist dadurch gekennzeichnet, dass sich der Auftragnehmer durch Entgelte refinanziert, die er von den Nutzern seiner Leistung erhebt.[656] Das wirtschaftliche Risiko der Leistungserbringung liegt damit beim Auftragnehmer und nicht wie sonst üblich beim Auftraggeber.

2007, Az.: VII-Verg 44/07 u.a.; VK Düsseldorf, Beschluss vom 31. Oktober 2007, Az.: VK – 31/2007; VK Bund, Beschluss vom 15. November 2007, Az.: VK 2 – 114/07. Letztere geht dabei davon aus, dass durch die Einordnung als Rahmenvereinbarung gleichsam feststeht, dass es sich auch bei dem Einzelvertrag um einen öffentlichen Auftrag handelt. Ähnlich *Koenig/Klahn/Schreiber*, GesR 2007, 559, 563. Hierzu insgesamt auch: *Schickert*, PharmR 2009, 164, 166, der jedoch davon ausgeht, dass nicht die Arzneimittellieferung Gegenstand des Leistungsaustausches ist, sondern die Rabattierung in Form einer nachträglichen Anders aber: *Brixius/Esch*, Rabattverträge im Lichte des Vergaberechts, 57 ff. Kritisch äußert sich hier *Burgi* NZBau 2008, 480, 484, der ausführt: »*Richtigerweise ist eher daran zu zweifeln, ob die vergaberechtlichen Vorschriften über »Rahmenvereinbarungen" überhaupt eingreifen können, da auf der »zweiten Stufe" (des konkreten Einzelabrufs) nicht der auf der ersten Stufe tätige öffentliche Auftraggeber (die gesetzliche Krankenkasse), sondern der Versicherte, mithin ein eindeutig nicht vergaberechtlich verpflichteter Privater, agiert.«*. Ebenfalls zweifelnd *Gabriel*, NZS 2007, 344, 349.

653 So ist die Rechtsfigur einer Lieferkonzession im europäischen Vergaberecht nicht anerkannt. Hierzu: *Wendtland*, in: Rolfs/Giesen/Kreikebohm/Udsching (Hrsg.), Beck'scher Online-Kommentar Sozialrecht, Stand: 01.09.2011, Edition: 23, § 69 Rn. 25; *Burgi*, NZBau 2008, 480, 485.

654 Vgl. hierzu die Ausführungen und Nachweise auf Seite 72 ff.

655 Rahmenvertrag über die Arzneimittelversorgung nach § 129 Absatz 2 SGB V in der Fassung vom 1. Februar 2011 zwischen den Spitzenverbänden der Krankenkassen und dem Deutschen Apothekerverband e. V.

656 Der EuGH hat in seiner Entscheidung »Kommission/Italien« (Urteil vom 18. Juli 2007, Az.: C-382/05) hervorgehoben, dass die Abgrenzung zwischen öffentlichem Auftrag und Konzession ausschließlich anhand des Gemeinschaftsrechts getroffen werden muss. Entscheidendes Abgrenzungskriterium ist die Ausschöpfung der Nutzungsbefugnis auf eigenes Risiko. Die vereinbarte Vergütung muss im Recht des Dienstleistungserbringers auf Verwertung der eigenen Leistung bestehen und damit implizieren, dass der Unternehmer das mit der Leistung verbundene Risiko übernimmt. Zuvor schon: EuGH, Urteil vom 13. Oktober 2005, Rs. C-458/08 (Parking Brixen). Hierzu auch: *Hailbronner*, in:

Rahmenvereinbarungen sind streng genommen keine öffentlichen Aufträge. Sie können daher auch nicht unmittelbar Grundlage einer Auftragsvergabe sein.[657] Rahmenvereinbarungen legen nur die Bedingungen für zeitlich nachfolgende Einzelaufträge fest, die den eigentlichen Beschaffungsvorgang bilden. Kennzeichnend für Rahmenvereinbarungen ist außerdem, dass sie keine Abnahmeverpflichtung beinhalten müssen[658], sondern in der Regel dem Auftraggeber eine Option einräumen, die er abrufen kann, aber nicht abrufen muss. Rahmenvereinbarungen enthalten für den Unternehmer daher eine Reihe von Unsicherheiten. Im Extremfall kann es sogar vorkommen, dass die Leistung nicht ein einziges Mal abgerufen wird. Ein beträchtlicher Teil des wirtschaftlichen Risikos verbleibt daher beim Auftragnehmer.[659]

Damit rückt die Rahmenvereinbarung in die Nähe einer Konzession. Auch hier kann sich der Unternehmer nicht sicher sein, ob seine Leistung in dem kalkulierten Umfang tatsächlich in Anspruch genommen wird. Beiden Instrumenten gemeinsam ist damit die Ungewissheit des Leistungsabrufes.

Es gibt jedoch auch einige wesentliche Unterschiede in Struktur und Risikoverteilung zwischen Rahmenvereinbarung und Konzession.[660] Bei der Konzession liegt (neben dem Insolvenzrisiko) insbesondere das Marktrisiko vollständig bei dem Unternehmer/Konzessionär.[661] Der Unternehmer muss die Strukturen zur Erbringung der Leistung vorhalten, die Leistung erbringen und gleichzeitig für die Erwirtschaftung eines Entgelts Sorge tragen. Das Risiko, dass die Amortisation durch die Vergütung der Einzelaufträge nicht gelingt, ist bei einer Konzession damit größer als bei einer Rahmenvereinbarung. Bei der Konzession muss der Unternehmer außerhalb der Beziehung Auftraggeber – Auftragnehmer dafür Sorge tragen, dass die eigenen Leistungen auch abgenommen werden. Genau dies muss der Unternehmer bei Rabattvereinbarungen aber nicht tun. Die Lenkungs- und Steuerungsinstrumente gewährleisten eine (Um-)Steuerung der Nachfrage auf das rabattierte Medikament. Zwar ist diese Steuerung bei Generika mit Blick auf § 129 Absatz 1 SGB V besonders intensiv. Es gibt aber auch bei patentgeschützten Originalen eine Reihe von Steuerungsinstrumenten welche

Byok/Jaeger, Kommentar zum Vergaberecht, 3. Auflage 2011, § 99 Rn. 54; *Weyand*, in: jurisPK-VergabeR, 2008, § 99 GWB Rn. 716
657 *Gröning*, VergabeR 2005, 156, 158; *Opitz*, NZBau 2003, 183, 193.
658 KG Berlin, Beschluss vom 15. April 2004, Az.: 2 Verg 22/04 m.w.N.
659 *Poschmann*, in: Müller-Wrede (Hrsg.), VOL/A Kommentar, 3. Auflage 2010, § 4 EG Rn. 3; *Kullack/Terner*, ZfBR 2004, 344, 349.
660 Hierzu etwa: *Seidel/Mertens*, in: Dauses, EU-Wirtschaftsrecht, 28. Ergänzungslieferung 2011, H. IV. Öffentliches Auftragswesen, Rn. 168 ff.
661 Von der bloßen *Genehmigung* unterscheidet sich die Konzession dadurch, dass der Konzessionär verpflichtet wird, das Nutzugsrecht auch auszuüben. Vgl. hierzu: *Hertwig*, Praxis der öffentlichen Auftragsvergabe, 4. Auflage 2009, Rn. 119 f.

die Nachfrage auf das Rabattpräparat (um-)lenken.[662] Die gesetzlichen Krankenkassen übertragen den Unternehmen zudem mit dem Rabattvertrag kein besonderes Recht, welches die Unternehmen auf eigenes Risiko unter Aufbau von
neuen Strukturen und Erschließung von Kunden ausnutzen müssten. Sie kanali-
sieren lediglich die ohnehin stattfindenden Arzneimittelverkäufe. Ein zusätzliches Risiko, welches die Anwendung des Vergaberechts ausschließen würde,
wird für die Unternehmen dadurch nicht begründet.[663]

Geht man dennoch von einer Konzession aus, stellt sich die Frage, ob dies in
der Sache zu einer anderen Beurteilung führt.

Wäre man im Bereich der Dienstleistungen, würde eine Art »Vergaberecht
light« eingreifen.[664] Da es bei Rabattverträgen aber nicht um eine Dienstleistung,
sondern um Lieferungen geht, müsste es sich um eine Lieferkonzession handeln,
was die Frage hervorruft, ob es eine Rechtsfigur der dann vorliegenden Lieferkonzession überhaupt gibt.

Weder das europäische noch das deutsche Vergaberecht kennen die Kategorie
der Lieferkonzession.[665] Bei unbefangener Betrachtung des Artikel 1 der RL
2004/18/EG ist davon auszugehen, dass entgeltliche Verträge all diejenigen Verträge sind, durch die sich der öffentliche Aufgabenträger zu einer Gegenleistung
an einen Auftragnehmer verpflichtet. Hinsichtlich der Dienstleistungskonzessionen formuliert sodann Artikel 1 Absatz 4, dass hierunter »*Verträge, die
von öffentlichen Dienstleistungsaufträgen nur insoweit abweichen, als dass die
Gegenleistung für die Erbringung der Dienstleistungen ausschließlich in dem
Recht zur Nutzung der Dienstleistung ... besteht*" zu verstehen sind. Daraus
folgt, dass im Normalfall die Einräumung des Nutzungsrechts als Gegenleistung

---

662 Vgl. hierzu die Ausführungen auf Seite 86 ff.
663 VK Düsseldorf, Beschluss vom 31. Oktober 2007, Az.: VK31/2007.
664 Begriff nach *Burgi*, NZBau 2005, 610; weiter ausgearbeitet dort und bei *Ruhland*, Die
     Dienstleistungskonzession 2006, S. 174 ff. Für den Bereich der Dienstleistungskonzessi-
     onen hat der EuGH herausgearbeitet, dass sich aus dem Primärrecht eine Reihe von
     Grundsätzen ableiten lassen, welche den Rechtsrahmen für die Vergabe von Dienstleis-
     tungskonzessionen vorgeben. EuGH, Urteil vom 7. Dezember 2000, C-324/98 (Telaustri-
     a), Urteil vom 13. Oktober 2005, C-458/03 (Parking Brixen); Urteil vom 6. April 2006,
     C-410/04 (ANAV). Problematisch ist hier jedoch, dass die geringeren Formanforderun-
     gen, die an die Vergabe von Dienstleistungskonzessionen gestellt werden, die Verwirkli-
     chung des europäischen Binnenmarktes (zumindest teilweise) verhindern. Die Kommis-
     sion nutzt daher schon seit dem Jahr 2000 das Instrument der Mitteilung, um dem
     Rechtsanwender eine Orientierungshilfe an die Hand zu geben. Zu nennen sind hier die
     zwei Mitteilungen vom 12. April 2000, EU-Abl. vom 29. April 2000, C 121/2 sowie die
     Mitteilung vom 23. Juni 2006, EU-Abl. C 170/2 vom 1. August 2006.
665 Hierzu: *Reidt/Stickler*, in: Motzke/Pietzcker/Prieß (Hrsg.), VOB Teil A, 1. Auflage 2001,
     Rn. 7; *Wendtland*, in: Rolfs/Giesen/Kreikebohm/Udsching (Hrsg.), Beck'scher Online-
     Kommentar Sozialrecht, Stand: 01.09.2011, Edition: 23, § 69 Rn. 25; *Burgi*, NZBau
     2008, 480, 485; *Dreher/Hoffmann*, NZBau 2009, 273, 279.

134

anzusehen ist. Dass sich der Richtliniengeber zu einer diesbezüglichen Aussage nur für Dienstleistungs- und Baukonzessionen entschlossen hat, lässt sich im Hinblick auf die Dienstleistungskonzessionen mit der Entstehungsgeschichte erklären.[666] Dienstleistungskonzessionen sind dadurch gekennzeichnet, dass über einen regelmäßig sehr langen Zeitraum eine typischerweise staatliche Dienstleistung einem Privaten anvertraut wird, der dann auch in unmittelbare entgeltliche Rechtsbeziehungen mit den Bürgern tritt. Entscheidungen dieser Art sind daher eng verflochten mit den von der jeweiligen nationalen Politik zu treffenden Grundentscheidungen über den Umfang einer privaten Wahrnehmung staatlicher Aufgaben.[667] Daher sollte die Entscheidung über die Auswahl eines Dienstleistungskonzessionärs nicht den Regeln des europäischen Vergaberechts unterstellt werden, sondern weitgehend im Verantwortungsbereich des Mitgliedstaates verbleiben können. Auf Lieferkonzessionen treffen diese Gedanken aber gerade nicht zu. Sie erschöpfen sich nämlich in aller Regel in einem einmalig und vergleichsweise rasch vollziehenden Vorgang - eben der Übergabe der Lieferleistung an die betroffenen Bürger.[668] Auch Rabattverträge über patentgeschützte Originale sind daher als Rahmenvereinbarungen i. S. v. § 4 EG-VOL/A[669] und nicht als Konzessionen anzusehen.[670]

b) Zwischenergebnis

Nach dem Ergebnis der bisherigen Prüfung sind Rabattverträge (auch) im Bereich der patentgeschützten Medikamente öffentliche Aufträge nach § 99 GWB. Sie werden zwischen öffentlichen Auftraggebern und Unternehmen abgeschlossen, haben eine Lieferleistung zum Gegenstand und sind entgeltlich. Dabei sind sie jeweils als Rahmenvereinbarung und nicht als Konzession anzusehen. Die Frage nach der Anwendbarkeit des Vergaberechts ist damit eigentlich beant-

---

666 Näher *Ruhland*, Die Dienstleistungskonzession 2006, S. 174 ff.

667 *Burgi*, NZBau 2008, 480, 485.

668 Vgl. VK Düsseldorf, Beschluss vom 31. Oktober 2007, Az.: VK31/2007, VK Bund, Beschluss vom 15. November 2007, Az.: VK 2 – 102/07 sowie parallel zu den Fällen der Hilfsmittelbeschaffung OLG Düsseldorf, Beschluss vom 23. Mai 2007, Az.: VII-Verg 50/06.

669 Entspricht § 3a Nr. 4 VOL/A 2006.

670 So auch VK Bund, Beschluss vom 22. August 2008, Az.: VK 2 – 73/08; VK Bund, Beschluss vom 15. August 2008, Az.: VK 3 – 107/08; *Schickert*, PharmR 2009, 164, 166; OLG Düsseldorf, Beschluss vom 17. Januar 2008, Az.: VII-Verg 57/07.

wortet. Das Vergaberecht findet auf Rabattverträge über patentgeschützte Medikamente dem Grunde nach Anwendung.[671]

c) Veränderte Bewertung durch ungeschriebene Tatbestandsmerkmale

Etwas anderes könnte sich aber dann ergeben, wenn man neben den geschriebenen Tatbestandsmerkmalen des öffentlichen Auftrags nach § 99 GWB weitere (ungeschriebene) konstitutive Merkmale anerkennt. Als solche werden in Rechtsprechung und Schrifttum diskutiert:

- Lenkungs- und Steuerungswirkung[672],
- Exklusivität (vertraglich oder zumindest rein tatsächlich)[673].

Bei der Ausschreibung von Rabattverträgen über Generika sind beide Merkmale gebräuchlich. Eine Diskussion über ihre Berechtigung wird (wenn überhaupt) nur noch am Rande geführt.[674] Die aktuell ausgeschriebenen Generika-Rabattverträge enthalten (soweit ersichtlich) alle eine vertragliche Exklusivitätsklausel. Auch wird die Nachfrage (insbesondere) durch § 129 Absatz 1 SGB V i. V. m. § 4 RahmenV[675] effektiv auf die rabattierten Medikamente (um-) gesteuert.[676] Im Bereich der Generika werden so inzwischen Umsetzungsquoten von

---

671 Zu diesem Ergebnis kommt jüngst auch die VK Bund in ihrer Entscheidung vom 06. Juli 2011, Az.: VK 3 – 80/11. In dem zu entscheidenden Fall ging es um die die Einbeziehung mehrerer durch ein ergänzendes Schutzzertifikat geschützte Wirkstoffe in ein open-house Modell einer gesetzlichen Krankenkasse.

672 Für den Bereich der Generika vgl. die Ausführungen auf Seite 74 ff.

673 Für den Bereich der Generika vgl. die Ausführungen auf Seite 79 ff.

674 Im Bereich der Generika hat sich die Diskussion inzwischen auf Detailfragen hinsichtlich der Ausschreibungsgestaltung verlagert. So werden Probleme wie die Zulässigkeit der Aufteilung in Fach-, Teil- und Gebietslose oder die Einschaltung von Subunternehmen oder die Formeln zur Berechnung des wirtschaftlichsten Angebotes in den Fokus der Diskussion gerückt. Auch wird intensiv darüber diskutiert welche Arzneimittel vergleichbar sind und damit mit die Ausschreibung oder ein bestimmtes Los einbezogen werden können.

675 Rahmenvertrag über die Arzneimittelversorgung nach § 129 Absatz 2 SGB V in der Fassung vom 1. Februar 2011 zwischen den Spitzenverbänden der Krankenkassen und dem Deutschen Apothekerverband e. V.

676 Dass diese Steuerung effektiv funktioniert zeigt sich schon daran, dass die pharmazeutischen Unternehmer so engagiert gegen um den Zuschlag an sich bzw. gegen den Zuschlag an die Konkurrenz kämpfen. Dies wäre überflüssig, wenn die Rabattverträge nicht zu einem Verlust an Marktanteilen und damit letztlich zu einem Verlust an Gewinn führen würden.

70 % und mehr erreicht.[677] Generika-Rabattverträge erfüllen praktisch stets die beiden ungeschriebenen Tatbestandsmerkmale. Einfluss auf die Qualifikation eines Rabattvertrages als öffentlicher Auftrag haben die beiden Merkmale damit in der Praxis nicht. Es besteht somit bei Generika kein Bedarf nach einer dogmatischen Auseinandersetzung.

Bei Rabattverträgen im Bereich der patentgeschützten Originale stellt sich die Sachlage hingegen völlig anders dar. Bisher hat es erst eine Ausschreibung eines Rabattvertrages im Bereich der patentgeschützten Originale gegeben.[678] Der ausgeschriebene Vertrag enthielt keine vertragliche Exklusivitätsklausel, er gewährleistete lediglich eine zeitlich begrenzte faktische Exklusivität.[679] Auch im Bereich der geforderten Lenkungs- und Steuerungswirkung unterscheiden sich Generika und patentgeschützte Originale. Zwar gibt es auch bei Letzteren eine Reihe von gesetzlichen und/oder vertraglichen Steuerungsinstrumenten[680] – die im Bereich der Generika maßgebliche, intensive Steuerung durch die Substitutionsverpflichtung nach § 129 Absatz 1 SGB V ist aber gerade nicht anwendbar.[681]

Legt man die zu Generika entwickelten Maßstäbe auch bei Rabattverträgen im Bereich der patentgeschützten Originale zugrunde, ist unsicher, ob es sich überhaupt um öffentliche Aufträge handelt. Es muss dann in jedem Einzelfall geprüft werden, ob dem pharmazeutischen Unternehmer (zumindest faktisch) eine exklusive Versorgungsstellung zukommt und ob gesetzliche und/oder vertragliche Instrumente im Einzelfall in der Lage sind die Nachfrage zu steuern. Bei der Ausschreibung von Rabattverträgen über patentgeschützte Medikamente kommt den ungeschriebenen Tatbestandsmerkmalen damit in der Praxis (im Gegensatz zu Generika) eine überragende Bedeutung zu. Nur wenn sie vorliegen, wäre das Vergaberecht anwendbar. Fehlen Sie, wäre die Krankenkasse berechtigt ohne Beachtung vergaberechtlicher Vorgaben direkt mit einzelnen Anbietern zu verhandeln. Die Berechtigung der zwei ungeschriebenen Tatbestandsmerkmale ist daher im Folgenden einer kritischen Prüfung und Würdigung zu unterziehen.

---

677 Die Umsetzungsquote von 70 % und mehr hat die AOK in der EU-Bekanntmachung vom 13. Oktober 2010 (EU-Abl.: 2010/S 199-303581) ihrer Generika-Ausschreibung unter Punkt II. 2.1. genannt.

678 Ausschreibung der Techniker Krankenkasse zum Abschluss von Rabattvereinbarungen über TNF-Alpha-Blocker (VK Bund, Beschluss vom 22. August 2008, Az.: VK 2 – 73/08). Vgl. hierzu auch die Ausführungen auf Seite 86 ff.

679 So die VK Bund, Beschluss vom 22. August 2008, Az.: VK 2 – 73/08.

680 In der TNF-Alpha-Blocker Entscheidung (VK Bund, Beschluss vom 22. Oktober 2008, Az.: VK 2 – 73/08) hat die Kammer deutliche Zweifel an der Berechtigung des Merkmals der Lenkungs- und Steuerungswirkung geäußert. Sie hat die Frage im Hinblick auf die nach ihrer Ansicht im konkreten Fall ausreichenden Steuerungsinstrumente aber offen gelassen. Zu den relevanten Steuerungsinstrumenten vgl. die Zusammenfassung der Entscheidung auf S. 86 ff. sowie die Bewertung der einzelnen Instrument auf Seite 86 ff.

681 Vgl. hierzu die Ausführungen auf Seite 86 ff.

aa) Lenkungs- und Steuerungswirkung

Nach Maßgabe des ungeschriebenen Merkmals der Lenkungs- und Steuerungswirkung soll ein Rabattvertrag nur dann ein öffentlicher Auftrag i. S. d. § 99 GWB sein, wenn über gesetzliche und/oder vertragliche Instrumente (zumindest in großem Umfang) sichergestellt wird, dass sich die Auswahlentscheidung der vertragsschließenden Krankenkassen für einen bestimmten Rabattvertragspartner bei Vergabe der Rahmenvereinbarung auch auf der Ebene des Einzelabrufs der Leistung verwirklicht.[682]

(1) Einführung in die Problemstellung

Zentraler Grundsatz des Vergaberechts ist die Vergabe im Wettbewerb.[683] Nur ein (geheimer[684]) Wettbewerb zwischen den Bietern gewährleistet einen möglichst günstigen Preis und damit eine wirtschaftliche Beschaffung.[685]

Ein Wettbewerb wiederum setzt voraus, dass die Bieter Gewissheit über den Leistungsumfang erhalten. Ohne sichere Kalkulationsgrundlage sind sie nicht in der Lage einen günstigen Preis anzubieten und der öffentliche Auftraggeber kann nicht kostengünstig am Markt beschaffen. Genau diese Kalkulationsfrage ist bei Rabattverträgen mit Blick auf das sozialrechtliche Dreiecksverhältnis[686] aber problematisch. Zwar wird die Rabattvereinbarung zwischen der gesetzlichen Krankenkasse und dem pharmazeutischen Unternehmen abgeschlossen und liefert das Unternehmen letztlich das Arzneimittel auch gegen Bezahlung durch die Krankenkasse. Dies geschieht aber nicht

682 Vgl. hierzu die Ausführungen auf Seite 74 ff.

683 *Brauer*, in: Kulartz/Kus/Portz (Hrsg.), Kommentar zum GWB-Vergaberecht, 2. Auflage 2009, § 97 Rn. 4; OLG Düsseldorf, Beschluss vom 17. Juni 2002, Az.: Verg 18/02; *Dreher*, in: Immenga/Mestmäcker, Wettbewerbsrecht: GWB, 4. Auflage 2007, § 97 Rn 5 ff., 19 ff.; *Hailbronner*, in: Byok/Jaeger (Hrsg.), Kommentar zum Vergaberecht, 3. Auflage 2011, § 97 Rn. 12 ff.

684 *Vavra*, in: Kulartz/Marx/Portz/Prieß (Hrsg.), Kommentar zur VOL/A, 2. Auflage 2011, § 2 Rn. 23 ff.; OLG Düsseldorf, Beschluss vom 16. September 2003, Az.: Verg 52/03; *Opitz*, Marktmacht und Bieterwettbewerb, S. 82 f.

685 *Dreher*, in: Immenga/Mestmäcker, Wettbewerbsrecht: GWB, 4. Auflage 2007 , § 97 GWB Rn. 8 ff.; *Bungenberg*, in: Loewenheim/Meessen/Riesenkampff, Kartellrecht, 2. Auflage 2009, § 97 GWB Rn. 6 ff.

686 *Rixen*, Sozialrecht, 2005 S. 119; *Ebsen*, in: von Maydell/Ruland/Becker, Sozialrechtshandbuch, 4. Auflage 2009, § 15 Rn. 117; *Muckel*, Sozialrecht, 3. Auflage 2009, § 8 Rn. 135; *Flint*, in: Grube/Wahrendorf, SGB XII Sozialhilfe, 3. Auflage 2010 § 75 Rn 4 ff; *Schön*, in : Plagemann, Sozialrecht, 3. Auflage 2009, § 40 Rn. 6 f.

direkt, sondern über mehrere Stufen gestaffelt.[687] Im Gegensatz zu klassischen Beschaffungsvorgängen entscheidet der öffentliche Auftraggeber damit nicht selbst über den Einzelabruf. Gleichzeitig hat die Krankenkasse als öffentlicher Auftraggeber keine Weisungsbefugnis gegenüber den einzelnen Akteuren auf dem Distributionsweg vom pharmazeutischen Unternehmer bis zum Patienten.

Im Ergebnis besteht für den Unternehmer damit die Gefahr, dass der Erlös für ihn nicht mehr auskömmlich ist, wenn das Arzneimittel doch nicht in den erwarteten Mengen abgenommen wird.[688]Eine verbreitete Ansicht nimmt vor diesem Hintergrund an, dass beim Abschluss von Arzneimittelrabattverträgen nur dann ein öffentlicher Auftrag i. S. d. § 99 GWB vorliegt, wenn es vertragliche und/oder gesetzliche Instrumente gibt, welche die Nachfrage bzw. den Einzelabruf so steuern, dass sich die Auswahlentscheidung des öffentlichen Auftraggebers auch auf einzelvertraglicher Ebene realisiert.

Danach wäre der Tatbestand des § 99 GWB (jedenfalls) bei Arzneimittelrabattverträgen um das ungeschriebene Tatbestandsmerkmal einer Lenkungs- und Steuerungswirkung zu ergänzen.[689] Arzneimittelrabattverträge sind nach dieser Auffassung nicht immer öffentliche Aufträge, sondern nur bei Vorliegen besonderer Voraussetzungen. Letztlich ist dies eine Frage des Einzelfalls.[690] Es müsste daher bei jedem Rabattvertrag individuell geprüft werden, ob die Vertragsparteien gesetzlich angelegte Steuerungsinstrumente aktiviert

---

687 Zur Struktur der Arzneimittelversorgung und den dortigen Waren- und Geldströmen vgl. die Ausführungen auf Seite 17 ff.

688 Diesem Risiko kann der pharmazeutische Unternehmer auch nicht dadurch entgehen, dass er die vertraglich geschuldete Lieferung verweigert. Rabattverträge enthalten regelmäßig eine vertagsstrafenbewehrte Lieferverpflichtung. Hierzu: *Stolz/Kraus*, VergabeR 2008, 1, 3.

689 So schon 2007 *Byok*, GesR 2007, 553, 556, der sich bei seiner Argumentation im Kern darauf stützt, dass die entgeltliche Gegenleistung der Krankenkassen darin bestehe, den ausgewählten Pharmaunternehmen eine aufgrund der Substitutionspflicht nach § 129 Absatz 1 S.3 SGB V gesetzlich gesicherte Sonderstellung im Wettbewerb und damit eine Absatzgarantie für die rabattierten Medikament auf dem Arzneimittelmarkt einzuräumen. In die gleiche Richtung gehen: OLG Düsseldorf, Beschluss vom 18. Dezember 2007, Az.: VII-Verg 47/07; Beschluss vom 20. Februar 2008, Az.: VII-Verg 7/08.

690 Teilweise wird dieses Merkmal zwar nicht ausdrücklich genannt, jedenfalls wird aber dann von einem öffentlichen Auftrag ausgegangen, wenn ein Rabattvertrag exklusiv abgeschlossen wurde und zugleich aufgrund der öffentlichen Verpflichtung in § 129 Absatz 1 Satz 2 SGB V zur Substitution eine Abgabe der rabattierten Medikamente sichergestellt werde. Vgl. etwa: LSG Baden-Württemberg, Beschluss vom 23. Januar 2009, Az.: L 11 WB 5971/08; Beschluss vom 4. Februar 2009, Az.: L 11 WB 381/09; VK Bund, Beschluss vom 23. Januar 2009, Az.: VK 3 – 194/08; OLG Düsseldorf, Beschluss vom 18. Dezember 2007, Az.: VII-Verg 44/07.

haben oder gar eigene Instrumente (wie z. B. eine Exklusivitätsklausel) eingeführt haben.

Bei Rabattverträgen über Generika wird eine solche Lenkungs- und Steuerungswirkung (im Kern) der Substitutionsverpflichtung des § 129 SGB V i. V. m. § 4 RahmenV[691] allein bzw. in Kombination mit einer vertraglich vereinbarten Exklusivität, welche in der Praxis regelmäßig vereinbart wird, entnommen. Insofern besteht Einigkeit, dass Rabattverträge über Generika öffentliche Aufträge i. S. v. § 99 GWB sind.[692]

Allerdings beantwortet dies nicht die Frage, ob dieses zusätzliche Merkmal tatsächlich gefordert werden darf. Außerdem kann diese Sichtweise nicht vollständig auf Rabattverträge über patentgeschützte Medikamente übertragen werden. Die gesetzliche Substitutionsverpflichtung nach § 129 SGB V i. V. m § 4 RahmenV[693] ist wegen fehlender Wirkstoffidentität im Bereich der patentgeschützten Originale gerade nicht anwendbar.

Es muss daher der Frage nachgegangen werden, ob die besondere Lenkungs- und Steuerungswirkung überhaupt konstitutives Tatbestandsmerkmal des öffentlichen Auftrages ist bzw. welche Funktion dieses Merkmal hat und welche Steuerungs- bzw. Anreizsystem es im Bereich der patentgeschützten Medikamente gibt bzw. wie diese zu bewerten sind.

(2) Vorstellung der verschiedenen Begründungsansätze

Im Folgenden sollen die verschiedenen Begründungsansätze näher untersucht und einer kritischen Würdigung unterzogen werden.

(a) Zurechnung der Abrufentscheidung

Eine Lenkungs- und Steuerungswirkung nach dem gerade beschriebenen System sei, so wird argumentiert, nur dann möglich, wenn das Verhalten von Patient,

---

691 Rahmenvertrag über die Arzneimittelversorgung nach § 129 Absatz 2 SGB V in der Fassung vom 1. Februar 2011 zwischen den Spitzenverbänden der Krankenkassen und dem Deutschen Apothekerverband e. V.
692 Vgl. hierzu die Ausführungen zum Bereich der Generika Rabattverträge auf Seite 57 ff.
693 Rahmenvertrag über die Arzneimittelversorgung nach § 129 Absatz 2 SGB V in der Fassung vom 1. Februar 2011 zwischen den Spitzenverbänden der Krankenkassen und dem Deutschen Apothekerverband e. V.

Arzt und Apotheker der Krankenkasse auch im Einzelfall (sei es nun rechtlich oder faktisch) zugerechnet werden könne.[694]

Teilweise wird dies aus Rechtsgründen mit dem Hinweis darauf verneint, dass der Kaufvertrag über die verordneten Arzneimittel zwischen der Krankenkasse und der Apotheke zustande kommt.[695] Der pharmazeutische Unternehmer als Rabattvertragspartner sei an dem Kaufvertrag weder beteiligt, noch werde er durch diesen in seinen Rechten betroffen. Da der Apotheker Vertragspartner der Krankenkasse werde, könne sein Handeln auch nicht der Krankenkasse zugerechnet werden (Rechtsgedanke der Konfusion). Auf Seiten der Krankenkasse agieren nur der Vertragsarzt bei der Ausstellung der Arzneimittelverordnung (als Vertreter der Krankenkasse) und der Versicherte (ebenfalls als Vertreter bei der Auswahl der Apotheke, im Übrigen als Bote). Diese Personenverschiedenheit bei gleichzeitig fehlender Zurechnungsmöglichkeit führe zwingend dazu, dass gerade kein öffentlicher Auftrag i. S .d. § 99 GWB vorliege.[696]

Dieser Auffassung ist abzulehnen. Es kommt für das Vorliegen eines öffentlichen Auftrages (hier in Form einer Rahmenvereinbarung nach § 4 Absatz 1 EG-VOL/A[697]) nicht darauf an, dass die Vertragspartner von Rahmenrabattvereinbarungen und Einzelverträgen identisch sind.[698] Maßgeblich ist allein, dass der öffentliche Auftraggeber den Auftragnehmer mit der Lieferung eines Medikamentes beauftragt und ihn für diese Lieferung bezahlt.[699] Ob er sich zur Durchführung eines Dritten (z. B. des Arztes oder Apothe-

---

694 So ausdrücklich LSG Baden-Württemberg, Beschluss vom 23. Januar 2009, Az.: L 11 WB 5971/08.

695 Kritisch zu diesem Argumentationsansatz, *Schickert*, PharmR 2009, 164, 170, der unter Bezug auf die Entscheidung der VK Bund, Beschluss vom 15. August 2008, Az.: VK 3 – 107/08 darauf hinweist, dass der Krankenkasse auch Anreizmechanismen zuzurechnen seien, die unterhalb der Schwelle der Aut-idem-Substitution liegen. Entscheidend sei, dass sich im Ergebnis eine ausreichende Steuerung bzw. Nachfrage ergebe.

696 LSG Baden-Württemberg, Beschluss vom 28. Oktober 2008, Az.: L 11 KR 4810/10 ER-B; so auch: *Lietz/Natz*, A&R 2009, 3, 6.

697 Entspricht § 3a Nr. 4 VOL/A 2006.

698 Die europäischen Vergaberichtlinien verlangen schon nach ihrem Wortlaut nicht, dass die jeweiligen Vertragspartner von Rahmenvereinbarungen und Einzelverträgen identisch sein müssen. Vgl. hierzu: *Eschenbruch*, in: Kulartz/Kus/Portz (Hrsg.), Kommentar zum GWB-Vergaberecht, 2. Auflage 2009, § 99 Rn. 52; OLG Düsseldorf, Beschluss vom 23. Mai 2007, Az. VII-Verg 50/06; VK Bund, Beschluss vom 18.12.2007, Az.: VK 3 – 139/07.

699 OLG Düsseldorf, Beschluss vom 17. Januar 2008, Az.: VII-Verg 57/07; Beschluss vom 19. Dezember 2007, Az.: VII-Verg 49/07; VK Bund, Beschluss vom 19. November 2008, Az.: VK 1 – 126/08, Beschluss vom 15. August 2008, Az.: VK 3 – 107/08; Beschluss vom 18. Dezember 2008, Az.: VK 3 – 139/07; VK Düsseldorf, Beschluss vom 31. Oktober 2007, Az.: VK – 31/2007-L.

kers) bedient, ist unerheblich, solange der Dritte nicht in die Position des öffentlichen Auftraggebers einrückt.[700] Ebenso unerheblich ist der Umstand, wer die Ware körperlich liefert und aushändigt und wie, wann und an wen das Eigentum an den Medikamenten übergeht.[701] Im Ergebnis wird man daher die Auswahlentscheidung des Apothekers der Krankenkasse zurechnen können.

(b) Pro Lenkungs- und Steuerungswirkung

(aa) Wirtschaftlichkeits- und Wettbewerbsgrundsatz

Für die Notwendigkeit des ungeschriebenen Merkmals einer Lenkungs- und Steuerungswirkung spricht zunächst der Wettbewerbsgrundsatz. Oberster Grundsatz des Vergaberechts ist die Vergabe von öffentlichen Aufträgen im Wettbewerb.[702] Nur ein streng wettbewerblich organisiertes Vergabeverfahren entspricht marktwirtschaftlichen Grundsätzen, den Vorgaben der europäischen Vergaberichtlinien[703] und nicht zuletzt dem haushaltsrechtlichen Gebot einer sparsamen und wirtschaftlichen Verwendung öffentlicher Mittel[704]. Nur ein Wettbewerb zwischen den Bietern gewährleistet einen möglichst günstigen Preis und damit eine wirtschaftliche Beschaffung.[705]

Ein für den öffentlichen Auftraggeber besonders wirtschaftliches Angebot wird der Bieter nur dann abgeben können, wenn er durch den Zuschlag einen Wettbewerbsvorteil erhält. Regelmäßig kann die am Markt nachgefragte

---

700 VK Düsseldorf, Beschluss vom 31. Oktober 2007, Az.: VK – 31/2007-L.
701 OLG Düsseldorf, Beschluss vom 17. Januar 2008, Az.: VII-Verg 57/07; Beschluss vom 19. Dezember 2007, Az.: VII-Verg 49/07; VK Bund, Beschluss vom 19. November 2008, Az.: VK 1 – 126/08, Beschluss vom 15. August 2008, Az.: VK 3 – 107/08.
702 OLG Düsseldorf, Beschluss vom 17. Juni 2002, Az.: Verg 18/02; *Brauer*, in: Kulartz/Kus/Portz (Hrsg.), Kommentar zum GWB-Vergaberecht, 2. Auflage 2009, § 97 Rn. 4; *Dreher*, in: Immenga/Mestmäcker, Wettbewerbsrecht: GWB, 4. Auflage 2007, § 97 Rn 5 ff., 19 ff.; *Hailbronner*, in: Byok/Jaeger (Hrsg.), Kommentar zum Vergaberecht, 3. Auflage 2011, § 97 Rn. 12 ff.; vgl. auch die Begründung zum Vergaberechtsänderungsgesetzes, BT-Drs. 13/9340, S. 14 f.
703 Schon die RL 92/50/EWG (Erwägungsgrund 20), die RL 93/36/EWG (Erwägungsgrund 14) und die RL 93/37/EWG (Erwägungsgrund 10) betonen die überragende Bedeutung des Wettbewerbsprinzips für das europäische Vergaberecht. Wegen des fehlenden Wettbewerbsdrucks auf die öffentlichen Auftraggeber müsse sichergestellt werden, dass auch die öffentlichen Auftraggeber sich an wettbewerblichen Strukturen orientieren.
704 *Dreher*, in: Immenga/Mestmäcker, Wettbewerbsrecht: GWB, 4. Auflage 2007, Vorbem. § 97 Rn. 75 ff., 132 ff.; *Hailbronner*, in: Grabitz/Hilf, Das Recht der Europäischen Union, 40. Auflage 2009, B. 1. Rn. 9 ff.
705 *Koenig/Busch*, NZS 2003, 461, 463; *Rixen*, GesR 2006, 49, 55.

Leistung ja nicht nur von einem, sondern von mehreren Unternehmen erbracht werden. Unter diesen wählt der öffentliche Auftraggeber den wirtschaftlichsten Anbieter aus. Nur wenn sich der Auftragnehmer (weitgehend) sicher sein kann, dass seine Leistung in einem bestimmten Umfang abgerufen wird, kann er einen attraktiven Preis im Wettbewerb anbieten. Der Unternehmer muss daher den Umfang des Auftrages ziemlich genau kennen.

Genau dies ist bei Rabattverträgen mit Blick auf das sozialrechtliche Dreiecksverhältnis[706] aber problematisch. Zwar wird die Rabattvereinbarung zwischen der gesetzlichen Krankenkasse und dem pharmazeutischen Unternehmen abgeschlossen und das Unternehmen liefert letztendlich das Arzneimittel auch gegen Bezahlung durch die Krankenkasse. Dies geschieht aber nicht direkt, sondern über mehrere Stufen gestaffelt.[707] Sucht ein Versicherter zur Behandlung einer Krankheit einen Vertragsarzt auf, so verordnet dieser das notwendige Medikament im Rahmen seiner Therapiefreiheit unter Verwendung des sog. Kassenrezepts. Auf dieser Grundlage wählt der Versicherte eine Apotheke aus und erhält dort das verordnete Präparat. Der Kaufvertrag kommt zwischen der Krankenkasse und der Apotheke zustande, also gerade nicht zwischen den Rabattvertragsparteien. Im Gegensatz zu klassischen Beschaffungsvorgängen entscheidet der öffentliche Auftraggeber damit nicht selbst.

Im Ergebnis besteht für den Unternehmer damit die Gefahr, dass der kalkulierte Erlös für ihn nicht mehr auskömmlich ist. Für den öffentlichen Auftraggeber besteht die Gefahr, dass der Unternehmer ein Angebot unterbreitet, welches nicht bis an die Grenze der Wirtschaftlichkeit kalkuliert ist, womit die Krankenkassen als öffentlicher Auftraggeber auf einen nicht unerheblichen Teil an Einsparungen verzichten müssten.

(bb) Strukturelle Besonderheiten von Rahmenvereinbarungen

Für die Notwendigkeit einer Ergänzung der geschriebenen Tatbestandsmerkmale durch das ungeschriebene Merkmal der Lenkungs- und Steuerungswirkung spricht auch die erhöhte Unsicherheit im Vergleich zu »normalen« Rahmenvereinbarungen.

---

706 *Rixen*, Sozialrecht, 2005 S. 119; *Ebsen*, in: von Maydell/Ruland/Becker, Sozialrechtshandbuch, 4. Auflage 2009, § 15 Rn. 117; *Muckel*, Sozialrecht, 3. Auflage 2009, § 8 Rn. 135; *Flint*, in: Grube/Wahrendorf, SGB XII Sozialhilfe, 3. Auflage 2010 § 75 Rn 4 ff; *Schön*, in : Plagemann, Sozialrecht, 3. Auflage 2009, § 40 Rn. 6 f.

707 Vgl. hierzu die Ausführungen zur Struktur der Medikamentenversorgung auf Seite 17 ff.

Legt man einen klassischen Beschaffungsvorgang in Form einer Rahmenvereinbarung nach § 4 Absatz 1 EG-VOL/A[708] zu Grunde, ist es gleichermaßen der öffentliche Auftraggeber, der die Rahmenvereinbarung abschließt und auf dieser Basis schließlich die einzelne Leistung auswählt bzw. abruft. So ist es bei Arzneimittelrabattverträgen (die ebenfalls Rahmenvereinbarungen sind) aber gerade nicht. Die Krankenkassen als öffentliche Auftraggeber treffen die einzelne Abrufentscheidung nicht selbst. Vielmehr wird diese von dritten Personen getroffen. So muss sich zunächst der Versicherte entschließen überhaupt einen Arzt aufzusuchen. Sodann obliegt es den Vertragsärzten im Rahmen ihrer Therapiefreiheit darüber zu entscheiden, welches konkrete Medikament oder welchen speziellen Wirkstoff sie zur Behandlung verordnen. Schließlich haben die Krankenkassen auch keinen Einfluss darauf, ob der Apotheker im konkreten Einzelfall ein importiertes Arzneimittel anstelle des Originalpräparates abgibt. Der Unternehmer kann sich bei Rabattverträgen also niemals sicher sein, ob seine Leistungen überhaupt abgerufen werden und wenn, in welchem Umfang.

(cc) Gesetzesbegründung

Für die Anerkennung einer Lenkungs- und Steuerungswirkung als eigenständigem und konstitutivem Tatbestandsmerkmal spricht auch die Gesetzesbegründung[709] des Gesetzes zur Weiterentwicklung der Organisationsstrukturen in der gesetzlichen Krankenversicherung (GKV-OrgWG)[710] zu § 69 SGB V, wenn es dort heißt:

> »Beim Abschluss von Einzelverträgen in der GKV ist in jedem Einzelfall zu prüfen, ob die tatbestandlichen Voraussetzungen des § 97 ff. GWB vorliegen, insbesondere ob es sich bei den jeweiligen Vergaben um öffentliche Aufträge i. S. d. § 99 GWB handelt. Im Wesentlichen hängt die Beantwortung davon ab, **ob** und **inwieweit** die **Krankenkassen** auf die **Auswahlentscheidung, welcher Vertragsgegenstand im einzelnen Versorgungsfall abgegeben wird, Einfluss nehmen. Abhängig von der individuellen Vertragsgestaltung** können Arzneimittelrabattverträge über Generika wegen der Verpflichtung der Apotheken in § 129 Absatz 1 Satz 3, die Ersetzung durch ein wirkstoffgleiches Arzneimittel vorzunehmen, für das ein Rabattvertrag geschlossen worden ist, **und des damit verbundenen mittelbaren Einflusses der Krankenkassen auf die Auswahlentscheidung des Vertragsgegenstandes als öffentliche Aufträge, zu qualifizieren sein.**«

(Hervorhebungen durch den Verfasser)

---

708 Entspricht § 3a Nr. 4 VOL/A 2006.
709 BT-Drs. 16/10609, S. 57.
710 Gesetz zur Weiterentwicklung der Organisationsstrukturen in der gesetzlichen Krankenversicherung (GKV-OrgWG) vom 15. Dezember 2008, BGBl. I, S. 2426.

Danach scheint es so zu sein, dass auch der Gesetzgeber das konstitutive Merkmal der Lenkungs- und Steuerungsfunktion ausdrücklich anerkennt und Rabattverträge nicht per se dem Vergaberecht unterstellt sieht, sondern die Eröffnung des vergaberechtlichen Regelungsbereiches stets von den Umständen des Einzelfalls, insbesondere der vertraglichen Ausgestaltung oder den faktischen Auswirkungen des Rabattvertrages im Einzelfall, abhängig machen wollte.

(b) Contra Lenkungs- und Steuerungswirkung

Diese Argumente vermögen im Ergebnis allerdings nicht zu überzeugen. Das Merkmal einer konstitutiven Lenkungs- und Steuerungswirkung setzt sich in einen unüberwindbaren Widerspruch zu den europarechtlichen Vorgaben und vermischt gleichzeitig den Begriff des öffentlichen Auftrags nach § 99 GWB mit Fragen der Wirtschaftlichkeit des ausgeschriebenen Vertrags.[711]

(aa) Anwendungsvorrang des Europarechts

Das Europarecht genießt grundsätzlich Anwendungsvorrang[712] gegenüber der Rechtsordnung der jeweiligen Mitgliedstaaten. An diesem Vorrang haben neben dem primären Recht der Gründungsverträge grundsätzlich auch alle kompetenz- und auch sonst gemeinschaftsrechtsgemäßen verbindlichen Rechtsakte teil.[713] Der grundsätzliche Anwendungsvorrang gilt damit auch für das Verhältnis der RL 2004/18/EG zu den Vorschriften über die nationale Umsetzung des europäi-

---

711 Kritisch auch: *Reese/Stallberg*, in: Dieners/Reese, Handbuch des Pharmarechts, 2010 § 17 Rn. 44; *Schickert*, PharmR 2009, 164, 170. Die Frage nach der Berechtigung wirft auch die 2. VK Bund in Ihrer Entscheidung vom 22. August 2008, Az.: VK 2 – 73/08 auf, lässt sie aber im Hinblick auf die Vielzahl der bestehenden Steuerungsinstrumente offen (vgl. hierzu die Ausführungen auf Seite 86). In gleicher Weise argumentiert die 3. VK Bund in ihrer Entscheidung zum de-facto-Rabattvertrag der AOK Baden-Württemberg, VK Bund, Beschluss vom 15. August 2008, Az.: VK 3 – 107/08 auf S. 14 des Beschlussumdrucks sowie die 2. VK Bund im Beschluss zum Rabattvertrag der Techniker Krankenkasse gerichtet auf die Beschaffung von TNF-Alpha-Blockern (VK Bund, Beschluss vom 22. August 2008, Az.: VK 2 – 73/08, Beschlussumdruck S. 36).

712 Grundlegend *Ipsen*, Europäisches Gemeinschaftsrecht, 1972, S. 255 ff.; *Grabitz*, in: Grabitz/Hilf/Nettesheim, EUV/AEUV, 42. Ergänzungslieferung 2010, Art. 189 EGV Rn. 26 ff.

713 *Schmidt-Aßmann*, in: Schoch/Schmidt-Aßmann/Pietzner (Hrsg.), VwGO, 20. Ergänzungslieferung 2010, Einleitung Rn. 110 ff.; *Grabitz*, in: Grabitz/Hilf/Nettesheim, EUV/AEUV, 42. Ergänzungslieferung 2010, Art. 189 EGV Rn. 20 ff.

schen Vergaberechts und deren Anwendung bzw. Interpretation durch Behörden oder Gerichte der Mitgliedstaaten.

Die Regelungen zum öffentlichen Auftragsbegriff in § 99 GWB dienen der Umsetzung europarechtlicher Vorgaben. Sie sind Bestandteil eines Regelungskomplexes zur einheitlichen Europäisierung des öffentlichen Beschaffungswesens.[714] Die Vergaberichtlinien und damit auch der Begriff des öffentlichen Auftrags in § 99 GWB müssen europaweit einheitlich interpretiert werden. Sie sind zwingend und stehen nicht zur nationalen Disposition. Die Mitgliedstaaten dürfen zwar die Vorgaben der Richtlinien erweiternd interpretieren, jedoch keinesfalls so, dass der Anwendungsbereich des Europarechts eingeschränkt wird.[715]

(bb) Verstoß gegen den effet-util-Grundsatz

Bei der Auslegung des europäischen Vergaberechts muss auch dem Grundsatz nach seiner effektiven Anwendung Rechnung getragen werden. Das gebietet der effet-utile-Grundsatz.[716] Nach ständiger Rechtsprechung des Europäischen Gerichtshofs (EuGH) ist den Vergaberichtlinien daher eine Auslegung zu geben, die sie nicht »ihrer praktischen Wirksamkeit beraubt«. Alle Begriffe, die zur Anwendung des europäischen Vergaberechts führen, müssen daher »im Licht der doppelten Zielsetzung der Öffnung für den Wettbewerb und der Transparenz [...] sowohl funktionell als auch weit« ausgelegt werden.[717]

Ein Rabattvertrag erfüllt die geschriebenen Tatbestandsmerkmale des öffentlichen Auftrages nach § 99 GWB. Es handelt sich um einen Vertrag zwischen einem öffentlichen Auftraggeber und einem Unternehmen, welcher (bei der ge-

---

714 Europäische Kommission, Grünbuch »Das öffentliche Auftragswesen in der Europäischen Union«, Kom (96) 583 vom 27. November 1996. Hierzu auch: *Hertwig*, Praxis der öffentlichen Auftragsvergabe, 4. Auflage 2009, Rn. 16 ff.

715 Diese Auffassung vertritt auch die VK Bund in ihrer Entscheidung zum de-facto Rabattvertrag der AOK Baden-Württemberg, VK Bund, Beschluss vom 15. August 2008, Az.: VK 3 – 107/08, S. 14 des Beschlussumdrucks. Die Kammer hebt dabei ausdrücklich hervor, dass § 69 SGB V (in der damals geltenden Fassung) richtlinienkonform dahingehend auszulegen sei, »dass er die in Umsetzung der gemeinschaftsrechtlichen Vorgaben ergangenen Bestimmungen die nationalen vergaberechtlichen Bestimmungen nicht verdrängt«.

716 *Mayer*, in: Grabitz/Hilf/Nettesheim, Das Recht der Europäischen Union, 44. Ergänzungslieferung 2011, EUV Art. 19 Rn. 57 ff.; *Calliess*, in: Calliess/Ruffert (Hrsg.), EUV/AEUV, 4. Auflage 2011, Art. 5 Rn. 16 ff.; *Potacs*, EuR 2009, 465 ff.

717 EuGH, Urteil vom 15. Mai 2003, Rs. C-214/00 (Kommission/Spanien); Urteil vom 16. Oktober 2003, Rs. C-283/00 (Kommission/Spanien); Urteil vom 12. Dezember 2002, Rs. C-470/99 (Universale Bau).

botenen funktionalen Betrachtung[718]) eine Lieferung von Medikamenten gegen Bezahlung des (rabattierten Preises), mithin eine Lieferleistung gegen Entgelt zum Gegenstand hat.[719] Daran ändert auch die Tatsache nichts, dass die Leistungsbeziehungen bei Rabattverträgen nicht in einer einfachen Kette liegen, sondern über verschiedene Stufen abgewickelt werden und der Unternehmer sich insbesondere nicht sicher sein kann, ob sein (rabattiertes) Präparat auch tatsächlich in der Apotheke abgegeben wird.[720]

Mit der Lenkungs- und Steuerungswirkung wird den geschriebenen Tatbestandsmerkmalen des § 99 GWB ein weiteres konstitutives Tatbestandsmerkmal hinzugefügt und so die Anwendbarkeit des Vergaberechts von der Erfüllung weiterer Voraussetzungen abhängig gemacht. Das bisherige Ergebnis der Subsumtion unter die Tatbestandsmerkmale des § 99 GWB wird damit revidiert. Dies ist aber nur dann zulässig, wenn es sich über die Richtlinie 2004/18/EG selbst oder das europäische Primärrecht rechtfertigen lässt.

(cc) Keine Rechtfertigung durch die Vergaberichtlinien

Die RL 2004/18/EG enthält ausdrücklich keine weiteren einschränkenden Vorgaben. Auch aus den Regelungen zur Rahmenvereinbarung in Artikel 32 der Richtlinie ergibt sich kein anderes Ergebnis. Mit Einbeziehung der Rahmenvereinbarungen fasst der Richtliniengeber den Begriff des öffentlichen Auftrages denkbar weit. Er anerkennt, dass selbst bei völliger Unsicherheit des Leistungsabrufes und Abschluss mit mehreren Teilnehmern noch ein öffentlicher Auftrag vorliegt. Er gibt damit den Rahmen vor und stellt keine besonderen einschränkenden Voraussetzungen auf.[721] Aus der Richtlinie selbst bzw. deren Auslegung lässt sich im Ergebnis eine Berechtigung der Einschränkung also nicht herleiten.

---

718 Vgl. zur funktionalen Betrachtungsweise im Kartellvergaberecht ausführlich *Dreher*, in: Immenga/Mestmäcker, Wettbewerbsrecht: GWB, 4. Auflage 2008, vor §§ 97 Rn. 95 ff.

719 Vgl. hierzu die Ausführungen auf den Seiten 86 und 86.

720 Diese Abwicklung »über Eck« ist insbesondere dem Apothekenmonopol (hierzu: *Fuhrmann/Klein/Fleischfresser*, in: Fuhrmann/Klein/Fleischfresser (Hrsg.), Arzneimittelrecht, Handbuch für die pharmazeutische Rechtspraxis, 2010, § 18 Rn. 15 - 16; *Rehmann*, Arzneimittelgesetz, 3. Auflage 2008, § 43 Rn. 1 ff.) geschuldet. Nur in einer solchen dürfen Medikamente direkt an die Versicherten abgegeben werden.

721 Einige Einschränkungen ergeben sich indes aus dem Verbot der Mehrfachvergabe nach § 4 Abs. 1 Satz 3 EG-VOl/A und insbesondere dem Missbrauchsverbot. Letzteres ist seit der Novelle der VOL/A im Jahre 2010 nicht mehr ausdrücklich in der VOL/A enthalten (früher: § 3a Nr. 4 Abs. 2 VOL/A 2006). Dies führt aber nicht zu einer inhaltlichen Änderung. Das Missbrauchsverbot folgte schon immer aus § 97 Abs. 1 GWB bzw. Art. 32 Abs. 2 RL 2004/18/EG. Heute muss er ergänzend in die Vorschrift hineingelesen werden.

(dd) Keine Rechtfertigung über Art. 168 AEUV

Die Einschränkung des vergaberechtlichen Regelungsbereichs könnte jedoch über die in Artikel 168 AEUV (früher Artikel 152 EG) verankerte mitgliedstaatliche Autonomie im Bereich der Sozialsysteme[722] gerechtfertigt sein. So bestimmt Absatz 5 der Vorschrift, dass »bei der Tätigkeit der Gemeinschaft im Bereich der Gesundheit der Bevölkerung die Verantwortung der Mitgliedstaaten für die Organisation des Gesundheitswesens und die medizinische Versorgung in vollem Umfang gewahrt« wird, während Absatz 1 davon spricht, dass die Tätigkeit der Gemeinschaft die Politik der Mitgliedstaaten lediglich »ergänzt«.

Aus dieser Formulierung könnte man schließen, dass der nationale Gesetzgeber sehr wohl befugt war den Begriff des öffentlichen Auftrages in Bezug auf Rabattverträge einschränkend zu interpretieren, wenn und soweit er dies aus medizinischen oder organisatorischen Gründen für notwendig erachtet. Dagegen spricht jedoch, dass die Mitgliedstaaten bei der Ausübung dieser Zuständigkeit das Gemeinschaftsrecht und insbesondere die Bestimmungen des AEUV-Vertrags über die Verkehrsfreiheiten beachten müssen. Diese Bestimmungen untersagen es den Mitgliedstaaten ungerechtfertigte Beschränkungen der Ausübung dieser Freiheiten im Bereich der Gesundheitsversorgung einzuführen oder beizubehalten. Das Sozialrecht ist kein gemeinschaftsrechtsfreier Raum.[723]

Das auf der Grundlage des Artikel 114 AEUV (früher Artikel 95 EG) erlassene sekundärrechtliche Vergaberecht ist wirtschafts- und marktpolitisch motiviert.[724] Die Vergaberichtlinien sind dabei als Ausprägungen der Grundfreiheiten zu begreifen. Sie sollen die Marktfreiheiten effektuieren und zugleich die Öffnung des öffentlichen Beschaffungswesens für den gemeinschaftlichen Wettbe-

Vgl. hierzu insgesamt: *Zeise*, in: Kulartz/Marx/Portz/Prieß (Hrsg.), Kommentar zur VOL/A, 2. Auflage 2011, § 4 EG-VOL/A Rn. 24 ff.

722 Zu Art. 168 AEUV vgl. Kingreen, in: Calliess/Ruffert (Hrsg.), EUV/AEUV, 4. Auflage 2011, Art. 168 AEUV Rn. 1 ff., inbes. Rn. 14 ff.; *Schmidt am Busch*, in: Grabitz/Hilf/Nettesheim, Das Recht der Europäischen Union, 44. Ergänzungslieferung 2011, Art. 168 AEUV Rn. 64 ff.

723 EuGH, Urteil vom 07. Februar 1984, Rs. C-238/82 (Duphar); Urteil vom 17. Juni 1997, Rs. C-70/95 (Sodemare); Urteil vom 17. Februar 1993, verb. Rs. C-159/91 und C-160/91 (Poucet/Pistre).

724 Die Römischen Verträge aus dem Jahre 1957 erwähnen das öffentliche Auftragswesen (noch) nicht. Erst im Weißbuch zur Vollendung des Binnenmarktes aus dem Jahre 1985 (Kom. 85, 310 vom 14. Juni 1985) hat die Kommission ihr Ziel, das öffentliche Auftragswesen zu liberalisieren ausdrücklich formuliert und dessen Umsetzung eingeleitet. Vgl. hierzu auch: *Hertwig*, Praxis der öffentlichen Auftragsvergabe, 4. Auflage 2009, Rn. 16 ff.

werb garantieren.[725] Ungerechtfertigte Beschränkungen der Marktfreiheiten darf es nicht geben. Jede auf Artikel 168 AEUV (früher Artikel 152 EG) gestützte Beeinträchtigung muss sich auf dessen Regelungshintergrund zurückführen lassen.[726] Dies ist hier aber gerade nicht möglich. Der Abschluss von Rabattverträgen gefährdet die Gesundheits- oder Versorgungslage unter keinem Gesichtspunkt.[727] Über die Kostensenkung fördern/verbessern Rabattverträge mittel- bis langfristig sogar eher die Versorgungslage.[728] Zumindest teilweise verfolgen nationales Sozialrecht (jedenfalls im Hinblick auf das Wirtschaftlichkeitsgebot[729]) und europäisches Vergaberecht sogar die gleichen Ziele, nämlich die wirtschaftliche Beschaffung von Gütern. Auch sonst sind keine politischen oder medizinischen Gründe ersichtlich. Die Beschränkung des vergaberechtlichen Regelungsbereichs über § 69 SGB V lässt sich im Ergebnis also nicht über Artikel 168 AEUV (früher Artikel 152 EG) rechtfertigen.[730]

(ee) Nationale Disposition über europarechtliche Vorgaben

Gegen das Merkmal der Lenkungs- und Steuerungswirkung spricht auch, dass es dem nationalen Gesetzgeber durch die Etablierung bzw. Abschaffung von Lenkungs- und Steuerungsinstrumenten möglich wäre über die Anwendbarkeit des Vergaberechts zu disponieren. Ja sogar den gesetzlichen Krankenversicherungen

---

725 Erwägungsgrund 2 der RL 2004/18/EG; EuGH, Urteil vom 12. Juli 2001, RS. C-399/98 (Ordine degli Architetti); Urteil vom 27. November 2001, Rs. C-286/99, (Lombardini und Mantovani); Urteil vom 17. September 2002, Rs. C-513/99, (Concordia Bus Finland).

726 EuGH, Urteil vom 19. Mai 2009, verb. Rs. C-171/07 und C-172/07 (Doc Morris); Urteil vom 16. Mai 2006, Rs. C-372/04 (Watts); Urteil vom 10. März 2009, Rs. C-169/07 (Hartlauer).

727 Hier könnte man lediglich an die Patientencompliance denken. So fällt es vielen Versicherten schwer sich von einem gewohnten Medikament auf ein neues Präparat umzustellen. In Einzelfällen ist es denkbar, dass die Patienten gar auf die Einnahme des Präparates verzichten und sich so gesundheitlichen Schaden zufügen. Dies ist aber ein Ausnahmefall und darf nicht zu einer generellen Gesundheitsgefährdung verallgemeinert werden.

728 Man könnte allenfalls daran denken, dass es zu Beginn der Generika-Rabattverträge stellenweise zu Lieferengpässen gekommen ist. In der Praxis hat dies aber nie zu ernsthaften Problemen geführt. Außerdem betrifft dies letztlich die Frage der Eignung der Bieter. Eine Lenkungs- und Steuerungswirkung hätte insofern sowieso keinerlei Einfluss.

729 Das sozialrechtliche Wirtschaftlichkeitsgebot ist in § 12 SGB V normiert. Hierzu etwa: *Scholz*, in: Becker/Kingreen, SGB V, 2. Auflage 2010, § 12 Rn. 1 ff.; *Höfler*, in: Kasseler Kommentar, Sozialversicherungsrecht, 70. Ergänzungslieferung 2011, § 12 Rn. 1 ff.

730 So auch ausdrücklich: *Otting*, NZBau 2010, 734, 735; OLG Düsseldorf, Beschluss vom 18.12.2007, Az.: VII-Verg 44/07; VK Bund, Beschluss vom 22. August 2008, Az.: VK 2 – 73/08.

als öffentlichen Auftraggebern selbst wäre es möglich, durch die Vertragsgestaltung (z. B. über die Einführung einer vertraglichen Exklusivitätsklausel) Einfluss auf den Anwendungsbereich des Vergaberechts zu nehmen.[731] Die Adressaten der Vergaberichtlinien bzw. des GWB könnten so über den Anwendungsbereich, der sie eigentlich bindenden Regelungen, disponieren.

(ff) Rechtsunsicherheit

Kritisch ist auch zu berücksichtigen, dass das einzelfallabhängige Kriterium der Lenkungs- und Steuerungswirkung zu einer enormen Rechtsunsicherheit führt.[732] Ob die gesetzlichen und/oder vertraglichen Steuerungsinstrumente bei dem jeweils zu beurteilenden Rabattvertrag ausreichen, um einen öffentlichen Auftrag annehmen zu können, wäre für jeden Einzelfall gesondert zu entscheiden. Das dürfte insbesondere nicht im Sinne der ausschreibenden Krankenkassen sein. Nur eine klare Rechtslage ermöglicht es ihnen, Ausschreibungen ohne die Verzögerungen eines Vergabenachprüfungsverfahrens durchzuführen.

(gg) Vermischung von Kalkulationsgrundlagen und öffentlichem Auftragsbegriff

Zudem führt die Einbeziehung der Lenkungs- und Steuerungswirkung auch zu einer Vermischung von Kalkulationsgrundlagen und öffentlichem Auftragsbegriff. Wird ein Auftrag ausgeschrieben, muss der Auftraggeber nach § 8 EG-VOL/A[733] die Kalkulationsgrundlagen zur Verfügung stellen. Das Auftragsvolumen und damit auch die Frage nach dem Umfang der Nachfragesteuerung auf das Rabattvertragsmedikament bilden für den Unternehmer einen ganz wesentlichen Teil der Kalkulationsgrundlage.

---

731 So auch *Lietz/Natz*, A&R 2009, 3, 6, die diesen Gedanken im Zusammenhang mit der Frage nach der Notwendigkeit einer Exklusivität aufgreifen. Sie ziehen daraus jedoch den (hier nicht vertretenen) Schluss, dass sich die Anwendbarkeit des Vergaberechts nach der Lenkungswirkung des Rabattvertrages richtet.
732 Das Problem der Rechtsunsicherheit sprechen auch *Lietz/Natz*, A&R 2009, 3, 4 ausdrücklich an.
733 Entspricht § 8a VOL/A 2006. In diesem Zusammenhang sei darauf hingewiesen, dass die neue VOL/A den Begriff des ungewöhnlichen Wagnisses so nicht mehr kennt. In der Sache führt dies aber zu einer anderen rechtlichen Beurteilung, lässt sich das Verbot dem Bieter ungewöhnliche Wagnisse aufzubürden doch auch aus den allgemeinen in § 97 GWB normierten vergaberechtlichen Grundsätzen ableiten.

Wenn die RL 2004/18/EG und ihr folgend § 4 Absatz 1 EG-VOL/A[734] einen Rahmenvertrag über maximal vier Jahre mit mehreren Unternehmen als öffentlichen Auftrag anerkennt, dann gibt der Richtliniengeber den Rahmen für die Grenzen des öffentlichen Auftragsbegriffs vor. Der Richtliniengeber fasst den Begriff des öffentlichen Auftrages also sehr weit.

Eine Wirtschaftlichkeitsbetrachtung in diesen Rahmen als konstitutives Merkmal mit einzubeziehen, würde bedeuten den gesetzlichen Rahmen nachträglich wieder einzuengen und vom Richtliniengeber bereits abstrakt beantwortete Fragen wieder zu relativeren. Man würde so außerdem den Begriff des öffentlichen Auftrages mit Fragen der Wirtschaftlichkeit durchmischen und die Geltung des Vergaberechts letztlich davon abhängig machen, ob ein Vertrag wirtschaftlich ist oder nicht. Hierfür gibt es im Vergaberecht aber bereits eine Regelung. Ist eine Ausschreibung nicht wirtschaftlich, muss der öffentlichen Auftraggeber den Zuschlag nicht erteilen, vielmehr kann er die ganze Ausschreibung oder einzelne Lose nach § 20 Absatz 1 EG-VOL/A[735] aufheben.[736] Im Übrigen ist zu berücksichtigen, dass der öffentliche Auftraggeber so im Verhältnis zu einer Nichtausschreibung immer noch ein besseres Ergebnis erzielt. So hat er zumindest die Möglichkeit einen (wenn auch geringen) Rabatt zu erhalten.

(3) Ergebnis

Das zusätzliche ungeschriebene Merkmal einer Lenkungs- und Steuerungswirkung ist im Ergebnis nicht als konstitutives Merkmal des öffentlichen Auftrags nach § 99 GWB anzuerkennen.[737]

Dieses Merkmal führt letztlich zu einer Einschränkung des vergaberechtlichen Anwendungsbereichs. Für eine solche Einschränkung lassen sich weder aus den Vergaberichtlinien noch aus dem europäischen Primärrecht Gründe herleiten. Insbesondere sind keine medizinischen oder sozialversicherungsrechtlichen Gesichtspunkte dafür erkennbar, dass ein öffentlicher Auftrag in Form einer Rahmenvereinbarung nur dann vorliegen sollte, wenn es gesetzliche und/oder vertragliche Instrumente gibt, welche die Nachfrage so umsteuern, dass die Abru-

---

734 Entspricht § 3a Nr. 4 VOL/A 2006.
735 Entspricht § 26 Nr. 1 VOL/A 2006.
736 Hierzu: *Lischka*, in: Müler/Wrede (Hrsg.), VOL/A Kommentar, 3. Auflage 2010, § 20 EG-VOl/A Rn. 49 ff.
737 So auch die VK Bund, Beschluss vom 15. August 2008, Az.: VK 3 – 107/08 (eindeutig dagegen). Die 2. VK Bund, Beschluss vom 22. August 2008, Az.: VK 2 –73/08 ist zwar nicht so deutlich, äußert aber auch Zweifel. Auch *Schickert*, PharmR 2009, 164, 167 äußert Zweifel an der Berechtigung des Tatbestandsmerkmals.

fentscheidung in der Apotheke immer auf einen Rabatt(rahmen)vertrag zuläuft. Der nationale Gesetzgeber hätte es zudem in der Hand durch Einführung/Nutzung gesetzlicher Steuerungsinstrumente über die Anwendbarkeit des Vergaberechts zu bestimmen. Gleiches gilt für die gesetzlichen Krankenkassen, welche über die Vertragsgestaltung auf die Anwendbarkeit des Vergaberechts Einfluss nehmen könnten.

Bestätigt wird dies durch die aktuellen Entwicklungen rund um das Gesetz zur Neuordnung des Arzneimittelmarktes in der gesetzlichen Krankenversicherung (AMNOG)[738]. Der Gesetzgeber hat mit dieser Reform verschiedene bisher gebräuchliche Lenkungsinstrumente gestrichen bzw. modifiziert.[739]

Das bedeutet im Ergebnis aber keineswegs dass eine Lenkungs- und Steuerungswirkung keine Bedeutung hat. Das Gegenteil ist der Fall. Nur ist dies keine Frage des öffentlichen Auftrages sondern der Wirtschaftlichkeit des jeweiligen Vertrages. Sie beeinflusst die Gestaltung der Ausschreibung, nicht jedoch den Begriff des öffentlichen Auftrages und damit die Anwendbarkeit des Vergaberechts.[740]

bb) Exklusive Auswahlentscheidung

Weiteren Anlass zur inhaltlichen Diskussion gibt das Merkmal der Exklusivität.[741]

(1) Einführung in die Problemstellung

Die Auswahlentscheidung des öffentlichen Auftraggebers für einen Rabattvertragspartner müsse exklusiv sein, so wird es vielfach gefordert.[742] Dies gehöre zum Wesen des öffentlichen Auftrages.[743]

---

738 Gesetz zur Neuordnung des Arzneimittelmarktes in der gesetzlichen Krankenversicherung (AMNOG) vom 22. Dezember 2010, BGBl. I, S. 2262.
739 Vgl. hierzu die Ausführungen auf Seite 86 ff.
740 Vgl. hierzu die Ausführungen auf Seite 86 ff.
741 Im Hinblick auf die ärztliche Therapiefreiheit weißt *Schickert*, PharmR 2009, 164, 170 darauf hin, dass nicht davon auszugehen ist, dass Exklusivität im Sinne einer Verordnungspflicht verstanden wird. Vielmehr bedeute Exklusivität auch im Bereich der patentgeschützten Originale, dass die Krankenkasse dem Rabattvertragspartner zusichert, dass sie keinen weiteren Rabattvertrag über den gleichen Bedarf bei anderen Unternehmern abschließt.
742 Für Exklusivität: *Rixen*, GesR 2006, 49, 55; *Gabriel*, NZS 2007, 344, 348; *Hertwig*, Praxis der öffentlichen Auftragsvergabe, 4. Auflage 2009, Rn. 84, 86, 91; *Lietz/Natz*, A&R

Teilweise wird dabei eine ausdrückliche vertragliche Exklusivitätsklausel gefordert[744], während stellenweise eine faktische Exklusivität für ausreichend gehalten wird.[745] Auch in der systematischen Einordnung dieses zusätzlichen Kriteriums herrscht Unklarheit. So wird die Einräumung von Exklusivität zum Teil als geldwerte Gegenleistung betrachtet und damit der Frage nach der Entgeltlichkeit des Rabattvertrages zugeordnet[746] –bisweilen wird die Exklusivität aber auch als selbständiges konstitutives Merkmal betrachtet.[747]

Hinter der Forderung nach einer exklusiven Versorgungsstellung steht der Gedanke, dass ein Unternehmer nur dann einen hohen Rabatt anbieten kann, wenn er exklusiver Partner wird. Nur dann, so wird argumentiert, lasse sich ein möglichst hohes Ersparnis realisieren. Könne sich der Unternehmer hingegen nicht sicher sein, ob die Krankenkasse über den gleichen Gegenstand noch weitere Rabattverträge abschließt, sei eine wirtschaftliche Kalkulation nicht verlässlich möglich.[748]

Gestützt sehen kann sich diese Forderung nach einer exklusiven Versorgungsstellung durch die Gesetzesbegründung des Gesetzes zur Weiterentwicklung der Organisationsstrukturen in der gesetzlichen Krankenversicherung (GKV-OrgWG)[749] zu § 127 SGB V. Hiermit wurde die vergaberechtliche Ausschrei-

2009, 3, 6; *Weiner*, VergabeR 2009, 189, 192; *Jansen*, in: Byok/Jaeger (Hrsg.), Kommentar zum Vergaberecht, 3. Auflage 2011, Einl. B. Rn. 18 ff.; LSG Baden-Württemberg, Beschluss vom 23. Januar 2009, Az.: L 11 WB 5971/08; Beschluss vom 17. Februar 2009, Az.: L 11 WB 381/08; LSG Nordrhein-Westfalen, Beschluss vom 26. März 2009, Az.: L 21 KR 26/09 SFB; Beschluss vom 2. April 2009, Az.: L 21 KR 35/09.

743   *Gabriel/Weiner*, NZS 2009, 422, 424 m.w.N.; *Hertwig*, Praxis der öffentlichen Auftragsvergabe, 4. Auflage 2009, Rn. 84, 86, 91.

744   LSG Baden-Württemberg, Beschluss vom 23. Januar 2009, Az.: L 11 WB 5971/08; Beschluss vom 17. Februar 2009, Az.: L 11 WB 381/09; Beschluss vom 28. Oktober 2008, Az: L 11 KR 4810/08 ER-B.

745   Bei einem Rabattvertrag im Bereich der patentgeschützten Medikamente profitiert jedenfalls der erste Rabattvertragspartner vom dem sog. First-Mover-Effekt – so die VK Bund, Beschluss vom 15. August 2008, Az.: VK 3 – 107/08 sowie *Schickert*, PharmR 2009, 164, 171. Allgemein: LSG Nordrhein-Westfalen, Beschluss vom 10. September 2009, Az.: L 21 KR 53/09 SFB.

746   LSG Nordrhein-Westfalen, Beschluss vom 10. September 2009, Az.: L 21 KR 53/09 SFB; *Gabriel*, VergabeR 2010, 142, 142.

747   LSG Baden-Württemberg, Beschluss vom 28. Oktober 2008, Az: L 11 KR 4810/08 ER-B.

748   So etwa: LSG Baden-Württemberg, Beschluss vom 28. Oktober 2008, Az.: L 11 KR 4810/08 ER-B; Beschluss vom 23. Januar 2009, Az.: L 11 WB 5971/08, Beschluss vom 17. Februar 2009, Az.: L 11 WB 381/09. LSG Nordrhein-Westfalen, Beschluss vom 26. März 2009, Az.: L 21 KR 26/09 SFB; Beschluss vom 2. April 2009, Az.: L 21 KR 35/09 SFB.

749   Gesetz zur Weiterentwicklung der Organisationsstrukturen in der gesetzlichen Krankenversicherung (GKV-OrgWG) vom 15. Dezember 2008, BGBl. I, S. 2426.

bungspflicht von Hilfsmittelverträgen zwar grundsätzlich anerkannt, gleichzeitig wurde aber für solche Verträge, die »nicht zu einer exklusiven Versorgungsberechtigung bestimmter Leistungserbringer führen«[750], eine Ausnahme gemacht. Unklar bleibt angesichts der Formulierung jedoch, ob sie sich auf eine faktische oder eine vertraglich vereinbarte Exklusivität bezieht. Jedenfalls aber scheint der Gesetzgeber den Begriff des öffentlichen Auftrages um das Merkmal einer (wie auch immer genau gearteten) Exklusivität ergänzen zu wollen.

(2) Vertragliche Exklusivitätsklauseln

Zunächst kommt dabei eine vertraglich vereinbarte Exklusivität in Betracht. Wird ein Auftrag mit feststehendem Leistungsumfang (also gerade keine Rahmenvereinbarung) ausgeschrieben, erfolgt diese Vergabe (selbstverständlich) exklusiv. Der öffentliche Auftraggeber benötigt die konkret nachgefragte Leistung eben nur in dem festgelegten Maße. Besonderheiten beim Leistungsumfang oder den Leistungserbringern kann er über Losaufteilungen berücksichtigen.[751] Diese exklusive Stellung gewährt dem Unternehmer den notwendigen Wettbewerbsvorteil, um einen konkurrenzfähigen Preis anbieten zu können und eröffnet den öffentlichen Auftraggebern so den Weg zu einer möglichst wirtschaftlichen Beschaffung. Dies hindert den öffentlichen Auftraggeber aber (selbstverständlich) nicht daran bei einem über den bisherigen Vertragsumfang hinausgehenden Bedarf einen weiteren Vertrag zum gleichen Gegenstand abzuschließen. Dieser Bedarf wird schließlich nicht schon von dem bisherigen Auftrag erfasst.

Von dieser Situation unterscheidet sich die Sach- und Rechtslage bei Rahmenvereinbarungen nach § 4 EG-VOL/A[752] (also auch bei Rabattverträgen) grundlegend. Bei Rahmenvereinbarungen ist, im Gegensatz zu anderen öffentlichen Aufträgen, der Leistungsumfang gerade nicht exakt bestimmbar.[753] Der Unternehmer weiß nicht, in welchem Umfang seine Leistung in Anspruch genom-

---

750 BT-Drs. 16/10609, S. 66.
751 Zur Losvergabe allgemein: *Vavra/Kus*, in: Kulartz/Marx/Portz/Preiß (Hrsg.), Kommentar zur VOL/A, 2. Auflage 2010, § 2 EG Rn. 21 ff.; *Roth*, in: Müller/Wrede (Hrsg.), VOL/A Kommentar, 3. Auflage 2010, § 2 EG Rn. 77 ff. Speziell für den Bereich sozialrechtlicher Vergaben: *Jansen*, in: Byok/Jaeger (Hrsg.), Kommentar zum Vergaberecht, 3. Auflage 2011, Einl. B. Rn. 30 ff.
752 Entspricht § 3a Nr. 4 VOL/A 2006.
753 Diese fehlende Bestimmbarkeit ist gewollt. Rahmenvereinbarungen sollen für öffentliche Auftraggeber ein flexibles Instrumentarium zur Beschaffung sein. Hierzu: VK Bund, Beschluss vom 20. April 2006, Az.: VK 1 - 19/06; *Kullack/Terner*, ZfBR, 2004, 244, 245; *Poschmann*, in: Müller-Wrede (Hrsg.), VOL/A Kommentar, 3. Auflage 2010, § 4 EG Rn. 2 m.w.N.

men wird, ja ob sie überhaupt abgerufen wird. § 4 EG-VOL/A[754] bestimmt dabei zusätzlich, dass der öffentliche Auftraggeber nicht mehrere Rahmenvereinbarungen über die gleiche Leistung vergeben darf.[755] Es ist zwar zulässig eine Rahmenvereinbarungen mit mehreren Unternehmen abzuschließen, aber eben nur eine Vereinbarung über den Leistungsgegenstand.[756]

Der Umfang dieser Sperrwirkung ist jedoch umstritten.[757] Eindeutig ist jedenfalls, dass weitere Rahmenvereinbarungen über eine andere Leistung jederzeit möglich sind, während Rahmenvereinbarungen über die gleiche Leistung unstatthaft sind.[758] Eine Exklusivitätsklausel ist insofern also entbehrlich. Die Exklusivität ergibt sich schon unmittelbar aus dem Gesetz selbst. Der exklusive Abschluss des Rabattvertrags als Rahmenvertrag ist daher mehr Rechtmäßigkeits- als Tatbestandsvoraussetzung.[759]

Dem ließe sich mit Blick auf den Leistungsbegriff entgegenhalten, dass der öffentliche Auftraggeber den Leistungsgegenstand nur geringfügig zu verändern braucht, um eine weitere Rahmenvereinbarung abschließen zu können. Insofern könnte eine Exklusivitätsvereinbarung sinnvoll sein. Jedoch gilt es zu beachten, dass der Auftraggeber eine Rahmenvereinbarung niemals missbräuchlich verwenden darf.[760] Er darf sie insbesondere nicht nutzen, um den Markt zu erkunden oder bereits geschlossene Vereinbarungen einfach zu umgehen.[761]

Eine Exklusivitätsklausel könnte aber von Bedeutung sein, wenn man weitere Einzelvergaben der gleichen Leistung mit in die Betrachtung einbezieht. Es ist

---

754 Entspricht § 3a Nr. 4 Absatz 1 Satz 3 VOL/A 2006.

755 Die Vorschrift findet keine ausdrückliche Entsprechung in den europäischen Vergaberichtlinien. Als Ausdruck des Wettbewerbsgrundsatzes und des Diskriminierungsverbotes ist sie jedoch eine Selbstverständlichkeit. Hierzu: *Poschmann*, in: Müller-Wrede (Hrsg.), VOL/A Kommentar, 3. Auflage 2010, § 4 EG Rn. 41.

756 Einen Widerspruch zu der Bestimmung in Absatz 1 Satz 1, wonach Auftraggeber die Rahmenvereinbarung auch an mehrere Unternehmen vergeben können, sieht hingegen *Ollmann*, VergabeR 2004, 669, 681.

757 Hierzu: *Zeise*, in: Kulartz/Marx/Portz/Prieß (Hrsg.), Kommentar zur VOL/A, 2. Auflage 2011, § 4 EG Rn. 23 m.w.N.

758 Eine solche Doppelvergabe würde gegen den Wettbewerbsgrundsatz verstoßen und muss schon vor diesem Hintergrund zwingend ausscheiden. So auch: *Zeise*, in: Kulartz/Marx/Portz/Prieß (Hrsg.), Kommentar zur VOL/A, 2. Auflage 2011, § 4 EG Rn. 23.

759 So auch: *Gabriel/Weiner*, NZS 2009, 422, 424.

760 Dieses Missbrauchsverbot war bis zur Novelle der VOL/A im Jahre 2010 ausdrücklich in § 3a Nr. 4 Abs. 2 VOL/A enthalten. Die aktuelle Fassung der EG-VOL/A enthält dieses Missbrauchsverbot hingegen nicht mehr. In der Sache hat sich hierdurch aber nichts geändert. Das Missbrauchsverbot ergibt sich schon aus § 97 Abs. 1 GWB bzw. Art. 32 Abs. 2 RL 2004/18/EG. § 4 EG-VOL/A ist dementsprechend extensiv zu interpretieren. Hierzu: *Zeise*, in: Kularzt/Marx/Portz/Prieß (Hrsg.), Kommentar zur VOL/A, 2. Auflage 2011, § 4 EG Rn. 24.

761 KG Berlin, Urteil vom 15. April 2004, Az.: 2 Verg 22/04. Hierzu auch: *Zeise*, in: Kulartz/Marx/Portz/Prieß (Hrsg.), Kommentar zur VOL/A, 2. Auflage 2011, § 4 EG Rn. 25.

nämlich unklar, wie sich die Sperrwirkung insofern auswirkt.[762] Teilweise wird sie extensiv verstanden. Mit der Vergabe einer Rahmenvereinbarung habe sich der öffentliche Auftraggeber selbst gebunden und gleichzeitig einen Vertrauensschutztatbestand geschaffen.[763] Außerdem müsse man davon ausgehen, dass mit der Rahmenvereinbarung der Bedarf abgedeckt werde und jede weitere Vergabe ein unnötiger Mehraufwand sei.[764] Nicht zuletzt bestehe die Gefahr, dass die öffentlichen Auftraggeber Scheinausschreibungen zur Markterkundung durchführen würden.[765] Dem wird entgegengehalten, dass Rahmenvereinbarungen im Interesse des öffentlichen Auftraggebers geschaffen worden seien und er frei über ihre Anwendung disponieren könne. Außerdem sehe eine Rahmenvereinbarung schon keine Abnahmeverpflichtung vor und behindere jede andere Ansicht den Wettbewerb.[766]

Im Ergebnis kann diese Frage bei Rabattverträgen jedoch offen bleiben. Gegenstand eines solchen Vertrages ist die preisgünstige (rabattierte) Beschaffung von Fertigmedikamenten, die in großer Stückzahl tagtäglich verordnet und abgegeben werden. Sie müssen jederzeit in ausreichender Menge verfügbar sein. Es ist daher praktisch nicht denkbar, dass eine Krankenkasse zwar zunächst einen Rahmenvertrag abschließt, dann aber für jedes einzelne weitere abzugebende Medikament eine erneute Ausschreibung initiiert.

Aber selbst wenn man davon ausgehen sollte, dass es den gesetzlichen Krankenkassen als öffentlichen Auftraggebern nicht verwehrt ist weitere Rahmenvereinbarungen über die gleiche Leistung abzuschließen, muss die Berechtigung einer vertraglichen Exklusivitätsklausel doch in Zweifel gezogen werden, wobei zwischen zwei verschiedenen Ansätzen zu differenzieren ist:

Versteht man die Exklusivitätsklausel als einen Entgeltbestandteil, kommt ihr nur komplementäre Funktion zu. Wie schon erläutert, sind die Leistungsbeziehungen im Vergaberecht funktional und extensiv zu verstehen.[767] Die Leistungen innerhalb eines Rabattvertrages entsprechen dem auch sonst üblichen Leistungsaustausch. Der pharmazeutische Unternehmer liefert das rabattierte Medikament

762 Hierzu: *Zeise*, in: Kularzt/Marx/Portz/Prieß (Hrsg.), Kommentar zur VOL/A, 2. Auflage 2011, § 4 EG Rn. 20 m.w.N.

763 *Gröning*, VergabeR 2005, 156, 158.

764 *Graef*, NZBau 2005, 561, 568.

765 *Korthals*, in: Kulartz/Marx/Portz/Prieß (Hrsg.), Kommentar zur VOL/A, 2007, § 3a Rn. 114. In Berlin ist es sogar offenbar üblich Rahmenvereinbarungen und Einzelvergaben parallel zu verwenden (KG Berlin, Beschluss vom 15. April 2004, Az.: 2 Verg 22/04).

766 *Knauff*, VergabeR 2006, 24, 32; *Jakoby*, VergabeR 2004, 768, 771; *Poschmann*, in: Müller-Wrede (Hrsg.), VOL/A Kommentar, 3. Auflage 2010, § 4 EG Rn. 41.

767 Vgl. zur funktionalen Betrachtungsweise im Kartellvergaberecht ausführlich *Dreher*, in: Immenga/Mestmäcker, Wettbewerbsrecht: GWB, 4. Auflage 2008, vor §§ 97 Rn. 95 ff.

und enthält dafür (über mehrere Stufen) seine Vergütung.[768] Eine vertragliche Exklusivitätsklausel kann zwar zusätzlich vereinbart werden, sie kann vor diesem Hintergrund aber nicht konstitutives Merkmal des Auftragsbegriffs sein.

Aber auch dann, wenn man die vertragliche Exklusivität als eigenständiges konstitutives Merkmal des öffentlichen Auftragsbegriffs versteht, gelangt man zu keinem anderen Ergebnis. Gegen eine solche Klausel spricht schon, dass der öffentliche Auftraggeber (als Adressat des Vergaberechts) es durch die Gestaltung und Abwicklung der Ausschreibung in der Hand hätte über die Anwendbarkeit des Vergaberechts zu bestimmen. Nimmt er eine vertragliche Exklusivitätsklausel in den Vertrag auf wäre das Vergaberecht anwendbar – sonst nicht.[769]

Sicherlich ist ein exklusiver Vertrag für ein Unternehmen wirtschaftlich interessanter, lässt sich doch so besser kalkulieren und lassen sich aus Sicht des öffentlichen Auftraggebers wirtschaftlichere Angebote realisieren. Dies sind aber Fragen der Wirtschaftlichkeit eines Rahmenvertrages. Wenn die RL 2004/18/EG und ihr folgend § 4 Absatz 1 EG-VOL/A[770] einen Rahmenvertrag über maximal vier Jahre mit mehreren Unternehmen als öffentlichen Auftrag anerkennt, dann gibt der Richtliniengeber den Rahmen für die Grenzen des öffentlichen Auftragsbegriffs vor. Es liegt also auch dann noch ein öffentlicher Auftrag in Form einer Rahmenvereinbarung vor, wenn der Unternehmer während der Vertragslaufzeit nicht weiß, ob und in welchem Umfang sein Angebot aus dem Vertrag in Anspruch genommen wird. Es ist sogar zulässig an einer Rahmenvereinbarung mehrere Unternehmen zu beteiligen. Der Richtliniengeber fasst den Begriff des öffentlichen Auftrages damit denkbar weit.[771]

Eine Wirtschaftlichkeitsbetrachtung in diesen Rahmen als konstitutives Merkmal mit einzubeziehen würde aber bedeuten den gesetzlichen Rahmen nachträglich wieder einzuengen und vom Richtliniengeber abstrakt beantwortete Fragen wieder zu relativieren. Dazu fehlt aber sowohl dem öffentlichen Auftraggeber als auch dem nationalen Gesetzgeber (bzw. hier den Verdingungsausschüssen) die Kompetenz. Man würde den Begriff des öffentlichen Auftrages zudem mit Fragen der Wirtschaftlichkeit durchmischen und die Geltung des

---

768 Vgl. hierzu die Ausführungen auf den Seiten 70 und 86.
769 Kritisch auch *Weiner*, VergabeR 2009, 189, 192. So auch die VK Bund in einem aktuellen Beschluss vom 06. Juli 2011, Az.: VK 3 – 80/11, S. 16. Die VK Bund verweist dabei ausdrücklich auf den Konflikt des Merkmals der Exklusivität mit dem Gemeinschaftsrecht und der im Vergaberecht geltenden funktionalen Betrachtungsweise.
770 Entspricht § 3a Nr. 4 VOL/A 2006.
771 So auch die VK Bund, Beschluss vom 06. Juli 2011, Az.: VK 3 – 80/11, S. 15 unter Verweis auf LSG Nordrhein-Westfalen, Beschluss vom 03. September 2009, Az.: L 21 KR 51/09 SFB; VK Bund, Beschluss vom 12. November 2009, Az.: VK 3 – 193/09 (letztere Entscheidung ist zu Hilfsmitteln nach § 127 Abs. 2 SGB V ergangen).

Vergaberechts letztlich davon abhängig machen, ob ein Vertrag wirtschaftlich ist oder nicht.

Auch die Kalkulationsgrundlage verändert sich für den pharmazeutischen Unternehmer wegen einer vertraglich/faktisch exklusiven Versorgungsstellung nicht. Die Grundlage ist immer die gleiche.

Auch gerät das Merkmal einer vertraglichen/faktischen Exklusivität in Konflikt mit dem effet-util-Grundsatz. Der Europäische Gerichtshof (EuGH) betont in ständiger Rechtsprechung, dass das Vergaberecht und seine Begriffe im Sinne einer effektiven Anwendung funktional und damit extensiv zu interpretieren sind.[772] Damit steht es in Widerspruch, wenn man den Anwendungsbereich des öffentlichen Auftragsbegriffs nach § 99 GWB durch ungeschriebene konstitutive Merkmale eingrenzt.

Die vertragliche Vereinbarung einer exklusiven Versorgungsstellung könnte im Übrigen auch wegen eines Verstoßes gegen das Missbrauchsverbot des § 19 GWB kartellrechtswidrig sein, dies insbesondere bei mehrjährigen Laufzeiten und der Erstreckung auf mehrere Pharmaunternehmen.[773]

Die Forderung nach einer in den Rabattvertrag aufzunehmenden konstitutiven Exklusivitätsklausel ist daher im Ergebnis abzulehnen.

(3) Faktische Exklusivität

Teilweise wird aber zumindest eine faktische Exklusivität für den Unternehmer verlangt. Für den Auftragnehmer müsse der Rabattvertrag zumindest zu einem faktischen Wettbewerbsvorteil führen. Nur wenn der Vertrag dies gewährleiste, sei das Vergaberecht anwendbar.[774]

Bei einem solchen Verständnis löst man den Begriff der exklusiven Versorgungsstellung aus seiner Eigenständigkeit und bringt ihn in Verbindung mit der Nachfrage- bzw. Abgabesteuerung. Die Forderung nach Exklusivität ist damit nur ein weiteres Merkmal der Lenkungs- und Steuerungswirkung. Ein solches selbständiges Merkmal ist indes vergaberechtlich nicht als konstitutives selb-

---

772 Vgl. zur funktionalen Betrachtungsweise im Kartellvergaberecht ausführlich *Dreher*, in: Immenga/Mestmäcker, Wettbewerbsrecht: GWB, 4. Auflage 2008, vor §§ 97 Rn. 95 ff.

773 *Lietz/Natz*, A&R 2009, 3, 6, 8.

774 LSG Nordrhein-Westfalen, Beschluss vom 10. September 2009, Az.: L 21 KR 53/09 und 54/09 SFB; VK Bund, Beschluss vom 22. Mai 2009, Az.: VK 1 77/09. Einen Überblick zu dieser Frage geben auch *Gabriel/Weiner*, NZS 2009, 422 ff.; *Byok/Csaki*, NZS 2008, 402 ff.; *Kamann/Gey*, PharmR 2009, 114 ff.

ständiges Merkmal anzuerkennen. Zur Begründung kann insofern auf die obigen Ausführungen verwiesen werden.[775]

(4) Ergebnis

Im Ergebnis ist das Merkmal einer exklusiven Versorgungsstellung nicht als ungeschriebenes konstitutives Tatbestandsmerkmal anzuerkennen. Es handelt sich um eine (bloße) Rechtsmäßigkeitsvoraussetzung und nicht um ein Tatbestandsmerkmal. Damit spielt es für die Einordnung eines Rahmenvertrages als öffentlichem Auftrag keine Rolle, ob der jeweilige Rabattvertrag vertraglich oder faktisch eine exklusive Stellung gewährleistet. Der öffentliche Aufraggeber muss nur beachten und sicherstellen, dass er über dieselbe Leistung (z. B. die Lieferung eines bestimmten Wirkstoffs) nicht mehrere Rahmenvereinbarungen abschließt.

Davon stets zu trennen ist die Frage, ob ein Rabattvertrag wirtschaftlich so ausgestaltet werden kann, dass die Nachfrage effektiv auf das Rabattpräparat umgesteuert werden kann. Dies ist aber eine Frage der Wirtschaftlichkeit des Rabattvertrages. Sie darf nicht mit den Anwendungsvoraussetzungen des Vergaberechts verwechselt werden.

c)   Zusammenfassung

Auch Rabattverträge über patentgeschützte Medikamente sind öffentliche Aufträge.[776] Die diskutierte Lenkungs- und Steuerungswirkung beschreibt letztlich nur ein Anreizsystem – sie ist jedoch nicht konstitutiv für die Annahme eines öffentlichen Auftrages; sie hat nur Bedeutung für dessen Wirtschaftlichkeit. Gleiches gilt für die Forderung nach einer exklusiven Versorgungsstellung.

Arzneimittelrabattverträge sind damit immer öffentliche Aufträge. Die gesetzlichen Krankenkassen müssen daher den Abschluss von Arzneimittelrabattverträgen bei Überschreiten der Schwellenwerte immer nach Maßgabe des Vergaberechts europaweit ausschreiben.[777] Wenn und soweit man dennoch die

---

775 Vgl. dazu die Ausführungen auf Seite 86 ff.
776 So auch, jedoch ohne weitere inhaltliche Auseinandersetzung mit den im vorherigen Abschnitt aufgeworfenen Problemen, *Wille*, A&R 2008, 164.
777 So auch das OLG Düsseldorf in seinen Entscheidungen zu Rabattverträgen über patentgeschützte Medikamente vom 20. Oktober 2008, Az.: VII-Verg 46/08 und 22. Oktober 2008, Az.: I-27 U 2/08. Das Gericht geht in beiden Entscheidungen jeweils ohne weitere Diskussion und Würdigung der konkreten Ausgestaltung des Rabattvertrages von der

Auffassung vertritt, dass die Lenkungs- und Steuerungswirkung Tatbestandsmerkmal des öffentlichen Auftrages ist, muss in jedem Einzelfall geprüft werden, ob gesetzliche und/oder vertragliche Instrumente existieren, welche die Abrufentscheidung im Einzelfall auf das rabattierte Produkt umlenken. Letztlich sind dann schon hier Fragen nach effektiven Anreizinstrumenten zu thematisieren.[778]

4. Besondere Vertragsformen

Ob auch Rabattverträge über patentgeschützte Medikamente, die sich der besonderen vertraglichen Ausgestaltungsformen[779] bedienen, dem Vergaberecht unterliegen, lässt sich nicht pauschal beantworten. Dies ist vielmehr eine Frage des Einzelfalls.

a) Mehrwertverträge

Mehrwertverträge[780] setzen sich aus der Lieferung des Medikaments gegen Entgelt und einer weiteren Leistung zusammen.[781] Diese weitere Leistung ist in aller Regel eine Dienstleistung (z. B. eine Patientenberatung, Ernährungsschulung, etc.). Dieser Umstand ist für die Anwendbarkeit des Vergaberechts aus zwei Gründen von Bedeutung: Erstens gelten für Verträge über nachrangige Dienstleistungen nicht alle Vorschriften des Vergaberechts. Zweitens sind Dienstleis-

---

grundsätzlichen Anwendbarkeit des Vergaberechts auf den Abschluss von Arzneimittelrabattvereinbarungen aus. Es konzentriert seine Ausführungen allein auf die Frage, ob und unter welchen Voraussetzungen vom Vorrang des offenen Verfahrens abgewichen werden darf. Etwas zurückhaltender sind hier die 2. und 3. VK Bund in ihren Entscheidungen vom 15. August 2008, Az.: VK 3 – 107/08 und vom 22. August 2008, Az.: VK 2 – 73/08.

778 Zu den verschiedenen Lenkungsinstrumenten und ihrer Bedeutung vgl. die Ausführungen auf Seite 86 ff.

779 Angesprochen sind hier die besonderen vertraglichen Erscheinungsformen wie Mehrwertverträge, Kapitationsverträge sowie Risk- und Cost-Sharing Modelle. Zur Begriffsbestimmung vgl. die Ausführungen auf Seite 45 ff.

780 Vgl. hierzu die Ausführungen auf Seite 50 ff.

781 Hierzu, allerdings ohne die hier vorgenommene Differenzierung unter aa) und bb), *Schickert*, PharmR 2009, 164, 172 sowie *Wille*, A&R 2009, 164 f.

tungskonzessionen aus dem Anwendungsbereich des Vergaberechts ausgenommen.[782]

aa) Vor- und Nachrangige Dienstleistungen

§ 1 Absatz 3 EG-VOL/A[783] bestimmt i. V. m. § 4 Absatz 4 VgV und Anhang I B, dass bestimmte Dienstleistungsaufträge (hier: Dienstleistungen im Gesundheits- und Sozialwesen) nur den nationalen Vorschriften zur Vergabe von Aufträgen unterliegen. Es müssen lediglich die Vorschriften zur Leistungsbeschreibung bzw. technischen Spezifikationen beachtet werden. Außerdem muss nur die erfolgte Vergabe des Auftrages nachträglich europaweit bekannt gemacht werden. Im Übrigen gilt nur nationales Vergaberecht.

Es sei allerdings darauf hingewiesen, dass der Europäische Gerichtshof (EuGH) in einer aktuellen Entscheidung[784] seine strengen Anforderungen an die Vergabe öffentlicher Aufträge auch außerhalb des vollen Anwendungsbereichs der RL 2004/18/EG bestätigt hat. Er betont ausdrücklich, dass sich aus den allgemeinen Grundsätzen des Vertrags über die Arbeitsweise der EU (AEUV) konkrete Transparenz- und Gleichbehandlungspflichten ableiten lassen.[785] Letztlich nähert der Europäische Gerichtshof (EuGH) damit vorrangige und nachrangige Dienstleistungen einander immer weiter an.

Jeder öffentliche Auftraggeber sollte daher bei nachrangigen Dienstleistungen gewissenhaft prüfen, ob die EG-Paragrafen der VOL/A (früher: 2. Abschnitt der VOL/A 2006) anzuwenden sind und die Prüfung im Vergabevermerk zu dokumentieren.

---

782 *Dreher*, in: Immenga/Mestmäcker, Wettbewerbsrecht: GWB, 4. Auflage 2007, § 98 Rn. 220 f.; *Bungenberg*, in: Loewenheim/Meessen/Riesenkampff, Kartellrecht, 2. Auflage 2009, § 99 Rn. 56 ff. m.w.N.
783 Entspricht § 1a Nr. 1 Absatz 2 VOL/A 2006.
784 EuGH, Urteil vom 18. Oktober 2010, Rs. C-226/09 (Kommission/Irland).
785 Der EuGH hat gestützt hierauf in seiner Teleaustria-Entscheidung (EuGH, Entscheidung vom 07. Dezember 2000), die er in der Folge immer wieder bestätigt hat, herausgearbeitet, dass der Öffentliche Auftraggeber auch außerhalb der Vergaberichtlinien stets den Gleichbehandlungs- und den Transparenzgrundsatz beachten muss. Er muss daher, je nach Umfang des Auftrags, trotzdem eine europaweite Bekanntmachung vornehmen, klare Auswahlkriterien veröffentlichen und umfassend informieren. Die Europäische Kommission hat in zwei interpretierenden Mitteilungen aus den Jahren 2000 (2000/C 121/2) und 2006 (2006/C 179/02) die Vorgaben des EuGH noch einmal zusammengefasst.

bb) Dienstleistungskonzessionen

Je nach Vertragskonstellation muss zudem geprüft werden, ob eine vergabefreie Dienstleistungskonzession[786] vorliegt. Da es sich i. d. R. um gemischte Verträge handeln wird, kommt es nach § 1 Absatz 3 EG-VOL/A[787] entscheidend auf den Wert des Liefer- bzw. des Dienstleistungsbestandteils an. Überwiegt der Dienstleistungsanteil, so sollte zunächst untersucht werden, ob der Vertrag so strukturiert ist, dass es sich um eine Dienstleistungskonzession handelt und damit das Vergaberecht schon gar nicht anwendbar ist.

Liegt keine Konzession vor, muss der Vertragsabschluss (bei Überschreiten der Schwellenwerte[788]) ausgeschrieben werden, allerdings nur nach Maßgabe des nationalen Vergaberechts. Dabei sind allerdings die oben genannten Vorgaben des Europäischen Gerichtshofs (EuGH) zu berücksichtigen. Ergibt die Prüfung hingegen ein Überwiegen des Lieferanteils, so ist der Vertragsabschluss europaweit auszuschreiben.

b) Risk-/Cost-Sharing-Modelle

Bei Risk-/Cost-Sharing-Modellen[789] kann im Einzelfall fraglich sein, ob es sich hierbei tatsächlich um Rabattverträge i. S. d. § 130a SGB V handelt.[790]

Diese Frage stellt sich dann, wenn das Risk-/Cost-Sharing Modell nicht zusätzlicher Bestandteil eines herkömmlichen Rabattvertrags, sondern alleiniger Vertragsinhalt ist. Grund dafür ist, dass Risk-/Cost-Sharing-Verträge die Rabattgewährung vom Eintritt einer aufschiebenden Bedingung abhängig machen. Sollte diese nicht eintreten, fällt auch kein Rabatt zugunsten der Krankenkassen an. Ob daher tatsächlich ein Rabatt an die jeweilige Krankenkasse fließt, ist un-

---

786 *Eschenbruch*, in: Kulartz/Kus/Portz (Hrsg.), Kommentar zum GWB-Vergabercht, 2. Auflage 2009, § 99 Rn. 219 ff.; *Dreher*, in: Immenga/Mestmäcker, Wettbewerbsrecht: GWB, 4. Auflage 2007, § 98   Rn. 220   ff.;   *Bungenberg*,   in: Loewenheim/Meessen/Riesenkampff, Kartellrecht, 2. Auflage 2009, § 99 Rn. Rn 56 ff. Zur Abgrenzung von öffentlichem Auftrag und Konzession vgl. die Ausführungen auf Seite 72 ff.

787 Entspricht § 1a Nr. 1 Absatz 2 VOL/A 2006.

788 Die EU-Kommission hat mit Verordnung 1177/2009 vom 30. November 2009 neue Schwellenwerte für die Vergabe öffentlicher Aufträge mit Wirkung zum 1. Januar 2010 neu festgelegt. Für Dienstleistungs- und Lieferaufträge gilt damit eine Grenze von 193.000 Euro.

789 Vgl. hierzu die Ausführungen auf Seite 50 ff.

790 Hierzu auch: *Schickert*, PharmR 2009, 164, 173.

gewiss. Allerdings dürfte bereits in der vertraglich eröffneten Chance auf einen Rabatt ein vermögenswerter Vorteil der Krankenkassen liegen.

c) Kombinations- und Kapitationsverträge

Für Kombinations- und Kapitationsverträge[791] gelten keine Besonderheiten. Es handelt sich um öffentliche Aufträge i. S. v. § 99 GWB. Eine europaweite Ausschreibung unter Berücksichtigung der Vorgaben des Vergaberechts ist erforderlich.[792]

II. Ausgestaltung des Vergabeverfahrens (»Wie«)

Nachdem nun feststeht, dass auch auf die Ausschreibung von Rabattverträgen über patentgeschützte Originale das Vergaberecht Anwendung findet, ist im Folgenden der Frage nachzugehen welche Vorgaben für die inhaltliche Ausgestaltung einer solchen Ausschreibung gelten.

1. Bedarfsanalyse

In einem ersten Schritt muss die beschaffende Krankenkasse sich Gewissheit über ihren tatsächlichen Bedarf und damit auch das Ziel des geplanten Rabattvertrages verschaffen, wobei folgende Gesichtspunkte von zentraler Bedeutung sind:[793]

- Steht die Beschaffung zu einem möglichst geringen Preis im Mittelpunkt? Welches Gewicht haben andere Motive?
- Soll der Bedarf für die Behandlung einer Indikation abgedeckt oder ein bestimmter Wirkstoff bzw. ein bestimmtes Medikament mit besonderen Eigenschaften beschafft werden?
- Sind Mehrwerte von Interesse oder sollen bestimmte Risiken beim Einsatz innovativer Präparate abgewälzt werden?

791 Vgl. hierzu die Ausführungen auf Seite 50 ff.
792 Weitergehend hierzu: *Schickert*, PharmR 2009, 164, 173.
793 Theoretisch sind daneben noch viele weitere Faktoren denkbar, die für die Beschaffungsentscheidung von Bedeutung sein können. Im Rahmen dieser Arbeit lässt sich hier aber nicht jeder Aspekt aufgreifen. Die Darstellung beschränkt sich daher auf die aus Sicht des Autors tatsächlich und rechtlich wichtigsten Fragen.

• Welche Patente/Ausschließlichkeitsrechte sind im Rahmen der Beschaffung von Bedeutung?

Auf Basis dieser Ziele muss der relevante Produktmarkt europaweit untersucht werden.

2. Bestimmung und Beschreibung des Beschaffungsbedarfs

Ist das Ziel der geplanten Beschaffung (also der Bedarf) bestimmt, muss in einem zweiten Schritt geklärt werden welche rechtlichen Vorgaben und Grenzen die ausschreibenden Krankenkassen bei der Bestimmung bzw. Ausgestaltung des Beschaffungsbedarfs in der konkreten Ausschreibung zu beachten haben.

a) Allgemeine Regeln

Grundsätzlich verfügt der öffentliche Auftraggeber hier über einen weit reichenden Ausgestaltungsspielraum.[794] Er weiß schließlich selbst am besten, was er beschaffen möchte/muss und in welchem Umfang.[795]

Dies darf indes nicht missverstanden und zu extensiv interpretiert werden. Der öffentliche Auftraggeber ist in seiner Entscheidung nicht vollkommen frei, für ihn gilt zwar das Privatrecht, nicht aber die Privatautonomie.[796] Die Ausgestaltung des Beschaffungsbedarfs muss sich stets an den allgemeinen vergaberechtlichen Grundsätzen des § 97 GWB und den Vorgaben der Verdingungsordnungen orientieren.[797]

---

794 Das Vergaberecht legt dem Auftraggeber keine Beschränkung dahingehend auf, was beschafft werden darf. Es enthält »lediglich« die Verfahrensregeln für die Beschaffung, gibt dieser eine Struktur und etabliert ein Rechtsschutzsystem. Für die Bestimmung und Ausgestaltung des Beschaffungsbedarfs gelten die allgemeinen vergaberechtlichen Grundsätze des § 97 GWB. Vgl. hierzu: *Wiedemann*, in: Kulartz/Marx/Portz/Prieß (Hrsg.), Kommentar zur VOL/A, 2. Auflage 2011, § 19 EG Rn. 283 sowie § 2 Rn. 27 f.

795 VK Bund, Beschluss vom 5. März 2008, Az.: VK 3 – 32/08; OLG Schleswig, Beschluss vom 19. Januar 2007, Az.: 1 Verg 14/06; OLG Jena, Beschluss vom 6. Juni 2007, Az.: 9 Verg 3/07; OLG Düsseldorf, Beschluss vom 26. Juli 2006, Az.: VII-Verg 19/06; *Nolte*, in: Kasseler Kommentar, Sozialversicherungsrecht, SGB V, 67. Ergänzungslieferung 2010, § 127 Rn. 11.

796 BGH, Urteil vom 5. April 1984, Az.: III ZR 12/83.

797 Die Rechtsnatur der Vergabegrundsätze liegt nicht lediglich in der Statuierung von Vergabezielen. Die Grundsätze des § 97 GWB sind vielmehr materielle Vergaberechtsgrundsätze. Sie enthalten daher rechtlich bindende Anforderungen für das Vergabeverfahren an sich und für die Verhaltensweisen der an diesem Beteiligten. Hierzu: *Hailbron-*

Aus vergaberechtlicher Perspektive muss der öffentliche Auftraggeber den Beschaffungsbedarf daher extensiv bestimmten. Nur so kann sich im Wettbewerb[798] (§ 97 Absatz 1 GWB) das wirtschaftlichste Angebot durchsetzen. Besonderheiten innerhalb des Beschaffungsbedarfs können über (Fach-)Lose abgebildet und berücksichtigt werden[799]. Will der Auftraggeber hingegen den Beschaffungsbedarf enger bestimmen, muss sich dies sachlich über die zu vergebende Leistung begründen lassen und ist dies nur unter den strengen Voraussetzungen der § 8 EG-VOL/A[800] zulässig. So darf der öffentliche Auftraggeber den Beschaffungsbedarf insbesondere nicht ohne sachlichen Grund so eng ausgestalten, dass nur wenige oder gar nur ein Unternehmen als Auftragnehmer in Betracht kommen/kommt. Es darf auch nicht auf einen Patent zur Beschreibung des Beschaffungsbedarfs hingewiesen werden. Dies ist nach § 8 Absatz 7 EG VOL/A[801] nur dann möglich, wenn dies durch den Auftragsgegenstand gerechtfertigt ist, was im Einzelfall sehr exakt zu prüfen und im Vergabevermerk zu dokumentieren sein wird.[802] Auch ist der öffentliche Auftraggeber nach § 8 Absatz 1 EG-VOL/A[803] verpflichtet den Beschaffungsbedarf so auszugestalten, dass die abgegebenen Angebote miteinander verglichen werden können.[804]

Bei der Ausschreibung von Arzneimittelrabattverträgen ist darüber hinaus aus sozialrechtlicher Perspektive zusätzlich zu berücksichtigen, dass es nicht um die Beschaffung irgendeines Gegenstandes geht. Vielmehr berührt die Ausschreibung von Rabattverträgen den Versorgungsauftrag der gesetzlichen Krankenver-

ner, in: Byok/Jaeger (Hrsg.), Kommentar zum Vergaberecht, 3. Auflage 2011, § 97 Rn. 7 f.

798 Zum Wettbewerbsgrundsatz als einer der tragenden Säulen des Vergaberechts vgl.: *Brauer*, in: Kulatz/Kus/Portz, Kommentar zum GWB Vergaberecht, 2. Auflage 2009, § 97 Rn. 4 ff.; *Hailbronner*, in: Byok/Jaeger (Hrsg.), Kommentar zum Vergaberecht, 3. Auflage 2011, § 97 Rn. 12 ff.; *Bungenberg*, in: Loewenheim/Meessen/Riesenkampff, Kartellrecht, 2. Auflage 2009, § 97 Rn. 6 ff.

799 Zur Losvergabe allgemein: *Vavra/Kus*, in: Kulartz/Marx/Portz/Preiß (Hrsg.), Kommentar zur VOL/A, 2. Auflage 2010, § 2 EG Rn. 21 ff.; *Roth*, in: Müller/Wrede (Hrsg.), VOL/A Kommentar, 3. Auflage 2010, § 2 EG Rn. 77 ff.

800 Entspricht §§ 8, 8a VOL/A 2006.

801 Entspricht § 8a Nr. 5 VOL/A 2006.

802 Dazu: OLG Düsseldorf, Beschluss vom 22. Oktober 2008, Az.: I-27 U 2/08, *Prieß*, in: Kulatz/Marx/Portz/Prieß (Hrsg.), Kommentar zur VOL/A, 2. Auflage 2011, § 8 EG Rn. 101 ff.

803 Entspricht § 8 Nr. 1 Absatz 1 VOL/A 2006.

804 *Prieß*, in: Kularzt/Marx/Portz/Prieß (Hrsg.), Kommentar zur VOL/A, 2. Auflage 2011, § 8 EG Rn. 18; *Traupel*, in: Müller-Wrede (Hrsg.), VOL/A Kommentar, 3. Auflage 2010, § 8 EG Rn. 12 ff. Vgl. hierzu auch *Gabriel/Weiner*, NZS 2009, 422, 425 nach deren Ansicht auch chemisch-synthetische bzw. biologisch/biotechnologisch hergestellte Originalarzneimittel nicht miteinander verglichen werden können.

sicherungen. Gemäß § 69 Absatz 2 Satz 3 SGB V (i. d. F. des GKV-OrgWG[805])
war dieser bei der Anwendung des Kartellvergaberechts auf die einzelvertragli-
che Leistungsbeschaffung besonders zu berücksichtigen. Der Gesetzgeber begründete die Regelung mit dem seiner Ansicht nach ganz wesentlichen Unterschied zwischen Einzelverträgen im Bereich der sozialversicherungsrechtlichen
Beschaffung und (sonstigen) fiskalischen Hilfsgeschäften.[806] Der Versorgungsauftrag der Krankenkassen besteht dabei nach § 70 Absatz 1 Satz 1 SGB V darin, eine bedarfsgerechte und gleichmäßige, dem allgemein anerkannten Stand
der medizinischen Erkenntnisse entsprechende Versorgung der Versicherten zu
gewährleisten, die nach § 12 Absatz 1 Satz 1 SGB V, § 70 Absatz 1 Satz 2
SGB V ausreichend und zweckmäßig sein muss, das Maß des Notwendigen nicht
überschreiten darf und in der fachlich gebotenen Qualität sowie wirtschaftlich[807]
erbracht werden muss.[808] Die Krankenkasse hat damit bei der Versorgung ihrer
Versicherten ausschließlich versorgungsrelevante Themengestaltungen zu beachten, in der Regel also die therapeutische Wirkung sowie den Preis eines Arzneimittels. Mit dem Gesetz zur Neuordnung des Arzneimittelmarktes in der gesetzlichen Krankenversicherung (AMNOG)[809] ist § 69 Absatz 2 Satz 3 SGB V gestrichen werden. Die Regelung sei entbehrlich, so die Gesetzesbegründung.[810]
Die Krankenkassen und die Nachprüfungsinstanzen seien stets zu einer umfassenden Würdigung des Sachverhaltes verpflichtet, was auch den Versorgungsauftrag der gesetzlichen Krankenkassen einschließe.

In der Praxis wirkt sich die Streichung des Hinweises auf den Versorgungsauftrag also im Ergebnis nicht aus. Die beschaffenden Krankenkassen müssen
ihren Versorgungsauftrag daher auch in Zukunft bei der Bestim-
mung/Ausgestaltung des Beschaffungsbedarfs berücksichtigen.

Diese objektive Verpflichtung des öffentlichen Auftraggebers ist subjektiv-
rechtlich abgesichert. Im Wege eines vergaberechtlichen Nachprüfungsverfah-

---

805 Gesetz zur Weiterentwicklung der Organisationsstrukturen in der gesetzlichen Krankenversicherung (GKV-OrgWG) vom 15. Dezember 2008, BGBl. I, S. 2426.

806 BT-Drs. 16/10609, S. 53.

807 Das Sozialrecht ist genauso wie das Vergaberecht dem Grundsatz einer wirtschaftlichen
Beschaffung verpflichtet. Insofern ergänzen sich hier beide Rechtsgebiete gegenseitig.

808 *Scholz, in:* Becker/Kingreen, SGB V, 2. Auflage 2010, § 12 Rn. 1 ff; *Höfler,* in: Kasseler
Kommentar, Sozialversicherungsrecht, SGB V, 70. Ergänzungslieferung 2011, § 12 Rn
2.; *Joussen,* in: Rolfs/Giesen/Kreikebohm/Udsching (Hrsg.), Beck'scher Online-
Kommentar Sozialrecht, Stand: 01.09.2011, Edition: 23, § 12 Rn. 1 ff.

809 Gesetz zur Neuordnung des Arzneimittelmarktes in der gesetzlichen Krankenversicherung (AMNOG) vom 22. Dezember 2010, BGBl. I, S. 2262.

810 BT-Drs. 17/2413, S. 27.

rens kann die Einhaltung dieser Grundsätze kontrolliert werden.[811] Es ist dabei aber weder die Aufgabe noch liegt es in der Kompetenz vergaberechtlicher Nachprüfungsinstanzen zu kontrollieren, ob die Festlegung eines Bedarfs durch den Auftraggeber sinnvoll ist. Insbesondere reicht dieses Kontrollrecht der Bieter nicht so weit, dass sie dem Auftraggeber das aus ihrer Sicht optimale Verfahren oder den optimalen Bedarf diktieren dürfen.[812] Der Anspruch geht nur dahin, dass die Grenzen des Ausgestaltungsermessens nicht überschritten werden dürfen.[813] Dieses lässt innerhalb einer bestimmten Bandbreite mehrere vertretbare und daher hinzunehmende Entscheidungsergebnisse zu. Vor diesem Hintergrund ist die Vergabekammer lediglich befugt die Einhaltung der Grenzen dieses Beurteilungsspielraums zu überprüfen.[814] Die Nachprüfungsinstanzen dürfen ihre Vorstellungen über die Organisation des Wertungsvorgangs jedoch nicht an die Stelle der Vorstellungen der Vergabestelle setzen.[815]

b) Wirkstoffbezogene Ausgestaltung

In Anlehnung an das Verfahren bei Generika[816] könnten die gesetzlichen Krankenkassen bei der Ausschreibung von Rabattverträgen über patentgeschützte Medikamente die Bestimmung des Beschaffungsbedarfs allein am Wirkstoff bzw. einer Wirkstoffkombination orientieren.

Im Gegensatz zu der Situation bei Rabattverträgen über Generika ist die wirkstoffbezogene Ausgestaltung des Beschaffungsbedarfs aber bei patentgeschützten Medikamenten nicht unproblematisch. Beschränkt sich nämlich der öffentliche Auftraggeber auf einen bestimmten Wirkstoff, setzt er sich allzu leicht dem

---

811 Hierzu: LG Schleswig, Beschluss vom 19. Januar 2007, Az.: 1 Verg 14/06; OLG Jena, Beschluss vom 6. Juni 2007, Az.: 9 Verg 3/07; OLG Düsseldorf, Beschluss vom 26. Juli 2006, Az.: VII-Verg 19/06; VK Bund, Beschluss vom 5. März 2008, Az.: VK 3 – 32/08.

812 OLG Düsseldorf, Beschluss vom 6. Juli 2005, Az.: VII-Verg 26/05, Beschluss vom 14. April 2005, Az.: VII-Verg 93/04; Vergabekammer des Landes Hessen, Beschluss vom 24. Januar 2011, Az.: 69d VK 43/2010; OLG Düsseldorf, Beschluss vom 17. Februar 2010, VII-Verg 42/09, VK Bund, Beschluss vom 27. Juni 2011, Az.: VK 3 - 68/11.

813 *Byok*, in: Byok/Jaeger (Hrsg.), Kommentar zum Vergaberecht, 3. Auflage 2011, § 114 GWB Rn. 5 m.w.N.; *Maier*, in: Kulartz/Marx/Portz/Prieß (Hrsg.), Kommentar zum GWB-Vergaberecht, 2. Auflage 2009, § 114 Rn. 33 f.

814 *Byok*, in: Byok/Jaeger (Hrsg.), Kommentar zum Vergaberecht, 3. Auflage 2011, § 114 GWB Rn. 5 m.w.N.

815 *Weyand*, ibr-online-Kommentar Vergaberecht, Stand 22. Juli 2010, § 97 GWB, Rn. 92; VK Bund, Beschluss vom 7. September 2005, Az.: VK 3 - 115/05.

816 Vgl. hierzu die Ausführungen auf Seite 81 ff.

Vorwurf aus, nicht produkt- bzw. herstellerneutral[817] auszuschreiben.[818] Außerdem könnte er sich durch die Ausschreibung eines bestimmten Wirkstoffs dann in Konflikt mit dem Vergaberecht begeben, wenn es eine therapeutische Alternative zu dem ausgeschriebenen Wirkstoff gibt.[819] Dann nämlich würde der Auftraggeber bewusst den Wettbewerb und zugleich das offene Verfahren umgehen. Gleichzeitig führt dieses Vorgehen zu einer Ungleichbehandlung[820] alternativer Anbieter, welche die gleiche Indikation in therapeutisch vergleichbarer Weise, jedoch mit einem anderen Wirkstoff, bedienen. Außerdem gerät so eine wirkstoffbezogene Ausschreibung, die (ohne sachliche Rechtfertigung) nur einzelne vergleichbare (patentgeschützte) Wirkstoffe nachfragt, in Konflikt mit § 8 Absatz 7 EG VOL/A[821]. Je nach Einzelfall könnte dieses Verhalten auch zu einer Verletzung des Wirtschaflichkeitsgrundsatzes (gleichermaßen vergabe-[822] und sozialrechtlich[823]) führen, wenn der Anbieter des Wirkstoffs schlicht teurer ist, oder aber sich wegen der Wettbewerbsumgehung kein Preiswettbewerb entwickeln kann.

Will eine gesetzliche Krankenkasse bei der Beschaffung patentgeschützter Medikamente wirkstoffbezogen vorgehen, müssen also nachvollziehbare sachliche Gründe für eine Beschränkung des Beschaffungsbedarfs auf diesen einen Wirkstoff vorliegen.[824] Der einfache Hinweis auf das Patent genügt nicht.

---

817 Zum Begriff der produktneutralen Ausschreibung: *Prieß*, in: Kulartz/Marx/Portz/Prieß (Hrsg.), 2. Auflage 2011, § 8 EG, Rn. 123; *Prieß*, NZBau 2004, 87, 91.

818 So auch *Gabriel*, NZS 2008, 455, 458; *Gabriel/Weiner*, NZS 2009, 422, 423; OLG Düsseldorf, Beschluss vom 20. Oktober 2008, Az.: VII-Verg 46/08.

819 Im Verfahren (VK Bund, Beschluss vom 15. August 2008, Az.: VK 3 – 107/08) um den de-facto-Rabattvertrag der AOKen zur Rabattierung von Medikamenten zur Behandlung von Anämie (vgl. Seite 86) waren neben dem vertragsgegenständlichen Arzneimittel noch zehn weitere Präparate verfügbar (vgl. S. 17 des Beschlussumdrucks).

820 Zum Gleichbehandlungsgebot: *Hailbronner*, in: Byok/Jaeger (Hrsg.), Kommentar zum Vergaberecht, 3. Auflage 2011, § 97 Rn. 40 ff. m.w.N.

821 Entspricht § 8a Nr. 5 VOL/A 2006.

822 *Bungenberg*, in: Loewenheim/Meessen/Riesenkampff, Kartellrecht, 2. Auflage 2009, § 97 Rn. 1 ff.; *Marx*, in: Motzke/Pietzcker/Prieß, Beck'scher VOB-Kommentar, VOB/A, 2002, § 97 Rn 16 ff.

823 *Scholz, in:* Becker/Kingreen, SGB V, 2. Auflage 2010, § 12 Rn. 1 ff; *Höfler*, in: Kasseler Kommentar, Sozialversicherungsrecht, SGB V, 70. Ergänzungslieferung 2011, § 12 Rn 2.; *Joussen*, in: Rolfs/Giesen/Kreikebohm/Udsching (Hrsg.), Beck'scher Online-Kommentar Sozialrecht, Stand: 01.09.2011, Edition: 23, § 12 Rn. 1 ff.

824 VK Bund, Beschluss vom 22. August 2008, Az.: VK 2 – 73/08; VK Bund, Beschluss vom 15. August 2008, Az.: VK 3 – 107/08; OLG Düsseldorf, Beschluss vom 20. Oktober 2008, Az.: VII Verg 46/08.

c) Einbeziehung von Besonderheiten

Die beschaffende Krankenkasse kann auch besondere therapeutische Eigenschaften[825] oder eine besondere vertragliche Gestaltung in den Beschaffungsbedarf aufnehmen wollen. So mag der konkrete Wirkstoff zwar durch andere Wirkstoffe austauschbar sein, aber dennoch besondere therapeutische Eigenschaften haben, wie etwa einen therapeutischen Vorteil.[826] Oder die Bedingungen des Rabattvertrages sind so spezifisch auf einen Wirkstoff zugeschnitten (z. B. im Wege des Risk[827]- oder Cost-Sharings[828]), dass der Vertrag zwingend nur für diesen Wirkstoff abgeschlossen werden kann.[829] Die Einbeziehung dieser Besonderheiten ist grundsätzlich möglich – allerdings nur unter den soeben (unter b)) beschriebenen einschränkenden Voraussetzungen.

d) Indikationsbezogene Ausgestaltung

Die Krankenkassen können sich aber auch gegen eine wirkstoffbezogene Ausschreibung und für die Bestimmung des Beschaffungsgegenstandes auf der Grundlage einer bestimmten Indikation bzw. therapeutischen Wirkung entscheiden.[830]

---

825 Hier sei exemplarisch an verschiedene Formen der Wirkstofffreisetzung gedacht. So ermöglichen besondere Retardierungsformen eine sehr kontrollierte Wirkstofffreisetzung. Dies kann für die Behandlung verschiedener Erkrankungen von Bedeutung sein, um den Behandlungserfolg und/oder die Patientencompliance zu verbessern.

826 Hierzu: OLG Düsseldorf, Beschluss vom 20. Oktober 2008, Az. VII-Verg 46/08; *Gabriel/Weiner*, NZS 2009, 422, 423.

827 Zur Begriffsbestimmung des Risk-Sharing-Modells: *Ecker/Preuß*, in: Ecker/Preuß/Raski (Hrsg.), Handbuch Direktverträge, S. 49 ff. Vgl. hierzu auch die Ausführungen auf Seite 45 ff.

828 Zur Begriffsbestimung des Cost-Sharing-Modells: *Ecker/Preuß*, in: Ecker/Preuß/Raski (Hrsg.), Handbuch Direktverträge, S. 43 ff.; *Reese/Stallberg*, Dieners/Reese, Handbuch des Pharmarechts, 2010, § 17   Rn   317   ff.;   *Fuhrmann/Klein/Fleischfresser,* in: Fuhrmann/Klein/Fleischfresser (Hrsg.), Arzneimittelrecht, Handbuch für die pharmazeutische Rechtspraxis, 2010, § 46 Rn. 142. Vgl. hierzu auch die Ausführungen auf Seite 45 ff.

829 So auch *Schickert*, PharmR 2009, 164, 172.

830 So hatte sich die Techniker Krankenkasse bei der Ausschreibung zur Beschaffung von TNF-Alpha-Blockern (VK Bund, Beschluss vom 22. August 2008, Az.: VK 2 – 73/08) entschieden. Vgl. die Ausführungen oben auf Seite 86. Im Gegensatz zu der im Bereich der Generika üblichen wirkstoffbezogenen Ausschreibung hatte die IKK gesund plus in ihrer Ausschreibung vom 27. November 2007 den Beschaffungsbedarf in sieben indikationsbezogene Lose aufgeteilt.

Für die indikationsbezogene Ausschreibung spricht schon, dass sich bereits der Versorgungsauftrag der Krankenkassen auf die Behandlung von Krankheiten, also auf bestimmte Indikationen (vgl. §§ 11, 27 SGB V) bezieht.[831] Hinzu kommt, dass die Krankenkassen durch diese Gestaltung ein vergleichsweise großes Marktsegment erfassen, viele Bieter um Marktanteile konkurrieren und sich ein Wettbewerb gut entwickeln kann. Außerdem können die beschaffenden Krankenkassen durch diese Gestaltung Vorwürfen der Ungleichbehandlung entgehen. Nicht zuletzt kommt diese Art der Ausschreibungsgestaltung den Interessen der Versicherten sowie der Therapiefreiheit der Ärzte entgegen und erscheint auch insofern sachlich gerechtfertigt. Ein breites Angebot ermöglicht es dem Arzt das optimale und zugleich kostengünstige Medikament auszuwählen. Dies gewährleitstet einen guten Therapieerfolg und sollte sich auch positiv auf die Patientencompliance auswirken.

Auch bei der indikationsbezogenen Beschaffung gilt es den Beschaffungsbedarf so auszugestalten bzw. zu beschreiben, dass die einzelnen Angebote nach § 8 Absatz 1 EG-VOL/A[832] miteinander verglichen werden können. Hierzu ist es erforderlich, innerhalb der Indikation die verschiedenen für die Krankenkasse relevanten Besonderheiten zu erfassen und in der Ausschreibung abzubilden, wobei sich beispielhaft folgende Aufteilungskriterien nennen lassen:

- Zulassung für Behandlung verschiedener Altersstufen,
- besondere »Unterindikationen« wie z. B. eine nephrologische oder onkologische Indikation bei Präparaten zur Behandlung von Anämie[833],
- Darreichungsformen.

Die Krankenkassen müssen dabei aber nicht alle denkbaren Konstellationen erfassen. Es genügt, wenn Sie die aus ihrer Perspektive relevante Schnittmenge erfassen.[834] Sie müssen darauf achten, dass das Diskriminierungsverbot und der Transparenzgrundsatz gleichermaßen beachtet werden. Ausschreibungstechnisch lassen sich die verschiedenen Konstellationen über die Bildung verschiedener Lose abbilden.

---

831 *Gabriel*, NZS 2008, 455, 458.
832 Entspricht § 8 Nr. 1 Absatz 1 VOL/A 2006.
833 Hierzu: VK Bund in ihrem Beschluss vom 22. August 2008, Az.: VK 3 – 107/08 zum de-facto-Rabattvertrag der AOK Baden-Württemberg zur Beschaffung von Präparaten zur Behandlung von Anämie.
834 So auch die VK Bund, Beschluss vom 22. August 2008, Az.: VK 3 – 107/08 (Tenor Punkt 2 zur aufgegebenen Neuausschreibung). Aus dem Beschlussumdruck ergibt sich, dass es der AOK Baden-Württemberg mit ihrem (de-facto-)Rabattvertrag, gerichtet auf die Beschaffung von Präparaten zur Behandlung von Anämie, darauf ankam, für eine möglichst breite Versorgung ihrer Versicherten zu schaffen.

Für die Krankenkassen könnte sich zur möglichst breiten/wettbewerblichen Aufstellung ihrer Ausschreibung ein Rückgriff auf die Nutzenbewertungen nach § 35a SGB V (i. d. F. des AMNOG[835]) anbieten. Zur Vorbereitung der Verhandlungen nach § 130b SGB V (i. d. F. des AMNOG[836]) muss der Gemeinsame Bundesausschuss (G-BA) Medikamente dahingehend bewerten, ob sie einen Zusatznutzen gegenüber den herkömmlichen Produkten bieten, was die Vergleichsprodukte sind und ob das jeweilige Präparat in einem Wettbewerb mit ähnlichen Produkten steht.

e) Zusammenfassung von Generika bzw. Originalen

Als problematisch könnte sich jedoch die Vermischung von Originalpräparaten und Generika in einer Ausschreibung erweisen. Die Vergleichbarkeit der Angebote i. S. v. § 8 Absatz 1 EG-VOL/A[837] ist in diesem Fall möglicherweise nicht gewährleistet. Gleiches gilt auch für die Vermengung von patentgeschützten Darreichungsformen und nicht patentgeschützten Darreichungsformen eines Wirkstoffs.

Höchstrichterlich ist dieses Problem noch nicht entschieden. Allerdings wird diese Frage von der Vergabekammer des Bundes in ihrer Entscheidung über den (de-facto-)Rabattvertrag der AOKen zur Beschaffung von Epoetin-Präparaten aufgegriffen.[838] Im Ergebnis hält die Kammer eine gemeinsame Ausschreibung von Generika und patentgeschützten Medikamenten für zulässig.[839]

Dieser Auffassung ist zuzustimmen. Die Leistung muss nach § 8 Absatz 1 EG-VOL/A[840] so eindeutig und erschöpfend beschrieben sein, dass die Angebote miteinander verglichen werden können.[841] Die in den Beschaffungsbedarf aufgenommenen Medikamente müssen daher zumindest als Schnittmenge die gleiche Hauptindikation aufweisen.

Nicht anderes ergibt sich daraus, dass ein Teil der Medikamente patentgeschützt ist. Die VOL/A berücksichtigt das Bestehen von Patentschutz im Rah-

---

835 Gesetz zur Neuordnung des Arzneimittelmarktes in der gesetzlichen Krankenversicherung (AMNOG) vom 22. Dezember 2010, BGBl. I, S. 2262.
836 Gesetz zur Neuordnung des Arzneimittelmarktes in der gesetzlichen Krankenversicherung (AMNOG) vom 22. Dezember 2010, BGBl. I, S. 2262.
837 Entspricht § 8 Nr. 1 Absatz 1 VOL/A 2006.
838 Vgl. hierzu die Ausführungen auf Seite 86 ff.
839 VK Bund, Beschluss vom 15. August 2008, Az.: VK 3 – 107/08.
840 Entspricht § 8 Nr. 1 Absatz 1 VOL/A 2006.
841 *Prieß*, in: Kulartz/Marx/Portz/Prieß (Hrsg.), Kommentar zur VOL/A, 2. Auflage 2011, § 8 EG Rn. 18, *Traupel*, in: Müller-Wrede (Hrsg.), VOL/A Kommentar, 3. Auflage 2010, § 8 EG Rn. 12 ff, 26 ff.

men des § 3 Absatz 4 lit. c) EG-VOL/A[842] bei der Wahl der Verfahrensart. Einen weitergehenden Schutz, insbesondere bei der Ausgestaltung des Beschaffungsbedarfs sieht das Vergaberecht nicht vor. Dies ist auch folgerichtig. Das Patent will die geschützte Entwicklung vor Nachahmung/Nutzbarmachung schützen. Vor Konkurrenz alternativer Technologien oder Angebote schützt das Patentrecht aber gerade nicht.[843] Insofern steht ein patentiertes Produkt genauso im Wettbewerb wie ein nicht über ein Patentrecht geschütztes Produkt.

f) Wie können Patente bzw. Ausschließlichkeitsrechte in die Gestaltung einbezogen werden?

Es stellt sich zudem die Frage nach den rechtlichen Rahmenbedingungen für die Einbeziehung eines Ausschließlichkeitsrechts[844] in den Beschaffungsbedarf. Dürfen die gesetzlichen Krankenkassen jedes Ausschließlichkeits- bzw. Schutzrecht in den Beschaffungsbedarf aufnehmen und sich so möglicherweise auf bestimmte Präparate fokussieren oder gibt es vergabe- und/oder sozialrechtliche Grenzen, die es zu beachten gilt?

Grundsätzlich ist der öffentliche Auftraggeber frei in seiner Entscheidung wie er den Beschaffungsbedarf inhaltlich ausgestaltet[845] und damit auch, ob und welche Ausschließlichkeitsrechte er berücksichtigen möchte.[846] Dies gilt nach Maßgabe der bisherigen Erläuterungen indes nicht unbeschränkt. So muss der öffentliche Auftraggeber stets beachten, dass er den Beschaffungsbedarf im Sinne ei-

---

842 Entspricht § 3a Nr. 2 lit. c) VOL/A 2006.

843 Das Patentrecht ist ein klassisches gewerbliches Schutzrecht. Als Immaterialgüterrecht soll es gewährleisten, dass allein der Patentinhaber berechtigt ist über die wirtschaftliche Verwertung zu disponieren. Vgl. hierzu: *Jesse/Bröcher*, in: Däbritz/Jesse/Bröcher, Patente, 3. Auflage 2008, Rn. 25 ff.

844 Im Fokus der gewerblichen Ausschließlichkeitsrechte steht das Patent. Dieses berechtigt den Inhaber die Erfindung während der Patentlaufzeit von 20 Jahren alleine zu nutzen. Seit 1968 erfasst das Patent auch neue, pharmazeutisch wirksame Stoffe. Hierzu: *Deutsch/Spickhoff*, Medizinrecht, 6. Auflage 2008, Rn. 1043, *Kraßer/Bernhardt*, Lehrbuch des Patentrechts, 6. Auflage 2009, § 6 Rn. 9; *Bacher/Melullis*, in: Benkard, Patentgesetz, 10. Auflage 2006, § 1 Rn. 82.

845 Zu den Determinanten für die Ausgestaltung des Beschaffungsbedarfs vgl. die Ausführungen auf Seite 86 ff.

846 Das Vergaberecht legt dem Auftraggeber keine Beschränkung dahingehend auf, was beschafft werden darf. Es enthält »lediglich« die Verfahrensregeln für die Beschaffung, gibt dieser eine Struktur und stattet sie zudem mit Rechtsdurchsetzungsmacht aus. Für die Bestimmung und Ausgestaltung des Beschaffungsbedarfs gelten die allgemeinen vergaberechtlichen Grundsätze des § 97 GWB. Vgl. hierzu: *Wiedemann*, in: Kulartz/Marx/Portz/Prieß (Hrsg.), Kommentar zur VOL/A, 2. Auflage 2011, § 19 EG Rn. 283 sowie § 2 Rn. 27 f.

nes möglichst wirtschaftlichen Ergebnisses extensiv bestimmt. Jede Einschränkung bzw. Fokussierung des Beschaffungsbedarfs bedarf der sachlichen Rechtfertigung. Außerdem darf die Krankenkasse nur versorgungsrelevante Ausschließlichkeitsrechte berücksichtigen.[847]

Es unterliegt dabei keinem Zweifel, dass das Wirkstoffpatent[848] grundsätzlich in den Beschaffungsbedarf aufgenommen werden darf, erfasst es doch gerade den begehrten und zur Versorgung der Versicherten benötigten innovativen Wirkstoff. Gleiches gilt für die über ein ergänzendes Schutzzertifikat geschützten Arzneimittel sowie für die über ein Alleinvertriebsrecht geschützten orphan drugs[849] (Arzneimittel zur Behandlung seltener Krankheiten).

Auch Darreichungspatente, und hierbei insbesondere die besonderen Technologien zur Wirkstofffreisetzung (z. B. besondere Retardierungsformen wie die OROS-Technologie[850]), mit ihren therapeutischen Vorteilen können als Patent- bzw. Ausschließlichkeitsrecht zum Gegenstand des Beschaffungsbedarfs gemacht werden. Unerheblich sind hingegen Herstellungsverfahrenspatente[851] sowie Verwendungspatente[852]. Wie ein Arzneimittel hergestellt wird ist für die Krankenkasse unerheblich, solange die gleich bleibende Qualität, Wirksamkeit und Sicherheit gewährleistet ist.[853] Soweit der Arzt im Rahmen seiner Therapiefreiheit von der Zulassung eines Arzneimittels auf eine bestimmte Indikation ab-

---

847 Vgl. hierzu die Ausführungen auf Seite 86.

848 Verlängert werden kann der Patentschutz über ein ergänzendes Schutzzertifikat. Dieses soll den in der Praxis verkürzten Zeitraum wirtschaftlicher Nutzung ausgleichen. In der Praxis liegt die Nutzungszeit nur zwischen acht und zehn Jahren. Nach Japan und den USA hat auch die EG mit der Verordnung Nr. 1768/92 vom 18. Juni 1992, EU-ABl. L 182/1. (hierzu: *Hocks*, PharmaR 92, 290 ff.) ein ergänzendes Schutzzertifikat für Arzneimittel geschaffen. Die Laufzeit des Patentes kann dabei für höchstens fünf Jahre verlängert werden. Die Dauer der Marktexklusivität ab der ersten Arzneimittelzulassung ist auf höchstens 15 Jahre beschränkt.

849 Besonders geschützt sind nach Europäischem Recht (Verordnung Nr. 141/2000 vom 16. Dezember 1999, EU-ABl. L 18/1) auch die orphan drugs zur Behandlung seltener Leiden. Von der European Medicines Agency (EMEA) kann auf Antrag ein Alleinvertriebsrecht für einen Zeitraum von 10 Jahren erteilt werden.

850 Hierbei handelt es sich um eine besondere Form der retardierten Wirkstofffreisetzung. Die OROS-Technologie (Osmotic Release Oral System) bezeichnet ein Verfahren bei dem der Arzneistoff in einer langsam erodierenden Matrix eingelagert wird oder in eine besondere Kapsel gefüllt wird, die mittels einer durch Osmose betriebenen Pumpe den Arzneistoff kontrolliert abgibt.

851 Das Herstellungsverfahrenspatent beschreiben die Anweisung, Stoffe und Stoffgemische in einer bestimmten Weise herzustellen. Hierzu: *Bacher/Melullis*, in: Benkard, Patentgesetz, 10. Auflage 2006, § 1 Rn. 34 f.

852 Verwendungspatente bieten Schutz für die Nutzbarmachung weiterer Eigenschaften bereits bekannter Erzeugnisse. *Bacher/Melullis*, in: Benkard, Patentgesetz, 10. Auflage 2006, § 1 Rn. 38a.

853 *Wille*, A&R 2008, 164, 166.

sehen kann ist auch das Verwendungspatent nicht ausschlaggebend für die Krankenkasse.[854] Die Therapiefreiheit des Arztes hat aber zur Folge, dass er im Einzelfall gleichwohl ein Präparat für eine geschützte Indikation einsetzen darf - ihn bindet das Verwendungspatent nicht und damit auch nicht die Krankenkasse, die letztlich Kostenträger ist.

Problematisch ist die Einbeziehung von Analog- bzw. Me-too-Präparaten[855]. Sie enthalten zwar neue Wirkstoffe, diese verfügen im Vergleich zu existierenden Wirkstoffen aber nur über eine leicht veränderte Molekülanordnung. Eine innovative Struktur oder ein neuartiges Wirkprinzip mit therapeutischer Relevanz fehlt in aller Regel. Auch zeigen sie häufig keine Verbesserung pharmakodynamischer oder pharmakokinetischer Eigenschaften im Verhältnis zu bereits bekannter Wirkprinzipien.

Formal wäre die Einbeziehung sicherlich unter Verweis auf § 3 Absatz 4 lit. c) EG-VOL/A[856] vertretbar. Aus Sicht der Krankenkasse können hierfür auch versorgungsrelevante Aspekte sprechen, z. B. wenn das patentgeschützte Arzneimittel einen, wenn auch geringen, Zusatznutzen hat, den die Krankenkasse als wertvoll für ihre Versicherten bewertet. (Stichwort: Premiumkrankenkasse).[857] Materiell betrachtet erscheint ihre Einbeziehung jedoch problematisch. Die Präparate gewähren keinerlei Fortschritt oder therapeutische Verbesserung. Vor ihrer Aufnahme wird jedenfalls eine eingehende Prüfung durchzuführen sein.

Die nach § 10 AMG vorgeschriebene Bezeichnung des Arzneimittels kann als Marke eingetragen werden und schützt damit gegen Missbrauch und Verwechselung. Insbesondere nach Ablauf des Patentschutzes ermöglicht die etablierte Marke eine gewisse Fortwirkung des Schutzes. Im Gegensatz zum Patent kann eine Marke jeweils für weitere 10 Jahre verlängert werden. Der Schutz währt damit (zumindest theoretisch) ewig. Nach ständiger Rechtsprechung findet der Markenname eines Arzneimittels jedoch bei der Ausschreibung von Arzneimittelrabattverträgen keine Berücksichtigung.[858]

---

854 *Wille*, A&R 2008, 164, 166. Zutreffend weist *Wille* dabei darauf hin, dass die Krankenkasse allerdings darauf achten muss, dass das Arzneimittel für die Hauptanwendungsgebiete eine Zulassung besitzen muss, damit sich die Krankenkasse nicht der Gefahr eines Off-Label-Use aussetzt.

855 Der Begriff *Me-too-Präparat* geht auf den die englische Formulierung »Me too - ich auch« zurück. Er beschreibt das Ausnutzen einer Lücke im Patentschutz durch ein konkurrierendes Unternehmen mit dem Ziel in dem jeweiligen Wirkstoffbereich ebenfalls ein Medikament auf den Markt bringen zu können.

856 Entspricht § 3a Nr. 2 lit. c) VOL/A 2006.

857 So auch: *Wille*, A&R 2008, 164, 166.

858 Hierzu etwa: LSG Baden-Württemberg, Beschluss vom 17. Februar 2009, Az.: L 11 WB 381/09.

3. Wahl der richtigen Verfahrensart

Hat die Krankenkasse als öffentliche Auftraggeberin den Beschaffungsbedarf korrekt bestimmt, stellt sich anschließend die Frage nach der richtigen Verfahrensart. Die zulässigen Verfahrensarten für Vergaben oberhalb der Schwellenwerte sind in § 101 GWB normiert. Absatz 1 der Vorschrift zählt im Einklang mit den Vergaberichtlinien vier Verfahrensarten auf:

- offenes Verfahren (§ 101 Absatz 2 GWB),[859]
- nichtoffenes Verfahren (§ 101 Absatz 3 GWB),[860]
- wettbewerblicher Dialog (§ 101 Absatz 4 GWB),[861]
- Verhandlungsverfahren (§ 101 Absatz 5 GWB)[862].

Die Verfahrensarten sind dabei nicht gleichberechtigt. Vielmehr stehen sie in einem hierarchischen Verhältnis zueinander.[863] Das offene Verfahren genießt Vorrang vor dem nichtoffenen Verfahren, während Letzteres wiederum vorrangig gegenüber dem Verhandlungsverfahren anzuwenden ist. Der wettbewerbliche Dialog und das Verhandlungsverfahren sind gleichrangig, so dass der Auftraggeber jedenfalls zwischen diesen beiden Verfahrensarten frei wählen kann.[864]

Ausnahmen von der grundsätzlichen Verpflichtung (§ 101 Absatz 7 GWB i. V. m. § 3 Absatz 1 EG-VOL/A[865]) zur Anwendung des offenen Verfahrens sind in den einschlägigen Verdingungsordnungen (hier der VOL/A) geregelt. Die Beweislast für das Vorliegen der (eng auszulegenden) Voraussetzungen eines Ausnahmetatbestandes liegt beim öffentlichen Auftraggeber.[866] Fehlt eine entsprechende Dokumentation in der Vergabeakte/dem Vergabevermerk, ist ein auf

---

859 Vgl. hierzu die Ausführungen auf Seite 86 ff.
860 Vgl. hierzu die Ausführungen auf Seite 86.
861 Vgl. hierzu die Ausführungen auf Seite 86.
862 Vgl. hierzu die Ausführungen auf Seite 86 ff.
863 *Werner*, in: Byok/Jaeger (Hrsg.), Kommentar zum Vergaberecht, 3. Auflage 2011, § 101 Rn. 1 ff, 135 ff.; *Kulartz*, in: Kulatz/Kus/Portz (Hrsg.) Kommentar zum GWB-Vergaberecht, § 101 Rn. 64 ff; *Dreher*, in: Immenga/Mestmäcker, Wettbewerbsrecht: GWB, 4. Auflage 2007, § 101 Rn. 44 ff.; *Bungenberg*, in: Loewenheim/Meessen/ Riesenkampff, Kartellrecht, 2. Auflage 2009, § 101 Rn. 36.
864 *Dreher*, in: Immenga/Mestmäcker, Wettbewerbsrecht: GWB, 4. Auflage 2007, § 101 GWB Rn. 32; *Knauff*, NZBau 2005, 249, 255.
865 Entspricht § 3a Nr. 1 Absatz 1 VOL/A 2006.
866 EuGH, Urteil vom 3. Mai 1994, Rs. C-328/92 (Kommission/Spanien); Urteil vom 2. Juni 2005, Rs. C-394/02 (Kommission/Griechenland); VK Bund, Beschluss vom 20. Mai 2003, Az.: VK 1 – 35/03.

die (fehlerhafte) Verfahrenswahl gestütztes Nachprüfungsverfahren in der Regel schon wegen dieses Fehlers begründet.[867]

a) Vergabe im offenen Verfahren

Die grundsätzliche Verpflichtung des öffentlichen Auftraggebers das offene Verfahren anzuwenden (§ 101 Absatz 7 GWB i. V. m. § 3 Absatz 1 EG-VOL/A[868]) und die weitere Hierarchie der Verfahrensarten sollen einen Ausgleich in dem Spannungsverhältnis zwischen Wettbewerb, Transparenz und Diskriminierungsfreiheit sowie dem Wunsch nach möglichst umfassender Flexibilität bei der wirtschaftlichen Leistungsbeschaffung ermöglichen.[869]

Das offene Verfahren verwirklicht die in § 97 GWB normierten Grundsätze von Wettbewerb, Transparenz und Gleichbehandlung am besten,[870] führt es doch zum intensivsten Wettbewerb um den Auftrag.[871] Dies insbesondere deshalb, weil die Unternehmen (jedenfalls dem Grunde nach[872]) in Unsicherheit[873] über ihre jeweilige Konkurrenz und deren Angebote handeln.

In der Praxis wählen öffentliche Auftraggeber diese Verfahrensart allerdings ungern, ist sie doch aufwändig, arbeitsintensiv und unflexibel.[874] So kann der Auftraggeber, insbesondere auf Angebote, nicht mit Verhandlungen reagieren. Das offene Verfahren erfordert zudem die Erstellung umfangreicher Verdingungsunterlagen. Es müssen strenge formelle Anforderungen eingehalten werden und nicht zuletzt muss eine oft sehr komplexe Eignungs- und Zuschlagsprüfung durchgeführt werden. Um Sinn und Zweck des offenen Verfahrens nach einem möglichst breiten Markt und damit einem intensiven Wettbewerb gerecht zu werden, ist die indikationsbezogene Ausgestaltung des Beschaffungsbedarfs vor-

867 *Korthals*, in: in: Kulartz/Marx/Portz/Prieß (Hrsg.), Kommentar zur VOL/A, 2007, § 3 Rn. 32; OLG Naumburg Beschluss vom 10. November 2003, Az.: 1 Verg 14/03.
868 Entspricht § 3a Nr. 1 Absatz 1 VOL/A 2006.
869 *Werner*, in: Byok/Jaeger, Kommentar zum Vergaberecht, 3. Auflage 2011, § 101 Rn. 135; *Boesen*, Vergaberecht, § 101 Rn. 52.
870 So die Regierungsbegründung zum Vergaberechtsänderungsgesetz, BT-Drs. 13/9340, S. 15; *Werner*, in: Byok/Jaeger, Kommentar zum Vergaberecht, 3. Auflage 2011, § 101, Rn. 135 ff.; *Jestaedt*, in: Jestaedt/Kemper/Marks/Prieß, Das Recht der Auftragsvergabe, S. 93.
871 *Bungenberg,* in: Loewenheim/Meessen/Riesenkampff, Kartellrecht, 2. Auflage 2009, § 101 Rn. 13
872 Vorbehaltlich strafrechtlich sanktionierter Absprachen (§§ 263, 298 StGB).
873 Die Angebote bleiben nach Maßgabe des § 22 Nr. 1 VOL/A 2006 (entspricht § 17 Absatz 1 EG-VOL/A) bis zum Eröffnungstermin geheim.
874 *Hausmann*, in: in: Kulartz/Marx/Portz/Prieß (Hrsg.), Kommentar zur VOL/A, 2007, § 3a Rn. 13.

zugswürdig. Über die Indikation als *Schnittmenge* können die verschiedenen Präparate in einen Wettbewerb gebracht bzw. gezwungen werden.[875]

Eine wirkstoffbezogene Ausschreibung patentgeschützter Medikamente hat demgegenüber den Nachteil, dass neben dem Anbieter des Originalmedikamentes (regelmäßig also dem Patentinhaber) nur Re- bzw. Parallelimporteure[876] oder Co-Branding-bzw. Co-Marketing-Anbieter[877] in Betracht kommen und damit der Wettbewerb eingeschränkt ist.

Stellt sich auf Basis einer detaillierten Marktanalyse heraus, dass der Wirkstoff auch von Re- bzw. Parallelimporteuren geliefert werden kann, muss die ausschreibende Krankenkasse insbesondere prüfen, ob der Unternehmer auch leistungsfähig[878] ist, mithin in der Lage ist, die Lieferfähigkeit über die Vertragsdauer zu gewährleisten. In Bezug auf Co-Branding bzw. Co-Marketing stellt sich zudem die Frage, inwiefern sich hier überhaupt ein Wettbewerb entwickeln können wird, hat es doch der Patentinhaber in der Hand Lizenzen zu erteilen oder den Wirkstoff selbst unter verschiedenen Handelsnamen zu vertreiben. Auch hier wird im Einzelfall sehr genau zu prüfen sein.[879]

b) Vergabe im Nichtoffenen Verfahren

Alternativ zum offenen Verfahren könnte auch das Nichtoffene Verfahren[880] nach § 101 Absatz 3 GWB in Betracht kommen. Bei diesem Verfahren ruft der öffentliche Auftraggeber potentielle Auftragnehmer zunächst zu einem öffentlichen Teilnahmewettbewerb auf und fordert anschließend eine beschränkte Anzahl von Unternehmen aus dem so festgestellten Bewerberkreis zur Angebotsabgabe auf. Die Eignungsprüfung erfolgt damit nicht im Rahmen von Angebots-

---

875 Zur den Fragen im Zusammenhang mit der Bestimmung/Ausgestaltung des Beschaffungsbedarfs vgl. die Ausführungen auf Seite 86 ff.

876 *Kügel*, in: Terbille (Hrsg.), Münchener Anwaltshandbuch Medizinrecht, 2009, § 9 Rn. 27; Weiterführend: *Koenig/Engelmann/Sander* GRUR Int. 2001, 919, 920. Zur Begriffsbestimmung vgl. die Ausführungen auf Seite 17.

877 Zu beiden Marketingformen vgl.: *Ehle/Schütze*, in: Dieners/Reese, Handbuch des Pharmarechts, 2010, § 10 Rn 41 – 43; zur Begriffsbestimmung von Co-Marketing und Co-Branding vgl. die Ausführungen auf Seite 17.

878 Zu Leistungsfähigkeit als Teil der Eignung nach § 7 EG-VOL/A vgl. *Hausmann/von Hoff*, in: Kulartz/Kus/Portz (Hrsg.), Kommentar zur VOL/A, 2. Auflage 2011, § 7 Rn. 34 ff. (finanzielle Leistungsfähigkeit); *Müller-Wrede/Gnittke/Hatting*, in: Müller-Wrede (Hrsg.), VOL/A Kommentar, 3. Auflage 2010, § 7 Rn. 24 ff.

879 So auch die VK Bund, Beschluss vom 06. Juli 2011, Az.: VK 3 – 80/11.

880 Strukturell entspricht das nichtoffene Verfahren der beschränkten Ausschreibung (nach öffentlichem Teilnahmewettbewerb) in der früheren nationalen Terminologie.

prüfung und Bewertung, sie ist gleichsam nach vorne verlegt.[881] Der Wettbewerb ist im Gegensatz zum offenen Verfahren reduziert.[882] Dementsprechend ist das nichtoffene Verfahren nur unter besonderen, einschränkenden und abschließend aufgezählten Bedingungen zulässig.[883]

In Betracht kommt hier allein § 3 Absatz 2 EG-VOL/A[884], wonach eine beschränkte Ausschreibung dann stattfinden darf, wenn die Leistung nach ihrer Eigenart nur von einem beschränkten Kreis von Unternehmen in geeigneter Weise ausgeführt werden kann, also insbesondere dann, wenn außergewöhnliche Fachkunde oder Leistungsfähigkeit oder Zuverlässigkeit erforderlich ist. Diese einschränkenden Voraussetzungen liegen bei der Ausschreibung patentgeschützter Originatoren jedoch nicht vor. Zwar erfordern Entwicklung und Herstellung von Medikamenten besondere Fachkenntnisse, Einrichtungen und Fähigkeiten. Dies gilt aber für alle pharmazeutischen Unternehmen gleichermaßen. Im Übrigen handelt es sich bei den betroffenen Medikamenten um Fertigarzneimittel mit arzneimittelrechtlicher Zulassung und nicht etwa um ein für den Einzelfall zu entwickelndes Medikament. Das nichtoffene Verfahren wird daher im Regelfall ausscheiden.

c) Vergabe im Wettbewerblichen Dialog

Der wettbewerbliche Dialog (§ 101 Absatz 4 GWB i. V. m. § 3 Absatz 7 EG-VOL/A[885]) ist ausschließlich für komplexe Beschaffungsaufträge gedacht und soll dann Anwendung finden, wenn die Auftraggeber nicht bereits im Vorhinein die besten technischen Lösungen und die Angebote des Marktes kennen.[886] Die Beschaffung von patentgeschützten Medikamenten mag zwar aufwendig und

---

881 *Dreher*, in: Immenga/Mestmäcker, Wettbewerbsrecht: GWB, 4. Auflage 2007, § 101 Rn. 18 ff.; *Bungenberg*, in: Loewenheim/Meessen/Riesenkampff, Kartellrecht, 2. Auflage 2009, § 101 Rn. 16 ff.; *Werner*, in: Byok/Jaeger (Hrsg.), Kommentar zum Vergaberecht, 3. Auflage 2011, § 101 Rn. 28 ff.

882 Dieser reduzierte Wettbewerb folgt daraus, dass aus dem Kreis der geeigneten Bewerber nur ein Teil zur Angebotsabgabe aufgefordert wird. Über die vorgesehene Mindestanzahl an Bietern kann zwar ein Wettbewerb sichergestellt werden – wegen der reduzierten Teilnehmerzahl ist dieser jedoch zwangsläufig abgeschwächt.

883 *Korthals*, in: Kulartz/Marx/Portz/Pries, Kommentar zur VOL/A, 2007, § 3 Rn. 32.

884 Entspricht § 3 Nr. 3 lit. a) VOL/A 2006.

885 Entspricht § 3a Absatz 1 VOL/A 2006.

886 Eingefügt wurde die Rechtsfigur des wettbewerblichen Dialogs durch das Gesetz zur Beschleunigung der Umsetzung von Öffentlich-Privaten Partnerschaften vom 1. September 2005, BGBl. I S. 2676. Im Überblick hierzu: *Heiermann*, ZfBR 2005, 766 ff.; *Knauff*, VergabeR 2004, 287 ff.; *Pünder/Franzius*, ZfBR 2006, 20 ff.; *Schröder*, NZBau 2007, 216 ff.

komplex sein – die (engen) Voraussetzungen des Ausnahmentatbestandes sind hier aber nicht erfüllt.

d) Vergabe im Verhandlungsverfahren

Bei der Vergabe von Rabattverträgen im Bereich der patentgeschützten Medikamente könnten aber die Voraussetzungen des Verhandlungsverfahrens erfüllt sein.

aa) Einleitung

Das Verhandlungsverfahren nach § 101 Absatz 5 GWB i. V. m. § 3 Absatz 3, 4 EG-VOL/A[887] entspricht strukturell der freihändigen Vergabe auf nationaler Ebene.[888] Es ist die wohl flexibelste Verfahrensart – aber gleichzeitig auch diejenige, die am weitesten von Charakter und Struktur des offenen Verfahrens entfernt ist.[889] Das Verhandlungsverfahren unterscheidet sich maßgeblich von den anderen Verfahrensarten dadurch, dass, sowohl hinsichtlich des ausgeschriebenen Leistungsgegenstands als auch der abgegebenen Angebote, Verhandlungen zwischen der Vergabestelle und den Bietern gerade nicht verboten, sondern (ganz im Gegenteil) zulässig, ja erwünscht, im Regelfall zur Bestimmung des später maßgeblichen Vertragsinhalts sogar notwendig sind.

Das Verhandlungsverfahren <u>mit</u> vorheriger Vergabebekanntmachung[890] (§ 3 Absatz 4 EG-VOL/A[891]) ist zweiphasig ausgestaltet. Wie beim Nichtoffenen Verfahren wird zunächst ein Teilnahmewettbewerb zur Auswahl der Verhandlungspartner durchgeführt. In einer zweiten Phase werden schließlich Vertragsverhandlungen mit dem Ziel einer Zuschlagsentscheidung geführt. Diese Variante des Verhandlungsverfahrens ist nur nach Maßgabe der in § 3 Absatz 3 EG-VOL/A[892] genannten Voraussetzungen zulässig. Diese Merkmale sind bei der Vergabe von Arzneimittelrabattverträgen über patentgeschützte Medikamente jedoch nicht erfüllt.

887 Entspricht § 3a VOL/A 2006.
888 *Werner*, in: Byok/Jaeger (Hrsg.), Kommentar zum Vergaberecht, 3. Auflage 2011, § 101 Rn. 89;
889 Zum Verhandlungsverfahren mit einer Reihe praktischer Hinweise und Informationen *Byok*, Das Verhandlungsverfahren 2006.
890 Hierzu: *Hausmann/von Hoff*, in: Kulartz/Marx/Portz/Pries (Hrsg.), Kommentar zur VOL/A, 2. Auflage 2011, § 3 EG Rn. 42 ff.
891 Entspricht § 3a Nr. 1 Absatz 5 VOL/A 2006.
892 Entspricht § 3a Nr. 1 Absatz 5 VOL/A 2006.

Ausnahmsweise kann ein Verhandlungsverfahren nach § 3 Absatz 4 EG-VOL/A[893] aber auch ohne vorherige Vergabebekanntmachung durchgeführt werden.[894] Öffentliche Auftraggeber dürfen sich in den eng umgrenzten Ausnahmefällen ohne Durchführung eines Teilnahmewettbewerbs direkt an einzelne Unternehmen wenden. Tatbestandlich ist hier nur § 3 Absatz 4 lit. c) EG-VOL/A[895] von Interesse, wonach ein öffentlicher Auftraggeber dann für das Verhandlungsverfahren ohne vorherige Vergabebekanntmachung optieren darf, wenn der Auftrag wegen seiner technischen oder künstlerischen Besonderheiten oder aufgrund des Schutzes eines Ausschließlichkeitsrechts (z. B. Patent- oder Urheberrecht) nur von einem bestimmten Unternehmen durchgeführt werden kann.[896]

Aus Sicht des öffentlichen Auftraggebers ist dieses Verfahren sehr attraktiv.[897] Im Gegensatz zu allen anderen Verfahrensarten kann er frei disponieren. Er hat insbesondere die Möglichkeit nach der optimalen Lösung (z. B. auch über besondere Vertragsmodelle) zu suchen und auf Angebote bzw. Entwicklungen während des laufenden Verfahrens flexibel zu reagieren. Aber auch für die Bieter hat das Verhandlungsverfahren erhebliche Vorteile dadurch, dass sie auf die endgültige Leistungsbeschreibung Einfluss nehmen und so den Beschaffungsbedarf mit gestalten und ihr Angebot weiter entwickeln können.[898]

Mag eine solche Verfahrensstruktur aus Sicht von Anbieter und Vergabestelle auch vorteilhaft sein, vergaberechtlich ist sie problematisch.[899] Das Verhandlungsverfahren birgt wegen der Möglichkeit hinter verschlossenen Türen zu verhandeln verschiedene Gefahren. So können einzelne Bieter unkontrollierbar bevorzugt werden, in den Verhandlungen unter Preis-Druck gesetzt oder gegeneinander ausgespielt werden. Gleichzeitig besteht das Risiko der Unwirtschaftlichkeit und Intransparenz. Interessierte Unternehmen haben zudem schon

---

893 Entspricht § 3a Nr. 2 VOL/A 2006.
894 *Werner*, in: Byok/Jaeger (Hrsg.), Kommentar zum Vergaberecht, 3. Auflage 2011, § 101 Rn. 113 ff., 123; *Kulartz*, in: Kulartz/Marx/Portz/Prieß (Hrsg.), Kommentar zum GWB-Vergaberecht, 2. Auflage 2011, § 101 Rn. 57 ff.; *Hausmann/von Hoff*, in: Kulartz/Kus/Portz (Hrsg.), Kommentar zur VOL/A, 2. Auflage 2011, § 3 EG Rn. 61 ff.
895 Entspricht § 3a Nr. 2 lit. c) VOL/A 2006.
896 *Hausmann/von Hoff*, in: Kulartz/Kus/Portz (Hrsg.), Kommentar zur VOL/A, 2. Auflage 2011, § 3 EG Rn. 73 ff.; *Kaeble*, in: Müller-Wrede (Hrsg.), VOL/A Kommentar, 3. Auflage 2010, § 3 EG Rn. 131 ff.
897 So auch z. B. *Byok*, Das Verhandlungsverfahren 2005, Vorwort.
898 *Byok*, Das Verhandlungsverfahren 2006, Rn. 458 weist darauf hin, dass stets darauf geachtet werden muss, dass der Auftragsgegenstand nicht derartig verändert wird, dass im Ergebnis eine ganz andere Leistung vergeben wird als diejenige, die zur Beschaffung ausgeschrieben worden ist.
899 Zur Struktur der Verhandlungen und dem Ausleseprozess (lineare und parallele Strategie) vgl. *Byok*, Das Verhandlungsverfahren 2005, Rn. 466 ff.

grundsätzlich keinen Anspruch auf Teilnahme an den Verhandlungen mit dem Auftraggeber.[900]

Vor diesem Hintergrund regelte schon der Richtliniengeber der RL 93/36/EWG[901] bzw. RL 93/37/EWG[902] abschließend die Fälle, in denen das Verhandlungsverfahren (ohne vorherige öffentliche Vergabebekanntmachung) genutzt werden kann. Gleichzeitig stellte er in seinen Erwägungen den Ausnahmecharakter des Verhandlungsverfahrens heraus.[903] Diese sind in der aktuellen Richtlinienbegründung zwar nicht mehr ausdrücklich enthalten, der Ausnahmecharakter des Verhandlungsverfahrens ist inzwischen jedoch allgemein anerkannt und ergibt sich zusätzlich aus dem Stufenverhältnis der Ausschreibungsarten.[904] Inzwischen interpretieren sowohl die nationalen Nachprüfungsinstanzen[905] als auch der Europäische Gerichtshof (EuGH)[906] und die Kommission die Tatbestandsvoraussetzungen konsequent restriktiv als harte Tatbestandmerkmale und nicht als Regelbeispiele.[907] Die Darlegungs- und Beweislast für das Vorliegen der Ausnahmevoraussetzungen trägt der öffentliche Auftraggeber. Es genügt dabei nicht, dass er den Beweis dafür antritt, dass ein Unternehmen die Leistung besonders gut erbringen kann. Vielmehr ist der Beweis erforderlich, dass nur dieser Anbieter die Leistung erbringen kann.[908]

---

900   VK Bund, Beschluss vom 27. August 2002, Az.: VK 2 – 70/02.

901   Richtlinie 93/36/EWG des Rates vom 14. Juni 1993 über die Koordinierung der Verfahren zur Vergabe öffentlicher Lieferaufträge.

902   Richtlinie 93/37/EWG des Rates vom 14. Juni 1993 zur Koordinierung der Verfahren zur Vergabe öffentlicher Bauaufträge.

903   12. Begründungserwägung zur RL 93/37/EWG bzw. achte Begründungserwägung zur Richtlinie 93/37/EWG.

904   VK Sachsen, Beschluss vom 7. Januar 2008, Az.: 1/SVK/077-07.

905   VK Bund, Beschluss vom 3. September 2009, Az.: VK 1 – 155/09; Beschluss vom 5. Februar 2009, Az.: VK 1 – 186/08.

906   EuGH, Urteil vom 15. Oktober 2009, Rs. C-275/08 (Kommission/Deutschland); Urteil vom 18. November 2004, Rs. C-126/03 (Kommission/Deutschland); EuGH, Urteil vom 13. Januar 2005, Rs. C-84/03 (Kommission/Spanien); Urteil vom 2. Juni 2005, Rs: C-394/02 (Kommission/Griechenland); VK Düsseldorf, Beschluss vom 15. August 2003, Az.: VK 23/2003 L.

907   *Dreher*, in: Immenga/Mestmäcker, Wettbewerbsrecht: GWB, 4. Auflage 2007, § 101 Rn. 9, 24 ff.; *Marx*, in: Motzke/Pietzcker/Prieß, Besch´scher VOB Kommentar, 2001, § 97 GWB Rn. 8; *Schickert*, PharmR 2009, 164, 172; *Lietz/Natz*, A&R 2009, 3, 7.

908   EuGH, Urteil vom 2. Juni 2005, Rs. C-392/02 (Kommission/Griechenland); OLG Düsseldorf, Beschluss vom 28. Mai 2003, Az.: Verg 10/03; *Gabriel*, NZS 2008, 455, 457.

bb) Verhandlungsverfahren als Pflicht oder als Option

Fraglich ist indes, ob der Patentinhaber verlangen kann, dass sich der öffentliche Auftraggeber für das Verhandlungsverfahren entscheidet wenn dessen Voraussetzungen vorliegen.[909] Im Ergebnis wird man dies wohl verneinen müssen.[910] Zwar haben Patentinhaber ein großes Interesse daran von ihrem Patent auch im Rahmen eines Rabattvertrages Gebrauch zu machen, immerhin haben sie erhebliche Investitionen getätigt und ermöglicht ihnen der Schutz über das Patent einen Rückfluss eben dieser Investitionen. Allerdings haben die Vorschriften zum Verhandlungsverfahren keine bieterschützende Wirkung.[911] Sie berechtigen lediglich den öffentlichen Auftraggeber und ermöglichen diesem eine Abweichung vom Grundsatz der vorrangigen Vergabe im Wettbewerb, verpflichten ihn aber nicht.[912]

Auch ist das Ausgestaltungsermessen durch ein bestehendes Patentrecht nicht auf Null reduziert. Das Vergaberecht anerkennt den Schutz durch Patente und andere Ausschließlichkeitsrechte ausdrücklich. Einen Schutz, der über die bestehenden Ausnahmen hinaus geht, sehen aber weder die europäischen Vergaberichtlinien, das GWB oder die VOL/A vor, noch ergibt sich ein solcher aus dem Sinn und Zweck von Patent- und Vergaberecht. Das Patentrecht schützt den Inhaber vor einer unberechtigten Nutzung seines Know-How aber nicht vor marktwirtschaftlichem Wettbewerb.[913] Zwar darf sich niemand während der Patentlaufzeit die Erfindung zu Nutze machen, dies ändert aber nichts daran, dass der Patentinhaber in einem Wettbewerb mit anderen Anbietern steht, welche das gleiche Ziel mit einem anderen Ansatz erreichen. Es gibt daher keinen Grund, warum das Ausgestaltungsermessen des öffentlichen Auftraggebers hier einge-

---

909 Zu der Frage, ob der Auftraggeber verpflichtet ist überhaupt irgendwelche Verhandlungen zu führen, oder ob er den Zuschlag allein auf der Basis des schriftlichen Angebotes eines Bieters erteilen kann vgl. *Byok*, Das Verhandlungsverfahren 2005 Rn. 451 ff.

910 So auch die VK Bund, Beschluss vom 06. Juli 2011, Az.: VK 3 – 80/11, S. 23; OLG Düsseldorf, Beschluss vom 22. Oktober 2008, Az.: VII-Verg 46/08.

911 OLG Düsseldorf, Beschluss vom 20. Oktober 2008, Az.: VII-Verg 46/08. Zum Rechtsschutz in diesem Zusammenhang vgl. auch die Ausführungen auf Seite 86.

912 So auch die VK Bund, Beschluss vom 06. Juli 2011, Az.: VK 3 – 80/11, S. 23. Aus Sicht des öffentlichen Auftraggebers erscheint es sogar aus Rechtsgründen sinnvoll sich für das offene Verfahren zu entscheiden. So kann er Sicherstellen, dass ihm nicht später der Vorwurf der Wahl eines falschen Verfahrens gemacht wird. Verläuft das offene Verfahren ergebnislos, so kann er sich immer noch für das Verhandlungsverfahren entscheiden.

913 Das Patentrecht zielt auf den Schutz des Immaterialgutes und will dem Inhaber die Verwirklichung dieses Gutes am Markt ermöglichen. Es kann und will aber nicht verhindern , dass andere Unternehmen eine vergleichbare Erfindung machen und so in Konkurrenz zu dem Inhaber des Patentrechts treten.

schränkt sein sollte. Dies würde die tatsächlichen Marktverhältnisse nur falsch abbilden.

cc) Tatbestandliche Voraussetzungen

Im Folgenden ist daher zu untersuchen, ob bei Rabattverträgen über patentgeschützte Medikamente diese eng verstandenen Voraussetzungen tatsächlich vorliegen.

(1) Ausschließlichkeitsrecht

Nach Maßgabe des § 3a Absatz 4 lit. c) EG-VOL/A[914] muss der Beschaffungsbedarf zunächst inhaltlich auf ein Ausschließlichkeitsrecht bezogen sein. Eine gesetzliche Begriffsbestimmung des Ausschließlichkeitsrechts existiert nicht. Unter teleologischen Gesichtspunkten ist charakteristisch für ein Ausschließlichkeitsrecht, dass es dem Inhaber die Rechtsmacht verleiht Anderen den Zugriff auf die Rechtsposition zu untersagen.[915] Ein Ausschließlichkeitsrecht dieser Prägung ist neben dem im Tatbestand genannten Patent- bzw. Urheberrecht das Eigentumsrecht (als Voll- und Teilrecht) sowie die eigentumsähnlichen Rechtspositionen zum Schutze immaterieller Rechtsgüter wie Warenzeichen, Vertriebslizenzen und sonstiger gewerblicher Rechtspositionen.[916]

Zwar müssen die gesetzlichen Krankenkassen dem Grunde nach zunächst alle relevanten Ausschließlichkeitsrechte beachten, es ist aber zu berücksichtigen, dass im Hinblick auf die sozialversicherungsrechtlichen Besonderheiten, die bei der Ausschreibung von Rabattverträgen zu beachten sind, nicht alle diese Rechte zum Gegenstand des Beschaffungsbedarfs gemacht werden dürfen.[917] Wie schon zuvor ausgeführt, kommen folgende Ausschließlichkeitsrechte in Betracht:

- Wirkstoffpatente,
- ergänzendes Schutzzertifikat,
- orphan drugs,

---

914 Entspricht § 3a Nr. 2 lit. c) VOL/A 2006.
915 *Fett*, in: Müller-Werde, VOL/A, 3. Aufl. 2010, § 3 Rn. 182; Schlussanträge Generalanwalt Lenz, Slg. 1994, I-1569, Rs. C-392/92.
916 *Kaeble*, in: Müller-Wrede (Hrsg.), Kommentar VOL/A, 3. Aufl. 2009, § 3 Rn. 138; *Stickler*, in: Kapellmann/Messerschmidt, VOB, 2. Auflage 2007, § 3 Rn. 66; *Jasper*, in: Motzke/Pietzcker/Prieß, Beck'scher VOB-Kommentar, VOB/A, 2002, § 3 Rn. 64.
917 Vgl. hierzu die Ausführungen auf Seite 86. Dazu speziell für patentgeschützte Medikamente: *Wille*, A&R 2009, 164, 166.

- Darreichungspatente/Wirkstofffreisetzungstechnologien.

Unbeachtlich sind hingegen Verwendungs- und Herstellungsverfahrenspatente sowie der Schutz über eine bestimmte Marke. Me-too- bzw. Analogpräparate werden nur ausnahmsweise erfasst; nämlich dann, wenn sie eine therapeutische Verbesserung gegenüber bereits eingeführten Medikamenten bieten.[918]

(2) Alleinstellung bzw. Alternativlosigkeit

Steht fest, dass der Auftrag ein (anzuerkennendes) Ausschließlichkeitsrecht erfasst, ist weiter zu prüfen, ob auch eine Alleinstellung vorliegt und es somit keine Alternative zu dem so definierten Auftrag gibt. Eine freihändige Vergabe ist damit nicht allein durch die Existenz von Ausschließlichkeitsrechten gerechtfertigt, sondern nur dann, wenn kein Wettbewerb existiert. Es stellt sich damit die Frage, wann therapeutische Alternativen vorliegen, die dazu führen, dass nicht nur dieser eine Anbieter, obwohl er Patentinhaber ist, den Auftrag ausführen kann. Wann ist ein Wirkstoff ähnlich oder liegt ein Arzneimittel mit anderem Wirkstoff aber ähnlicher Wirkung vor? Hätte der Beschaffungsbedarf extensiver bestimmt werden können bzw. müssen? Es muss dabei die Frage im Vordergrund stehen, ob eine Gestaltung des Beschaffungsbedarfs möglich ist, die einen Großteil des Bedarfs bzw. eine große Schnittmenge abdeckt. Nur so kann sichergestellt werden, dass der Wettbewerbsgrundsatz nicht durch Ausgestaltung der Ausschreibung unterlaufen wird, der Beschaffungsbedarf m. a. W. nur deshalb so gewählt bzw. ausgestaltet worden ist, um anstelle des wettbewerblichen offenen Verfahrens das Verhandlungsverfahren mit seinem eingeschränkten Wettbewerb wählen zu können.

Besonderheiten der einzelnen Präparate (z. B. Frühgeborenen- Anämie[919]) können über die Ausschreibungsgestaltung (Losbildung) abgedeckt werden. Solange sie auf diesem Wege erfasst werden können, bilden sie keinen Grund, den Beschaffungsbedarf so eng auszugestalten.

Zur Beurteilung der Frage, ob ein Arzneimittel eine solche vergaberechtliche Alleinstellung besitzt, ergeben sich aus dem Vergaberecht selbst keine greifbaren Kriterien.[920] Dies wäre auch zu viel verlangt, da diese Frage sehr produktspezi-

---

918 So insgesamt auch *Wille*, A&R 2008, 164, 166.
919 So war es beim de-facto-Rabattvertrag der AOK Baden-Württemberg zur Beschaffung von Epoetin-Präparaten (VK Bund, Beschluss vom 15. August 2008, Az.: VK 3 – 107/08). Dort hatten die Parteien argumentiert, dass nur ein Präparat für die Behandlung für eine bestimmte Form der Anämie geeignet war. Schon deshalb liege eine Alleinstellung vor und könne im Verhandlungsverfahren ausgeschrieben werden.
920 *Gabriel*, NZS 2008, 455, 460.

fisch zu beantworten ist. Es bieten sich im Ergebnis, auch wegen des Fehlens jeglicher gerichtlicher Vorgaben und Beispielsfälle, mehrere Argumentationswege an, bei denen die Frage der Vergleichbarkeit bzw. Alleinstellung anhand sozialversicherungsrechtlicher oder wettbewerbsrechtlicher Erwägungen beantwortet wird.[921] Ob diese Argumente letztendlich tragfähig sind, muss in Ansehung der medizinisch- bzw. therapeutisch-pharmakologischen Eigenschaften des jeweils in Rede stehenden Arzneimittels geprüft werden.

(a) Regeln zu Austauschbarkeit von Arzneimitteln

Zur Feststellung der Alleinstellung bzw. Alternativlosigkeit eines bestimmten Medikamentes könnte man zunächst auf die Regeln zur Austauschbarkeit/Substitution zurückgreifen.[922]

Nach der Arzneimittelrichtlinie (AM-RL)[923] des Gemeinsamen Bundesausschusses (G-BA) sowie § 129 SGB V i. V. m. § 4 RahmenV[924] sind wirkstoffgleiche Arzneimittel, welche in Wirkstärke, Indikation, Packungsgrößen und Darreichungsform identisch sind untereinander austauschbar. Zu patentgeschützten Arzneimitteln gibt es aber gerade keine wirkstoffgleichen Arzneimittel.[925] Gestützt auf diese Argumentation würde also wegen fehlender Austauschbarkeit so gut wie immer eine Alleinstellung vorliegen. Auf breiter Front wäre also eine Ausschreibung im Verhandlungsverfahren möglich.

Gegen diesen Ansatz spricht jedoch schon sein Ausgangspunkt. Die genannten Regelungen befassen sich »*nur*« mit den Details einer Substitution. Die Re-

921 *Gabriel*, NZS 2008, 455, 458.
922 Zur Systematik und Funktionsweise der Substitutionsregelung in § 129 SGB V vgl. die Ausführungen auf Seite 86 ff. sowie *Hess*, in: Kasseler Kommentar, Sozialversicherungsrecht, 70. Ergänzungslieferung 2011, § 129 Rn. 3. Zur Frage, ob sich aus der Substitutionspflicht Hinweise zur Bestimmung einer Alleinstellung ergeben vgl. auch *Gabriel*, NZS 2008, 455, 459.
923 Richtlinie des Gemeinsamen Bundesausschusses über die Verordnung von Arzneimitteln in der vertragsärztlichen Versorgung (Arzneimittel-Richtlinie / AM-RL) in der Fassung vom 18. Dezember 2008 / 22. Januar 2009 veröffentlicht im Bundesanzeiger 2009, Nr. 49a, zuletzt geändert am 18. August 2011 veröffentlicht im Bundesanzeiger Nr. 170: S. 3 980 in Kraft getreten am 12. November 2011.
924 Rahmenvertrag über die Arzneimittelversorgung nach § 129 Absatz 2 SGB V in der Fassung vom 1. Februar 2011 zwischen den Spitzenverbänden der Krankenkassen und dem Deutschen Apothekerverband e. V.
925 Zwar gelten gemäß § 24b AMG auch die verschiedenen Salze, Ester, Ether, Isomere, Mischungen von Isomeren, Komplexe und Derivate eines Wirkstoffes als ein und derselbe Wirkstoff, soweit sich ihre Eigenschaften nicht erheblich unterscheiden. Der Patentschutz des Arzneimittelherstellers wird sich aber aller Wahrscheinlichkeit nach auch auf diese derivativen Erscheinungsformen beziehen.

gel berücksichtigt nicht, ob es therapeutisch äquivalente Wirkstoffe oder Behandlungsansätze und damit einen Wettbewerb zwischen den Anbietern gibt.

Gegen die Anwendung der Substitutionsregeln spricht auch die damit einhergehende extensive Anwendung des Verhandlungsverfahrens. Nach dem Willen des Richtliniengebers sollen die Voraussetzungen des Verhandlungsverfahrens restriktiv interpretiert werden.[926] Vom Grundsatz des offenen Verfahrens soll nur in Ausnahmefällen abgewichen werden.[927] Die Beschaffung soll im Wettbewerb und nicht in direkten Verhandlungen abgewickelt werden.

Außerdem lässt dieser Ansatz unberücksichtigt, dass es letztlich der Arzt ist, der im Rahmen der Behandlung über die Verordnung eines Medikamentes entscheidet.[928] Die Verordnungsentscheidung muss sich aber allein an medizinischen Kriterien und den Umständen des Einzelfalls orientieren. Für den Arzt ist entscheidend mit welchem Präparat die Erkrankung behandelt werden kann bzw. die Indikation abgedeckt werden kann. Gibt es aus seiner Perspektive mehrere äquivalente Alternativen kann es auf die Wirkstoffgleichheit nicht mehr ankommen. Die Regeln zur Substitution bilden daher keinen tauglichen Ansatzpunkt der Bestimmung einer Alleinstellung.

(b) Regeln zur Festbetragstauglichkeit

Zur Beantwortung der Frage, ob eine monopolartige Anbieterstruktur vorliegt, könnten auch die Regeln zur Festbetragsgruppenbildung nach § 35 SGB V herangezogen werden.[929] In Festbetragsgruppen werden zunächst Arzneimittel mit denselben Wirkstoffen zusammengefasst, dies allerdings unter Berücksichtigung therapierelevanter Bioverfügbarkeiten.[930] Nach Auffassung des Bundessozialgerichts sind unterschiedliche Bioverfügbarkeiten dabei dann für die Therapie relevant, wenn sie so bedeutsam sind, dass das betreffende Medikament durch ein

---

926 EuGH, Urteil vom 3. Mai 1994, Rs. C-328/92; hierzu auch: *Lietz/Natz*, A&R 2009, 3, 7 f.; Vgl. hierzu die Ausführungen auf Seite 86.

927 *Werner*, in: Byok/Jaeger (Hrsg.), Kommentar zum Vergaberecht, 3. Auflage 2011, § 101 Rn. 135 ff.; *Bungenberg*, in: Loewenheim/Meessen/Riesenkampff, Kartellrecht, 2. Auflage 2009, § 101 Rn. 36 f..

928 Die ist letztlich Ausdruck der ärztlichen Therapiefreiheit.

929 Hierzu auch *Gabriel* NZS 2008, 455, 458 f. In ihrer Entscheidung zum de-facto- Rabattvertrag der AOK Baden-Württemberg, VK Bund, Beschluss vom 15. August 2008, Az.: VK 3 – 107/08 hat die VK Bund die Einordnung der EPO-Präparate in ein und dieselbe Festbetragsgruppe als Grundlage für eine gemeinsame Beschaffung/Ausschreibung der Präparate angesehen.

930 Hierzu: *Hess*, in: Kasseler Kommentar, Sozialversicherungsrecht, 70. Ergänzungslieferung 2011, § 35 Rn. 4; *Axer*, in: Becker/Kingreen, SGB V, 2. Auflage 2010§ 35 Rn. 3.

anderes wirkstoffgleiches Arzneimittel *»nicht gleichwertig ersetzt werden kann"*, es also für die ärztliche Therapie bestimmter Erkrankungen generell oder auch nur in bestimmten (nicht seltenen) Konstellationen *»unverzichtbar"* ist.[931] Auch hier wird auf die Wirkstoffgleichheit abgestellt. Aus den gleichen wie den oben unter (a) genannten Gründen[932] ist diese Gruppenbildung damit für die Bestimmung einer Alleinstellung bei patentgeschützten Medikamenten nicht tauglich, wenn und soweit ein Wirkstoffpatent beurteilt werden muss. Sollte jedoch einmal ein Patent zur Darreichungsform- bzw. Wirkstofffreisetzung in Rede stehen, so ließe sich zumindest der Gedanke der Bioverfügbarkeit zur Begründung einer Alleinstellung heranziehen. Als Beispiel seien hier spezielle retardierte Darreichungsformen genannt.[933] Diese ermöglichen eine besonders dosierte Freisetzung des Wirkstoffs was zu einer abweichenden, therapeutisch bedeutsamen Veränderung der Bioverfügbarkeit führen kann. Im Einzelfall können daher zumindest der Gedanke der Bioverfügbarkeit und die hierzu ergangene Rechtsprechung von Bedeutung sein und zur Begründung einer Alleinstellung herangezogen werden.

Die Vorschrift des § 35 Absatz 1 Satz 1 Nr. 2 SGB V ermöglicht es weiterhin pharmakologisch-therapeutisch vergleichbare Wirkstoffe (insbesondere chemisch verwandte Stoffe) in einer Festbetragsgruppe zusammenzufassen.[934] Wirkstoffe sind dabei pharmakologisch-therapeutisch vergleichbar, wenn sie über einen vergleichbaren Wirkungsmechanismus hinaus eine Zulassung für ein oder mehrere gemeinsame Anwendungsgebiete besitzen.[935] Die Einordnung eines Medikamentes in eine dieser Gruppen gibt daher zumindest einen Hinweis.

Nach Maßgabe des § 35 Absatz 1 Satz 1 Nr. 3 SGB V sollen zudem Arzneimittel mit therapeutisch vergleichbarer Wirkung (insbesondere Arzneimittelkombinationen) zusammengefasst werden.[936] Die Entscheidungsgrundlagen des Gemeinsamen Bundesausschusses (G-BA) sehen in der anatomisch-therapeu-

---

931 BSG, Urteil vom 24. November 2004, Az.: B 3 KR 23/04 R.
932 Vgl. hierzu die Ausführungen auf Seite 86 f.
933 Die besonderen Retard-Formen (z. B. die OROS-Technologie) ermöglichen eine konstante Wirkstofffreisetzung und können daher im Verhältnis zu klassischen Retard-Präparaten therapeutische Vorteile bringen.
934 Hierzu: *Hess*, in: Kasseler Kommentar, Sozialversicherungsrecht, 70. Ergänzungslieferung 2011, § 35 Rn. 5 ff.; *Axer*, in: Becker/Kingreen, SGB V, 2. Auflage 2010, § 35 Rn. 3.
935 Gemeinsamer Bundesausschuss (G-BA), Entscheidungsgrundlagen zur Festbetragsgruppenbildung vom 19. Juli 2007.
936 Hierzu: *Hess*, in: Kasseler Kommentar, Sozialversicherungsrecht, 70. Ergänzungslieferung 2011, § 35 Rn. 8; *Axer*, in: Becker/Kingreen, SGB V, 2. Auflage 2010, § 35 Rn. 3.

tisch-chemischen Klassifikation der WHO (ATC-Code[937]) nach Maßgabe des § 73 Absatz 8 Satz 5 SGB V einen Ausgangspunkt für die Feststellung einer solchen Vergleichbarkeit. Danach ist es möglich, Festbetragsgruppen für Wirkstoffe, die einem Wirkprinzip zugeordnet sind, auch dann zu bilden, wenn sie sich in übergeordneten Merkmalen unterscheiden. Allerdings ist ergänzend zu prüfen, ob unter pharmakologisch-therapeutischen Gesichtspunkten bestimmte Wirkstoffe, auch wegen einer relevanten therapeutischen Verbesserung oder wegen therapeutisch relevanter geringerer Nebenwirkungen von der Gruppenbildung auszuschließen oder in Untergruppen zusammenzufassen sind. Damit geben weitere Medikamente innerhalb der Gruppe mit gleichem Wirkprinzip noch nicht zwingend die Vergleichbarkeit vor, sehr wohl liefert diese Einstufung aber ein deutliches Indiz.[938]

Ausgenommen von dieser Gruppenbildung sind nach § 35 Absatz 1 Satz 3 Hs. 2 SGB V allerdings Arzneimittel mit patentgeschützten Wirkstoffen deren Wirkungsweise neuartig[939] ist und die eine therapeutische Verbesserung, auch wegen geringerer Nebenwirkungen, bedeuten.[940] Dies ist der Fall, wenn sie einen therapierelevanten höheren Nutzen als andere Arzneimittel dieser Wirkstoffgruppe haben und deshalb als zweckmäßige Therapie regelmäßig oder auch nur für relevante Patientengruppen oder Indikationsbereiche den anderen Arzneimitteln dieser Gruppe vorzuziehen sind. Problematisch ist, dass dieser Ausnahmetatbestand den Krankenkassen einen erheblichen Handlungsspielraum eröffnen würde – ließe sich doch schon bei neuartiger Wirkungsweise bzw. therapeutischen Verbesserungen eine Alleinstellung annehmen. Es erscheint aber fraglich, ob dieser sozialrechtliche Ausnahmetatbestand auch zur Auslegung des vergaberechtlichen Ausnahmetatbestandes des § 3 Absat4 lit. c) EG-VOL/A[941] herangezogen werden kann. Die Vorschrift des § 35 SGB V bezweckt Innovationsförderung im Bereich der Arzneimittelforschung.[942] Der Investitionsschutz, den das Patentrecht gewährt, soll durch die Einstufung in eine einheitliche Erstattungsgruppe

---

937 Hierbei handelt es sich um ein anatomisch-therapeutisch-chemisches Klassifikationssystem. Dieses wird seit 1990 von der Weltgesundheitsorganisation (WHO) offiziell herausgegeben und dient der Klassifikation von Arzneistoffen nach Substanzen. Es enthält fünf Ebenen, welche die Arzneistoffe nach bestimmt Merkmalen unterteilen: Den anatomischen Anwendungsbereich (1.), die Therapiegruppe, oder -untergruppe (2. oder 3.) und die chemische Struktur (4. und 5.) des Stoffes.
938 *Gabriel*, NZS 2008, 455, 458 f.
939 Als neuartig gilt dabei ein Wirkstoff, solange derjenige Wirkstoff, der als erster dieser Gruppe in Verkehr gebracht worden ist, unter Patentschutz steht.
940 *Hess*, in: Kasseler Kommentar, Sozialversicherungsrecht, 70. Ergänzungslieferung 2011, § 35 Rn. 12 ff., *Axer*, in: Becker/Kingreen, SGB V, 2. Auflage 2010, § 35   Rn. 5.
941 Entspricht § 3a Nr. 2 lit. c) VOL/A 2006.
942 *Sodan*, PharmR 2007, 485, 486.

nicht untergraben werden. Im Vergaberecht begründet das Patentrecht (als ein Beispiel für ein Ausschließlichkeitsrecht) hingegen nur die Möglichkeit des öffentlichen Auftraggebers, mit einem Unternehmen allein zu verhandeln. Mehr Schutz gewährleistet die Norm nicht – sie enthält keine darüber hinausgehenden Privilegierungen.

Es können nach § 35 Absatz 1a SGB V auch Festbetragsgruppen nur aus patentgeschützten Medikamenten mit pharmakologisch-therapeutisch vergleichbaren Wirkstoffen, insbesondere mit chemisch verwandten Stoffen gebildet werden.[943] Dabei sind (auch hier) solche Arzneimittel ausgenommen, die eine therapeutische Verbesserung bedeuten. Es gelten daher auch hier die soeben erläuterten Bedenken.

Ist ein patentgeschütztes Medikament in eine Festbetragsgruppe einbezogen, so führt dies (aus Sicht der Festbetragsgruppenbildung) dazu, dass das Medikament entweder mit den anderen Patentarzneimitteln oder mit anderen Generika vergleichbar ist. Zu berücksichtigen ist allerdings, dass Festbetragsgruppen nur erstattungsrechtliche Bedeutung haben. Außerdem sind Festbetragsgruppen nicht immer homogen.[944] So begründen teilweise unterschiedliche Wirksamkeiten unterschiedliche Festpreise innerhalb der Gruppe.

Die Festbetragsgruppeneinteilung liefert daher insgesamt ein starkes Indiz für eine Vergleichbarkeit und die damit einhergehende fehlende Alleinstellung. Zwingend ist dieses Ergebnis dabei aber nicht.[945] So ist insbesondere denkbar, dass eine Krankenkasse einen Zusatznutzen eines Arzneimittels aus ihrer spezifischen versorgungspolitischen oder auch wettbewerblichen Sicht weitaus positiver beurteilt, als dies der Gemeinsame Bundesausschuss (G-BA) im Rahmen seiner Festbetragsgruppenbildung getan hat.[946] Bei einer solchen abweichenden Beurteilung wird man allerdings verlangen müssen, dass die Krankenkassen dokumentieren und ggf. in einem Rechtsstreit auch beweisen, dass ihnen der Zusatznutzen so vorteilhaft erscheint, dass nur dieser eine Anbieter in Betracht kommt.

---

943 *Hess*, in: Kasseler Kommentar, Sozialversicherungsrecht, 71. Ergänzungslieferung 2011, § 35 Rn. 10 ff.
944 *Gabriel*, NZS 2008, 455, 459 f.
945 *Gabriel*, NZS 2008, 455, 459 f.
946 *Gabriel*, NZS 2008, 455, 459 f. Dieser wettbewerbliche Gedanke wurde bereits von der Ast. im Verfahren zum de-facto Rabattvertrag der AOK Baden-Württemberg, VK Bund, Beschluss vom 15. August 2008, Az.: VK 3 – 107/08, S. 7 des Beschlussumdrucks, genannt.

(c) Wettbewerbsrechtliche Marktabgrenzung

Man könnte auch erwägen die Alleinstellung damit zu begründen, dass für das Medikament auf dem durch die Europäische Kommission definierten Markt keine alternativen Konkurrenzprodukte existieren.[947] Der Markt müsste in diesem Fall so eng definiert sein, dass kein anderes Produkt im Wettbewerb zu dem zu beschaffenden Medikament stünde.[948]

Im europäischen Wettbewerbsrecht orientiert sich der Produktmarkt an der Austauschbarkeit eines Produktes, die sich wiederum aus Sicht der Nachfrager beurteilt.[949] Entscheidend ist bei patentgeschützten Medikamenten damit die Perspektive des verordnenden Arztes.[950] Dieser entscheidet im Rahmen seiner Therapiefreiheit darüber welches Medikament er zur Behandlung/Therapie der Erkrankung für geeignet hält. Es muss damit darauf ankommen, ob es aus seiner Sicht gleich geeignete Alternativen gibt oder nicht.[951]

Die Europäische Kommission geht diesen Weg und orientiert sich bei der Definition des relevanten Marktes im Bereich der Arzneimittel regelmäßig an der dritten Ebene des ATC-Codes. Dieser ordnet die jeweiligen Wirkstoffe nach ihrer therapeutischen Indikation (also aus therapeutischer Perspektive des Arztes).[952] Es muss allerdings berücksichtigt werden, dass es sich bei der ATC-Klassifikation nicht um ein zwingendes rechtliches Einordnungsregime handelt, auch wenn die Europäische Kommission den Bezug hierauf regelmäßig verwendet.[953]

Bei neu einzuführenden Arzneimitteln, orientiert sich die Marktabgrenzung neben den ATC-Gruppen auch an den charakteristischen Merkmalen eines Präparats sowie der angestrebten Indikation. Die Marktabgrenzung ist in diesen Fällen weniger klar als bei bereits eingeführten Produkten.[954] Für die Übertragung bzw. Anwendung dieser wettbewerbsrechtlichen Beurteilungsmaßstäbe auf die Prüfung der Frage, ob eine Alleinstellung i. S. v. § 3 Absatz 4 lit. c) EG-VOL/A[955] vorliegt oder nicht ‚spricht, dass auf diese Weise an wettbewerbsrecht-

---

947 *Gabriel*, NZS 2008, 455, 459 f.
948 *Gabriel*, NZS 2008, 455, 459 f.
949 Bekanntmachung der Kommission über die Definition des relevanten Produktmarktes, EG-Abl. vom 9. Juli 1997, C 372/5.
950 So auch die VK Bund, Beschluss vom 15. August 2008, Az.: VK 3 – 107/08. Der relevante Markt sei funktional nach dem Kriterium der Austauschbarkeit aus Sicht der Nachfrager, in diesem Fall also der verordnenden Fachärzte, zu bestimmen.
951 *Gabriel*, NZS 2008, 455, 459.
952 *Gabriel*, NZS 2008, 455, 459 m.w.N. (dort Fn. 39).
953 *Gabriel*, NZS 2008, 455, 460.
954 *Gabriel*, NZS 2009, 455, 459 m.w.N. (dort Fn. 40).
955 Entspricht § 3a Nr. 2 c) VOL/A 2006.

liche Erwägungen angeknüpft wird, die gemeinschaftsrechtlich vorgegeben sind und die in ihrer Zielrichtung her (anders als z. B. die Berücksichtigung der Patentrechte im Sozialrecht, der auf Investitionsschutz gerichtet ist) den vergaberechtlichen Wertungen nicht widersprechen und dabei auf die Perspektive der Person abstellen, die die sozialrechtlich gebundene Auswahl- bzw. Verordnungsentscheidung trifft.[956] Auch lassen sich diese Überlegungen zur Marktabgrenzung in Einklang mit der Rechtsprechung des Europäische Gerichtshof (EuGH) zu Artikel 6 Absatz 3 c) RL 2004/18/EG[957] bringen, wonach die Solitärstellung i. S. d. Vergaberechts nur bei den Medikamenten vorliegt, für die es auf dem Markt keinen Wettbewerb gibt.[958]

Es spricht daher viel dafür den vergaberechtlichen Begriff der Ausschließlichkeit/Alleinstellung anhand des wettbewerblichen Begriffs der Austauschbarkeit zu bestimmen.[959]

(3) Auftrag ist nur von einem Unternehmen ausführbar

Steht fest, dass ein Ausschließlichkeitsrecht vorliegt und es auch keine therapeutische Alternative zu dem Beschaffungsbedarf gibt, folgt noch ein weiterer Prüfungsschritt. Insbesondere in Bezug auf Arzneimittel wurde vom Europäischen Gerichtshof (EuGH)[960] der Schutz durch ein Ausschließlichkeitsrecht nicht als ausreichend erachtet. Vielmehr sei für die Inanspruchnahme des Ausnahmetatbestandes zusätzlich erforderlich, dass das betreffende Arzneimittel nur von einem Unternehmer (europaweit) hergestellt oder geliefert werden könne.

Mag das Bestehen von Patentschutz es auch nahe legen, dass tatsächlich nur ein Unternehmen ein bestimmtes Medikament liefern kann – tatsächlich greift diese Annahme jedoch zu kurz. Neben dem Patentinhaber können trotz des Patentes weitere Unternehmer am Markt aktiv sein. Der Patentinhaber kann Lizenzen vergeben (Co-Marketing)[961] oder das Produkt selbst unter mehreren Handelsnamen vertreiben (Co-Branding). Infolge des Erschöpfungsgrundsatzes[962] kann zudem die Einfuhr von Medikamenten durch Dritte aus anderen Mit-

---

956 *Gabriel*, NZS 2008, 455, 459.
957 Entspricht § 3 Nr. 2c) VOL/A 2006 (= § 3 Absatz 4 lit. c) EG-VOL/A)
958 Gabriel, NZS 2008, 455, 460 m.w.N. (dort Fn. 40).
959 So auch *Gabriel*, NZS 2008, 455, 460.
960 EuGH, Entscheidung vom 3. Mai 1994, Rs. C-328/92 (Kommission/Spanien), Rn. 17.
961 Zur Begriffsbestimmung von Co-Marketing und Co-Branding vgl. die Ausführungen auf Seite 17.
962 *Hufnagel*, in: Dieners/Reese, Handbuch des Pharmarechts, 2010, § 14, Rn. 158, 160 – 162.

gliedstaaten nicht untersagt werden. Es sind daher auch Re- bzw. Parallelimporteure zu berücksichtigen.[963]

Ob nun am Markt mehrere Anbieter die Erfüllung des Auftrags sicherstellen können, lässt sich nicht pauschal feststellen. Die Antwort hängt vielmehr vom Bedarf der Krankenkasse, den konkreten Vertragsbedingungen und den tatsächlichen Marktgegebenheiten ab. Daher muss die Krankenkasse im Wege einer Marktforschung untersuchen, ob die weiteren Anbieter im Einzelfall konkret in der Lage sind, in der erforderlichen Menge und mit der gebotenen Versorgungssicherheit zu liefern.[964] Die Tatsache, dass die Versorgung der Versicherten auch ohne einen Rabattvertrag nicht gefährdet ist, hindert dabei die Krankenkassen nicht von ihrem Rabattvertragspartner eine hohe Versorgungssicherheit zu fordern. Denn auch bei patentgeschützten Arzneimitteln hat die Krankenkasse das berechtigte Interesse den größtmöglichen Teil ihres Bedarfs mit den für sie günstigeren rabattierten Arzneimitteln zu decken.[965]

dd) Zusammenfassende Betrachtung

Bei der Ausschreibung von Generika-Rabattverträgen ist das offene Verfahren der Regelfall. Die Voraussetzungen für andere Verfahrensarten (insbesondere das Verhandlungsverfahren) liegen dort nicht vor. Bei der Ausschreibung von Rabattverträgen im Bereich der patentgeschützten Medikamente können hingegen die Voraussetzungen des Verhandlungsverfahrens (ohne vorherige Vergabebekanntmachung) im Einzelfall durchaus erfüllt sein.

Dabei ist aber stets zu berücksichtigen, dass das Verhandlungsverfahren nur ausnahmsweise Anwendung finden soll und seine Tatbestandsmerkmale eng und restriktiv interpretiert werden müssen. § 3 Absatz 4 lit. c) EG-VOL/A[966] ist von dem Gedanken getragen, dass eine Ausschreibung dann sinnlos ist, wenn der

---

963 So auch das OLG Düsseldorf, Beschluss vom 20. Oktober 2008, Az.: VII-Verg 46/08; Beschluss vom 22. Oktober 2008, Az.: I 27 U 2/08. Damit bestätigt der Senat die bisherige Rechtsprechung zu § 3a Nr. 2 lit. c) VOL/A 2006 und seinen europarechtlichen Vorgaben; *Gabriel*, NZS 2008, 455 ff. So jüngst auch die VK Bund in Ihrem Beschluss vom 6. Juli 2011, Az.: VK 3 – 80/11.

964 So auch: *Schickert*, PharmR 2009, 164, 172.

965 VK Bund, Beschluss vom 15. August 2008, Az.: VK 3 – 107/08; Beschluss vom 22. August 2008, Az.: VK 2 – 73/08. Auf diesen Umstand weist *Schickert*, PharmR 2009, 164, 172 zu Recht hin. Mit der Neuregelung des § 129 Absatz 1 Satz 7 SGB V im Zuge des AMNOG hat der Gesetzgeber klargestellt, dass auch der Parallelimporteur grundsätzlich Vertragspartner eines Rabattvertrages sein kann. So sollte der Wettbewerb im Bereich der patentgeschützten Arzneimittel und der entsprechenden Importarzneimittel gestärkt werden (BT-Drs. 17/3698, S. 76). Hierzu auch: *Wolf/Jäkel*, PharmR 2011, 1, 5 f.

966 Entspricht § 3a Nr. 2 lit. c) VOL/A 2006.

Auftrag nur von einem bestimmten Unternehmer ausgeführt werden kann, wenn die Anbieterstruktur m. a. W. durch eine monopolartige Situation gekennzeichnet ist. Nur in diesem Fall soll der Patentinhaber privilegiert werden. Eine weitere Bevorteilung enthält die Vorschrift nicht. Auch im Übrigen steht der Patentinhaber schließlich im Wettbewerb mit anderen.

Hat die beschaffende Krankenkasse ein anzuerkennendes Ausschließlichkeitsrecht (Wirkstoffpatent, ergänzendes Schutzzertifikat, orphan drugs, Darreichungspatent)[967] zum Beschaffungsgegenstand gemacht, genügt dies allein noch nicht, um sich für ein Verhandlungsverfahren nach § 3 Absatz 4 lit. c) EG-VOL/A[968] entscheiden zu können. In einem weiteren Schritt ist exakt zu prüfen, ob wegen des Ausschließlichkeitsrechts eine Alleinstellung vorliegt oder ob es Behandlungsalternativen gibt, der Beschaffungsbedarf hätte mithin extensiver beschrieben werden müssen.[969]

Klare Regeln zur Bestimmung einer solchen Alleinstellung gibt es für den Bereich der Arzneimittel nicht. Ein Rückgriff auf die Substitutionsregeln führt inhaltlich nicht weiter. Hinweise zur Bestimmung einer Alleinstellung lassen sich aber aus den Festbetragsgruppen gewinnen. Vorzugswürdig erscheint im Ergebnis aber ein Rückgriff auf die wettbewerbliche Perspektive aus Sicht des verordnenden Arztes, ist es doch dieser, der für die Krankenkasse die Verordnungsentscheidung trifft. Aus seiner Sicht ist zu entscheiden, ob es eine therapeutische Alternative gibt oder nicht. Es muss daher geprüft werden, ob es auf einem europäischen Markt (denn diesen nimmt das Vergaberecht in Bezug) aus Sicht des Vertragsarztes eine Behandlungsalternative gibt. Um diese Frage zu beantworten, bietet sich ein Rückgriff auf die 3. Ebene des ATC-Codes an, welcher Medikamente nach ihrer Indikation ordnet. Zur Sicherheit sollte diese pauschale Einschätzung über eine detaillierte Marktanalyse verifiziert werden.

Liegt im Ergebnis eine Alleinstellung vor, muss anschließend geprüft werden, ob der so definierte Auftrag nur von einem Unternehmer durchgeführt werden kann. Die Beschaffung des Originalmedikaments darf also bei keinem anderen Anbieter europaweit möglich sein, der ggf. in (preislichem) Wettbewerb mit dem Hersteller des Originalpräparats steht. Das könnte bereits dann der Fall sein, wenn das Arzneimittel zu anderen Preisen auch über Importeure (Re- bzw. Pa-

---

967 Vgl. zur Anerkennung der verschiedenen Patente im Rahmen des Beschaffungsbedarfs die Ausführungen auf Seite 86.

968 Entspricht § 3a Nr. 2 lit. c) VOL/A 2006.

969 So war es auch bei den zwei bisher in der Rechtsprechung behandelten Rabattverträgen im patentgeschützten Bereich. Sowohl bei der Ausschreibung der Techniker Krankenkasse (VK Bund, Beschluss vom 22. August 2008, Az.: VK 3 – 107/08) als auch bei dem de-facto-Rabattvertrag der AOK Baden-Württemberg (VK Bund, Beschluss vom 15. August 2008, Az: VK 2 – 73/08) gab es jeweils therapeutische Alternativen.

rallelimporte) bezogen werden kann oder wenn der Arzneimittelhersteller mehreren Unternehmen Lizenzen für den Vertrieb erteilt hat (Co-Branding bzw. Co-Marketing). In jedem Fall muss die Krankenkasse als öffentliche Auftraggeberin vor der Ausschreibung aber eine sorgfältige Marktanalyse durchführen. Sie muss dabei insbesondere ermitteln, ob alternative Anbieter überhaupt in der Lage sind, die benötigten Mengen über die Vertragslaufzeit zu liefern.

Die Beweislast für das Vorliegen der Voraussetzungen des Verhandlungsverfahrens obliegt dabei demjenigen, der sich auf sie berufen will, also hier den ausschreibenden Krankenkassen. Diesen Beweis kann der öffentliche Auftraggeber aber nicht schon durch den Nachweis führen, dass ein bestimmter Anbieter den Auftrag am besten ausführen kann. Vielmehr muss er beweisen, dass allein dieser Anbieter und allein das betreffenden Produkt in Betracht kommen. Es sind also nachvollziehbare und nachweisbare sachliche Gründe dahingehend erforderlich, dass nur ein bestimmtes Medikament mit einer ganz bestimmten Zusammensetzung und Wirkung, welches exakt dem Patent eines bestimmten Herstellers entspricht, im Rahmen der Beschaffung in Betracht kommt und dieses nur von einem Unternehmen (europaweit) geliefert werden kann und insofern eine Alleinstellung vorliegt.

Liegen die Voraussetzungen für direkte Verhandlungen zwischen der ausschreibenden Krankenkasse und dem Auftragnehmer vor, kann die beschaffende Krankenkasse sich für das Verhandlungsverfahren entscheiden, sie muss es aber nicht. Das Verhandlungsverfahren nach § 3a Nr. 2 lit. c) VOL/A 2006[970] ist fakultativ möglich, es ist nicht obligatorisch[971]. Dies ist Ausdruck des Verfahrensgestaltungsermessens des öffentlichen Auftraggebers.

4. Wirtschaftlichkeit und Anreizsysteme

Die im Zusammenhang mit Arzneimittelrabattverträgen diskutierte Lenkungs- und Steuerungswirkung ist nach der hier vertretenen Auffassung nicht als (ungeschriebenes) Tatbestandsmerkmal des öffentlichen Auftrages anzuerkennen.[972] Rabattverträge über patentgeschützte Medikamente sind unabhängig von einer

---

970 Entspricht § 3 Absatz 4 lit. c) EG-VOL/A.
971 Dies betont das OLG Düsseldorf in seiner »Alpha-Blocker-Entscheidung« vom 20. Oktober 2008, Az.: VII Verg 46/08 zu Beginn einer Argumentation ausdrücklich.
972 Vgl. hierzu die Ausführungen auf Seite 86 ff.

(Um-)Steuerung der Nachfrage auf das rabattierte Produkt als öffentliche Aufträge i. S. d. § 99 GWB anzusehen und unterliegen dem Vergaberecht.[973]

Dies bedeutet aber nicht, dass eine Lenkungs- und Steuerungswirkung für Rabattverträge keinerlei Bedeutung hat. Dies ist sogar sehr wohl der Fall; nur eben nicht für die Frage, ob das Vergaberecht anwendbar ist, sondern für die (möglichst) wirtschaftliche Ausgestaltung des Rabattvertrages. Die Lenkung der Nachfrage und damit die Einräumung eines Wettbewerbsvorteils ist (neben anderen Motiven[974]) für einen pharmazeutischen Unternehmer regelmäßig ausschlaggebend für die Beteiligung an einem Vergabeverfahren und die Abgabe eines konkurrenzfähigen Angebotes.

In diesem Kapitel soll daher die Motivationslage der Beteiligten untersucht und insbesondere herausgearbeitet werden welche Anreizsysteme es zur Nachfragesteuerung gibt.

a) Grundsätzliche Motivationslage der Beteiligten

Ausgangspunkt der weiteren Untersuchung soll dabei ein Überblick über die Motivationslage der pharmazeutischen Industrie sowie der gesetzlichen Krankenversicherungen bilden.

aa) Gesetzliche Krankenversicherung

Im Fokus des Interesses der gesetzlichen Krankenversicherungen steht die wirtschaftliche und damit zugleich kostengünstige Versorgung ihrer Versicherten mit den zur Behandlung erforderlichen Medikamenten.[975] Seit Etablierung und Weiterentwicklung eines Wettbewerbs unter den Krankenkassen haben sich neben der Wirtschaftlichkeit aber auch noch weitere Gründe für eine Beteiligung an Kostensenkungsmodellen herausgebildet.[976]

---

973 Gleiches gilt selbstverständlich auch für die Ausschreibung von Arzneimittelrabattverträgen über Generika. Vgl. hierzu die Ausführungen auf Seite 86.
974 Zur (allgemeinen) Motivationslage der Krankenkassen vgl. die Ausführungen auf Seite 86 – für die Motivation der pharmazeutischen Unternehmer vgl. die Ausführungen auf Seite 86.
975 Dies ergibt sich letztlich aus dem in § 12 SGB V normierten sozialrechtlichen Wirtschaftlichkeitsprinzip. Hierzu etwa: *Scholz*, in: Becker/Kingreen, SGB V, 2. Auflage 2010, § 12 Rn. 1 ff.; *Höfler*, in: Kasseler Kommentar, Sozialversicherungsrecht, 70. Ergänzungslieferung 2011, § 12 Rn. 1 ff.
976 Der Wettbewerb unter den Krankenkassen zeigt sich insbesondere in der Freiheit der Kassenwahl durch die Versicherungspflichtigen nach §§ 173 - 175 SGB V. Zu den Ver-

Exemplarisch seien dabei genannt:

- Weiterentwicklung der Versorgungsstrukturen,
- Qualitätswettbewerb unter den GKVen,
- innovatives Image in der Öffentlichkeit,
- Positionierung als lösungsorientierte Kasse durch Anwendung innovativer Vertragsmodelle (Signal an Politik),
- Einsatz qualitativ hochwertiger Therapieformen,
- Entwicklung von PPP-Projekten im Gesundheitswesen,
- Aufbau von Know-How für neue Kooperationsmöglichkeiten,
- Verbesserung der Information für Patienten,
- Risikoabwälzung,
- Verbesserung der Vorsorge.

bb) Pharmazeutische Industrie

Die pharmazeutischen Unternehmer sind als Wirtschaftsunternehmen hingegen in erster Linie daran interessiert ihre Produkte zu einem möglichst hohen Preis zu verkaufen. Erst die Verwertung des Patentrechts am Markt führt zu dem notwendigen Return on Investment.[977]

Regeln für die Bildung des Marktpreises für patentgeschützte Medikamente existieren derzeit nicht. Zwar regelt die Arzneimittelpreisverordnung (AMPreisV)[978] die Aufschläge auf dem Vertriebsweg, die Festlegung des Herstellerabgabepreises (ApU) bleibt davon allerdings unberührt. Die pharmazeutischen Unternehmen können den Marktpreis damit letztlich frei bestimmen. Nur durch reaktive Markteingriffe wie Verordnungsbeschränkungen[979], Therapiehinweise[980], Festbeträge[981] nach § 35 SGB V oder einen Erstattungshöchstbetrag[982] nach § 31 Absatz 2a SGB V können die Ausgaben der Höhe nach begrenzt werden.

---

tragsstrategien aus Sicht der Krankenkassen vgl. *Hebscher/Sewekow/Ziesemer*, in: Ecker/Preuß/Raski (Hrsg.), Handbuch Direktverträge, S. 97 ff.

977 Die Motivation der pharmazeutischen Unternehmer steht damit in einem engen Zusammenhang zur Preisbildung bei Medikamenten (vgl. zur Preisbildung die Ausführungen auf Seite 22).
978 Arzneimittelpreisverordnung vom 14. November 1980 (BGBl. I S. 2147), zuletzt geändert durch Artikel 7 u. 7d des Gesetzes vom 17. Juli 2009 (BGBl. I, S. 1990).
979 Vgl. hierzu die Ausführungen auf Seite 34 ff.
980 Vgl. hierzu die Ausführungen auf Seite 29.
981 Vgl. hierzu die Ausführungen auf Seite 30 ff.
982 Vgl. hierzu die Ausführungen auf Seite 31.

Hier haben sich durch das Gesetz zur Neuordnung des Arzneimittelmarktes in der gesetzlichen Krankenversicherung (AMNOG)[983] Änderungen ergeben. Seit dem 1. Januar 2011 ist eine völlig freie Preisbildung nur noch im ersten Jahr nach Markteinführung möglich. Für die Folgejahre sind die pharmazeutischen Unternehmen nach § 130b SGB V (i. d. F. des AMNOG[984]) verpflichtet, mit den Krankenkassen Rabatte auszuhandeln. Bei Scheitern entsprechender Verhandlungen ist eine Festlegung des Rabattes durch eine Schiedsstelle vorgesehen. Der Rabatt nach § 130b SGB V (i. d. F. des AMNOG[985]) kann durch Rabattvereinbarungen nach § 130c SGB V (i. d. F. des AMNOG[986]) ergänzt oder abgelöst werden – so sieht es das Gesetz vor.[987] Die Erstattungshöchstbeträge nach § 31 Absatz 2a SGB V entfallen.

Damit verändert sich zwar die Preisbildung im Vergleich zur bisherigen Rechtslage. Dies wird aber wenig an dem geringen Interesse der pharmazeutischen Industrie ändern, sich an (weiteren) Kostensenkungsmodellen, wie Vereinbarungen nach § 130c SGB V (i. d. F. des AMNOG[988]) oder Rabattverträgen während des ersten Jahres nach der Markteinführung zu beteiligten bzw. bei deren Vereinbarung attraktive Rabatte anzubieten. Eine durchgreifende Änderung der Motivationslage ist erst bei Etablierung eines Wettbewerbs zwischen den verschiedenen Anbietern zu erwarten.

Dennoch gibt es auch außerhalb eines Wettbewerbs bereits jetzt verschiedene Gründe sich an entsprechenden Modellen zu beteiligen. Dies gilt zunächst in Bezug auf festbetragsgeregelte Präparate. Festbeträge können die Anbieter von patentgeschützten Arzneimitteln bisweilen vor schwierige Entscheidungen stellen: Wenn sie dem Preisanpassungsdruck der Festbeträge nicht nachgeben, werden sie in den meisten Fällen aus der GKV-Versorgung durch andere Arzneimittel, die zum Festbetrag verfügbar sind und derselben Substanzklasse angehören verdrängt.[989] Um diesem Verdrängungseffekt zu begegnen, müssen die Arzneimittelhersteller häufig dem Preisanpassungsdruck von Festbeträgen nachgeben. Hierdurch kann jedoch eine unerwünschte Referenzpreiswirkung für ausländi-

---

983 Gesetz zur Neuordnung des Arzneimittelmarktes in der gesetzlichen Krankenversicherung (AMNOG) vom 22. Dezember 2010, BGBl. I, S. 2262.

984 Gesetz zur Neuordnung des Arzneimittelmarktes in der gesetzlichen Krankenversicherung (AMNOG) vom 22. Dezember 2010, BGBl. I, S. 2262.

985 Gesetz zur Neuordnung des Arzneimittelmarktes in der gesetzlichen Krankenversicherung (AMNOG) vom 22. Dezember 2010, BGBl. I, S. 2262.

986 Gesetz zur Neuordnung des Arzneimittelmarktes in der gesetzlichen Krankenversicherung (AMNOG) vom 22. Dezember 2010, BGBl. I, S. 2262.

987 Vgl. hierzu die Ausführungen auf Seite 86 ff.

988 Gesetz zur Neuordnung des Arzneimittelmarktes in der gesetzlichen Krankenversicherung (AMNOG) vom 22. Dezember 2010, BGBl. I, S. 2262.

989 *Reese/Stallberg*, in: Dieners/Reese, Handbuch des Pharmarechts, 2010, § 17 Rn. 313.

sche Märkte entstehen. Rabattverträge haben demgegenüber den Vorteil, dass die offiziellen Abgabepreise unverändert bleiben. Insofern könnte ihr Abschluss für die pharmazeutischen Unternehmen vorteilhaft sein.[990]

Ähnliche Erwägungen gelten, wenn ein Verordnungsausschluss oder eine Verordnungseinschränkung über die Arzneimittelrichtlinien droht. So hat der Gemeinsame Bundesausschuss nach § 92 Absatz 1 Satz 2 Nr. 6 SGB V die Befugnis, die Verordnung von Arzneimitteln im Rahmen der gesetzlichen Krankenversicherung einzuschränken oder auszuschließen, wenn der therapeutische Nutzen oder die Wirtschaftlichkeit nicht hinreichend nachgewiesen ist.[991]

Bisweilen kann der Abschluss von Rabattverträgen auch generell dazu dienen regulatorischen Eingriffen vorzubeugen, die sich an hohen Therapiekosten einzelner Arzneimittel entzünden.[992] Ein weiterer Beweggrund eines Herstellers sein (noch) patentgeschütztes Präparat einer rabattvertraglichen Regelung zu unterstellen, kann der bevorstehende Ablauf des Patents sein. Mit Wegfall des Patentschutzes muss sich der Hersteller des Originalpräparats dem generischen Wettbewerb stellen und ist lediglich einer von vielen Anbietern wirkstoffgleicher Produkte auf dem Markt. Der frühzeitige Abschluss von Rabattverträgen kann im Rahmen eines Life-cycle-managements[993] daher dazu beitragen die Marktstellung möglichst lange zu verteidigen. Als weitere zentrale Gesichtspunkte seien genannt:

- Werbung,
- positives Image in der Öffentlichkeit,
- Botschaft: Pharmaunternehmen als *Responsible Innovator*,
- Ausbau der eigenen Marktposition durch Wettbewerbsvorteile,
- Durchführung von Untersuchungsreihen (Forschung),
- Generierung von Informationen außerhalb klinischer Studien,
- Aufbau von Know-How und Kontakten,
- Suche nach neuen Kooperationsformen mit Krankenkassen,
- Synergieeffekte (z. B. Diabetes/Ernährungsberatung).

---

990 *Reese/Stallberg*, in: Dieners/Reese, Handbuch des Pharmarechts, 2010, § 17 Rn. 313.
991 *Reese/Stallberg*, in: Dieners/Reese, Handbuch des Pharmarechts, 2010, § 17 Rn. 314.
992 *Reese/Stallberg*, in: Dieners/Reese, Handbuch des Pharmarechts, 2010, § 17 Rn. 314.
993 *Reese/Stallberg*, in: Dieners/Reese, Handbuch des Pharmarechts, 2010, § 17 Rn. 315.

b) Nachfragesteuerung bei Verträgen über patentgeschützte Medikamente

Wie die Entwicklung bei Generika-Rabattverträgen (hier die Substitutionsverpflichtung nach § 129 Absatz 1 SGB V) gezeigt hat, genügt diese Motivationslage i. d. R. nicht. Die pharmazeutischen Unternehmen sind nur im Gegenzug zu starken Wettbewerbsvorteilen bereit, sich an Rabattverträgen zu beteiligen und hohe Rabatte anzubieten.[994]

aa) Einleitung

Schon bei »normalen« Rahmenvereinbarungen nach § 4 EG-VOL/A[995] ist für den Unternehmer ungewiss, ob und in welchem Umfang seine Leistung durch den öffentlichen Auftraggeber abgerufen wird. Bei Rabattverträgen wird diese strukturelle Unsicherheit noch dadurch verstärkt, dass der Abruf der Einzelleistung nicht unmittelbar durch die Krankenkassen als Rahmenvertragspartner erfolgt, sondern durch den behandelnden Arzt bzw. den Apotheker. Auf deren Entscheidung haben die gesetzlichen Krankenkassen aber keinen unmittelbaren Einfluss. Diese (weitere) Unsicherheit führt zwangsläufig dazu, dass der pharmazeutische Unternehmer noch schlechter als bei »normalen« Rahmenvereinbarungen kalkulieren kann. Er wird daher möglicherweise den Aufwand scheuen, sich überhaupt an einem Rabattvertrag zu beteiligen und zudem nicht an sein kalkulatorisches Limit gehen. Rein wirtschaftlich betrachtet ist es daher von entscheidender Bedeutung die Nachfrage auf das rabattierte Präparat (um-) zu lenken.

Diese Steuerung kann auf verschiedenen Ebenen ansetzen. In Betracht kommen der verordnende Arzt, der abgebende Apotheker und nicht zuletzt der Versicherte selbst.

Bei Generika-Rabattverträgen steht die Steuerung des Abgabeverhaltens des Apothekers im Vordergrund. Dieser wird unter den Voraussetzungen des § 129 Absatz 1 SGB V i. V. m. § 4 RahmenV[996] verpflichtet das Rabattvertragsmedika-

---

994 *Schickert*, PharmR 2009, 164, 169 weist zutreffend darauf hin, dass Anreizmechanismen, die nach dem Sozialrecht nur geschaffen werden können, auch vereinbart werden müssen. Nur dann kann von einer Steuerung die Rede sein. Dabei ist anzunehmen, dass die Krankenkasse all diejenigen fakultativen Steuermechanismen aktivieren wird, die für sie zu einem möglichst hohen Rabatt führen.

995 Entspricht § 3a Nr. 4 VOL/A 2006.

996 Rahmenvertrag über die Arzneimittelversorgung nach § 129 Absatz 2 SGB V in der Fassung vom 1. Februar 2011 zwischen den Spitzenverbänden der Krankenkassen und dem Deutschen Apothekerverband e. V.

ment vorrangig abzugeben.[997] Die Steuerung der Verordnungsentscheidung des Arztes und das Verhalten des Versicherten spielen demgegenüber nur eine untergeordnete Rolle.

Dies ist bei patentgeschützten Medikamenten anders. Die Entscheidung des Apothekers wird hier nicht über § 129 Absatz 1 SGB V sondern »nur« über § 5 RahmenV[998] (Importquote) gelenkt. Diese Steuerung ist aber bei weitem nicht so stark wie diejenige des § 129 Absatz 1 SGB V. Der Steuerung der Verordnungsentscheidung des Vertragsarztes kommt daher eine viel größere Bedeutung zu. Sie ist Dreh- und Angelpunkt. Der Vertragsarzt muss sich für ein rabattiertes Medikament und gegen das nicht rabattierte Präparat entscheiden.[999] Nur wenn dies effektiv gelingt, also ein signifikanter Teil der Nachfrage über den Vertragsarzt auf das rabattierte Medikament (um-)gelenkt werden kann, wird der pharmazeutische Unternehmer einen höheren Rabatt anbieten (können). Nur dann erlangt er nämlich einen wirtschaftlichen Vorteil gegenüber seinen Mitbewerbern und kann über die Mengenerhöhung seinen Verkaufspreis senken.[1000] Allerdings hat die Krankenkasse wegen der Therapiefreiheit keinen gezielten Einfluss auf dessen Entscheidung. Sie darf insbesondere nicht verbindlich vorgeben, welches

997 *Hess*, in: Kasseler Kommentar, Sozialversicherungsrecht, 70. Ergänzungslieferung 2011, § 129 Rn. 4 ff.; *Axer*, in: Becker/Kingreen, SGB V, 2. Auflage 2010, § 129 Rn. 8 ff.; *Joussen*, in: Rolfs/Giesen/Kreikebohm/Udsching (Hrsg.), Beck'scher Online-Kommentar Sozialrecht, Stand: 01.09.2011, Edition: 23, § 129.

998 Rahmenvertrag über die Arzneimittelversorgung nach § 129 Absatz 2 SGB V in der Fassung vom 1. Februar 2011 zwischen den Spitzenverbänden der Krankenkassen und dem Deutschen Apothekerverband e. V.

999 Das LSG Baden-Württemberg geht in seiner Entscheidung vom 28. August 2008, Az.: L 11 KR 4810/08 ER-B davon aus, dass die Steuerungs- und Lenkungsinstrumente auf die Entscheidung des Arztes gar keinen Einfluss haben können. Der Arzt entscheide primär hinsichtlich des therapeutischen Nutzens eines Arzneimittels und nicht nach Kostengesichtspunkten, so dass dem Rabattvertrag auch über andere Mechanismen keine Steuerungswirkung zukomme. So auch *Lietz/Natz*, A&R 2009, 3, 6 unter Verweis auf Nr. 12 Satz 1 der Richtlinien über die Verordnung von Arzneimitteln in der vertragsärztlichen Versorgung (Arzneimittelrichtlinien – AM-RL) in der Fassung vom 31. August 1993, Stand vom 30. Juli 2008. Dieser Auffassung ist indes nicht zu folgen. Schon die Praxis der Wirtschaftlichkeitsprüfung nach § 106 SGB V zeigt, dass sich die Vertragsärzte in ihrer Verordnungsentscheidung durchaus durch Wirtschaftlichkeitserwägungen beeinflussen lassen. Dies ist ja auch konsequent, müssen sie sich doch über die abgerechneten Leistungen finanzieren.

1000 Die Bedeutung der Lenkungs- und Steuerungswirkung zur effektiven Durchführung des Rabattvertrages wird auch daran deutlich, dass die Techniker Krankenkasse (TKK) im Rahmen des Rabattvertrages zur Beschaffung von TNF-Alpha-Blockern (VK Bund, Beschluss vom 22. August 2008, Az.: VK 2 – 73/08, S. 7 f. des Beschlussumdrucks) von den Bietern ein Konzept zur effektiven Steuerung des Rabattvertrages verlangen und mit in die Wertung einbeziehen. Die Techniker Krankenkasse ist dabei (Beschlussumdruck S. 34) davon ausgegangen, dass die vereinbarten Fördermaßnahmen in Verbindung mit den sozialrechtlichen Anreizmechanismen von einer Umsatzsteigerung von 50 % ausgeht.

Arzneimittel im konkreten Behandlungsfall zu verwenden ist.[1001] Für den Vertragsarzt muss im Einzelfall stets die Möglichkeit bestehen ein anderes als das rabattierte Arzneimittel zu verordnen.

bb) Vorstellung und Bewertung der verschiedenen Steuerungsinstrumente

Die verschiedenen Möglichkeiten zur Steuerung der Nachfrage sollen vor diesem Hintergrund im Folgenden vorgestellt und bewertet werden.

(1) Substitution nach § 129 Absatz 1 SGB V

Bei Generika-Rabattverträgen wird die Nachfrage höchst effektiv[1002] durch die in § 129 Absatz 1 SGB V verankerte Aut-idem-Substitution auf die Rabattvertragsmedikamente (um-)gelenkt. Weitere Lenkungs- und Steuerungsinstrumente sind dagegen dort von untergeordneter Bedeutung.

Genau dieses effektive Steuerungsinstrument lässt sich auf Rabattverträge im Bereich der patentgeschützten Originalpräparate aber nicht anwenden.[1003]

Bei indikationsbezogener Ausgestaltung des Beschaffungsbedarfs folgt dies schon aus der Wirkstoffverschiedenheit der erfassten Präparate. Die Anwendung des § 129 Absatz 1 SGB V auf wirkstoffverschiedene Medikamente geht klar über den Wortlaut der Vorschrift hinaus. Mit Blick auf die Wortlautgrenze scheidet auch eine Analogie aus.

Gleiches gilt auch für eine wirkstoffbezogene Ausschreibung. Zwar enthalten auch Re- bzw. Parallelimporte des Originalarzneimittels den gleichen Wirkstoff. Im Ergebnis muss die Anwendung des § 129 Absatz 1 SGB V mit Blick auf § 5 des RahmenV[1004] jedoch ausscheiden.[1005] Diese Vorschrift enthält eine zur För-

---

1001 Eine solche Vorgabe würde einen nicht gerechtfertigten Eingriff in die ärztliche Therapiefreiheit darstellen. So auch *Schickert*, PharmR 2009, 164, 171.

1002 Die AOKen erreichen mit ihren Generika-Rabattverträgen inzwischen Umsetzungsquoten von 70 % und mehr. Diese Zahl wird in den Verdingungsunterlagen zur AOK-Ausschreibung (EU-Abl.: 2010/S 199-303581 vom 13. Oktober 2010) unter Punkt II. 2. 1. genannt.

1003 So auch ausdrücklich: *Schickert*, PharmR 2009, 164, 169; *Lietz/Natz*, A&R 2009, 3, 6; *Gabriel/Weiner*, NZS 2009, 422, 423; VK Bund, Beschluss vom 22. August 2008, Az.: VK 2 – 73/08; LSG Baden-Württemberg, Beschluss vom 28. Oktober 2008, Az.: L 11 KR 481/08 ER-B.

1004 Rahmenvertrag über die Arzneimittelversorgung nach § 129 Absatz 2 SGB V in der Fassung vom 1. Februar 2011 zwischen den Spitzenverbänden der Krankenkassen und dem Deutschen Apothekerverband e. V.

1005 VK Bund, Beschluss vom 22. August 2008, Az.: VK 2 – 73/08, Beschlussumdruck S. 25.

derung der Abgabe von Importpräparaten speziellere Regelung.[1006] Zwar ist
§ 129 Absatz 1 SGB V durch das Gesetz zur Neuordnung des Arzneimittelmarktes in der gesetzlichen Krankenversicherung (AMNOG)[1007] modifiziert
worden. Dies hat sich auf eine Steuerung der Abgabe bei patentgeschützten Medikamenten aber nicht ausgewirkt.

(2) Steuerung über § 92 SGB V durch den Gemeinsamen Bundesausschuss

Die Nachfrage wird auch über § 92 SGB V durch den Gemeinsamen Bundesausschuss (G-BA) gesteuert, wobei zwei Steuerungsmechanismen zu unterscheiden
sind.

Zunächst werden in der, auf Basis von § 92 Absatz 1 Satz 2 Nr. 6 SGB V er-
lassenen Arzneimittelrichtlinie (AM-RL)[1008], Leistungseinschränkungen oder
Leistungsausschlüsse bei der Arzneimittelversorgung geregelt. Diese Befugnis
hat der Gesetzgeber im Gesetzes zur Neuordnung des Arzneimittelmarktes in der
gesetzlichen Krankenversicherung (AMNOG)[1009] aufgegriffen und bestimmt,
dass der Gemeinsame Bundesausschuss (G-BA) zukünftig die Verordnung eines
Arzneimittels nur dann einschränken oder ausschließen kann, wenn die Wirtschaftlichkeit nicht durch einen Festbetrag oder die Vereinbarung eines Erstat-
tungsbetrags nach § 130b SGB V (i. d. F. des AMNOG[1010]) hergestellt werden
kann. Dies steuert zwar nicht das Verordnungsverhalten des Arztes, führt aber
dazu, dass die pharmazeutischen Unternehmer beinahe verpflichtet werden, für
innovative Medikamente einen Vertrag nach § 130b SGB V (i. d. F. des AM-
NOG[1011]) abzuschließen, droht ihnen doch sonst unter Umständen der Verordnungsausschluss bzw. die Verordnungseinschränkung.

1006 VK Bund, Beschluss vom 22. August 2008, Az.: VK 2 – 73/08, Beschlussumdruck S. 25.
1007 Gesetz zur Neuordnung des Arzneimittelmarktes in der gesetzlichen Krankenversicherung (AMNOG) vom 22. Dezember 2010, BGBl. I, S. 2262.
1008 Richtlinie des Gemeinsamen Bundesausschusses über die Verordnung von Arzneimitteln
in der vertragsärztlichen Versorgung (AM-RL) in der Fassung vom 18. Dezember 2008 /
22. Januar 2009 veröffentlicht im Bundesanzeiger 2009, Nr. 49a, zuletzt geändert am 23.
Juni 2011, veröffentlicht im Bundesanzeiger Nr. 144: S. 3328, in Kraft getreten am 23.
September 2011.
1009 Gesetz zur Neuordnung des Arzneimittelmarktes in der gesetzlichen Krankenversicherung (AMNOG) vom 22. Dezember 2010, BGBl. I, S. 2262.
1010 Gesetz zur Neuordnung des Arzneimittelmarktes in der gesetzlichen Krankenversicherung (AMNOG) vom 22. Dezember 2010, BGBl. I, S. 2262.
1011 Gesetz zur Neuordnung des Arzneimittelmarktes in der gesetzlichen Krankenversicherung (AMNOG) vom 22. Dezember 2010, BGBl. I, S. 2262.

Daneben wird die Nachfrage auch über die Therapiehinweise[1012] nach § 92 Absatz 2 Satz 1, 7 SGB V gesteuert. Dabei werden vom Gemeinsamen Bundesausschuss (G-BA) Arzneimittel zunächst nach Indikationsgebieten und Stoffgruppen so zusammengestellt, dass dem Arzt ein Preisvergleich sowie die Auswahl therapiegerechter Verordnungsmengen ermöglicht wird. Gleichzeitig sind zu den einzelnen Indikationsgebieten Hinweise aufzunehmen aus denen sich für Arzneimittel mit pharmakologisch vergleichbaren Wirkstoffen oder therapeutisch vergleichbarer Wirkung eine Bewertung des therapeutischen Nutzens auch im Verhältnis zu den Kosten und damit zur Wirtschaftlichkeit der Verordnung ergibt.[1013]

Außerdem erlässt der Gemeinsame Bundesausschuss (G-BA) Hinweise nach § 92 Absatz 2 Satz 7 SGB V, die auf das Verordnungsverhalten der Ärzte, insbesondere beim Einsatz meist neuer und hochpreisiger Wirkstoffe in der ambulanten Versorgung, Einfluss nehmen sollen.[1014] Sie konkretisieren das Wirtschaftlichkeitsgebot und informieren über Indikation, Wirkungen, Wirksamkeit sowie Risiken neuer Arzneimittel. Diese Arzneimittel werden häufig im Vergleich zu anderen Therapiemöglichkeiten nach ihrem Nutzen, ihren Kosten sowie ihrer wissenschaftlichen Datenlage bewertet. Diese Hinweise gehören als Teil der Arzneimittelrichtlinien zu den Bundesmantelverträgen (vgl. § 92 Absatz 8 SGB V) und sind für die Ärzte verbindlich.[1015] Eine abweichende Verordnung ist dabei nicht automatisch unwirtschaftlich, jedoch ist faktisch auf Seiten des Arztes ein gewisser Rechtfertigungsdruck gegeben, wenn die Verordnungspraxis im Widerspruch zu einem Therapiehinweis steht.[1016]

Durch das Gesetz zur Neuordnung des Arzneimittelmarktes in der gesetzlichen Krankenversicherung (AMNOG)[1017] haben sich im Bereich der Therapiehinweise nach § 92 Absatz 2 Satz 1 und Satz 7 SGB V einige Änderungen ergeben. In Absatz 2 ist ein Passus aufgenommen worden, wonach die Therapiehinweise Anteile einzelner Wirkstoffe an den Verordnungen im Indikati-

---

1012 *Schmidt de Caluwe*, in Becker/Kingreen, SGB V, 2. Auflage 2010, § 92 Rn. 20 ff.; *Roters*, in: Kasseler Kommentar, Sozialversicherungsrecht SGB V, 67. Ergänzungslieferung, § 92 Rn. 33ff; *Sproll*, in: Krauskopf, Soziale Krankenversicherung, 71. Ergänzungslieferung 2010, § 92 Rn. 30 ff.

1013 Vgl. hierzu auch die Ausführungen auf Seite 34 ff.

1014 *Schmidt-De Caluwe*, in: Becker/Kingreen, SGB V, 2. Auflage 2010, § 92 Rn. 21; *Beier*, in: Schlegel/Voelzke (Hrsg.), SGB V, Gesetzliche Krankenversicherung, 2008, § 92 Rn. 61.

1015 a.A. *Roters*, in: Kasseler Kommentar, Sozialversicherungsrecht, SGB V, 67. Ergänzungslieferung 2010, § 92 Rn. 33.

1016 *Reese/Stallberg*, in: Dieners/Reese, Handbuch des Pharmarechts, 2010, § 17, Rn. 251.

1017 Gesetz zur Neuordnung des Arzneimittelmarktes in der gesetzlichen Krankenversicherung (AMNOG) vom 22. Dezember 2010, BGBl. I, S. 2262.

onsgebiet vorsehen können. Diese Neuregelung stellt einen Bezug zur indikationsbezogenen Beschaffung patentgeschützter Medikamente her. Ist ein bestimmter Wirkstoff zur Behandlung einer bestimmten Erkrankung besonders preiswert, kann ihm in den Therapiehinweisen ein besonderes Gewicht zugeordnet werden und so die Nachfrage auf diesen gesteuert werden. Insofern könnte sich die Steuerungswirkung in der Zukunft sogar noch erhöhen.

(3) Wirtschaftlichkeitsprüfung nach § 106 SGB V

Als Lenkungs- bzw. Steuerungsinstrument kommt auch die Wirtschaftlichkeitsprüfung nach § 106 SGB V in Betracht.[1018] In Absatz 1 der Vorschrift ist vorgesehen, dass die Wirtschaftlichkeit der vertragsärztlichen Versorgung durch die Krankenkassen sowie die Kassenärztlichen Vereinigungen überwacht wird.[1019] Hierzu sind in § 106 Absatz 2 SGB V zwei verschiedene Instrumente vorgesehen: Die Auffälligkeitsprüfung nach § 106 Absatz 2 Nr. 1 SGB V und die Zufälligkeitsprüfung nach § 106 Absatz 2 Nr. 2 SGB V.

Für die Steuerung der Arzneimittelabgabe ist jedoch nur die Auffälligkeitsprüfung[1020] nach § 106 Absatz 2 Nr. 1 SGB V von Bedeutung. Sie erfasst die Abweichungen des ärztlichen Verhaltens von vereinbarten Richtgrößenvolumina[1021] nach § 84 Absatz 6 SGB V. Diese Richtgrößen wiederum erfassen das kalenderjährliche Volumen der je Arzt verordneten Arznei- und Verbandmittel arztgruppenspezifisch als Durchschnittswerte. Überschreitet das Verordnungsverhalten diese Richtgrößenvolumina um mehr als 25 %, sieht das Gesetz in § 106 Absatz 5a Satz 3 SGB V die Verpflichtung zur Erstattung des Mehraufwandes vor, sofern diese Überschreitung nicht durch Praxisbesonderheiten gerechtfertigt ist.

Vor diesem Hintergrund ist davon auszugehen, dass sich Ärzte im Bereich der besonders teuren patentgeschützten Medikamente im Hinblick auf eine drohende

---

1018 *Scholz*, in: Becker/Kingreen, SGB V, 2. Auflage 2010, § 106 Rn. 1 ff.; *Hess*, in: Kasseler Kommentar, Sozialversicherungsrecht, SGB V, 70. Ergänzungslieferung 2011, § 106 Rn. 2; *Krauskopf*, in: Krauskopf, Soziale Krankenversicherung, Pflegeversicherung, 73. Ergänzungslieferung 2011, § 106 Rn. 11.

1019 Hierzu in Bezug auf Rabattverträge im Bereich der patentgeschützten Medikamente (allerdings unter dem Ansatzpunkt des öffentlichen Auftrags), *Schickert*, PharmR 2009, 164, 169.

1020 *Hess*, in: Kasseler Kommentar, Sozialversicherungsrecht, 70. Ergänzungslieferung 2011, § 106 Rn. 14 f.; *Clemens*, in: Schlegel/Voelzke (Hrsg.), jurisPK, SGB V, Gesetzliche Krankenversicherung, § 106 Rn. 226 ff., 232 ff.

1021 *Wehebrink*, in: Rolfs/Giesen/Kreikebohm/Udsching (Hrsg.), Beck'scher Online-Kommentar Sozialrecht, Stand: 01.09.2011, Edition: 23, § 106 Rn. 2.

Regressgefahr[1022], jedenfalls im Regelfall, für die Verschreibung eines rabattierten Arzneimittels entscheiden werden. Erweitert wird die so begründete Lenkungswirkung über § 106 Absatz 2 Satz 8 SGB V. Danach unterliegt ein Arzt dann keiner Auffälligkeitsprüfung, wenn er einem Arzneimittelrabattvertrag beigetreten ist. Der Gesetzgeber geht hier offenbar davon aus, dass die Wirtschaftlichkeit der Verordnung nicht mehr durch die Auffälligkeitsprüfung kontrolliert werden muss, sondern im Rabattvertrag oder zumindest anlässlich des Beitritts des Arztes geregelt wird.[1023] Der Rabattvertrag selbst oder die Beitrittsvereinbarung müssen daher Steuerungsinstrumente enthalten.[1024] Dies setzt aber voraus, dass ein Rabattvertrag eine solche Beitrittsmöglichkeit überhaupt vorsieht und der Vertragsarzt von der Beitrittsmöglichkeit Gebrauch gemacht hat.

Diese Richtgrößenprüfung kann nach dem Gesetz zur Neuordnung des Arzneimittelmarktes in der gesetzlichen Krankenversicherung (AMNOG)[1025] ab dem 1. Januar 2011 entfallen und nach § 106 Absatz 3b SGB V (i. d. F. des AMNOG[1026]) durch eine arztbezogene Prüfung ärztlich verordneter Leistungen bezogen auf die Wirkstoffauswahl und die Wirkstoffmenge im jeweiligen Anwendungsgebiet ersetzt werden. Zu diesem Zweck sollen für verschiedene Wirkstoffe und Wirkstoffgruppen Verordnungsanteile und Wirkstoffmengen in den jeweiligen Anwendungsgebieten für Vergleichsgruppen von Ärzten bestimmt werden. Dabei sollen auch die Richtlinien nach § 92 Absatz 1 Satz 2 sowie § 84, § 130b oder § 130c SGB V und die Hinweise nach § 73 Absatz 8 Satz 1 SGB V berücksichtigt werden. Eine solche Vereinbarung kann Bezug zu Rabattvereinbarungen nach § 130c SGB V (i. d. F. des AMNOG[1027]) (und wohl auch den übrigen Rabattverträgen) herstellen und so die Abgabe auf das vertragsgegenständliche Arzneimittel umleiten. Die Richtgrößenprüfung wird daher in Zukunft noch stärker als schon bisher durch das Bestehen von Rabattverträgen beeinflusst sein. Verordnet der Arzt viele rabattierte Medikamente, muss er einen Regress nicht fürchten – im anderen Fall hingegen sehr wohl.

1022 Rabatte nach § 130a Absatz 8 SGB V sind bei der Festsetzung eines Regressbetrags schon nach allgemeinen Grundsätzen herauszurechnen. Dem Arzt darf im Rahmen eines Regresses nur insoweit eine Zahlungspflicht auferlegt werden, als die Krankenkasse tatsächlich belastet ist (Nettobelastung).
1023 *Schickert*, PharmR2009, 164, 169.
1024 *Schickert*, PharmR2009, 164, 169.
1025 Gesetz zur Neuordnung des Arzneimittelmarktes in der gesetzlichen Krankenversicherung (AMNOG) vom 22. Dezember 2010, BGBl. I, S. 2262.
1026 Gesetz zur Neuordnung des Arzneimittelmarktes in der gesetzlichen Krankenversicherung (AMNOG) vom 22. Dezember 2010, BGBl. I, S. 2262.
1027 Gesetz zur Neuordnung des Arzneimittelmarktes in der gesetzlichen Krankenversicherung (AMNOG) vom 22. Dezember 2010, BGBl. I, S. 2262.

(4) Wechselwirkung zwischen Rabattvertrag und der Importquote

Eine Lenkungswirkung könnte sich auch aus der Wechselwirkung zwischen Rabattvertrag und der Importquote nach § 5 RahmenV[1028] ergeben.[1029] Hierbei kommt hinzu, dass sich der Apotheker mit der Abgabe eines rabattierten Originalpräparates die (häufige) Diskussionen über die Gleichwertigkeit des Importarzneimittels erspart.

Nach § 5 RahmenV[1030] sind die Apotheken grundsätzlich verpflichtet anstelle teurerer Originalarzneimittel in einem bestimmten Umfang Importmedikamente abzugeben.[1031] Zu diesem Zweck wird eine Importquote vereinbart. Derzeit sind die Apotheken verpflichtet fünf Prozent ihres Fertigarzneimittelumsatzes über Importmedikamente abzudecken, wobei sie gleichzeitig eine Wirtschaftlichkeitsreserve von zehn Prozent des mit der Importquote festgelegten Umsatzes erzielen müssen. Erreicht der Apotheker die vereinbarte Wirtschaftlichkeitsreserve nicht, so vermindert sich auch seine Rechnungsforderung gegenüber den Krankenkassen. Damit wird ein klarer Anreiz für die Abgabe von Importmedikamenten gegenüber den Originalpräparaten geschaffen.

Bei Bestehen eines Rabattvertrages wird diese Regelung jedoch modifiziert. Ist ein Rabattvertrag abgeschlossen worden und stehen neben dem rabattbegünstigten Arzneimittel keine generischen, sondern ausschließlich importierte Arzneimittel zur Auswahl, ist der Apotheker nach § 5 Absatz 1 Satz 4 RahmenV[1032] berechtigt zwischen dem Rabattvertragsarzneimittel und dem Importpräparat frei zu wählen, wenn der Preis des Importmedikamentes mindestens 15 % oder 15 Euro unter dem Rabattarzneimittel liegt. In der Praxis wird diese Wahl mit Blick auf den höheren Umsatz und Gewinn wohl regelmäßig zugunsten des rabattier-

---

1028 Rahmenvertrag über die Arzneimittelversorgung nach § 129 Absatz 2 SGB V zwischen dem Spitzenverband Bund der Krankenkassen und dem Deutschen Apothekerverband i. d. F. vom 7. Dezember 2009.

1029 Dieses Steuerungsinstrument war auch Gegenstand des Rabattvertrages der TK zur Beschaffung von TNF-Alpha-Blockern (VK Bund, Beschluss vom 22. August 2008, Az.: VK 2 – 73/08, S. 6 des Beschlussumdrucks). In Anlage 1 zum Rabattvertrag war unter Abs. 2 lit. a) ausdrücklich vorgesehen, dass die Krankenkassen zur Förderung des Vertrages Steuerungsaktivitäten zur bevorzugten Abgabe nach § 5 RahmenV über die Arzneimittelversorgung nach § 129 Abs. 2 SGB V vornehmen. Kritisch zum Umfang der Lenkungswirkung der Importquote bei Rabattverträgen über patentgeschützte Medikamente: *Schickert*, PharmR 2009, 164, 170.

1030 Rahmenvertrag über die Arzneimittelversorgung nach § 129 Absatz 2 SGB V zwischen dem Spitzenverband Bund der Krankenkassen und dem Deutschen Apothekerverband i. d. F. vom 7. Dezember 2009.

1031 *Reese/Stallberg*, in: Dieners/Reese, Handbuch des Pharmarechts, 2010, § 17 Rn. 298 ff.

1032 Rahmenvertrag über die Arzneimittelversorgung nach § 129 Absatz 2 SGB V zwischen dem Spitzenverband Bund der Krankenkassen und dem Deutschen Apothekerverband i. d. F. vom 7. Dezember 2009.

ten Originalpräparates ausgeübt werden. Besteht also ein Rabattvertrag wird die Nachfrage damit über § 5 Absatz 2 Satz 4 RahmenV[1033] von den Importpräparaten weg hin zu den Rabattvertragsmedikamenten gelenkt.[1034]

Gleichzeitig bleiben bei der Bemessung der Fertigarzneimittelumsätze für die Bestimmung der Importquote nach § 5 Absatz 3 Satz 5 des RahmenV[1035] abgegebene rabattbegünstigte Arzneimittel bei der Ermittlung des Fertigarzneimittelumsatzes unberücksichtigt. Die Abgabe von Rabattpräparaten erhöht also weder das quotengemäß zu erreichende Importvolumen noch die zu erzielende Wirtschaftlichkeitsreserve. Diese Privilegierung des Anbieters rabattbegünstigter Arzneimittel ist auch beachtlich. Dies deshalb, weil der Apotheker die von ihm zu erfüllende Importquote auch dadurch erreichen könnte, dass er preisgünstige Importarzneimittel abgibt, obwohl ein rabattbegünstigtes Bezugsarzneimittel vorhanden ist. Mit der Abgabe des preisgünstigen Importarzneimittels für solche Präparate, für die auch rabattbegünstigte Originalarzneimittel zur Verfügung stehen, kann der Apotheker eine bestehende Importlast zwar genauso gut senken wie durch die Abgabe preisgünstiger Importarzneien bei Wirkstoffen für die kein rabattbegünstigtes Originalarzneimittel vorhanden ist. Hierdurch würde er jedoch den Vorteil verschenken, dass er das rabattbegünstigte Originalarzneimittel abgeben könnte, ohne dass sich dadurch sein für die Importquote maßgeblicher Fertigarzneimittelgesamtumsatz und damit seine Importlast und die von ihm zwingend zu erreichende Wirtschaftlichkeitsreserve erhöhen würde.[1036] Erfüllt der Apotheker dagegen die bestehende Importlast mit Importarzneimitteln, für die ein rabattbegünstigtes Originalarzneimittel existiert und gibt er deshalb nicht rabattbegünstigte Originalarzneimittel ab, so führt dies dazu, dass sich sein importquotenrelevanter Fertigarzneimittelumsatz erhöht. Damit wird insgesamt deutlich, dass, gleiche Bedingungen unterstellt, ein Anreiz für den Apotheker besteht für die Erfüllung der Importlast nicht auf solche Importarzneimittel zurückzugreifen, für deren Wirkstoff ein rabattbegünstigtes Originalarzneimittel vorhanden ist, sondern hierfür Importmedikamente zu verwenden, für deren Wirkstoff eben gerade kein rabattbegünstigtes Originalpräparat existiert, was insofern zu einer Verschiebung der Nachfrage führt.

1033 Rahmenvertrag über die Arzneimittelversorgung nach § 129 Absatz 2 SGB V zwischen dem Spitzenverband Bund der Krankenkassen und dem Deutschen Apothekerverband i. d. F. vom 7. Dezember 2009.

1034 VK Bund, Beschluss vom 22. August 2008, Az.: VK 2 – 73/08, Beschlussumdruck S. 28 ff.

1035 Rahmenvertrag über die Arzneimittelversorgung nach § 129 Absatz 2 SGB V zwischen dem Spitzenverband Bund der Krankenkassen und dem Deutschen Apothekerverband i. d. F. vom 7. Dezember 2009.

1036 VK Bund, Beschluss vom 22. August 2008, Az.: VK 2 – 73/08, Beschlussumdruck S. 31 ff.

Der Abschluss einer Rabattvereinbarung wird sich daher umsatzsteigernd für den Rabattvereinbarungspartner auswirken und setzt damit einen ganz klaren Anreiz für die Beteiligung an einem Rabattvertrag und für das Angebot eines günstigen Preises.[1037]

(5) Zuzahlungsbefreiungen für den Patienten

Nach Maßgabe des § 31 Absatz 3 Satz 5 SGB V besteht für die Krankenkasse die Möglichkeit die vom Versicherten zu leistende Zuzahlung bei der Abgabe rabattierter Arzneimittel um die Hälfte zu ermäßigen oder gar völlig aufzuheben.[1038] So hieß es in dem Vertrag der Techniker Krankenkasse zur Beschaffung von TNF-Alpha-Blockern welcher Gegenstand des oben vorgesellten Verfahrens[1039] war:

> »Die Vertragsparteien verständigen sich darüber, dass für alle vertragsgegenständlichen Arzneimittel immer eine **kassenindividuelle Zuzahlungsbefreiung in voller Höhe nach § 31 Absatz 3 Satz 5 SGB V** durch die Krankenkasse ausgesprochen wird. Dabei übernimmt der Unternehmer die Kosten für die Zuzahlungsbefreiung.«

(Hervorhebungen durch den Verfasser)

Dieser Anreizmechanismus richtet sich primär an die Patienten. Nur indirekt werden Ärzte und Apotheker angesprochen. Möglicherweise werden diese aber die Patienten darauf hinweisen, dass sie bei der Verordnung eines bestimmten Präparates von der Zuzahlung befreit werden. Ob und in welchem Umfang Ärzte und Apotheker hier mitwirken werden ist unklar und lässt sich nicht definitiv bestimmen. Es wäre daher sinnvoll, wenn die pharmazeutischen Unternehmen über ihren Außendienst darauf hinweisen würden und die Zuzahlungsbefreiung mit zum Gegenstand einer gemeinsamen Kommunikationsstrategie[1040] der Rabattvertragspartner gemacht wird.

Einschränkend ist hier jedoch darauf hinzuweisen, dass viele chronisch kranke Patienten von den Belastungsgrenzen der §§ 61 und 62 SGB V profitieren werden. So ist in § 62 Absatz 1 SGB V geregelt, dass die Versicherten pro Kalen-

---

1037 VK Bund, Beschluss vom 22. August 2008, Az.: VK 2 – 73/08, Beschlussumdruck S. 31 ff.

1038 Hierzu: *Becker*, Die Steuerung der Arzneimittelversorgung im Recht der GKV, 2005, S. 235; *Höfler*, in: Kasseler Kommentar, Sozialversicherungsrecht, SGB V, 67. Ergänzungslieferung 2010, § 31 Rn. 58; Vgl. hierzu auch die Ausführungen auf Seite 33 ff.

1039 VK Bund, Beschluss vom 22. August 2008, Az.: VK 2 – 73/08; vgl. hierzu die Ausführungen auf Seite 86 ff.

1040 Zur Funktionsweise und den Auswirkungen einer gemeinsamen Kommunikationsstrategie vgl. die Ausführungen auf Seite 86 ff.

derjahr nur Zuzahlungen bis zu sog. Belastungsgrenze[1041] zu entrichten haben. Dieses wiederum würde die Lenkungswirkung nicht unerheblich einschränken.

(6) Vereinbarungen nach § 84 Absatz 1 SGB V

Die Vorschrift des § 84 Absatz 1 SGB V sieht vor, dass die Landesverbände der Krankenkassen gemeinsam und einheitlich mit der Kassenärztlichen Vereinigung eine Arzneimittelvereinbarung treffen können.[1042]
Bisher waren hier nur die Festlegung von Versorgungs- und Wirtschaftlichkeitszielen sowie die Festlegung von hierauf gerichteten Maßnahmen möglich. Durch das Gesetz zur Neuordnung des Arzneimittelmarktes in der gesetzlichen Krankenversicherung (AMNOG)[1043] ist § 84 Absatz 1 Satz 2 Nr. 2 SGB V nun dahingehend ergänzt worden, dass die Arzneimittelvereinbarung in Zukunft auch Angaben zu Verordnungsbestandteilen für Wirkstoffe und Wirkstoffgruppen im jeweiligen Anwendungsgebiet enthält. Damit kann diese Vereinbarung in Zukunft über die Ausdifferenzierung der Wirkstoffanteile innerhalb einer bestimmten Indikation durchaus Einfluss auf die Verordnung durch den Vertragsarzt nehmen. Darüber hinaus könnte sich auch aus individuellen Vereinbarungen nach § 84 Absatz 1 Satz 5 SGB V zwischen der Krankenkasse und den Ärzten im Bereich der patentgeschützter Originatoren ein Anreiz für den jeweiligen Arzt ergeben gerade ein rabattiertes Arzneimittel zu verschreiben.[1044]
Diese Steuerungsidee hat auch der Gesetzgeber mit dem Gesetz zur Neuordnung des Arzneimittelmarktes in der gesetzlichen Krankenversicherung (AMNOG)[1045] aufgegriffen. Bei den neu eingeführten Rabattverträgen nach § 130c SGB V (i. d. F. des AMNOG[1046]) sieht nun Absatz 3 der Vorschrift explizit vor, dass Regelungen zur bevorzugten Verordnung von Arzneimitteln nach § 84 Absatz 1 Satz 5 SGB V getroffen werden können. Ergänzt wird diese Steuerung

---

1041 hierzu: *Baier*, in: Krauskopf, Soziale Krankenversicherung, Pflegeversicherung, 71. Auflage 2010, § 62 SGB V Rn. 20ff; *Höfler*, in: Kasseler Kommentar, Sozialversicherungsrecht, SGB V, 66. Ergänzungslieferung 2010, § 62 Rn. 3 ff.

1042 *Axer*, in: Becker/Kingreen, SGB V, 2. Auflage 2010, § 84 Rn. 2 ff.; Wille, in: Rolfs/Giesen/Kreikebohm/Udsching (Hrsg.), Beck'scher Online-Kommentar Sozialrecht, Stand: 01.09.2011, Edition: 23, § 84 Rn. 1 ff.

1043 Gesetz zur Neuordnung des Arzneimittelmarktes in der gesetzlichen Krankenversicherung (AMNOG) vom 22. Dezember 2010, BGBl. I, S. 2262.

1044 VK Bund, Beschluss vom 22. August 2008, Az.: VK 2 – 73/08, Beschlussumdruck S. 27. Kritisch hierzu im Blick auf die Umsetzung *Schickert*, PharmR 2009, 164, 169.

1045 Gesetz zur Neuordnung des Arzneimittelmarktes in der gesetzlichen Krankenversicherung (AMNOG) vom 22. Dezember 2010, BGBl. I, S. 2262.

1046 Gesetz zur Neuordnung des Arzneimittelmarktes in der gesetzlichen Krankenversicherung (AMNOG) vom 22. Dezember 2010, BGBl. I, S. 2262.

dadurch, dass nach § 130c Absatz 4 SGB V (i. d. F. des AMNOG[1047]) Verordnungen im Rahmen einer solchen Vereinbarung als Praxisbesonderheiten nach § 106 Absatz 5a SGB V anzuerkennen sind soweit die im Tatbestand genannten Voraussetzungen vorliegen.

(7) Bonus-Malus-Regelung nach § 84 Absatz 7a SGB V

Ein weiteres Anreizinstrument ist die mit Gesetz zur Stärkung des Wettbewerbs in der gesetzlichen Krankenversicherung (GKV-WSG[1048]) eingeführte Bonus-Malus-Regelung gemäß § 84 Absatz 7a SGB V.[1049] Danach vereinbaren die Kassenärztliche Bundesvereinigung und der GKV-Spitzenverband für Gruppen von Arzneimitteln für verordnungsstarke Anwendungsgebiete Durchschnittskosten je definierter Dosiereinheit, die sich bei wirtschaftlicher Verordnungsweise ergeben. Bei Unterschreitung der Durchschnittskosten ergibt sich ein Bonus zugunsten des Vertragsarztes und bei Überschreitung ein Malus zu seinen Lasten. Ist Letzteres der Fall, muss der Vertragsarzt einen Teil des Überschreitungsbetrags selbst bezahlen. Die Bonus-Malus-Regelung findet wegen § 84 Absatz 4a Satz 2 SGB V für einen Vertragsarzt keine Anwendung, soweit er zu Lasten der Krankenkasse Arzneimittel verordnet, für die eine Rabattvereinbarung nach § 130a Absatz 8 SGB V besteht.

Mit dem Gesetz zur Neuordnung des Arzneimittelmarktes in der gesetzlichen Krankenversicherung (AMNOG[1050]) ist diese Regelung jedoch zum 1. Januar 2011 entfallen. Die Bonus-Malus-Regelung als Anreiz für die Verordnung eines preisgünstigen Arzneimittels ist nach Auffassung des Gesetzgebers entbehrlich geworden. Die Krankenkassen hätten durch Rabattverträge nach § 130a Absatz 8 SGB V die Verantwortung für die Auswahl eines preisgünstigen, wirkstoffgleichen Arzneimittels übernommen. Mit der Streichung würde zudem dem Ziel

---

1047 Gesetz zur Neuordnung des Arzneimittelmarktes in der gesetzlichen Krankenversicherung (AMNOG) vom 22. Dezember 2010, BGBl. I, S. 2262.

1048 Gesetz zur Stärkung des Wettbewerbs in der gesetzlichen Krankenversicherung (GKV-WSG) vom 26. März 2007, BGBl. I, S. 378.

1049 *Hess*, in: Kasseler Kommentar, Sozialversicherungsrecht, SGB V, 70. Ergänzungslieferung 2011, § 84 Rn. 19; *Fuhrmann/Klein/Fleischfresser*, in: Fuhrmann/Klein/Fleischfresser (Hrsg.), Arzneimittelrecht, Handbuch für die pharmazeutische Rechtspraxis, 2010, § 46 Rn. 145 ff. Vgl. hierzu auch *Koenig/Klahn/Schreiber*, GesR 2007, 559, 561.

1050 Gesetz zur Neuordnung des Arzneimittelmarktes in der gesetzlichen Krankenversicherung (AMNOG) vom 22. Dezember 2010, BGBl. I, S. 2262.

Rechnung getragen, Überregulierung im Arzneimittelmarkt der gesetzlichen Krankenversicherung abzubauen.[1051]

(8) Exklusivität

Bei Rabattverträgen wird eine Lenkungs- und Steuerungswirkung auch über eine vertraglich oder doch zumindest faktisch exklusive Versorgungsstellung des pharmazeutischen Unternehmers begründet.[1052]

Ohne Zweifel ist es für ein pharmazeutisches Unternehmen im Hinblick auf die Struktur eines Arzneimittelrabattvertrages von großer Bedeutung, ob es exklusiver Vertragspartner der Krankenkasse wird oder ob es trotz Rabattvertrages noch mit weiteren Konkurrenten auf dem Markt rechnen muss. Dies beeinflusst das Ergebnis der Kalkulation maßgeblich.

Wie schon zuvor ausgeführt, handelt es sich bei Arzneimittelrabattverträgen um Rahmenvereinbarungen[1053] nach § 4 Absatz 1 EG-VOL/A[1054]. Diese jedoch

---

1051 BT-Drs. 17/2413, S. 27.

1052 Kritisch zur Lenkungs- und Steuerungswirkung hat sich das LSG Baden-Württemberg in seinem Beschluss vom 23. Januar 2009, Az.: L 11 WB 5971/08 (EPO) geäußert. Das Gericht führt aus, dass eine Lenkungs- und Steuerungswirkung durch das Verhalten des Apothekers ausscheiden müsse. Der Apotheker sei Vertragspartner der Krankenkassen. Sein Verhalten könne den Krankenkassen daher nicht zugerechnet werden. Auch das Handeln des Vertragsarztes könne wegen der bestehenden Therapiefreiheit nicht zugerechnet werden. Eine Auswahlentscheidung könne aber dann vorliegen, wenn die Krankenkasse dem pharmazeutischen Unternehmer Exklusivität zusichere. Kritisch zu dieser Argumentation *Schickert*, PharmR 2009, 164, 170.

1053 Für die Einstufung als Rahmenvereinbarung: LSG Baden-Württemberg, Beschluss vom 23. November 2009, Az.: L 11 WB 5971/08; Beschluss vom 28. Oktober 2008, L 11 KR 4810/08 ER-B; OLG Düsseldorf, Beschluss vom 17. Januar 2008, Az.: VII-Verg 57/07; Beschluss vom 20. Februar 2008, Az.: VII-Verg 7/08; Beschluss vom 18./19. Dezember 2007, Az.: VII-Verg 44/07 u.a.; VK Düsseldorf, Beschluss vom 31. Oktober 2007, Az.: VK – 31/2007; VK Bund, Beschluss vom 15. November 2007, Az.: VK 2 – 114/07. Letztere geht dabei davon aus, dass durch die Einordnung als Rahmenvereinbarung gleichsam feststeht, dass es sich auch bei dem Einzelvertrag um einen öffentlichen Auftrag handelt. Ähnlich *Koenig/Klahn/Schreiber*, GesR 2007, 559, 563. Hierzu insgesamt auch: *Schickert*, PharmR 2009, 164, 166, der jedoch davon ausgeht, dass nicht die Arzneimittellieferung Gegenstand des Leistungsaustausches ist, sondern die Rabattierung in Form einer nachträglichen Anders aber: *Brixius/Esch*, Rabattverträge im Lichte des Vergaberechts, 57 ff. Kritisch äußert sich hier *Burgi*, NZBau 2008, 480, 484, der ausführt: »*Richtigerweise ist eher daran zu zweifeln, ob die vergaberechtlichen Vorschriften über »Rahmenvereinbarungen" überhaupt eingreifen können, da auf der »zweiten Stufe" (des konkreten Einzelabrufs) nicht der auf der ersten Stufe tätige öffentliche Auftraggeber (die gesetzliche Krankenkasse), sondern der Versicherte, mithin ein eindeutig nicht vergaberechtlich verpflichteter Privater, agiert.*«. Ebenfalls zweifelnd *Gabriel*, NZS 2007, 344, 349.

1054 Entspricht § 3a Nr. 4 VOL/A 2006.

müssen in Bezug auf die Leistung immer exklusiv abgeschlossen werden. Die Exklusivität ist damit mehr Rechtsmäßigkeitsvoraussetzung als Tatbestandsmerkmal.[1055] Eine vertragliche Exklusivität bringt dem Unternehmen damit regelmäßig keinen Vorteil. Etwas anderes kann nur dann gelten, wenn sich die Exklusivität auf einen Umstand bezieht, der außerhalb des Leistungsgegenstandes liegt.

(9) Kommunikation und Marketing

Zur Förderung des Absatzes bzw. Lenkung der Nachfrage werden zudem regelmäßig Absprachen zwischen den Vertragsparteien über die gezielte Ansprache bzw. Information von Ärzten, Apothekern und Versicherten getroffen, ja die Entwicklung einer gemeinsamen Kommunikationsstrategie vereinbart. Eine entsprechende Regelung enthielt auch der Rabattvertrag der Techniker Krankenkasse über die Beschaffung von TNF-Alpha-Blockern.[1056] In § 7 war vorgesehen eine (noch näher zu konkretisierende) gemeinsame Kommunikationsstrategie zur Ansprache von Ärzten, Apothekern und Versicherten zu entwickeln:[1057]

> (1) ... »Vor diesem Hintergrund werden die Krankenkasse und der Unternehmer im Rahmen der rechtlichen Möglichkeiten die Versicherten der Krankenkasse, die **Vertragsärzte** und die **Kassenärztlichen Vereinigungen** bzw. **Ärzteverbände** sowie die **Apotheken und deren Verbände** umfassend über den getroffenen Rabattvertrag informieren.«

> (2) »Zudem beabsichtigen die Vertragsparteien, zu notwendigen Unterstützung der Ziele dieser Vereinbarung weitergehende **gemeinsame Strategien für die Ansprache von Ärzten, Apotheken und Versicherten zu entwickeln** und die Umsetzung dieses Vertrages durch **regelmäßige Kommunikationsmaßnahmen** zu unterstützen. Hierzu gehört insbesondere die beiderseitige Vorstellung der gemeinsamen Entwicklung eines von beiden Vertragsparteien unterstützten Kommunikationskonzeptes.«

> (Hervorhebungen durch den Verfasser)

Diese Maßnahmen greifen insgesamt die schon bisher im Rahmen des Arzneimittelvertriebs genutzten Strukturen auf. Pharmareferenten werden die Information von Ärzten und Apothekern übernehmen, während die Krankenkassen sich

---

1055 *Gabriel/Weiner*, NZS 2009, 422, 424.
1056 Vgl. hierzu die Vorstellung der Sachverhaltes sowie der wesentlichen Entscheidungsgründe der beteiligten Spruchkörper auf Seite 86 ff.
1057 VK Bund, Beschluss vom 22. Oktober 2008, Az.: VK 2 – 73/08. Gleichzeitig enthielt § 7 Abs. 2 des Rabattvertrages bereits eine Klausel, wonach die Krankenkasse bereits die Einbindung der Rabattvertragsarzneimittel in die Arztsoftware vorgenommen hatte. Zu der Steuerung über die Vertragsarztsoftware vgl. auch die Ausführungen zu Hausarztzentrierten Versorgung (HzV) und dem hierbei eingesetzten sog. Ampel-Modell auf Seite 86 ff.

im Wesentlichen mit der Information ihrer Mitglieder sowie der Ärzteschaft befassen werden. Eine solche abgestimmte Strategie kann in der Praxis eine große Wirkung haben. Letztlich hängt ihr Erfolg aber von der Interaktion der verschiedenen Maßnahmen ab.

- Folgende Instrumente sind dabei von Bedeutung:[1058]
- gemeinsame Pressemitteilungen der Beteiligten,[1059]
- Rundschreiben an Ärzte,[1060]
- gemeinsame Informationsrunde,
- Information durch die Kassenärztlichen Vereinigung,[1061]
- gezielte Werbung des Pharmaunternehmens[1062].

(10) Einbeziehung einer Steuerung in Selektivverträge

Die Nachfrage kann auch über die Einbeziehung von Steuerungsinstrumenten in Einzelverträge zu den besonderen Versorgungsformen nach §§ 73b, 73c und 140a SGB V gelenkt werden. Dies erscheint bei Rabattverträgen im Bereich der patentgeschützten Originale deswegen besonders interessant zu sein, weil es möglich ist, auf diese Weise den die Verordnungsentscheidung treffenden Arzt unmittelbar in ein Anreizsystem einzubeziehen. Im Gegensatz zu Generika-Rabattverträgen steht bei patentgeschützten Medikamenten nicht der Apotheker,

---

1058 Auf Seite 6 des Beschlussumdrucks der Entscheidung der VK Bund zum Rabattvertrag der TK zur Beschaffung von TNF-Alpha-Blockern (VK Bund, Beschluss vom 22. August 2008, Az.: VK 2 – 73/08) wird auszugsweise auch auf die Anlage 1 zum Rabattvertrag hingewiesen, welcher die Kommunikationsmaßnahmen nach § 7 des RabattV noch weiter ausgestaltet.

1059 In dem Verfahren zum de-facto-Rabattvertrag der AOK Baden-Württemberg, VK Bund, Beschluss vom 15. August 2008, Az.: VK 3 – 107/08, S. 4 hat die AOK den Abschluss des Rabattvertrages zunächst allein im Wege einer Pressemitteilung veröffentlicht und später noch im Wege einer gemeinsamen Presseerklärung kundgetan.

1060 Ein solches Rundschreiben ist ebenfalls in dem Entscheidungsumdruck zum o.g. de-facto-Rabattvertrag der AOK Baden-Württemberg (VK Bund, Beschluss vom 15. August 2008, Az.: VK 3 – 107/08) auf S. 4 und 5 ausdrücklich angesprochen.

1061 Eine solche Information sah auch der de-facto-Rabattvertrag der AOK (EPO) vor. Dies lässt sich den Entscheidungsgründen der Vergabekammer in der Entscheidung vom 15. August 2008, Az.: VK 3 – 107/03 entnehmen.

1062 Werbemaßnahmen zur Nachfragesteuerung bestanden auch im Zusammenhang mit dem de-facto-Rabattvertrag der AOK Baden-Württemberg. Hierauf wird im Entscheidungsumdruck (S. 5), VK Bund, Beschluss vom 15. August 2008, Az.: VK 3 – 107/08 ausdrücklich hingewiesen.

sondern der Vertragsarzt im Mittelpunkt der Auswahl- bzw. Abrufentscheidung.[1063]

(a) Integrierte Versorgung

Hierbei kommen zunächst Verträge zur integrierten Versorgung nach § 140a SGB V in Betracht.[1064] Die Integrierte Versorgung nach §§ 140a ff. SGB V bedeutet eine Durchbrechung der sonst im Sozialrecht üblichen strengen Trennung zwischen ambulanter und stationärer Versorgung. Sie ermöglicht die fachübergreifende Versorgung der Versicherten und bietet durch die Abstimmung der Leistungserbringer untereinander sowie durch die angepasste Vergütung ein erhebliches Einsparpotential bei gleichzeitig effektiverer Versorgung der Versicherten.[1065]

Die ausschreibende Krankenkasse kann dabei insbesondere die Möglichkeit einer individuellen Vergütung im Rahmen der Integrierten Versorgung als Ansatzpunkt für die Schaffung eines finanziellen Anreizsystems wählen.[1066] Für die Medikamentenversorgung innerhalb eines integrierten Versorgungsvertrages gelten keine Besonderheiten. Die Vertragsärzte genießen Therapiefreiheit und können zunächst einmal frei über die Arzneimittelverordnung entscheiden. Es gelten die üblichen Anreiz- und Steuerungsinstrumente. Über diese könnte in der integrierten Versorgung aber deutlich herausgegangen werden. So könnte insbesondere ein neu abzuschließender Rabattvertrag über patentgeschützte Medikamente mit einem Vertrag zur Integrierten Versorgung verknüpft werden. Zu diesem Zweck müsste schon in den Versorgungsvertrag ein finanzieller Anreiz für den Arzt zur Verordnung eines rabattierten Medikamentes aufgenommen wer-

1063 Hierzu auch: *Byok/Csaki/Mandl*, GesR 2010, 659, 663.

1064 Hierzu: *Huster*, in: Becker/Kingreen, SGB V, 2. Auflage 2010, § 140a Rn. 1 ff.; *Hess*, in: Kasseler Kommentar, Sozialversicherungsrecht, SGB V, 70. Ergänzungslieferung 2011, § 140a Rn. 1 ff.; *Neumann*, in: Rolfs/Giesen/Kreikebohm/Udsching (Hrsg.), Beck'scher Online-Kommentar Sozialrecht, Stand: 01.09.2011, Edition: 23, § 140a. Vgl. hierzu aus die Ausführungen auf Seite 50 ff.

1065 Ausführlich dazu *Hess*, in: Kasseler Kommentar, Sozialversicherungsrecht, SGB V, 67. Ergänzungslieferung 2010, vor § 140a Rn. 1 ff.

1066 Hierzu in Bezug auf Rabattverträge im Bereich der patentgeschützten Medikamente (allerdings unter dem Ansatzpunkt des öffentlichen Auftrags), *Schickert*, PharmR 2009, 164, 169. Schickert weist dabei zutreffend darauf hin, dass die Versorgung der Patienten im Rahmen der integrierten Versorgung den pharmazeutischen Unternehmen ein zusätzliches Patientenkollektiv zugänglich macht, was die Krankenkassen nur dann tun werden, wenn sie hierfür eine finanzielle Gegenleistung erhalten. Zu diesem Mechanismus vgl. auch die VK Bund, Beschluss vom 22. August 2008, Az.: VK 2 – 73/08, Beschlussumdruck S. 28.

den. Die Krankenkasse lässt den Arzt damit an dem verfügbaren Einsparvolumen partizipieren und schafft neben dem finanziellen auch noch einen psychologischen Anreiz. Mit der Verordnung eines jeden rabattierten Medikamentes sieht der Vertragsarzt seinen Vorteil.

Schon im Rahmen der Ausschreibung ist für den pharmazeutischen Unternehmer dabei ersichtlich, dass sich die Abnahme auf das Rabattpräparat zur Behandlung der jeweiligen Indikation fokussieren wird. Beteiligt er sich nicht oder bietet er einen zu geringen Rabatt an, droht ihm in dem jeweiligen Marktsegment ein signifikanter Verlust von Marktanteilen. Für ihn wird es daher (fast) zur Pflicht sich an entsprechenden Rabattverträgen zu beteiligen.

Dieses Anreizsystem lässt sich dabei grundsätzlich nicht nur im Bereich der neu abzuschließenden Verträge über patentgeschützte Medikamente anwenden. Grundsätzlich lässt es sich auch auf Generika übertragen. Dort wird es aber wegen der signifikanten Steuerung durch die Substitution in § 129 Absatz 1 SGB V keine besondere Bedeutung erlangen.

Dabei spielt es keine auch Rolle, dass der Gesetzgeber den bisher in § 140a Absatz 1 Satz 5 SGB V enthaltenen »Soll-Verweis« auf Rabattverträge nach § 130a Absatz 8 SGB V mit dem Gesetz zur Neuordnung des Arzneimittelmarktes in der gesetzlichen Krankenversicherung (AMNOG)[1067] gestrichen hat. Dies ändert nichts daran, dass die Krankenkassen Rabattverträge auch in Bezug auf die Integrierte Versorgung abschließen oder auf schon bestehende Rabattvereinbarungen zurückgreifen können.

Neben diesem neu zu schaffenden finanziellen Anreizsystem kann auch auf andere Weise nachhaltig Einfluss auf die Verordnungsentscheidung des Arztes genommen werden. Im Gegensatz zur herkömmlichen Versorgung ist der Arzt im Rahmen der Integrierten Versorgung sehr viel stärker von spezifischen Leitlinien, Qualitätszirkeln und Zweitmeinungen innerhalb des gesponnenen Netzes beeinflusst. Die beteiligten Leistungserbringer sowie die Krankenkasse als Vertragspartner legen zudem einen Behandlungspfad fest, in dem auch die im Regelfall anzuwendenden Arzneimittel bestimmt werden können.[1068] Bei dieser Festlegung spielen sowohl medizin-therapeutische Kriterien als auch Wirtschaftlichkeitserwägungen eine Rolle.

1067 Gesetz zur Neuordnung des Arzneimittelmarktes in der gesetzlichen Krankenversicherung (AMNOG) vom 22. Dezember 2010, BGBl. I, S. 2262.
1068 *Reese/Stallberg*, in: Dieners/Reese, Handbuch des Pharmarechts, 2010, Rn. 322.

(b) Hausarztzentrierte Versorgung

Neben der Integrierten Versorgung kommt eine Steuerung über Verträge zur Hausarztzentrierten Versorgung (§ 73b SGB V) in Betracht. Die Hausarztzentrierte Versorgung (HzV) soll sowohl der Steigerung der Qualität der hausärztlichen Versorgung als auch einer besseren Verzahnung der Versorgungssektoren dienen, indem dem Hausarzt eine Steuerungsfunktion zugewiesen wird. § 73b wurde mit dem Gesetz zur Modernisierung der gesetzlichen Krankenversicherung (GMG)[1069] eingeführt. Das Gesetz zur Stärkung des Wettbewerbs in der gesetzlichen Krankenversicherung (GKV-WSG)[1070] hat die Norm grundlegend reformiert und erweitert; insbesondere wurden die Vorgaben für die Ausgestaltung der Hausarztzentrierten Versorgung konkretisiert, der obligatorische Charakter des Angebotes dieser Versorgungsform betont sowie den Krankenkassen erweiterte Vertragskompetenzen zugewiesen.[1071]

Besondere Regeln über die Arzneimittelversorgung im Rahmen der Hausarztzentrierten Versorgung enthält § 73b SGB V nicht. Es gelten damit die allgemeinen Grundsätze. Allerdings bieten HzV-Verträge genauso wie Verträge zur Integrierten Versorgung nach § 140a SGB V die Möglichkeit auf das Verordnungsverhalten der Ärzte Einfluss zu nehmen. Dabei kann auf die schon zur Integrierten Versorgung aufgezeigten Mechanismen zurückgegriffen werden (Behandlungspfad, finanzielle Anreize, etc.).

Schon gegenwärtig wird darüber hinaus das Verordnungsverhalten der Ärzte über Empfehlungen in der Arzt-Software gesteuert. Eine Art Ampel zeigt bestehende Rabattvereinbarungen an.[1072] So enthält die Vertragsarztsoftware im Rahmen des AOK-Hausarztvertrages in Baden-Württemberg ein Arzneimittelmodul, das Hausärzten bei der Verordnung Hinweise gibt. Das von den Vertragspartnern lizenzierte Softwaremodul enthält tagesaktuell alle Informationen über Rabattverträge der AOK. Dabei werden Arzneimittel für die ein Rabattvertrag existiert grün hinterlegt angezeigt. Darüber hinaus sind - wenn keine Rabattver-

---

1069 Gesetz zur Modernisierung der gesetzlichen Krankenversicherung (GMG) vom 14. November 2003, BGBl. I, S. 2190.

1070 Gesetz zur Stärkung des Wettbewerbs in der gesetzlichen Krankenversicherung (GKV-WSG) vom 26. März 2007, BGBl. I, S. 378.

1071 Eingehend zum Hausarztzentrierten Versorgung (HzV): *Hensel*, Selektivverträge im vertraglichen Leistungserbringungsrecht, 2010, S. 105 ff. Vgl. auch: *Huster*, in: Becker/Kingreen, SGB V, 2. Auflage 2010, § 73b; *Hess*, in: Kasseler Kommentar, Sozialversicherungsrecht, SGB V, 70. Ergänzungslieferung 2011, § 73b. Vgl. hierzu auch die Ausführungen auf Seite 50 ff.

1072 Vgl. hierzu die Informationen der AOKen zur Medikamentensteuerung innerhalb ihres HzV-Modells. Die Informationen sind online verfügbar unter: http://www.aok-gesundheitspartner.de/bw/arztundpraxis/hzv/faq/index_02756.html#1

einbarungen vorliegen - die drei preiswertesten Präparate grün gekennzeichnet. Die drei weiteren in der Software verwendeten Farben sind Rot, Orange und Blau. Die Assoziation mit Ampelfarben ist von den Erfindern des Arzneimittelmoduls durchaus gewollt. Grün soll freie Fahrt signalisieren, Rot den Arzt zu einer Denkpause veranlassen, einem erneuten Abwägen der Verordnung. Denn mit Rot werden - in der Regel patentgeschützte - Analogpräparate versehen, die nach Ansicht der Vertragspartner durch generische, wirkstoffähnliche Arzneimittel ersetzt werden können. Blau gekennzeichnet sind patentgeschützte oder biotechnische Arzneimittel für die ein Rabattvertrag mit dem Originalhersteller geschlossen wurde. Orange markiert erscheinen patentierte Präparate die nach Einschätzung der Vertragspartner durch Blau gekennzeichnete Arzneimittel ersetzt werden können.

cc) Zusammenfassung

Entscheidend für den wirtschaftlichen Erfolg eines Rabattvertrages im Bereich der patentgeschützten Medikamente ist die Schaffung einer effektiven Nachfragesteuerung.

Die bei Generika-Rabattverträgen so effektive (Um-) Steuerung der Abgabe durch die Substitutionsverpflichtung des Apothekers nach § 129 Absatz 1 SGB V ist bei patentgeschützten Medikamenten gerade nicht anwendbar. Der jeweilige Anreiz muss sich bei patentgeschützten Medikamenten nicht an den Apotheker, sondern allein an den verordnenden Vertragsarzt richten. Zwar entscheidet der Arzt bei Generika auch über deren Verordnung und den Ausschluss einer Substitution durch das Aut-idem-Kreuz auf dem Rezept. Die Verordnungsentscheidung hat wegen des nachgelagerten Einflusses auf den Apotheker bei der Abgabe (Substitution) aber nur eine untergeordnete Bedeutung für eine Nachfragesteuerung.

Ganz anders ist es bei den patentgeschützten Medikamenten. Auf das Verhalten des Apothekers kann nur durch eine Wechselwirkung zwischen Rabattvertrag und Importquote Einfluss genommen werden. Im Mittelpunkt der Verordnungsentscheidung steht der Arzt. Auf seine Verordnung kommt es an. Nur wenn es gelingt an dieser Stelle steuernd Einfluss zu nehmen kann die Nachfrage effektiv auf das Rabattpräparat (um-)gesteuert werden.

Hierfür stehen verschiedene gesetzliche Instrumente zur Verfügung. So kann der Gemeinsame Bundesausschuss (G-BA) durch Therapiehinweise nach § 92 Absatz 2 Satz 1 und Satz 7 SGB V Einfluss auf das Verordnungsverhalten der Ärzte nehmen. Schon bisher waren die Arzneimittel nach Indikationsgebieten zusammenzustellen, um eine wirtschaftliche Auswahl zu ermöglichen. Durch das Gesetz zur Neuordnung des Arzneimittelmarktes in der gesetzlichen Krankenversicherung (AMNOG)[1073] wurde die Vorschrift insofern ergänzt, als nun auch Empfehlungen zu den Anteilen einzelner Wirkstoffe an den Verordnungen im Indikationsgebiet vorgesehen werden können. Zusätzlich kann über die Wirtschaftlichkeitsprüfung nach § 106 SGB V Einfluss auf das Verordnungsverhalten genommen werden. Hier ist für die Zukunft vorgesehen, dass die Richtgrößenprüfung durch eine Vereinbarung nach § 106 Absatz 3b SGB V (i. d. F. des AMNOG[1074]) ersetzt werden kann, welche die Wirkstoffmengen je Anwendungsgebiet sowie Rabattvereinbarungen erfasst (nach dem Wortlaut derzeit allerdings nur solche nach § 130c SGB V [i. d. F. des AMNOG[1075]]).

Um ähnlich hohe Umsetzungsquoten wie bei Generika von bis zu 70 Prozent und mehr zu erreichen, werden diese Instrumente vermutlich aber nicht ausreichen.[1076] Es bedarf weiterer Instrumente auf vertraglicher Ebene. So können Vereinbarungen nach § 84 Absatz 1 getroffen, Zuzahlungsbefreiungen[1077] aufgenommen oder eine gemeinsame Kommunikations- und Marketingstrategie vereinbart werden. Die bereits vorhandenen gesetzlichen Instrumente können so gut ergänzt werden. Den entscheidenden Erfolg wird aber wohl erst die Schaffung eines finanziellen Anreizes für den verordnenden Vertragsarzt bringen. Um dies zu erreichen scheint der koordinierte Abschluss eines Vertrages zur Integrierten Versorgung gemeinsam mit der Ausschreibung eines Rabattvertrages sinnvoll zu sein. In dem Versorgungsvertrag wäre das Anreizsystem für bestimmte Indikationen und die zur Behandlung verfügbaren Medikamente zu integrieren, während der Rabattvertrag auf dieses Anreizsystem hinweisen müsste. Die pharmazeutischen Unternehmen wüssten dann, dass sie für eine ganz bestimmte Indikation Marktanteile verlieren, wenn sie nicht Rabattvertragspartner werden. Hierfür ist allerdings erforderlich, dass sich der Bedarf anhand einer bestimmten Indikation breit beschreiben lässt. Eine sorgfältige Marktanalyse ist daher unumgänglich.

1073 Gesetz zur Neuordnung des Arzneimittelmarktes in der gesetzlichen Krankenversicherung (AMNOG) vom 22. Dezember 2010, BGBl. I, S. 2262.

1074 Gesetz zur Neuordnung des Arzneimittelmarktes in der gesetzlichen Krankenversicherung (AMNOG) vom 22. Dezember 2010, BGBl. I, S. 2262.

1075 Gesetz zur Neuordnung des Arzneimittelmarktes in der gesetzlichen Krankenversicherung (AMNOG) vom 22. Dezember 2010, BGBl. I, S. 2262.

1076 Gleichwohl besteht eine solche Lenkungs- und Steuerungswirkung. Dies räumt auch die Beigeladene im Verfahren zum de-facto Rabattvertrag der AOK Baden-Württemberg, VK Bund, Beschluss vom 15. August 2008, Az.: VK 3 – 107/08, S. 11 des Beschlussumdrucks.

1077 Ob eine Befreiung von der Zuzahlungspflicht tatsächlich einen Lenkungseffekt hat, hängt vom Einzelfall ab und muss sehr genau untersucht werden. Dabei ist zu beachten, dass viele chronisch Kranke Patienten von der Belastungsgrenze der § 61 f. SGB V erfasst werden und schon deshalb keine Zuzahlungen erbringen müssen. Hierzu auch: *Schickert*, PharmR 2009, 164, 169.

c) Kein Verstoß eines Anreizsystems gegen die RL 2001/83/EG

In diesem Zusammenhang drängt sich die Frage auf, ob die Schaffung solcher Anreizmechanismen nicht gegen Artikel 94 Absatz 1 der RL 2001/83/EG verstößt, wonach es im Rahmen der Verkaufsförderung für Arzneimittel verboten ist, den zu ihrer Verschreibung oder Abgabe berechtigten Person eine Prämie finanzieller oder materieller Art zu gewähren, anzubieten oder zu versprechen.

Diese Frage war Gegenstand eines Vorabentscheidungsverfahrens vor dem Europäischen Gerichtshof (EuGH).[1078] Dabei hat der Gerichtshof entschieden, dass das Verbot jedenfalls nicht auf nationale Einrichtungen Anwendung findet, die für die Gesundheit der Bevölkerung zuständig sind. Ein Vergabeverfahren zur Erzielung des oben genannten Ergebnisses dürfte daher gegen europäische Vorgaben zumindest nicht verstoßen.

5. Anwendung auf die besonderen Vertragsformen

Schon oben wurden die Rahmenbedingungen für die Anwendbarkeit des Vergaberechts auf die besonderen vertraglichen Ausgestaltungsvarianten (Mehrwertverträge, Risk-/Cost-Sharing) erläutert und die Anwendbarkeit des Vergaberechts dem Grunde nach festgestellt.[1079] Nun ist der Frage nachzugehen, ob es bei der Durchführung einer solchen Ausschreibung Besonderheiten zu berücksichtigen gilt, wie der Beschaffungsbedarf auszugestalten ist, welche Anforderungen an die Auswahl der richtigen Verfahrensart zu stellen sind und worauf bei der Eignungsprüfung geachtet werden muss.

Bei den Mehrwertverträgen[1080] ergeben sich nur wenige Besonderheiten. Die Bestimmung des Beschaffungsbedarfs richtet sich nach den oben erläuterten Kriterien. Die Mehrwerte (z. B. Patientenschulungen, Ernährungsberatungen) lassen sich sowohl in eine wirkstoffbezogene als auch in eine indikationsbezogene Ausschreibung einbeziehen. Einfluss auf die zu wählende Verfahrensart werden die Mehrwerte nur im Ausnahmefall haben. Dies wäre z. B. dann denkbar, wenn der begehrte Mehrwert nur von einem einzigen Unternehmen erbracht werden kann. Im Regelfall wird die Hauptleistung, mithin die zu beschaffenden rabattierten Medikamente, die Vergabeart vorgeben. Sehr genau wird im Rahmen der Eig-

---

1078 EuGH, Urteil vom 22. April 2010, Az.: C-62/09 (ABPI).
1079 Vgl. hierzu die Ausführungen auf Seite 86.
1080 *Ecker/Preuß*, in: Ecker/Preuß/Raski (Hrsg.), Handbuch Direktverträge, S. 34. Ein Fallbeispiel zum Abschluss eines Mehrwertvertrages findet sich bei *v. Rothkirch/Ecker*, in: Ecker/Preuß/Raski (Hrsg.), Handbuch Direktverträge, 2008, S. 91 f.; vgl. hierzu auch die Ausführungen auf Seite 45 ff.

nungsprüfung vorzugehen sein. Es muss geprüft werden, ob die Anbieter während der gesamten Vertragslaufzeit in der Lage sind sowohl die Hauptleistung als auch den geforderten Mehrwert erbringen zu können. Zu Schwierigkeiten könnte es hier bweispielsweise bei Importeuren oder Co-Marketing-Anbietern kommen. Bei der Wirtschaftlichkeitsbetrachtung gelten die allgemeinen Kriterien. Jedoch können die Zusatzleistungen des pharmazeutischen Unternehmers sowohl beim Vertragsarzt als auch beim Patienten einen eigenständigen Anreiz bilden, das rabattierte Arzneimittel im speziellen Behandlungsfall einzusetzen.

Bei Risk- bzw. Cost-Sharing[1081] Modellen ist allein die Frage der Leistungsfähigkeit problematisch. Hier kommt es entscheidend darauf an, ob etwaige Parallel- bzw. Re-Importeure respektive Co-Branding bzw. Co-Marketing Anbieter in der Lage sind die Risiken (finanziell) zu tragen. Dies erscheint zweifelhaft, bürden doch Risk- oder Cost-Sharing Modelle den Unternehmen nicht unerhebliche finanzielle Gefahren auf. Zwar wird man davon ausgehen können, dass diese das jeweilige (finanzielle) Risiko nur dann eingehen werden, wenn sie für sich ermittelt haben, dass es sich vermutlich nicht realisieren wird. Jedoch können die Risiken immens sein und die Finanzkraft eines (vergleichsweise kleinen) Re-Import-Anbieters überschreiten. Vor diesem Hintergrund werden wohl in aller Regel nur die großen Pharmakonzerne als Vertragspartner in Betracht kommen. Hier wird daher exakt zu prüfen und sorgfältig zu dokumentieren sein. Im Übrigen gelten die allgemeinen Voraussetzungen.

Für Kapitationsverträge[1082] gelten insofern keine Besonderheiten, sondern nur die allgemeinen Anforderungen. Hier obliegt es insbesondere der Krankenkasse ein effektives Anreizsystem zur (Um-)Steuerung der Nachfrage zu etablieren. Nur dann ist der Vertrag für sie wirtschaftlich sinnvoll durchführbar.

Auch für Kombinationsverträge[1083] gelten keine Besonderheiten.

6. Zusammenfassung

Die bisherigen Ergebnisse zur Ausgestaltung des Beschaffungsbedarfs, die Wahl der richtigen Verfahrensart und die notwendigen Anreizsysteme sollen nun abschließend noch einmal zusammengefasst werden.

Gedanklicher Ausgangspunkt für die Verfahrensgestaltung muss das von der Krankenkasse mit der Ausschreibung verfolgte Ziel sein. Dabei kommen na-

---

1081 Vgl. hierzu die Ausführungen auf Seite 45 ff.
1082 Vgl. hierzu die Ausführungen auf Seite 45 ff.
1083 Vgl. hierzu die Ausführungen auf Seite 45 ff.

mentlich folgende Beschaffungsziele alleine bzw. in Kombination miteinander in Betracht:

- Beschaffung eines bestimmten patentgeschützten Wirkstoffs,
- Abdeckung einer bestimmten Indikation,
- Beschaffung von besonderen patentgeschützten Darreichungsformen,
- Realisierung spezieller vertraglicher Gestaltungsmodelle.

Auch muss die Krankenkasse sich Gewissheit über ihre Motivation verschaffen. Will Sie nur möglichst wirtschaftlich und damit preisgünstig beschaffen oder spielen auch noch weitere Gesichtspunkte eine Rolle, wie:

- Weiterentwicklung der Versorgungsstrukturen,
- Qualitätswettbewerb unter den GKVen,
- innovatives Image in der Öffentlichkeit,
- Einsatz qualitativ hochwertiger Therapieformen,
- Entwicklung von PPP-Projekten im Gesundheitswesen,
- Risikoabwälzung,
- Verbesserung der Vorsorge.

Es muss weiter darüber entschieden werden, ob die Beschaffung in einem möglichst wettbewerblichen Verfahren stattfinden soll oder ob im Ergebnis mit nur einem Anbieter im Wege des Verhandlungsverfahrens kontrahiert werden soll. Auf dieser Grundlage muss der bestehende Markt sodann sorgfältig analysiert und das Ergebnis dokumentiert werden.

Steht im Ergebnis allein die Reduktion der Kosten für die Versorgung der Versicherten in einem bestimmten Indikationsbereich im Mittelpunkt, bietet sich eine indikationsbezogene Bestimmung des Beschaffungsbedarfs bei Wahl des offenen Verfahrens an. Hierbei sollte darauf geachtet werden ein Marktsegment auszuwählen, in dem es viele Anbieter gibt.[1084] Nur so kann sich ein intensiver Wettbewerb entwickeln. Besonderheiten der erfassten Präparate können durch eine Losbildung aufgefangen werden.[1085]

Es ist dabei auch erforderlich, sich mit der Frage nach einem möglichst effektiven Anreiz- bzw. Motivationssystem auseinanderzusetzen. Zwar gibt es eine gewisse Grundmotivation der pharmazeutischen Unternehmen sich auch an Rabattverträgen über patentgeschützte Medikamente zu beteiligen.

1084 Dabei können Generika und patentgeschützte Originale zusammengefasst werden. Vgl. hierzu die Ausführungen auf Seite 86.
1085 VK Bund, Beschluss vom 15. August 2008, Az.: VK 3 – 107/08.

Genannt seien dabei folgende Gesichtspunkte:

- positives Image in der Öffentlichkeit,
- Ausbau der eigenen Marktposition,
- Erhaltung des hohen Preisniveaus innovativer Arzneimittel,
- Reaktion auf regulatorische Eingriffe,
- Synergieeffekte – Doppelte Nutzung von ausgebildetem Personal (z. B. Diabetes/Ernährungsberatung).

Allerdings greift das bei Rabattverträgen über Generika wichtigste Steuerungs-instrument, die Substituierungsverpflichtung des § 129 Absatz 1 Satz 3 SGB V i. V. m. § 4 RahmenV[1086] bei patentgeschützten Medikamenten gerade nicht ein. Zwar hält auch das Sozialrecht eigene Steuerungsinstrumente bereit,[1087] deren Lenkungswirkung ist aber nicht so stark. Es ist daher sinnvoll weitere Steue-rungsinstrumente zu etablieren. Hier sei insbesondere an eine Integration von Lenkungsinstrumenten in Einzelverträge zur integrierten Versorgung nach § 140a SGB V gedacht. So könnten Verordnungsempfehlungen oder ein Behand-lungspfad erarbeitet werden. Diese Empfehlungen könnten dann, wie in dem Ampel-Modell[1088] der AOK Baden-Württemberg, in die Vertragsarztsoftware aufgenommen werden. Auch ist denkbar in diesem Zusammenhang unmittelbare finanzielle Anreize für die Vertragsärzte zu schaffen, sie also an den Einsparun-gen ein Stück weit zu beteiligen.

Geht es der beschaffenden Krankenkasse nicht zu allererst um die Erzielung des besten Preises innerhalb eines bestimmten Marktsegmentes – spielen viel-mehr andere Gesichtspunkte, wie Patente zu bestimmten Wirkstoffen bzw. Dar-reichungsformen eine entscheidende Rolle, empfiehlt sich eine indikationsba-sierte Bestimmung des Beschaffungsbedarfs nicht. Es sollte dann vielmehr die gesuchte Besonderheit in den Mittelpunkt gerückt werden, ist der relevante Markt dann doch sehr viel kleiner. Auch in diesem Fall ist die Krankenkasse als öffentliche Auftraggeberin grundsätzlich gehalten das offene Verfahren zu wäh-len. Das Verhandlungsverfahren kommt dabei aber nur dann in Betracht, wenn der so umschriebene Auftrag ein Patentrecht erfasst, eine Alleinstellung besteht, mithin es keine Alternativen zu dem patentierten Produkt auf dem relevanten

---

1086 Rahmenvertrag über die Arzneimittelversorgung nach § 129 Absatz 2 SGB V in der Fas-sung vom 1. Februar 2011 zwischen den Spitzenverbänden der Krankenkassen und dem Deutschen Apothekerverband e. V.
1087 Vgl. hierzu die Ausführungen auf Seite 86.
1088 Vgl. hierzu die Informationen der AOKen zur Medikamentensteuerung innerhalb ihres HzV-Modells. Die Informationen sind online verfügbar unter: http://www.aok-gesundheitspartner.de/bw/arztundpraxis/hzv/faq/index_02756.html#1

Markt gibt und europaweit nur ein Anbieter in der Lage ist das patentierte Medi-kament zu liefern. Ob eine Alleinstellung in diesem Sinne vorliegt, lässt sich da-bei nicht dem Vergaberecht entnehmen, es muss vielmehr auf andere Rege-lungsbereiche zurückgegriffen werden. Die Substitutionsregeln helfen dabei nicht weiter. Die Festbetragsgruppen liefern erste Hinweise. Entscheidend wird aber eine wettbewerbsrechtliche Betrachtung aus der Perspektive des behandeln-den Arztes sein, ist es doch dieser, der bei patentgeschützten Medikamenten die maßgebliche Auswahlentscheidung trifft.

Nach alledem kann als Zwischenergebnis festgehalten werden:

Die Beschaffung von patentgeschützten Originalmedikamenten darf in ganz be-stimmten Fällen unter Umständen nach § 3 Nr. 2c) EG-VOL/A direkt beim Her-steller erfolgen, zu dessen Gunsten der Patenschutz besteht. Gesetzliche Kran-kenkassen können Originalmedikamente dann ohne Durchführung einer Aus-schreibung bei einem bestimmten pharmazeutischen Unternehmen beschaffen, wenn allein dieses Unternehmen ein Patent an dem betreffenden Medikament besitzt, das zu beschaffende Medikament nicht zu günstigeren Konditionen von Dritten angeboten werden kann und es zudem sachliche Gründe dafür gibt, dass nur dieses Medikament im Rahmen der Beschaffung in Betracht kommt und in-sofern eine Alleinstellung bzw. Ausschließlichkeit vorliegt.

D. Rechtsschutzmöglichkeiten des Patentinhabers

Die Rechtsschutzmöglichkeiten im Zusammenhang mit der Ausschreibung pa-tentgeschützter Medikamente entsprechenden dem Grunde nach denjenigen im Bereich der Generika-Rabattverträge.[1089]

I. Vergaberechtlicher Rechtschutz

Hauptsacherechtschutz wird über das vergaberechtliche Nachprüfungsverfahren nach Maßgabe der §§ 102 ff. GWB gewährleistet. Wie bei Generika auch muss einem Nachprüfungsantrag eine umfassende Rüge zur Vermeidung des Präklusi-onseinwandes vorangegangen sein (§ 107 Absatz 3 GWB).[1090] Gegen die Ent-

---

1089 Vgl. hierzu die Ausführungen auf Seite 80 ff. Zu Fragen und Problemen im Zusammen-hang Kosten und der Streitwertberechnung vgl. die Ausführungen von *Jansen*, in: Byok/Jaeger (Hrsg.), Kommentar zum Vergaberecht, 3. Auflage 2011, Einl. B. Rn. 50 ff., 59 ff.
1090 Vgl. hierzu die Ausführungen auf Seite 86 ff.

scheidungen der Vergabekammern ist die sofortige Beschwerde zum Oberlandesgericht Düsseldorf nach §§ 116 ff. GWB zulässig (soweit die VK Bund entschieden hat)[1091]. Vorläufiger Rechtsschutz wird mit dem Zuschlagsverbot nach §§ 115 bzw. 118 GWB in gleicher Weise wie bei Generika sichergestellt. Es sind jedoch auch einige Besonderheiten zu beachten.

Nach Maßgabe der bisherigen Ausführungen wird auch ein Rabattvertrag über patentgeschützte Medikamente in aller Regel im Wege des offenen Verfahrens zu vergeben sein – ausnahmsweise ist jedoch auch ein Verhandlungsverfahren möglich. In diesem Zusammenhang stellt sich die Frage, welche Rechtsschutzmöglichkeiten einem pharmazeutischen Unternehmen zur Verfügung stehen, wenn sich der öffentliche Auftraggeber, trotz der Möglichkeit für ein Verhandlungsverfahren zu optieren, für ein offenes Verfahren entscheidet. Der pharmazeutische Unternehmer könnte diese Tatsache zum Gegenstand eines Nachprüfungsverfahrens machen. Im Ergebnis wird er hiermit aber nicht durchdringen. Der öffentliche Auftraggeber kann auf das Verhandlungsverfahren zurückgreifen, er muss es aber nicht. § 3 Abs. 4 EG-VOL/A[1092] hat keinen bieterschützenden Charakter. Auch ist das Ausgestaltungsermessen nicht auf Null reduziert.[1093]

Der Patentinhaber kann allerdings einen Ausschluss des Importeurs gemäß § 19 Abs. 5 EG-VOL/A[1094] wegen fehlender Leistungsfähigkeit gelten machen, um eine Umgehung seines Patentrechts zu verhindern.[1095] Wie erläutert, kann der Patentinhaber mit anderen Pharmaunternehmen, Importeuren oder Co-Marketing/Co-Branding Anbietern in Konkurrenz stehen. Hierbei könnte bzw. sollte sich der Angriff gegen die Konkurrenz auch auf deren Leistungsfähigkeit beziehen. So kann es sein, dass Importeure nicht in der Lage sind die Nachfrage vollständig abzudecken. Hierbei ist auch zu bedenken, dass der Patentinhaber be-

---

1091 Bis zum 31. Dezember 2010 war das Landessozialgericht Nordrhein-Westfalen für Entscheidungen über die sofortige Beschwerde zuständig. Diese mit dem GKV-OrgWG (Gesetz vom 15. Dezember 2008, BGBl. I, S. 2426) eingeführte Rechtswegspaltung ist mit dem Gesetz zur Neuordnung des Arzneimittelmarktes in der gesetzlichen Krankenversicherung (AMNOG) vom 22. Dezember 2010, BGBl. I, S. 2262, wieder aufgehoben worden. Seit dem 1. Januar 2011 ist wieder das Oberlandesgericht für die Entscheidung über sofortige Beschwerden gegen Entscheidungen der Vergabekammern im Bereich des Sozialrechts zuständig. Bei In-Kraft-Treten des AMNOG anhängige Verfahren gehen nach Maßgabe des § 207 SGG in dem jeweiligen Verfahrensstadium über. Vgl. dazu auch die Ausführungen auf Seite 86 ff.

1092 Entspricht § 3a Nr. 2 lit. c) VOL/A 2006.

1093 OLG Düsseldorf, Beschluss vom 20. Oktober 2008, Az.: VII-Verg 46/08; VK Bund, Beschluss vom 22. August 2008, Az.: VK 3 – 107/08. Vgl. auch die Ausführungen auf Seite 86; VK Bund, Beschluss vom 6. Juli 2011, Az.:: VK 3 – 80/11.

1094 Entspricht § 25 Nr. 2 Absatz 1 VOL/A 2006.

1095 Zur drittschützenden Wirkung von § 25 Nr. 2 Absatz 1 VOL/A 2006: OLG Düsseldorf, Beschluss vom 24. November 2006, Az.: VII-Verg 82/05; Beschluss vom 2. März 2005, Az.: VII-Verg 70/04.

rechtigt ist, die Abgabemenge zu kontingentieren. Das Geschäft hängt letztlich schließlich von den Zulassungsinhabern ab. Der Originator ist nur verpflichtet der Lieferung in »normalem« Umfang nachzukommen.[1096]

Bei Mehrwertverträgen[1097] erscheint es fraglich, ob Importeure oder sonstige Anbieter den nachgefragten Mehrwert tatsächlich erbringen können und ob sie bei Risk- bzw. Cost-Sharing-Modellen[1098] in der Lage sind die finanziellen Risiken zu übernehmen. An diesen Stellen sollte der pharmazeutische Unternehmer besonders genau prüfen – dies insbesondere auch im Hinblick auf die Verpflichtung der Vergabestelle, die Leistungsfähigkeit der Bieter exakt zu prüfen – und dies im Vergabevermerk auch zu dokumentieren.

II. Wettbewerbs- und Kartellrecht

Genauso wie bei Generika-Rabattverträgen kommt neben dem vergaberechtlichen Rechtsschutz auch wettbewerbsrechtlicher Rechtsschutz auf Grundlage der §§ 3, 4 Nr. 11 UWG in Betracht.[1099] Vergabevorschriften sind Normen, die das Marktverhalten regeln und deren Verletzung eine unlautere Wettbewerbshandlung nach § 4 Nr. 11 UWG darstellen kann.[1100] Hier sei z. B. an die Nichtausschreibung von Rabattverträgen oder Fehler im Verlauf des Vergabeverfahrens verbunden mit de-facto-Vergaben gedacht. Dem benachteiligten Mitbewerber können Unterlassungsansprüche bezogen auf die Vertragsdurchführung gegen den bevorzugten Mitbewerber zustehen. Insofern wird die Anwendung des Wettbewerbsrechts nicht durch § 69 Absatz 2 SGB V ausgeschlossen, da es um die wettbewerbsrechtlichen Beziehungen zwischen zwei Konkurrenten geht und nicht um das sozialversicherungsrechtliche Rechtsverhältnis.[1101]

Rechtsschutz kann auch auf Basis der §§ 19 bis 20 GWB gesucht werden. Dabei ist auch hier unklar, ob diese kartellrechtlichen Anspruchsgrundlagen auch im Rahmen des Vergabenachprüfungsverfahrens zum Prüfungsgegenstand gemacht werden können. Bisher verweigern sich die Nachprüfungsinstanzen einer solchen erweiterten Prüfung. Durch das Gesetz zur Neuordnung des Arzneimit-

---

1096 EuGH Urteil vom 6. Dezember 2007, verb. Rs. C-468/06 bis C-478/06.
1097 Vgl. hierzu die Ausführungen auf Seite 45 ff.
1098 Vgl. hierzu die Ausführungen auf Seite 45 ff.
1099 So war es auch im Verfahren des OLG Düsseldorf, Beschluss vom 22. Oktober 2008, Az.: I-27 U 2/08, zum de-facto-Rabattvertrag der AOK Baden-Württemberg zur Beschaffung von EPO-Präparaten zur Behandlung von Anämie.
1100 Vgl. etwa *Prieß/Hölzl*, LKV 2006, 481, 485; *Alexander*, WRP 2004, 700, 702.
1101 Vgl. hierzu die Ausführungen im Zusammenhang mit Generika-Rabattverträgen auf Seite 86 ff.

telmarktes (AMNOG)[1102] ist nun auch klargestellt, dass die §§ 1 ff. GWB auf die gesetzlichen Krankenkassen anwendbar sind.[1103]

.

1102 Gesetz zur Neuordnung der Arzneimittelmarkts in der gesetzlichen Krankenversicherung (AMNOG) vom 22. Dezember 2010, BGBl. I, S. 2262.
1103 Zu den Einzelheiten vgl. die Ausführungen auf Seite 86 ff.

Teil 4: Aktuelle Entwicklungen durch das Gesetz zur Neuordnung des Arzneimittelmarktes in der gesetzlichen Krankenversicherung (AMNOG)

A. Einleitung

Zum 1. Januar 2011 ist das Gesetz zur Neuordnung des Arzneimittelmarktes in der gesetzlichen Krankenversicherung (AMNOG)[1104] in Kraft getreten.[1105] Das Gesetz sieht insbesondere Änderungen bei der Preisfindung und Preisregulierung für Arzneimittel vor. Folgende Modifikationen der bisherigen Rechtlage enthält das Gesetz:

- Änderung der Preisbildung bei patentgeschützten Präparaten,[1106]
- Anwendbarkeitserklärung des Kartellrechts,[1107]
- Verringerung der Regulierungsdichte,[1108]
- Modifikation des Rechtsschutzes[1109].

1104 Gesetz zur Neuordnung des Arzneimittelmarktes in der gesetzlichen Krankenversicherung (AMNOG) vom 22. Dezember 2010, BGBl. I, S. 2262.

1105 Parallel hierzu trat im Sommer 2010 das Gesetz zur Änderung krankenversicherungsrechtlicher und anderer Vorschriften (GKV-ÄndG) in Kraft, welches in Bezug auf die Arzneimittelausgaben den Herstellerzwangsrabatt auf 16 % erhöht hat und für die Zeit vom 1. August 2010 bis zum 31. Dezember 2013 ein Preismoratorium eingeführt hat. Im Herbst 2010 wurde dann das Gesetz zur nachhaltigen und sozial ausgewogenen Finanzierung der Gesetzlichen Krankenversicherung (GKV-FinG) verabschiedet. Mit diesem Gesetz wurde der allgemeine Beitragssatz auf 15, 5 % erhöht und der Arbeitgeberanteil bei 7, 3 % eingefroren. Gleichzeitig wurde die Begrenzung der Zusatzbeiträge aufgehoben und ein automatischer Sozialausgleich beim Überschreiten bestimmter Belastungsgrenzen eingeführt.

1106 Hierzu: *Luthe*, PharmR 2011, 193 ff.; *Kingreen*, NZS 2011, 441 ff., der sich im Ergebnis kritisch zum methodischen Grundansatz (S. 448) äußert.

1107 Vgl. zu den Änderungen durch das AMNOG vgl. die Ausführungen auf Seite 86 ff. und zum Kartellrecht im Bereich der Rabattverträge allgemein die Ausführungen auf Seite 86 ff.

1108 Vgl. hierzu die Ausführungen auf Seite 86 ff.

1109 Vgl. hierzu die Ausführungen auf Seite 86 ff.

B. Änderungen durch das AMNOG

I. Preisbildung bei patentgeschützten Medikamenten

Das wohl zentrale Anliegen des Gesetzes ist die Neugestaltung der Preisbildung bei innovativen patentgeschützten Medikamenten.[1110] Während insbesondere über Rabattverträge nach § 130a Absatz 8 SGB V die Ausgaben für Generika in den letzten Jahren nachhaltig gesenkt werden konnten, sind die Aufwendungen für patentgeschützte Originale immer weiter gestiegen.[1111] Der Gesetzgeber hat sich daher entschlossen das System der freien Preisbildung bzw. Preisregulierung teilweise zu verlassen und im Bereich der innovativen patentgeschützten Medikamente neue Wege zu gehen.[1112]

1. Neu eingeführte Medikamente

Bei nach dem 1. Januar 2011 neu eingeführten patentgeschützten Präparaten bleibt im ersten Jahr nach Markteinführung neben dem freien Marktzugang auch die freie Preisbildung erhalten. Die pharmazeutischen Unternehmen können ihre neuen Produkte also nach der Zulassung ohne weitere Hürde auf den Markt bringen und in dem ersten Vertriebsjahr ihre Preise auch weiterhin ohne jede staatliche Einflussnahme bzw. Regulierung festlegen.[1113] Der Gesetzgeber hält das ers-

---

1110 Zu den weiteren Motiven des Gesetzgebers vgl. auch die Ausführungen in der Gesetzesbegründung, BT-Drs. 17/2413, S. 1 sowie im Koalitionsvertrag zwischen CDU, CSU und FDP für die 17. Legislaturperiode, S. 85 bis 87. *Kingreen*, NZS 2011, 441, 443 weißt zutreffend darauf hin, dass es dem AMNOG darum geht für neuartige Arzneimittel ohne Zusatznutzen keinen höheren Preis zuzulassen als für die bereits vorhandenen Vergleichspräparate und für Arzneimittel mit einem Zusatznutzen einen angemessenen Preis zu ermitteln.

1111 Vgl. hierzu die Ausführungen auf Seite 25.

1112 *Luthe*, PharmR 2011, 193 spricht davon, dass die Möglichkeit freier Preisbildung völlig abgeschafft wurde. Dies erscheint angesichts der Tatsache, dass zumindest im ersten Jahr nach der Markteinführung die Preisbildung noch nicht zwingenden Verhandlungen mit dem Ziel einer Rabattierung unterliegt, zumindest zweifelhaft zu sein. Zu der durch das AMNOG geschaffenen neuen sozialversicherungsrechtlichen Marktzugangsregulierung vgl. auch *Kingreen*, NZS 2011, 441, 443 ff., der zu Recht deutlich hervorhebt, dass bisher die Preisregulierung nicht schon beim Marktzugang, sondern erst auf den nachgelagerten Vertriebsstufen ansetzte. Geregelt wurde nur die Ermittlung des Marktpreises aber nicht die Bestimmung des Herstellerabgabepreises.

1113 Dieses System einer völlig freien Preisbildung verfolgen neben der Bundesrepublik nur noch Dänemark und Malta. Im Vereinigten Königreich werden die Preise indirekt durch eine Gewinnlimitierung reguliert. In Frankreich, Italien, der Republik Irland und in Ungarn werden Preisverhandlungen obligatorisch. Alle anderen Mitgliedstaaten verfolgen

te Jahr nach Markteinführung bewusst von einem gesetzlichen Einfluss frei.[1114] Rabattverträge nach § 130a Absatz 8 SGB V sind gleichwohl nach Maßgabe der obigen Ausführungen (theoretisch) möglich.[1115]

Erst ab dem zweiten Jahr des Vertriebs greifen die neuen Regeln zur Preisbildung. Ausgangspunkt bildet hierbei ein Dossier zu Kosten und Nutzen, welches die pharmazeutischen Unternehmer gleichzeitig mit Markteinführung vorlegen müssen und das zu folgenden Fragen Angaben enthalten muss:[1116]

- zugelassene Anwendungsgebiete,
- medizinischer Nutzen
- Zusatznutzen im Vergleich zum Therapiestandard,
- Therapiekosten,
- Quantifizierung der Anzahl der Patienten bzw. Abgrenzung für die Behandlung in Frage kommender Patientengruppen,
- Anforderungen an eine qualitätsgesicherte Anwendung.

Dieses Dossier bildet die Grundlage für eine frühe Nutzenbewertung auf Basis des § 35a SGB V (i. d. F. des AMNOG[1117]) durch den Gemeinsamen Bundesausschuss (G-BA). Die Bewertung stellt insbesondere fest für welche Patienten und Erkrankungen ein Zusatznutzen besteht, was die Vergleichsprodukte sind und ob das Arzneimittel im Wettbewerb mit ähnlichen Arzneimitteln steht oder es die Stellung eines Solisten hat.[1118] Die neue Regelung greift damit die schon in § 31 Absatz 2a SGB V normierte Idee zur Kosten-Nutzen-Analyse auf.

In der Praxis wird sich diese Nutzenbewertung bei der Ausgestaltung der Rabattverträge aller Voraussicht nach als sehr hilfreich erweisen. Den beschaffenden Krankenkassen stehen so Informationen über Zusatznutzen, Vergleichspro-

---

das System einer gesetzlichen Preisbildung. Hierzu: AOK Bundesverband, G+G Blickpunkt, Mai 2010, Seite 6.

1114 BT-Drs. 17/2413, S. 15.

1115 Ob sich der Abschluss eines Rabattvertrages in dieser kurzen Zeit realisieren lässt, erscheint allerdings fraglich. Außerdem wird gerade während des ersten Jahres das Interesse der pharmazeutischen Industrie höchst eingeschränkt sein, sich an einer entsprechenden Ausschreibung zu beteiligen.

1116 Umfassend zu Problemen und Ungereimtheiten im Zusammenhang mit der Nutzenbewertung: *Schickert*, PharmR 2010, 452 ff. Zu den Rechten und Pflichten der pharmazeutischen Unternehmer in diesem Zusammenhang *Maassen*, GesR 2011, 82, 84 ff. Seihe auch: *Axer*, SGb 2011, 264 ff.; *Huster*, GesR 2011, 76 ff.; *Hess*, GesR 2011, 65 ff.

1117 Gesetz zur Neuordnung des Arzneimittelmarktes in der gesetzlichen Krankenversicherung (AMNOG) vom 22. Dezember 2010, BGBl. I, S. 2262.

1118 Nach § 35 Absatz 1 Satz 6 SGB V regelt das Bundesministerium für Gesundheit das Näherer in einer Rechtsverordnung. Diese ist am 1. Januar 2011 in Kraft getreten. Verordnung über die Nutzenbewertung von Arzneimitteln nach § 35a Absatz 1 SGB V für Erstattungsvereinbarungen nach § 130b SGB V (Arzneimittel-Nutzenbewertungsverordnung – AM-NutzenV) vom 28. Dezember 2010, BGBl. I, 2324.

dukte und eine Alleinstellung zur Verfügung. Diese Informationen können als Grundlage für die Entscheidung über die Verfahrenswahl, die Ausgestaltung des Beschaffungsbedarfs und die Ausgestaltung der Ausschreibung im Einzelnen sehr hilfreich sein. So lässt sich insbesondere viel einfacher entscheiden, ob ein Verhandlungsverfahren in Betracht kommt und welche Produkte in den Beschaffungsbedarf einer indikationsbezogenen Ausschreibung aufgenommen werden können.

Stellt sich bei dieser Bewertung heraus, dass das Medikament keinen Zusatznutzen im Vergleich zu einer Alternativtherapie bietet und ist das Arzneimittel festbetragsfähig, wird es auf Basis eines Beschlusses des G-BA nach § 35 Absatz 3 in eine Festbetragsgruppe eingeordnet.[1119] Gleichzeitig wird bei Analogarzneimitteln die Beweislast umgekehrt. Es gelten insgesamt die auch sonst für Festbetragsmedikamente gültigen Bestimmungen. Parallel bzw. ergänzend zu den Festbeträgen ist der Abschluss von Rabattverträgen möglich. Im Hinblick auf die Einordnung des Medikamentes in eine Festbetragsgruppe wird die Vergabe in einem Verhandlungsverfahren nach § 3 Absatz 4 lit. c) EG-VOL/A[1120] jedoch regelmäßig an der fehlenden Alleinstellung scheitern.[1121] Es bietet sich vielmehr eine indikationsbezogene Ausschreibung im offenen Verfahren an.[1122]

Ergibt die Bewertung jedoch einen Zusatznutzen oder ist es nicht festbetragsfähig, so vereinbaren der GKV-Spitzenverband und der Hersteller einen Rabatt.[1123] Zunächst müssen Verhandlungen zwischen den pharmazeutischen Unternehmen und dem Spitzenverband Bund der Krankenkassen nach § 130b Absatz 1 SGB V (i. d. F. des AMNOG[1124]) mit Wirkung für alle Krankenkassen geführt werden.[1125] Ziel dieser Verhandlungen ist der Abschluss einer Rabattvereinbarung. Wie bei den bisher gebräuchlichen Rabattverträgen nach § 130a Absatz 8 SGB V verpflichtet sich der pharmazeutische Unternehmer dabei einen

1119 Hierzu: *Kingreen*, NZS 2011, 441, 444.
1120 Entspricht § 3a Nr. 2 lit. c) VOL/A 2006.
1121 Etwas anderes könnte sich aber dann ergeben, wenn man z. B. besondere vertragliche Ausgestaltungsvarianten mit einbezieht. Vgl. hierzu die Ausführungen auf den Seiten 86, 86.
1122 Vgl. hierzu die Ausführungen auf den Seiten 86 f. und 86 f.
1123 Hierzu: *Kingreen*, NZS 2011, 441, 444.
1124 Gesetz zur Neuordnung des Arzneimittelmarktes in der gesetzlichen Krankenversicherung (AMNOG) vom 22. Dezember 2010, BGBl. I, S. 2262.
1125 Diese Regelung könnte jedoch in Konflikt mit dem Kartellrecht geraten, welches durch das Gesetz zur Neuordnung des Arzneimittelmarktes in der gesetzlichen Krankenversicherung (AMNOG) vom 22. Dezember 2010, BGBl. I, S. 2262 ja gerade für anwendbar erklärt worden ist. Gegen eine solche Kollision spricht allerdings, dass die Verhandlungen nach § 130b SGB V (n. F.) bzw. der Schiedsspruch eher den Charakter eines Verwaltungsaktes tragen. In einem Subordinationsverhältnis gilt das Kartellrecht nicht.

Rabatt auf den Herstellerabgabepreis zu gewähren.[1126] Der Listenpreis des Medikamentes bleibt unverändert. Erst wenn die Verhandlungen scheitern, wird der Vertragsinhalt in einem zweiten Schritt durch einen Schiedsspruch einseitig festgelegt.[1127]

Die Vereinbarung nach § 130b SGB V (i. d. F. des AMNOG[1128]) ist damit ähnlich strukturiert wie ein (herkömmlicher) Rabattvertrag nach § 130a Absatz 8 SGB V.[1129] Es stellt sich damit zwangsläufig die Frage nach der Anwendbarkeit des Vergaberechts auf Vereinbarungen nach § 130b SGB V (i. d. F. des AMNOG[1130]). Zwar wird man davon ausgehen können, dass die Tatbestandsvoraussetzungen des öffentlichen Auftrages nach § 99 GWB hier vorliegen.[1131] Die Anwendung des Vergaberechts scheitert aber aus einem anderen Grunde. Der Abschluss einer Vereinbarung nach § 130b SGB V (i. d. F. des AMNOG[1132]) ist für den Unternehmer nicht freiwillig. Bei jeder normalen Ausschreibung hat der Unternehmer die Wahl, ob er sich beteiligen will oder nicht. Er kann auch den kalkulatorisch bzw. unternehmenspolitisch »sinnvollsten« Preis anbieten und dabei das Risiko eingehen den Zuschlag möglicherweise nicht zu erhalten. In einem Verhandlungsverfahren hätte er zudem die Möglichkeit die Verhandlungen abzubrechen, wenn sie nicht seinen Vorstellungen entsprechen. Alle diese Freiheiten einer normalen Marktwirtschaft, eines normalen Vergabeverfahrens fehlen hier. Das in § 130b SGB V (i. d. F. des AMNOG[1133]) vorgesehene Verfahren trägt nicht die Züge eines Vergabeverfahrens, sondern einer (mehr oder weniger) einseitigen, ja hoheitlichen Entscheidung. Die Krankenkassen verhandeln zwar zunächst, können im Zweifel aber den Preis »einfach« fest-

---

1126 Hierzu eingehend m.w.N.: *Kingreen*, NZS 2011, 441, 446 f.

1127 Zum Schiedsstellenverfahren eingehend: *Luthe*, PharmR 2011, 193, 202 ff.

1128 Gesetz zur Neuordnung des Arzneimittelmarktes in der gesetzlichen Krankenversicherung (AMNOG) vom 22. Dezember 2010, BGBl. I, S. 2262.

1129 Das Verhältnis von § 130c und § 130a Absatz 8 SGB V ist allerdings noch unklar. Scheinbar soll § 10c SGB V speziell nur solche Medikamente erfassen, die das Verhandlungsverfahren nach § 130b SGB V bereits durchlaufen haben (BT-Drs. 17/2413, S. 32.). Hierzu auch: *Wolf/Jäkel*, PharmR 2011, 1, 3 f.

1130 Gesetz zur Neuordnung des Arzneimittelmarktes in der gesetzlichen Krankenversicherung (AMNOG) vom 22. Dezember 2010, BGBl. I, S. 2262.

1131 Mit den gesetzlichen Krankenkassen handelt ein öffentlicher Auftraggeber. Dieser schließt (auf Basis einer funktionalen Betrachtung) einen entgeltlichen Vertrag mit dem pharmazeutischen Unternehmer über die Lieferung von Arzneimitteln. Auch die regelmäßig geforderte konstitutive Lenkungs- und Steuerungswirkung liegt hier vor. Neben den üblichen Steuerungsinstrumenten bestimmen die §§ 130b bzw. 130c SGB V (n. F.) sogar noch besondere Anreize zur Nachfragesteuerung.

1132 Gesetz zur Neuordnung des Arzneimittelmarktes in der gesetzlichen Krankenversicherung (AMNOG) vom 22. Dezember 2010, BGBl. I, S. 2262.

1133 Gesetz zur Neuordnung des Arzneimittelmarktes in der gesetzlichen Krankenversicherung (AMNOG) vom 22. Dezember 2010, BGBl. I, S. 2262.

legen. Damit ähnelt das Verfahren mehr der Festlegung eines Festbetrages nach § 35 SGB V. Das Vergaberecht ist damit weder auf die Vertragsverhandlungen (Absatz 1) noch die Festlegung des Vertragsinhaltes durch Schiedsspruch (Absatz 4) anwendbar.

Abweichend von einer getroffenen Einigung oder einem Schiedsspruch nach § 130b SGB V (i. d. F. des AMNOG[1134]) können die Beteiligten nach Maßgabe des neuen § 130c SGB V ergänzende vertragliche Vereinbarungen treffen. Inhaltlich nennt das Gesetz beispielhaft die Gewährung eines bloßen Rabattes, die mengenbezogene Staffelung des Rabattes, ein jährliches Umsatzvolumen mit Ausgleich von Mehrerlösen oder eine Erstattung in Abhängigkeit von messbaren Therapieerfolgen[1135]. Diese Vereinbarungen können die Einigung bzw. den Schiedsspruch nach § 130b SGB V (i. d. F. des AMNOG[1136]) ersetzen oder ergänzen. Der Gesetzeswortlaut geht dabei schon ausdrücklich von der Anwendbarkeit des Vergaberechts auf diese Vereinbarungen aus, enthält doch § 130c Absatz 1 Satz 5 SGB V (i. d. F. des AMNOG[1137]) einen Verweis auf § 130a Absatz 8 SGB V (i. d. F. des AMNOG[1138]). Auch hat der Gesetzgeber spezielle Steuerungsinstrumente vorgesehen. Diese reichen von der umfassenden Information der Vertragsärzte (Absatz 2), über den Abschluss von Arzneimittelvereinbarungen (Absatz 3), die Anerkennung als Praxisbesonderheit (Absatz 4), bis hin zur ausdrücklichen Integration in die Vertragsarztsoftware (Absatz 5). Für den Abschluss eines solchen Vertrages gelten dabei die im dritten Teil der Arbeit vorgestellten Voraussetzungen.[1139]

Dabei verwundert es allerdings wenn in der Gesetzesbegründung zu § 130c SGB V (i. d. F. des AMNOG[1140]) ausgeführt wird, dass eine entsprechende Vereinbarung nicht vor dem Abschluss einer Vereinbarung auf Bundesebene nach § 130b SGB V (i. d .F. des AMNOG[1141]) möglich sein soll.[1142] Dies könnte so ver-

---

1134 Gesetz zur Neuordnung des Arzneimittelmarktes in der gesetzlichen Krankenversicherung (AMNOG) vom 22. Dezember 2010, BGBl. I, S. 2262.

1135 Mit dieser Formulierung wird erstmals ein Risk-Sharing-Modell (vgl. hierzu die Ausführungen auf Seite 45 ff.) im Gesetz als Gestaltungsvariante genannt.

1136 Gesetz zur Neuordnung des Arzneimittelmarktes in der gesetzlichen Krankenversicherung (AMNOG) vom 22. Dezember 2010, BGBl. I, S. 2262.

1137 Gesetz zur Neuordnung des Arzneimittelmarktes in der gesetzlichen Krankenversicherung (AMNOG) vom 22. Dezember 2010, BGBl. I, S. 2262.

1138 Gesetz zur Neuordnung des Arzneimittelmarktes in der gesetzlichen Krankenversicherung (AMNOG) vom 22. Dezember 2010, BGBl. I, S. 2262.

1139 Vgl. hierzu die Ausführungen auf Seite 86 ff. und hier insbesondere auf Seite 86 ff. und 86 ff.

1140 Gesetz zur Neuordnung des Arzneimittelmarktes in der gesetzlichen Krankenversicherung (AMNOG) vom 22. Dezember 2010, BGBl. I, S. 2262.

1141 Gesetz zur Neuordnung des Arzneimittelmarktes in der gesetzlichen Krankenversicherung (AMNOG) vom 22. Dezember 2010, BGBl. I, S. 2262.

standen werden, dass der Abschluss von Rabattvereinbarungen im Bereich der patentgeschützten Originale zukünftig vor dem Abschluss einer Vereinbarung nach § 130b SGB V (i. d. F. des AMNOG[1143]) generell unzulässig sein soll. Fraglich ist allerdings, ob diese Schlussfolgerung zutreffend ist. Dies würde nämlich bedeuten, dass im ersten Jahr nach Markteinführung sowie in allen Fällen, in denen noch keine Verhandlungen nach § 130b SGB V (i. d. F. des AMNOG[1144]) stattgefunden haben, jede Rabattvereinbarung unzulässig wäre. Damit ist aber gleichzeitig eine signifikante Einschränkung des vergaberechtlichen Anwendungsbereichs verbunden. Eine Rechtfertigung für eine solche Einschränkung europarechtlicher Vorgaben ist indes nicht ersichtlich. Weder aus der RL 2004/18/EG noch aus dem Art. 168 AEUV (früher: Art. 152 EG) lassen sich entsprechende Gründe herleiten. Im Zweifel ist die Vorschrift daher europarechtskonform so auszulegen dass sie nicht zu einer Einschränkung des vergaberechtlichen Regelungsregimes führt.

2. Bestandsmarkt

Auch im Bestandsmarkt bereits etablierter innovativer patentgeschützter Medikamente hat es Änderungen gegeben. Dies betrifft allerdings nicht den Festbetragsmarkt, sondern nur die nicht festbetragsfähigen innovativen Medikamente. Hier kann das Verfahren nach § 130b Absatz 1 SGB V (i. d. F. des AMNOG[1145]) zukünftig durch den Gemeinsamen Bundesausschuss (G-BA) in Gang gebracht werden.[1146] Vorrangig sind dabei Arzneimittel zu bewerten, die für die Versorgung von Bedeutung sind oder mit Arzneimitteln im Wettbewerb stehen für die ein Beschluss (über die Nutzenbewertung) nach § 35a Absatz 3 SGB V (i. d. F. des AMNOG[1147]) vorliegt.

Der Gemeinsame Bundesausschuss (G-BA) muss von dieser Möglichkeit einer nachträglichen Nutzenbewertung jedoch in der Praxis keinen Gebrauch machen. Die Festlegung der Preise können auch weiterhin allein der pharmazeutischen Industrie überlassen oder aber über Rabattvereinbarungen nach § 130a

1142 BT-Drs. 17/2413, S. 32.
1143 Gesetz zur Neuordnung des Arzneimittelmarktes in der gesetzlichen Krankenversicherung (AMNOG) vom 22. Dezember 2010, BGBl. I, S. 2262.
1144 Gesetz zur Neuordnung des Arzneimittelmarktes in der gesetzlichen Krankenversicherung (AMNOG) vom 22. Dezember 2010, BGBl. I, S. 2262.
1145 Gesetz zur Neuordnung des Arzneimittelmarktes in der gesetzlichen Krankenversicherung (AMNOG) vom 22. Dezember 2010, BGBl. I, S. 2262.
1146 BT-Drs. 17/2413, S. 22, 23.
1147 Gesetz zur Neuordnung des Arzneimittelmarktes in der gesetzlichen Krankenversicherung (AMNOG) vom 22. Dezember 2010, BGBl. I, S. 2262.

Absatz 8 SGB V unter den oben vorgestellten Rahmenbedingungen[1148] geregelt werden.

3. Zusammenfassung

Die Preisbildung bei patentgeschützten Medikamenten ist weitreichend modifiziert worden. Ab dem 1. Januar 2011 gibt es einen Mix aus freier Preisbildung und regulierten Preisen. Hiervon wurde zunächst nur der Markt der neu eingeführten Medikamente erfasst. Es ist aber davon auszugehen, dass auch in relativ kurzer Folge kostenintensive innovative Medikamente aus dem Bestandsmarkt auch einer Nutzenbewertung unterzogen werden.

Nicht vollständig klar wird indes, wie sich der Gesetzgeber die Integration der wettbewerblichen Rabattverträge nach § 130a Absatz 8 SGB V in dieses System vorstellt. Dabei erscheint insbesondere problematisch, dass im ersten Jahr nach Markteinführung keine Rabattverträge abgeschlossen werden »dürfen«.Mit dem AMNOG wird sich der GKV-Arzneimittelmarkt daher in folgende Segmente unterteilen:

- **Generika**
  - o Festbetragsmarkt
  - o Rabattvertragsmarkt
  - o freier Markt

- **Patentgeschützte Medikamente**
  - o bereits eingeführt:
    - Rabattvertragsmarkt (§ 130a SGB V)
    - Festbetragsmarkt
    - freier Markt
      - o nachträgliche Bewertung (§ 35a Absatz 6 SGB V n. F.)
      - o Festbetragsmarkt
      - o reglementiert über Vereinbarungen
      - o reglementiert über Schiedssprüche
      - o Rabattvertragsmarkt (§ 130c SGB V n. F.)
  - o neu eingeführt:
    - im ersten Jahr nach Markteinführung:
      - o freier Markt
      - o evtl. Rabattvertragsmarkt (§ 130a SGB V)

1148 Vgl. hierzu die Ausführungen im dritten Teil der Arbeit auf Seite 86 ff.

- ab dem zweiten Jahr nach Markteinführung:
  - Festbetragsmarkt
  - reglementiert über Vereinbarungen
  - reglementiert über Schiedssprüche
  - Rabattvertragsmarkt (§ 130c SGB V n. F.)
  - freier Markt

II. Weiterentwicklung der Rabattverträge im Allgemeinen

Die schon bisher wirtschaftlich so erfolgreichen Rabattverträge[1149] sollen nach dem Willen des Gesetzgebers auch insgesamt weiterentwickelt werden, wobei gleichzeitig auf eine Reihe von Streitigkeiten aus den letzten Jahren reagiert werden soll.

In der Vergangenheit hat es bei der Durchführung der Rabattverträge eine intensive Auseinandersetzung über die Interpretation der Substitutionsregel des § 129 Absatz 1 Satz 2 SGB V i. V. m. § 4 RahmenV[1150] gegeben. Dabei wurde insbesondere darüber gestritten, wie der Begriff Indikationsbereich[1151] zu verstehen ist und ob die zu substituierenden Medikamente den gleichen oder nur einen gleichen Anwendungsbereich haben müssen. Der Gesetzentwurf sieht nun ausdrücklich in § 129 Absatz 1 Satz 2 SGB V (i. d. F. des AMNOG[1152]) vor, dass die Zulassung für ein gleiches Anwendungsgebiet ausreichend ist. Schon § 24b AMG verlange, dass ein Generikum mit dem Originalpräparat in Zusammensetzung der Wirkstoffe nach Art und Menge sowie hinsichtlich der Darreichungsform übereinstimme und die Bioäquivalenz über Bioverfügbarkeitsstudien nachgewiesen wurde.[1153]

Gleichzeitig wurde intensiv darüber diskutiert wie die Substitution bei unterschiedlichem Packungsinhalt erfolgen sollte.[1154] Auch hier hat der Gesetzentwurf

---

1149 Vgl. hierzu die Ausführungen auf Seite 42 ff.
1150 Rahmenvertrag über die Arzneimittelversorgung nach § 129 Absatz 2 SGB V in der Fassung vom 1. Februar 2011 zwischen den Spitzenverbänden der Krankenkassen und dem Deutschen Apothekerverband e. V.
1151 Vgl. hierzu z. B. das Gutachten von *Dierks,* Die Auslegung des Begriffs gleicher Indikationsbereich in § 129 Absatz 1 S. 1 SGB V vom 16. Juli 2009 für den Bundesverband der Arzneimittel-Hersteller e. V., den Bundesverband der Pharmazeutischen Industrie e. V., Pro Generika e. V. und den Verband Forschender Arzneimittelhersteller e. V. (abrufbar über die Homepage des Verbandes der pharmazeutischen Industrie unter www.bpi.de)
1152 Gesetz zur Neuordnung des Arzneimittelmarktes in der gesetzlichen Krankenversicherung (AMNOG) vom 22. Dezember 2010, BGBl. I, S. 2262.
1153 BT-Drs. 17/2413, S. 29, 30.
1154 Die KSK-Pharma AG hatte die Ausschreibung der AOK für den Wirkstoff Omeprazol gewonnen. Rabattiert waren dabei die Packungen mit 15, 28, 56 und 98 Kapseln zu je

eine entsprechende Klarstellung gebracht und angeordnet, dass sich der in § 129 Absatz 1 SGB V genutzte Begriff der Packungsgröße nunmehr auf die Normpackungsgrößen (N1, N2 und N3) der in § 31 Absatz 4 SGB V genannten Packungsgrößenverordnung[1155] bezieht, die gleichzeitig angepasst wurde[1156].

Neu eingeführt wurde eine Mehrkostenregelung. Nach § 129 Absatz 1 Satz 5 SGB V (i. d. F. des AMNOG[1157]) hat der Versicherte nun die Möglichkeit gegen Kostenerstattung ein anderes als das nach dem Rabattvertrag eigentlich abzugebende Rabattarzneimittel zu erhalten.[1158] Den Differenzbetrag zum teureren Medikament muss der Patient dabei aus eigener Tasche bezahlen. Diese Regelung beseitigt zwar die in der Vergangenheit häufig kritisierte zwingende Substitutionsfolge und ist damit geeignet die Patientencompliance zu verbessern. Ihre Abwicklung in der Praxis ist jedoch bisher völlig unklar, wird doch in Rabattverträgen nach § 130a Absatz 8 SGB V über die Höhe der Rabatte regelmäßig ein Stillschweigen vereinbart. Soweit die Versicherten wider Erwarten in hohem Maße von dieser Option Gebrauch machen sollten, gerät zudem die Kalkulation der Rabattverträge in Gefahr.[1159] Bisher konnten die Pharmaunternehmen auf Basis der Verordnungszahlen aus den vergangenen Quartalen sicher kalkulieren. Zudem stellt die Wahlmöglichkeit die Akzeptanz der Rabattverträge auf Seiten der Patienten in Frage. In der Vergangenheit ist viel Mühe darauf verwandt worden die therapeutische Gleichwertigkeit der Rabattarzneimittel zu kommunizieren.[1160] Es ist zu erwarten, dass die pharmazeutischen Unternehmen in Zukunft diese Wahlmöglichkeit nutzen werden, um genau diese Gleichwertigkeit in Frage zu stellen.

Hinsichtlich der Laufzeit von Rabattverträgen sieht § 130a Absatz 8 Satz 6 SGB (i. d. F. des AMNOG[1161]) nunmehr eine Laufzeit von zwei Jahren vor (Soll-

---

20mg und 40mg. In der ärztlichen Praxis wurden jedoch regelmäßig 60er und 100er Packungen verordnet – diese waren aber nicht Gegenstand des abgeschlossenen Rabattvertrages. Vor diesem Hintergrund bestand in der Praxis eine große Unsicherheit bezüglich der Anwendbarkeit der Substitutionsregel des § 129 Absatz 1 SGB V i. V. m. § 4 RahmenV.

1155 Packungsgrößenverordnung vom 22. Juni 2004, BGBl. I, S. 1318, zuletzt geändert durch die Verordnung vom 12. Dezember 2008, BGBl. I, S. 2445.
1156 BT-Drs. 17/2413, S. 13, 30, 37.
1157 Gesetz zur Neuordnung des Arzneimittelmarktes in der gesetzlichen Krankenversicherung (AMNOG) vom 22. Dezember 2010, BGBl. I, S. 2262.
1158 BT-Drs. 17/2413, S. 30. Kritisch zur Neuregelung: *Brixius/Maur/Schmidt*, PharmR 2010, 373, 375.
1159 *Brixius/Maur/Schmidt*, PharmR 2010, 373, 375.
1160 Vgl. hierzu exemplarisch die Veröffentlichung der AOKen zum Instrument der Rabattverträge, welches online abrufbar ist unter: http://www.aok-gesundheitspartner.de/imperia/md/aokbv/politik/faq_aok_rabattvertreage_210611.pdf.
1161 Gesetz zur Neuordnung des Arzneimittelmarktes in der gesetzlichen Krankenversicherung (AMNOG) vom 22. Dezember 2010, BGBl. I, S. 2262.

Vorschrift). Nach den Vorstellungen des Gesetzgebers dient dies dazu der besonderen Situation im Arzneimittelmarkt der gesetzlichen Krankenversicherung Rechnung zu tragen.[1162] Bisher sind die Krankenkassen hier unterschiedliche Wege gegangen. Die AOKen haben ihre Verträge stets nur auf zwei Jahre mit einer Verlängerungsoption für wenige Monate abgeschlossen.[1163] Andere Krankenkassen lassen sich weitergehende Verlängerungsmöglichkeiten einräumen, um so die für Rahmenvereinbarungen in § 4 Absatz 7 EG-VOL/A[1164] vorgesehene maximale Laufzeit von vier Jahren voll auszuschöpfen.[1165]

Gleichzeitig soll zukünftig der Anbietervielfalt verstärkt Rechnung getragen werden.[1166] Dies hat letztlich nur klarstellenden Charakter. Bereits jetzt sind nach § 97 Absatz 3 GWB mittelständische Interessen bei der Vergabe besonders zu berücksichtigen. Außerdem wird jedenfalls bei den Generika-Rabattverträgen der Beschaffungsbedarf schon jetzt wirkstoffbezogen (Fachlos) bestimmt und werden gleichzeitig (zumindest bei den Ausschreibungen der AOKen) regionale Gebietslose gebildet.[1167] In der Praxis hat sich zudem gezeigt, dass sowohl kleine/mittelständische Pharmaunternehmen als auch große Anbieter Vertragspartner der ausschreibenden Krankenkassen geworden sind. Insgesamt scheint sich die Anbieterzahl und damit der Wettbewerb im Bereich der Generika eher verstärkt als verringert zu haben.[1168]

1162 BT-Drs. 17/2413, S. 30.

1163 Vgl. hierzu etwa die Generika-Ausschreibung der AOKen von Ende 2010, veröffentlicht im EU-Abl.: 2010/S 199-303581 am 13. Oktober 2010.

1164 Entspricht § 3a Nr. 4 Absatz 8 VOL/A 2006.

1165 So z. B. die DAK in ihrer Ausschreibung vom 6. Juni 2008, EU-Abl.: 2008/S 109-146392 unter Gliederungspunkt II.2.2.; Ausschreibung vom 20. Juli 2010, EU-Abl.: 2010/S 146-225806 unter Gliederungspunkt II.2.2.; Ausschreibung vom 14. November 2008, EU-Abl.: 2008/S 222-295505 unter Gliederungspunkt II.2.2.

1166 BT-Drs. 17/2413, S. 30.

1167 Vgl. hierzu etwa die Generika-Ausschreibung der AOKen von Ende 2010, veröffentlicht im EU-Abl.: 2010/S 199-303581 am 13. Oktober 2010.

1168 Dies geht aus den Angaben der AOK auf ihrer Pressekonferenz mit dem Titel "Gefährdet das AMNOG die Zukunft der Arzneimittelrabattverträge?" in Berlin am 23. September 2010 hervor. Exemplarisch werden die Wirkstoffe Omeprazol und Simvastatin genannt. In beiden Fälle hat sich die Anbieterzahl seit Beginn der Rabattverträge im Jahr 2007 bis 2010 deutlich erhöht. Der Wirkstoff Simvastatin wurde 2007 von 42 Unternehmen angeboten und 2010 von 53. Noch deutlicher ist die Steigerung bei Omeprazol. Dort hat sich die Anbieterzahl von 29 auf 48 erhöht. Abrufbar sind diese Daten auf der Homepage der AOK unter: www.aok.de (letzter Aufruf am 15. Dezember 2010).

III. Verringerung der Regulierungsdichte

Auch die Regulierungsdichte[1169] ist mit dem Gesetz zur Neuordnung des Arzneimittelmarktes in der gesetzlichen Krankenversicherung (AMNOG)[1170] verringert
worden. Die Festsetzung von Erstattungshöchstbeträgen[1171] nach § 31 Absatz 2a
SGB V entfällt.[1172] Dies ist aber nur eine Folge der Neueinführung von § 130b
SGB V (i. d. F. des AMNOG[1173]).

Die Wirtschaftlichkeitsprüfung[1174] nach § 106 SGB V ist schlanker gestaltet
worden. Die Richtgrößenprüfung wurde modifiziert. Die Ärzte sollen nur noch
für die Wahl des Wirkstoffs und die Verordnungsmenge verantwortlich sein. Die
Selbstverwaltung hat die Möglichkeit erhalten die Richtgrößen- und die Zufälligkeitsprüfung durch eine Prüfung der Einhaltung von Anforderungen an die
Wirkstoffmenge in den jeweiligen Anwendungsgebieten abzulösen. Damit wurde die Verantwortung der Ärzte auf die Einhaltung medizinisch begründeter Regelungen für die Verordnung beschränkt.

Den Ärzten sind auch einige Lasten bei der Arzneiverordnung genommen
worden. So ist die Bonus-Malus-Regelung[1175] nach § 84 Absatz 7a SGB V entfallen. Auch das erst 2007 mit dem Gesetz zur Stärkung des Wettbewerbs in der
gesetzlichen Krankenversicherung (GKV-WSG)[1176] eingeführte Zweitmei-

---

1169 Vgl. zu den bestehenden Regulierungsinstrumenten in der Arzneimittelversorgung die
Ausführungen auf Seite 26 ff.
1170 Gesetz zur Neuordnung des Arzneimittelmarktes in der gesetzlichen Krankenversicherung (AMNOG) vom 22. Dezember 2010, BGBl. I, S. 2262.
1171 Zu diesem Regulierungsinstrument im Überblick: *Nolte*, in: Kasseler Kommentar, Sozialversicherungsrecht, SGB V, 66. Ergänzungslieferung 2010, § 31 Rn. 51 ff.; *Wagner*, in:
Krauskopf, Soziale Krankenversicherung, Pflegeversicherung, 70. Ergänzungslieferung
2010, § 31 Rn. 20; *Adelt/Kraftberger*, in: Kruse/Hänlein, SGB V, 3. Auflage 2009, § 31
Rn. 82 ff. Vgl. hierzu auch die Ausführungen auf Seite 31 f.
1172 BT-Drs. 17/2413 S. 18.
1173 Gesetz zur Neuordnung des Arzneimittelmarktes in der gesetzlichen Krankenversicherung (AMNOG) vom 22. Dezember 2010, BGBl. I, S. 2262.
1174 Allgemein hierzu: *Scholz*, in: Becker/Kingreen, SGB V, 2. Auflage 2010, § 106 Rn. 1 ff.;
Hess, in: Kasseler Kommentar, Sozialversicherungsrecht, SGB V, 70. Ergänzungslieferung 2011, § 106 Rn. 2; *Krauskopf*, in: Krauskopf, Soziale Krankenversicherung,
Pflegeversicherung, 73. Ergänzungslieferung 2011, § 106 Rn. 11. Vgl. auch die Ausführungen auf Seite 34 ff.
1175 Zu diesem Instrument allgemein *Hess*, in: Kasseler Kommentar, Sozialversicherungsrecht, SGB V, 70. Ergänzungslieferung 2011, § 84 Rn. 19; *Fuhrmann/Klein/
Fleischfresser*, in: Fuhrmann/Klein/Fleischfresser (Hrsg.) Arzneimittelrecht, Handbuch
für die pharmazeutische Rechtspraxis, 2010, § 46 Rn. 145 ff. Vgl. hierzu auch die Ausführungen auf Seite 34 ff.
1176 Gesetz zur Stärkung des Wettbewerbs in der gesetzlichen Krankenversicherung (GKV-
WSG) vom 26. März 2007, BGBl. I, S. 378.

nungsverfahren[1177] nach § 73d SGB V bei der Verordnung von Arzneimitteln, die (insbesondere) als Spezialpräparate mit hohen Jahrestherapiekosten verbunden sind, ist aufgehoben worden. In der Praxis hatte sich herausgestellt, dass die sehr speziellen und auch teuren Arzneimittel ohnehin von Spezialisten verordnet werden.[1178] Hinzu kam die Schwierigkeit genügend Zeitmeinungsärzte zu finden.[1179]

Auch die Ermächtigung des Bundesministeriums für Gesundheit in § 34 Absatz 1 SGB V zum Ausschluss von Arzneimitteln gegen geringfügige Gesundheitsstörungen[1180] durch Rechtsverordnung wurde als nicht mehr erforderlich betrachtet und aufgehoben. Die Ermächtigung des Bundesministeriums für Gesundheit zum Ausschluss von unwirtschaftlichen Arzneimitteln[1181] durch Rechtsverordnung gemäß § 34 Absatz 3 SGB V war ebenfalls nicht mehr erforderlich und wurde aufgehoben. Damit verlor auch die hierauf beruhende Rechtsverordnung[1182] ihre Gültigkeit

IV. Anwendbarkeit des Kartellrechts

Ein weiterer Bestandteil des Gesetzes zur Neuordnung des Arzneimittelmarktes in der gesetzlichen Krankenversicherung (AMNOG)[1183] waren Änderungen im Bereich des Kartellrechts.[1184]

Krankenkassen können im Verhältnis zu den Leistungserbringern über eine erhebliche Marktmacht verfügen. Das Kartellrecht ist jedoch wegen der fehlenden Unternehmenseigenschaft nicht direkt auf ihr Verhalten anwendbar.[1185] Die

1177 Siehe hierzu *Klückmann*, in: Hauck/Noftz (Hrsg.), SGB V, Kommentar, 2006, § 73 d Rn. 1 f.; *Schulz*, PharmR 2007, 177 ff. Vgl. auch die Ausführungen auf Seite 34 ff.
1178 BT-Drs. 17/2413, S. 27.
1179 BT-Drs. 17/2413, S. 27.
1180 *Hess*, in: Kasseler Kommentar, Sozialversicherungsrecht, SGB V, 69. Ergänzungslieferung 2010, § 34 Rn. 13; *Axer*, in: Becker/Kingreen, SGB V, 2. Auflage 2010, § 34 Rn. 7; *Wagner*, in: Krauskopf, Soziale Krankenversicherung, Pflegeversicherung, 70. Ergänzungslieferung 2010, § 34 Rn. 14. Vgl. hierzu auch die Ausführungen auf Seite 34 ff.
1181 Vgl. hierzu die Ausführungen auf Seite 34 ff.
1182 BGBl. I 1990, S. 301, geändert durch die Verordnung vom 16. November 2000, BGBl. I 2000, S. 1593.
1183 Gesetz zur Neuordnung des Arzneimittelmarktes in der gesetzlichen Krankenversicherung (AMNOG) vom 22. Dezember 2010, BGBl. I, S. 2262.
1184 Vgl. hierzu auch das Gutachten von *Bechthold/Brinker/Holzmüller*, Gutachten erstattet im Auftrag des AOK Bundesverbandes vom 16. Juni 2010, verfügbar über die Homepage des AOK Bundesverbandes unter http://www.aok-bv.de/imperia/md/aokbv/politik/reformaktuell/gutachten_kartellrecht_amnog.pdf
1185 Vgl. hierzu die Ausführungen auf Seite 86 ff.

Marktposition konnte von den Krankenkassen daher vergleichsweise ungehindert ausgespielt werden.

Bisher erklärte § 69 Absatz 2 Satz 1 SGB V nur das Missbrauchsverbot der §§ 19 bis 21 GWB für entsprechend anwendbar. Mit dem Gesetz zur Neuordnung des Arzneimittelmarktes in der gesetzlichen Krankenversicherung (AMNOG)[1186] hat sich dies geändert. Der Gesetzgeber hat damit einer schon lange vorgetragenen Kritik entsprochen. Es ist nun auch das Kartellverbot der §§ 1 bis 3 GWB anwendbar. Gleichzeitig hat der Verweis in § 69 Absatz 2 Satz 1 SGB V (i. d. F. des AMNOG[1187]) die Vorschriften über das Verwaltungsverfahren der Kartellbehörden in Bezug genommen und wurden die Zivilgerichte für zuständig erklärt. Das Kartellrecht ist damit umfassend auf das Verhalten der gesetzlichen Krankenkassen anwendbar.[1188]

Als problematisch könnte sich jedoch die Anwendbarkeit des Kartellrechts mit Blick auf die in § 130b Absatz 1 SGB V (i. d. F. des AMNOG[1189]) vorgesehenen Verhandlungen zwischen dem Spitzenverband Bund der Krankenkassen und den pharmazeutischen Unternehmen erweisen. Der Spitzenverband Bund repräsentiert 153[1190] gesetzliche Krankenversicherungen und 70 Millionen[1191] Versicherte. Von einem Marktgleichgewicht kann daher keine Rede sein. Insbesondere für die stets gemeinsam beschaffenden AOKen oder die BKKen (hier über den Dienstleister spektrumK) wird sich das Kartellrecht in Zukunft möglicherweise als »*Fallstrick*« erweisen.

1186 Gesetz zur Neuordnung des Arzneimittelmarktes in der gesetzlichen Krankenversicherung (AMNOG) vom 22. Dezember 2010, BGBl. I, S. 2262.

1187 Gesetz zur Neuordnung des Arzneimittelmarktes in der gesetzlichen Krankenversicherung (AMNOG) vom 22. Dezember 2010, BGBl. I, S. 2262.

1188 Umfassend zur Anwendbarkeit des Kartellrechts auf die gesetzlichen Krankenversicherungen vgl. die Ausführungen auf Seite 86.

1189 Gesetz zur Neuordnung des Arzneimittelmarktes in der gesetzlichen Krankenversicherung (AMNOG) vom 22. Dezember 2010, BGBl. I, S. 2262.

1190 Stand: 1. August 2011. Die exakte Aufstellung aller gesetzlicher Krankenkassen ist auf der Homepage des GKV-Spitzenverbandes unter http://www.gkv-spitzenverband.de/ITSGKrankenkassenListe.gkvnet nachlesen. Zum 1. Januar 2011 wird sich die Krankenkassenzahl auf 152 verringern – die BKK Heilberufe wird aufgelöst (vgl. hierzu die Pressemitteilung des Bundesversicherungsamtes, www.gkv-spitzenverband.de/upload/2011_11_02_Schließung_BKK_Heilberufe_Block_17921.pdf. Zur Entwicklung der Krankenkassenzahl vgl. die Übersicht des GKV-Spitzenverbandes, verfügbar über www.gkv-spitzenverband.de/upload/Krankenkassen_Fusionenverlauf_1970-2011_15401.pdf.

1191 Diese Zahl nennt der GKV-Spitzenverband auf seiner Selbstdarstellungsbroschüre 2011 verfügbar unter www.gkv-spitzenverband.de/upload/Selbstdarstellung_Broschüre_neu_ 2010_13092.pdf.

V. Rechtsweg und Rechtsschutz

Auch im Bereich von Rechtsweg und Rechtsschutz haben sich Änderungen ergeben. Der durch das Gesetz zur Weiterentwicklung der Organisationsstrukturen in der gesetzlichen Krankenversicherung (GKV-OrgWG)[1192] Ende 2008 eingeführte gespaltene Rechtsweg zwischen den erstinstanzlich zuständigen Vergabekammern und den zur Entscheidung über die sofortige Beschwerde berufenen Landessozialgerichten ist immer wieder Gegenstand von Kritik gewesen. Es wurde insbesondere vorgebracht, dass die Vergabekammern stets aus rein wettbewerblicher/vergaberechtlicher Sicht entscheiden würden, während die Sozialgerichte Belange des Sozialrechts in den Vordergrund stellen würden. Dies würde zu widersprüchlichen Entscheidungen und einer insgesamt inkonsistenten Rechtslage führen. Dies ist so nicht eingetreten, vielmehr lässt sich von einem inzwischen eingespielten Verhältnis zwischen Vergabekammern und Landessozialgerichten sprechen.[1193]

Gleichwohl hat der Gesetzgeber die Rechtswegspaltung zurückgenommen und die zweitinstanzliche Zuständigkeit wieder auf die im Vergaberecht eigentlich zuständigen Oberlandesgerichte zurückverlagert. Rechtstechnisch hat er dies über die Streichung von § 29 Absatz 5 SGG und die Ergänzung von § 51 SGG (i. d. F. des AMNOG[1194]) um einen dritten Absatz gelöst, der noch einmal ausdrücklich die Streitigkeiten in Verfahren nach dem GWB in Bezug auf Rechtsbeziehungen nach § 69 SGB V von der Zuständigkeit der Sozialgerichte ausnimmt. Bisher anhängige Verfahren sollen nach dem Vorbild des Gesetzes zur Weiterentwicklung der Organisationsstrukturen in der gesetzlichen Krankenversicherung (GKV-OrgWG)[1195] in dem Stadium, in dem sie sich befinden auf das für den Sitz der Vergabekammer zuständige Oberlandesgericht übergehen. So bestimmt es § 207 SGG (i. d. F. des AMNOG[1196]). Der Vergabesenat beim Oberlandesgericht Düsseldorf ist bei sofortigen Beschwerden gegen Beschlüsse der Vergabekammer des Bundes daher wieder zuständig.

Es ist zu vermuten, dass viele pharmazeutische Unternehmen diese Veränderung nutzen werden, um die unliebsamen Rabattverträge noch einmal auf ganzer Linie anzugreifen. Die Anzahl der Nachprüfungsverfahren und sofortigen Be-

---

1192 Gesetz zur Weiterentwicklung der Organisationsstrukturen in der gesetzlichen Krankenversicherung (GKV-OrgWG) vom 15. Dezember 2008, BGBl. I, S. 2426.

1193 Hierzu insgesamt: *Kingreen*, NJW 2010, 3408, 3415.

1194 Gesetz zur Neuordnung des Arzneimittelmarktes in der gesetzlichen Krankenversicherung (AMNOG) vom 22. Dezember 2010, BGBl. I, S. 2262.

1195 Gesetz zur Weiterentwicklung der Organisationsstrukturen in der gesetzlichen Krankenversicherung (GKV-OrgWG) vom 15. Dezember 2008, BGBl. I, S. 2426.

1196 Gesetz zur Neuordnung des Arzneimittelmarktes in der gesetzlichen Krankenversicherung (AMNOG) vom 22. Dezember 2010, BGBl. I, S. 2262.

schwerden könnte daher nach einem Rückgang in der Vergangenheit in Zukunft noch einmal stark ansteigen.[1197]

1197 Nach Information der AOK Baden-Württemberg hat es im Rahmen der dritten Ausschreibungsrunde 2009 noch 22 aktive Angreifer (und 60 Beschlüsse) gegeben. Der fünfte Tender im Jahre 2010 hingegen ist nur noch von einem einzigen pharmazeutischen Unternehmen angegriffen werden. Diese Daten wurden auf der Pressekonferenz am 23. September 2010 in Berlin veröffentlicht. Verfügbar sind diese Informationen über die digitale Pressemappe zur Pressekonferenz vom 23. September 2010 zum Thema "Gefährdet das AMNOG die Zukunft der Arzneimittelrabattverträge?" unter www.aok.de (letzter Aufruf am 15. Dezember 2010).

Teil 5: Zusammenfassung und Handlungsempfehlung

A. Einleitung

Den Abschluss von Rabattverträgen über patentgeschützte Medikamente nach Maßgabe vergaberechtlicher Vorschriften europaweit auszuschreiben, bedeutet Neuland zu betreten. Zwar existieren bereits viele Rabattverträge über patentgeschützte Medikamente.[1198] Diese sind jedoch (soweit ersichtlich) alle das Ergebnis unmittelbarer Verhandlungen zwischen gesetzlichen Krankenkassen und pharmazeutischen Unternehmen. Bisher hat es erst eine europaweite Ausschreibung eines Rabattvertrages in diesem Segment gegeben.[1199] Die Ausschreibung wurde jedoch noch vor Erteilung des Zuschlages wieder aufgehoben.[1200] Es fehlt daher jede praktische Erfahrung.[1201]

Die bisher verfügbare Rechtsprechung vermittelt keinerlei Planungssicherheit. Die Entscheidungen weichen inhaltlich stark voneinander ab.[1202] So ist noch nicht einmal klar, ob es sich bei Rabattverträgen über patentgeschützte Medika-

---

1198 Gegenwärtig (Stand: 15. Oktober 2010) gibt es in Deutschland 51 Rabattverträge über patentgeschützte Medikamente. Die entsprechenden Informationen sind jederzeit über die Homepage www.deutschesapothekenportal.de abrufbar. Vgl. hierzu auch die Ausführungen auf Seite 86 ff.

1199 EU-Vergabebekanntmachung Nr. 2008/S76-102835 vom 18. April 2008. In diesem Fall hatte die Techniker Krankenkasse (TK) die Beschaffung von TNF-Alpha-Blockern europaweit in einem Verhandlungsverfahren ausgeschrieben. Von der Ausschreibung waren Generika und patentgeschützte Originale gleichermaßen erfasst. Vgl. hierzu die Ausführungen auf Seite 86 ff.

1200 Bekanntmachung im EU-Amtsblatt vom 13. September 2008, Nr. 2008/S 178/236430.

1201 Eine Bestätigung der bisherigen Spruchpraxis der Vergabekammern ergibt sich aus der Entscheidung der 3. VK Bund vom 06. Juli 2011, Az.: VK 3 – 80/11. In diesem Verfahren ging es um die Beschaffung von Biosimilars, die teilweise über ein ergänzendes Schutzzertifikat geschützt waren. Die VK geht von einem öffentlichen Auftrag aus und hält das Vergaberecht für anwendbar. Rabattverträge seien auch im Bereich der patentgeschützten Originale öffentliche Aufträge. Eine Lenkungs- und Steuerungswirkung sowie eine Exklusivität sei nicht Tatbestandsmerkmal.

1202 VK Bund, Beschluss vom Beschluss vom 15. August 2008, Az.: VK 3 – 107/08; Beschluss vom 22. August 2008, Az.: VK 2 – 73/08; LSG Baden-Württemberg, Beschluss vom 28. August 2008, Az.: L 11 KR 4810/08 ER-B; OLG Düsseldorf, Beschluss vom 20. Oktober 2008, Az.: VII-Verg 46/08; Beschluss vom 22. Oktober 2008, Az.: I-27 U 2/08; LSG Nordrhein-Westfalen, Beschluss vom 25. November 2010, Az.: L 21 KR 59/09 SFB.

mente überhaupt um öffentliche Aufträge nach § 99 GWB handelt.[1203] Genauso fehlen Vorgaben für die Bestimmung/Ausgestaltung des Beschaffungsbedarfs, die Wahl der richtigen Verfahrensart[1204] und Detailvorgaben zur Ausgestaltung des Verfahrens. Auch die Literatur hat sich bisher nur am Rande mit den Rahmenbedingungen für die Ausschreibung von Rabattverträgen über patentgeschützte Medikamente befasst.[1205]

Die zu Generika-Rabattverträgen in Rechtsprechung und Schrifttum herausgearbeiteten Ergebnisse[1206] lassen sich nur äußerst begrenzt auf die patentgeschützten Originalpräparate übertragen.

Eine grundlegende Verbesserung der Situation bringt auch das Gesetz zur Neuordnung des Arzneimittelmarktes in der gesetzlichen Krankenversicherung (AMNOG)[1207] nicht, welches zum 01. Januar 2011 in Kraft getreten ist. Zwar spricht § 130c SGB V (i. d. F. des AMNOG[1208]) erstmals ausdrücklich Rabattverträge im Bereich der patentgeschützten Originale an, allerdings verweist die Vorschrift »nur« auf § 130a Absatz 8 SGB V. Die bestehenden Unklarheiten und Unsicherheiten bleiben bestehen.

1203 Dies deshalb, weil in Rechtsprechung und Schrifttum der Begriff des öffentlichen Auftrags bei sozialrechtlichen Beschaffungsvorgängen bisweilen um die zwei konstitutive Merkmale, die Exklusivität und die Lenkungs- und Steuerungswirkung ergänzt wird. Beide Merkmale liegen bei Generika-Rabattverträgen regelmäßig vor - bei patentgeschützten Originalen hingegen nicht. Nach der hier vertretenen Auffassung ist die Exklusivität weniger Tatbestands- als Rechtmäßigkeitsvoraussetzung. Die Lenkungs- und Steuerungswirkung ist allen der Wirtschaftlichkeitsbetrachtung zuzuordnen. Vgl. hierzu die Ausführungen auf Seite 86 ff.

1204 In der Entscheidung der 3. VK Bund vom 06. Juli 2011, Az.: VK 3 – 80/11 vertritt diese die Auffassung, dass die Beschaffung regelmäßig im offenen Verfahren durchzuführen sei. Das Verhandlungsverfahren komme nur im Ausnahmefall in Betracht (zu dieser Entscheidung schon die vorherige Fn.).

1205 *Wille*, A&R 2008, 164 ff.; *Gabriel/Weiner*, NZS 2009, 422 ff.; *Gabriel*, NZS 2008, 455 ff.; *Schickert*, PharmR 2009, 164 ff.; *Lietz/Natz*, A&R 2009, 3 ff; Byok/Csaki/Mandl, GesR 2010, 659 ff.

1206 Vgl. hierzu die Ausführungen zweiten Teil der Arbeit auf den Seiten 54 ff.

1207 Gesetz zur Neuordnung des Arzneimittelmarktes in der gesetzlichen Krankenversicherung (AMNOG) vom 22. Dezember 2010, BGBl. I, S. 2262.

1208 Gesetz zur Neuordnung des Arzneimittelmarktes in der gesetzlichen Krankenversicherung (AMNOG) vom 22. Dezember 2010, BGBl. I, S. 2262.

B. Rahmenbedingungen und Entwicklung der Arzneimittelversorgung

I. Sozialrechtlicher Ausgangspunkt

Die gesetzlichen Krankenversicherungen sichern ihre Mitglieder gegen das Risiko und die Folgen von Krankheit ab.[1209] In einem umfassenden Katalog stellen sie eine Vielzahl von Sach- bzw. Dienstleistungen zur Verfügung, die für Rechnung der Krankenkassen durch sog. Leistungserbringer (z. B. Ärzte, Zahnärzte, Krankenhäuser, Apotheken) erbracht werden.[1210]

Im Rahmen der Krankenbehandlung haben die Versicherten Anspruch auf Versorgung mit den notwendigen Medikamenten. Diese werden durch die Vertragsärzte verordnet und von den Apotheken[1211] (nicht etwa den Krankenversicherungen oder den pharmazeutischen Unternehmen) an die Versicherten abgegeben. Die Vergütung erhalten Arzt und Apotheke von der Krankenkasse und (von Zuzahlungen abgesehen) nicht vom Versicherten. Die Leistungsabwicklung erfolgt damit über Eck, im sog. sozialrechtlichen Dreiecksverhältnis.[1212]

II. Entwicklung der Leistungsausgaben für Arzneimittel

Die Leistungsausgaben in der gesetzlichen Krankenversicherung sind in den letzten 50 Jahren von ungefähr 4,5 Mrd. Euro[1213] auf rund 171 Mrd. Euro[1214] angestiegen. Auf Leistungsausgaben entfielen dabei im Jahre 2010 165 Mrd. Eu-

---

1209 Hierzu: *Kallmeyer*, in: Brand, Praxis des Sozialrechts, 2. Auflage 2011, Rn. 442; *Fischer*, in Erlenkämper/Fichte, Sozialrecht, 6. Auflage 2007, § 12.

1210 Man spricht insofern vom sog. Sachleistungsprinzip. Dieser Begriff beschreibt den Umstand, dass die Krankenkassen in aller Regel durch Sachleistungen und nur im Ausnahmefall direkt durch Geldleistungen (etwa beim Krankengeld) helfen. Vgl. hierzu die Ausführungen auf Seite 15 f.

1211 Nur die Apotheken sind wegen des Apothekenmonopols nach § 43 AMG zur Abgabe von Fertigarzneimitteln befugt. Hierzu: *Fuhrmann/Klein/Fleischfresser*, in: Fuhrmann/ Klein/Fleischfresser (Hrsg.), Arzneimittelrecht, Handbuch für die pharmazeutische Rechtspraxis, 2010, § 18 Rn. 15 - 16; *Rehmann*, Arzneimittelgesetz, 3. Auflage 2008, § 43 Rn. 1.

1212 *Rixen*, Sozialrecht, 2005 S. 119; *Ebsen*, in: von Maydell/Ruland/Becker, Sozialrechtshandbuch, 4. Auflage 2009, § 15 Rn. 117; *Muckel*, Sozialrecht, 3. Auflage 2009, § 8 Rn. 135; *Flint*, in: Grube/Wahrendorf, SGB XII Sozialhilfe, 3. Auflage 2010 § 75 Rn 4 ff; *Schön*, in : Plagemann, Sozialrecht, 3. Auflage 2009, § 40 Rn. 6 f.

1213 *Gitter/Oberbender*, Möglichkeiten und Grenzen des Wettbewerbs, S. 15.

1214 BMG, Gesetzliche Krankenversicherung – Kennzahlen und Faustformeln, Stand: September 2011.

ro.[1215] Ganz wesentlicher Ausgabenbestandteil mit gegenwärtig rund 30 Mrd. Euro (oder ca. 18 %) ist dabei die Versorgung der Bevölkerung mit den benötigten Arzneimitteln.[1216] Im Vergleich zu anderen Leistungsausgaben sind die Kosten für die Medikamentenversorgung in den vergangenen Jahren deutlich stärker angestiegen. Auffällig ist dabei, dass sich Verordnungszahlen, Umsätze und Kosten für Generika einerseits und patentgeschützte Originale andererseits sehr unterschiedlich entwickelt haben.[1217]

Der Anteil generischer Präparate an der Gesamtverordnungszahl im generikafähigen Marktsegment ist bei gleichzeitiger deutlicher Absenkung des Preisniveaus kontinuierlich angestiegen. Lag der Verordnungsanteil von Generika in den 1980er Jahren noch bei ca. 30 %, erreichte er 2008 ca. 85 %. Nimmt man alle Medikamente als Grundlage, so lag der Verordnungsanteil von Generika 2008 bei etwa 62 %.[1218] Völlig gegensätzlich ist hingegen die Entwicklung im Bereich der patentgeschützten Originale verlaufen. Dort sind die Kosten insgesamt erheblich angestiegen.[1219] Dieser Anstieg ist einerseits auf eine Erhöhung des Verordnungsvolumen nach definierten Tagesdosen (DDD) zurückzuführen. Andererseits sind die Tagestherapiekosten kräftig angezogen, was eine Aufgliederung der Verordnungen in Generika und Nichtgenerika offenbart.[1220]

III. Steuerung der Arzneimittelausgaben durch den Gesetzgeber

1. Regulatorische Eingriffe im Überblick

Dieser Entwicklung begegnet der Gesetzgeber auf verschiedenen Stufen. Zunächst hat er versucht die Kosten durch eine Beschränkung der Erstattungsfähig-

---

1215 Bemerkenswert ist dabei, dass die Qualität der Gesundheitsversorgung in Deutschland trotz der enormen Finanzmittel, die ihr zur Verfügung stehen im internationalen Vergleich nur einen Platz im Mittelfeld belegt. Nach dem World Health Report 2000 der WHO erreicht das deutsche Gesundheitssystem hinter Kolumbien, Schweden und Zypern nur Platz 25 (vgl. S. 200 des Berichts). Der Bericht ist im Internet unter www.who.int/whr/2000/en/whr00_en.pdf abrufbar.
1216 BMG, Gesetzliche Krankenversicherung – Kennzahlen und Faustformeln, Stand: September 2011.
1217 Vgl. hierzu insgesamt die Ausführungen auf Seite 25 ff.
1218 *Coca/Nick/Schröder*, in: Schwabe/Paffrath (Hrsg.), Arzneiverordnungsreport 2011, S. 194.
1219 Vgl. hierzu die Ausführungen auf Seite 25 ff.
1220 In den letzten 16 Jahren hat sich der Umsatzanteil patentgeschützter Arzneimittel am Gesamtmarkt von 11, 2 % (1993) auf 47, 8 % (2010) mehr als vervierfacht. Vgl. hierzu: *Coca/Nick/Schröder*, in: Schwabe/Paffrath (Hrsg.), Arzneiverordnungsreport 2011, S. 190.

keit[1221] zu begrenzen. Er hat die Kostenübernahme auf verschreibungspflichtige Arzneimittel begrenzt und sog. Bagatellarzneimittel, Lifestyle-Präparate sowie unwirtschaftliche Arzneimittel (von der Versorgung ausgenommen. In einem weiteren Schritt hat er die Erstattungshöhe[1222] durch Festbeträge (§ 35 SGB V), Erstattungshöchstbeträge (§ 31 Absatz 2a SGB V) sowie gesetzliche Zwangsrabatte (§ 130a SGB V) eingeschränkt. Auch auf Verordnungsebene[1223] hat er entsprechende Instrumente geschaffen. Hier seien die Wirtschaftlichkeitsprüfung (§ 106 SGB V), die Therapiehinweise (§ 92 Absatz 2 Satz 1, 7 SGB V), das Zweitmeinungsverfahren (§ 73d SGB V), die Bonus-Malus-Regelung (§ 84 Absatz 7a SGB V) sowie Listen zu Analogpräparaten genannt. Auf Abgabeebene[1224] hat er eine Aut-Idem-Substitution (§ 129 Absatz 2 SGB V) sowie die Förderung von preisgünstigen Importarzneimitteln (§ 5 RahmenV[1225]) eingeführt. Hinzu kommt eine Kostenreduktion durch die Etablierung eines Vertragswettbewerbs[1226] zwischen den pharmazeutischen Unternehmen über Rabattverträge nach § 130a Absatz 8 SGB V.[1227]

Die genannten Regelungen stehen insgesamt nur in einem losen Zusammenhang, beeinflussen sich gegenseitig und sind allesamt auf die Erstattungsebene fokussiert.[1228] Die Preisbildung hat der Gesetzgeber hingegen bisher stets unangetastet gelassen. So können die pharmazeutischen Unternehmen auch heute noch den Preis für ein Medikament frei festlegen und damit den Erstattungsbetrag jedenfalls grundsätzlich vorgeben. Ein Preiswettbewerb nach dem Vorbild eines (weitgehend) freien Marktes konnte sich so nicht entwickeln. Hier

---

1221 Vgl. hierzu die Ausführungen auf Seite 27 ff.
1222 Vgl. hierzu die Ausführungen auf Seite 30 ff.
1223 Vgl. hierzu die Ausführungen auf Seite 34 ff.
1224 Vgl. hierzu die Ausführungen auf Seite 37 ff.
1225 Rahmenvertrag über die Arzneimittelversorgung nach § 129 Absatz 2 SGB V in der Fassung vom 1. Februar 2011 zwischen den Spitzenverbänden der Krankenkassen und dem Deutschen Apothekerverband e. V.
1226 Vgl. hierzu die Ausführungen auf Seite 38 ff.
1227 In diesem Bereich haben sich einige (oberflächliche) Änderungen durch das Gesetz zur Neuordnung des Arzneimittelmarktes in der gesetzlichen Krankenversicherung (AMNOG) vom 22. Dezember 2010, BGBl. I, S. 2262, ergeben. Die Regelung zu den Erstattungshöchstbeträgen (§ 31 Absatz 2a SGB V) ist entfallen und wird durch das neue Preisbildungsverfahren nach §§ 130b, 130c SGB V (n. F.) ersetzt. Die Wirtschaftlichkeitsprüfung (§ 106 SGB V) wurde etwas verschlankt, das Zweitmeinungsverfahren (§ 73d SGB V) und verschiedene Erstattungsausnahmen wurden abgeschafft. Vgl. hierzu die Ausführungen auf Seiten 26 ff., 86 ff.
1228 *Cassel/Wille*, Steuerung der Arzneimittelausgaben und Stärkung des Forschungsstandortes für die pharmazeutische Industrie, Gutachten für das Bundesministerium für Gesundheit vom 2. Juni 2006, verfügbar über die Homepage des wissenschaftlichen Institutes der AOK unter http://www.wido.de/fileadmin/wido/downloads/pdf_arzneimittel/wido_arz_gutachten_bmg_0806.pdf.

haben sich durch das Gesetz zur Neuordnung des Arzneimittelmarktes in der gesetzlichen Krankenversicherung (AMNOG)[1229] Änderungen ergeben. Ab dem 1. Januar 2011 sind die pharmazeutischen Unternehmen nur noch im ersten Jahr nach der Markteinführung berechtigt den Herstellerabgabepreis (ApU) frei festzulegen. In den folgenden Jahren ist vorgesehen, einen bestimmten Rabatt auf den Abgabepreis nach § 130b SGB V (i. d. F. des AMNOG[1230]) auszuhandeln bzw. durch einen Schiedsspruch zu bestimmen.[1231] Es soll dabei möglich sein diesen Rabatt durch eine Rabattvereinbarung nach § 130c SGB V (i. d. F. des AMNOG[1232]) zu ergänzen oder sogar zu ersetzen.[1233]

2. Arzneimittelrabattverträge als Regulierungsinstrument

Von den mit dem Beitragssatzsicherungsgesetz (BSSichG)[1234] im Januar 2003 eingeführten[1235] Arzneimittelrabattverträgen nach § 130a Absatz 8 SGB V wurde in der Praxis zunächst wenig Gebrauch gemacht.[1236] Wenn sie überhaupt abgeschlossen wurden, dann in direkten Verhandlungen ohne Anwendung vergaberechtlicher Vorschriften.[1237] Die gewährten Rabatte waren zudem gering, es gab für die pharmazeutischen Unternehmen wenig Anreize sich an entsprechenden Verträgen zu beteiligen. Solange der Arzt das Medikament des jeweiligen Herstellers verordnete, musste es auch in der Apotheke abgegeben werden. Dies än-

---

1229 Gesetz zur Neuordnung des Arzneimittelmarktes in der gesetzlichen Krankenversicherung (AMNOG) vom 22. Dezember 2010, BGBl. I, S. 2262.
1230 Gesetz zur Neuordnung des Arzneimittelmarktes in der gesetzlichen Krankenversicherung (AMNOG) vom 22. Dezember 2010, BGBl. I, S. 2262.
1231 Vgl. hierzu die Ausführungen auf Seite 86 ff.
1232 Gesetz zur Neuordnung des Arzneimittelmarktes in der gesetzlichen Krankenversicherung (AMNOG) vom 22. Dezember 2010, BGBl. I, S. 2262.
1233 Vgl. hierzu die Ausführungen auf Seite 86 ff.
1234 Gesetz zur Sicherung der Beitragssätze in der gesetzlichen Krankenversicherung und in der gesetzlichen Rentenversicherung vom 23. Dezember 2002, BGBl. I, S. 4637.
1235 Die Bestimmung beinhaltet keine Ermächtigung zum Abschluss von Verträgen, die ohne diese Regelung nicht getroffen werden könnten; die Regelung stellt den Krankenkassen also keine neue Handlungsform zur Verfügung (a. A. *Sodan*, NJW 2003, 1761, 1762 f). Denn Verträge zwischen den Krankenkassen und den pharmazeutischen Unternehmern bedürfen keiner gesetzlichen Zulassung, BVerfG, Beschluss vom 13. September 2005, Az.: 2 BvF 2/03.
1236 Vgl. hierzu die Ausführungen auf Seite 42 ff.
1237 Die AOK Baden-Württemberg hatte bereits im November 2006 federführend für die (damals 16 AOKen) eine Ausschreibung für 89 Wirkstoffe durchgeführt. Europaweit ausgeschrieben worden war der Abschluss der Rabattvereinbarungen jedoch nicht. Vielmehr hat sich die AOK mit Schreiben vom 31. Oktober 2006 direkt an verschiedene Arzneimittelhersteller gewandt.

derte sich erst mit Einführung der Substitutionspflicht in § 129 Absatz 1 SGB V i. V. m. § 4 RahmenV[1238] durch das Gesetz zur Stärkung des Wettbewerbs in der gesetzlichen Krankenversicherung (GKV-WSG)[1239] im Jahre 2007.[1240] Seitdem lässt sich eine zweigeteilte Entwicklung beobachten.

a) Rabattverträge über Generika

Rabattverträge über Generika haben sich inzwischen zu einem effektiven Instrument der Kostensenkung entwickelt und erfassen einen beträchtlichen Teil der generischen Medikamente. Die Umsetzungsquote ist hoch und erreicht z. B. beim Ein-Partner-Modell[1241] der AOKen 70 % und mehr.[1242] Die rechtliche Bewertung der Generika-Rabattverträge und damit auch der Rabattverträge insgesamt war lange äußerst umstritten. Die Bandbreite der Streitfragen reichte dabei von der Anwendbarkeit des Vergaberechts[1243], dem richtigen Rechtsweg[1244], der richtigen Verfahrensart[1245] bis hin zu Einzelheiten, wie der Bestimmung des Beschaffungsbedarfs und der Vergleichbarkeit der Angebote[1246]. Nach erbitterten Auseinandersetzungen in den Jahren 2007 und 2008 begann sich die Situation nach Erlass des Gesetzes zur Weiterentwicklung der Organisationsstrukturen in der gesetzlichen Krankenversicherung (GKV-OrgWG)[1247] im Dezember 2008 und der Entscheidung des Europäischen Gerichtshof (EuGH) i. S. Oymanns vom

---

1238 Rahmenvertrag über die Arzneimittelversorgung nach § 129 Absatz 2 SGB V in der Fassung vom 1. Februar 2011 zwischen den Spitzenverbänden der Krankenkassen und dem Deutschen Apothekerverband e. V.

1239 Gesetz zur Stärkung des Wettbewerbs in der gesetzlichen Krankenversicherung vom 26. März 2007, BGBl. I, S. 378. Hierzu: *Bitter*, GesR 2007, 152; *Sodan*, NJW 2006, 3617; *Axer*, GesR 2007, 193; *Wille*, PharmaR 2007, 503.

1240 Vgl. hierzu die Ausführungen auf Seite 42 ff. mit einer Reihe weitere Nachweise.

1241 Zum Begriff des Ein-Partner-Modells und der alternativen Gestaltungsmöglichkeiten vgl. die Ausführungen auf Seite 45 ff.

1242 Die AOKen erreichen mit ihren Generika-Rabattverträgen inzwischen Umsetzungsquoten von 70 % und mehr. Diese Zahl wird in den Verdingungsunterlagen zur AOK-Ausschreibung (EU-Abl.: 2010/S 199-303581 vom 13. Oktober 2010) unter Punkt II. 2. 1. genannt.

1243 In Bezug auf die Anwendbarkeit des Vergaberechts standen zwei Fragen im Mittelpunkt: Die Eigenschaft der gesetzlichen Krankenkassen als öffentliche Auftraggeber nach § 98 GWB (vgl. hierzu die Ausführungen auf Seite 60 ff.) und die Frage, ob es sich bei Rabattverträgen um öffentliche Aufträge nach § 99 GWB (vgl. hierzu die Ausführungen auf Seite 61 ff.) handelt.

1244 Vgl. hierzu die Ausführungen auf Seite 86 ff.

1245 Vgl. hierzu die Ausführungen auf Seite 84 ff.

1246 Vgl. hierzu die Ausführungen auf Seite 82 ff.

1247 Gesetz zur Weiterentwicklung der Organisationsstrukturen in der gesetzlichen Krankenversicherung (GKV-OrgWG) vom 15. Dezember 2008, BGBl. I, S. 2426.

11. Juni 2009[1248] zur Auftraggebereigenschaft der gesetzlichen Krankenkassen langsam zu beruhigen. Die Anzahl der Nachprüfungsverfahren ging immer weiter zurück.[1249]

Es kann nunmehr als gesichert angesehen werden, dass die gesetzlichen Krankenkassen öffentliche Auftraggeber nach § 98 GWB und Arzneimittelrabattverträge über Generika öffentliche Aufträge i. S. v. § 99 GWB in der Form von Rahmenvereinbarungen nach § 4 EG-VOL/A[1250] sind.

Inhaltlich werden Rabattverträge über Generika dabei wirkstoffbezogen ausgestaltet. Die einzelnen Wirkstoffe bilden jeweils ein Fachlos.[1251] Um die Vergleichbarkeit der verschiedenen Angebote sicherzustellen wird regelmäßig Bezug auf die Lauer-Taxe[1252] genommen. Besondere Vertragsformen, wie Mehrwertverträge[1253] oder Risk-[1254] bzw. Cost-Sharing-Modelle[1255] werden (soweit ersichtlich) bei Generika nicht eingesetzt. Die beschaffenden Krankenkassen fokussieren sich vielmehr auf eine möglichst preiswerte Beschaffung der jeweiligen Wirkstoffe. Generika-Rabattverträge werden inzwischen stets nach Maßgabe des Vergaberechts öffentlich (im offenen Verfahren) ausgeschrieben.

1248 EuGH, Urteil vom 11. Juni 2009, Rs. C-300/07 (Oymanns).

1249 Die AOK Baden-Württemberg schreibt stets gemeinsam für alle AOKen bundesweit (getrennt nach Gebietslosen) aus. Nach Angaben ihrer Presseerklärung vom 23. September 2010 gab es 2007 vier Verfahren gegen die Ausschreibung, 2008 schon 30, 2009 schließlich 60 Nachprüfungsverfahren. Seit 2010 ist die Anzahl der Nachprüfungen auf neun bis ein einziges Verfahren zum fünften Tender aus dem Jahre 2010 gesunken. Die Presseerklärung ist abrufbar unter: www.aok.de

1250 Entspricht § 3 Nr. 4 VOL/A 2006.

1251 Innerhalb der Wirkstoffe werden regelmäßig die verschiedenen Darreichungsformen zur weiteren Untergliederung benutzt. Nur so ist zu gewährleisten, dass die verschiedenen Angebote auch miteinander verglichen werden können.

1252 Die Lauer-Taxe ist die größte Deutsche Spezialitätentaxe für Arzneimittel. Sie enthält die Daten aller bei der Informationsstelle für Arzneispezialitäten gemeldeten Fertigarzneimittel und apothekenüblichen Waren, die in Deutschland für den Handel zugelassen sind. Online sind diese Daten (nach Anmeldung) über: www.lauer-fischer.de einsehbar.

1253 Zur Begriffsbestimmung: *Ecker/Preuß*, in: Ecker/Preuß/Raski (Hrsg.), Handbuch Direktverträge, S. 34. Ein Fallbeispiel zum Abschluss eines Mehrwertvertrages findet sich *bei v. Rothkirch/Ecker*, in: Ecker/Preuß/Raski (Hrsg.), Handbuch Direktverträge, 2008, S. 91 f. Zu weiteren Informationen vgl. die Ausführungen auf Seite 45 ff.

1254 Zur Begriffsbestimmung: *Ecker/Preuß*, in: Ecker/Preuß/Raski (Hrsg.), Handbuch Direktverträge, S. 49 ff.

1255 Zur Begriffsbestimmung: *Ecker/Preuß*, in: Ecker/Preuß/Raski (Hrsg.), Handbuch Direktverträge, S. 43 ff.

b) Rabattverträge im Bereich der patentgeschützten Originale

Völlig anders hingegen haben sich die Rabattverträge im Bereich der patentgeschützten Medikamente entwickelt.[1256] Bis heute hat es erst eine Ausschreibung hierzu gegeben. Die Techniker Krankenkasse hatte 2008 die Beschaffung von TNF-Alpha-Blockern europaweit im Verhandlungsverfahren ausgeschrieben.[1257] Ein Zuschlag wurde hier aber niemals erteilt. Im Zuge eines Nachprüfungsverfahrens hat die Techniker Krankenkasse die Ausschreibung nach der Entscheidung der Vergabekammer des Bundes[1258] aufgehoben[1259].

Das bedeutet aber nicht, dass das Rabattvertragsinstrument im Bereich der patentgeschützten Originale nicht genutzt würde. Das Gegenteil ist der Fall. So gibt es 51 Rabattverträge im Bereich der geschützten Originalpräparate.[1260] Wegen regelmäßig in den Rabattverträgen enthaltener Geheimhaltungsklauseln (Konkurrentenschutz) ist die inhaltliche Ausgestaltung der Verträge nicht bekannt. Nur vereinzelt sind der Presse hier weitere Informationen zu entnehmen. Folgende Ausgestaltungsvarianten sind gebräuchlich:[1261]

- »bloße« Rabattierung,
- Mehrwertverträge,
- Cost-Sharing und Risk-Sharing-Verträge,
- Kapitationsverträge,
- Kombinationsverträge.

Die derzeit bestehenden Verträge über patentgeschützte Medikamente sind allerdings (soweit ersichtlich) alle das Ergebnis direkter Verhandlungen zwischen Krankenkassen und pharmazeutischen Unternehmen und nicht etwa einer europaweiten Ausschreibung nach Maßgabe des Vergaberechts.[1262] Dies ist sicherlich zum Teil der Tatsache geschuldet dass es für die Krankenkassen viel weniger Aufwand bedeutet einen Rabattvertrag im Wege direkter Verhandlungen abzuschließen als ihn auszuschreiben. Zu einem anderen Teil ist diese Tatsache höchstwahrscheinlich aber auch auf die rechtlichen Unsicherheiten im Zusam-

---

1256 Vgl. hierzu die Ausführungen im dritten Teil der Arbeit auf den Seiten 86 ff.
1257 EU-Vergabebekanntmachung Nr. 2008/S76-102835 vom 18. April 2008.
1258 VK Bund, Beschluss vom 22. August 2008, Az.: VK 2 – 73/08.
1259 Bekanntmachung im EU-Amtsblatt vom 13. September 2008, Nr. 2008/S 178/236430.
1260 Vgl. hierzu die Ausführungen und die Übersicht auf Seite 86 ff.
1261 Zu den verschiedenen Ausgestaltungsvarianten vgl. die Ausführungen auf Seite 45 ff.
1262 Das solche Verträge bestehen ergibt sich schon aus der Lauer-Taxe. Dort sind die Medikamente welche Gegenstand eines Rabattvertrages sind, besonders gekennzeichnet. Außerdem werden die Rabattverträge im Bereich der patentgeschützten Originale auf der Homepage www.deutschesapothenportal.de veröffentlicht.

menhang mit der Ausschreibung patentgeschützter Medikamente zurückzuführen.[1263]

C. Rabattverträge über Originalpräparate in Abgrenzung zu Generika

I. Anwendbarkeit des Vergaberechts (»Ob«)

Entgegen einer in der Rechtsprechung vertretenen Auffassung[1264] erfasst das Vergaberecht auch Rabattverträge über patentgeschützte Medikamente.[1265] Ob das Vergaberecht anwendbar ist, richtet sich dabei nach den gleichen Voraussetzungen wie bei Generika-Rabattverträgen.[1266] Die gesetzlichen Krankenkassen müssen öffentliche Auftraggeber (§ 98 GWB) und Rabattverträge öffentliche Aufträge (§ 99 GWB) sein. Die Schwellenwerte (§ 101 Absatz 1, 127 GWB) müssen überschritten werden, während das Vergaberecht gleichzeitig nicht durch (formelle) Ausschlusstatbestände (§ 101 Absatz 2 GWB) oder (materielle)[1267] Ausnahmetatbestände ausgeschlossen sein darf.

Dabei unterliegt es seit der Entscheidung des Europäischen Gerichtshofs (EuGH) i. S. Oymanns vom 11. Juni 2009[1268] keinem Zweifel mehr, dass die gesetzlichen Krankenkassen öffentliche Auftraggeber nach § 98 GWB sind.[1269] Ein

---

1263 Vgl. hierzu insgesamt die Ausführungen auf Seite 86 ff.

1264 Gegen die Eröffnung des Anwendungsbereichs des Vergaberechts spricht sich insbesondere das LSG Baden-Württemberg aus, Beschluss vom 28. Oktober 2008, Az.: L 11 KR 4810/10 ER-B. Es begründet dies mit Blick darauf, dass die Abrufentscheidung im Einzelfall nicht von der Krankenkasse als Auftraggeberin getroffen werde. Die Entscheidung von Arzt und Apotheker könne der Krankenkasse nicht zugerechnet werden. Etwas anderes könne nur dann gelten, wenn der abzuschließende Rabattvertrag dem pharmazeutischen Unternehmer eine exklusive Versorgungsstellung einräume. Dann nämlich werde dem pharmazeutischen Unternehmer durch die Verbindung mit der Substitutionsverpflichtung ein relevanter Wettbewerbsvorteil eingeräumt. (Das Gericht setzt sich freilich nicht mit dem Problem auseinander, dass § 129 SGB V bei patentgeschützten Medikamenten gar nicht anwendbar ist).

1265 So im Ergebnis auch VK Bund, Beschluss vom Beschluss vom 15. August 2008, Az.: VK 3 – 107/08; Beschluss vom 22. August 2008, Az.: VK 2 – 73/08; OLG Düsseldorf, Beschluss vom 20. Oktober 2008, Az.: VII-Verg 46/08; Beschluss vom 22. Oktober 2008, Az.: I-27 U 2/08; *Wille*, A&R 2008, 164 ff.; *Gabriel/Weiner*, NZS 2009, 422 ff.; *Gabriel*, NZS 2008, 455 ff.; *Schickert*, PharmR 2009, 164 ff.; *Lietz/Natz*, A&R 2009, 3 ff.

1266 Vgl. hierzu die Ausführungen auf Seite 86 f.

1267 Als materieller Ausschlussgrund wird immer wieder das Verhältnis von Sozial-und Vergaberecht thematisiert. So wurde argumentiert, dass das Sozialrecht dem Vergaberecht vorgehen soll.

1268 EuGH, Urteil vom 11. Juni 2009, Rs. C-300/07 (Oymanns).

1269 Vgl. hierzu die Ausführungen auf Seite 60, 86 ff.

Rabattvertrag der patentgeschützte Medikamente zum Gegenstand hat ist im Ergebnis auch genauso ein öffentlicher Auftrag i. S. v. § 99 GWB wie ein Generika-Rabattvertrag.[1270] Die vertragliche Risikoverteilung entspricht auch bei patentgeschützten Medikamenten einem Rahmenvertrag nach § 4 EG-VOL/A[1271] und nicht etwa einer Konzession und der damit verbunden bloßen »Entgeltchance«.[1272]

An diesem Ergebnis vermögen die immer wieder als konstitutive Ergänzung genannten, bei Generika gebräuchlichen und regelmäßig erfüllten Kriterien, von Exklusivität[1273] und/oder einer Lenkungs- und Steuerungswirkung[1274] nichts zu ändern. Diese Merkmale sind nicht anzuerkennen. Ein anderes Verständnis würde zu einer Einschränkung des Anwendungsbereichs des europäischen Vergaberechts führen. Eine Rechtfertigung für eine solche Einschränkung ergibt sich weder aus den Vergaberechtlinien selbst noch aus primärrechtlichen Regelungen (wie etwa Art. 168 AEUV[1275]). Außerdem würde eine Anerkennung dazu führen, dass der nationale Gesetzgeber, ja unter Umständen sogar die Krankenkassen als Adressaten des Vergaberechts, selbst über dessen Anwendungsbereich disponieren könnten. Dies aber widerspricht einer effektiven Anwendung des europäischen Vergaberechts.[1276] Außerdem führt es zu einer unzulässigen Vermischung von öffentlichem Auftragsbegriff und Wirtschaftlichkeit.[1277]

Die Merkmale Exklusivität bzw. die Lenkungs- und Steuerungswirkung sind im Ergebnis vielmehr der Wirtschaftlichkeitsbetrachtung zuzuordnen und betreffen die Ausgestaltung der Ausschreibung. Die (Um-)Steuerung der Nachfrage auf rabattierte Medikamente und damit die Umsetzung des Rabattvertrages mit Blick auf die Besonderheiten des sozialrechtlichen Dreiecksverhältnisses hat nur

---

1270 Vgl. hierzu die Ausführungen auf Seite 61 ff., 86 ff.

1271 Entspricht § 3a Nr. 4 VOL/A 2006.

1272 Vgl. hierzu die Ausführungen auf Seite 86 ff.

1273 Über das Merkmal der Exklusivität wollen dessen Befürworter sicherstellen, dass die Krankenkassen als öffentliche Auftraggeber bezüglich eines Wirkstoffs bzw. einer Indikation mit nur einem Unternehmen Rabatte abschließen. Tatsächlich widerspricht das so verstandene Merkmal als ungeschriebene und zugleich konstitutive Ergänzung des öffentlichen Auftragsbegriffs dem Vergaberecht. Über § 4 EG-VOl/A wird der Begriff des öffentlichen Auftrags denkbar extensiv interpretiert. Vgl. hierzu die Ausführungen auf Seite 79, 86 ff.

1274 Auch bei dem Merkmal der Lenkungs- und Steuerungswirkung handelt es sich um eine ungeschriebene Ergänzung des öffentlichen Auftragsbegriffs. Auch diese Modifikation bzw. Erweiterung des Begriffsverständnisses ist im Ergebnis abzulehnen. Das Merkmal der Lenkungs- und Steuerungswirkung ist allein anzuerkennen, um die Wirtschaftlichkeit des Rabattvertrags herzustellen. Vgl. hierzu die Ausführungen auf Seite 74 f., 86 ff.

1275 Entspricht Art. 152 EG.

1276 Vgl. hierzu die Ausführungen auf Seite 86.

1277 Vgl. hierzu die Ausführungen auf Seite 86.

Bedeutung für die möglichst wirtschaftliche (sprich preisgünstige) Beschaffung der Medikamente und nicht für die Anwendbarkeit des Vergaberechts an sich.[1278]

Aber selbst wenn man eine Lenkungs- und Steuerungswirkung als ungeschriebenes Tatbestandsmerkmal anerkennen würde, so gibt es doch auch bei Rabattverträgen über patentgeschützte Medikamente eine ganze Reihe von Instrumenten zur (Um-)Steuerung nach Nachfrage auf das rabattierte Medikament.[1279] Folgende Instrumente seien genannt:

- Steuerung über § 92 SGB V durch den G-BA,
- Wirtschaftlichkeitsprüfung nach § 106 SGB V,
- Wechselwirkung zwischen Rabattvertrag und der Importquote,
- Zuzahlungsbefreiungen für den Patienten,
- Vereinbarungen nach § 84 Absatz 1 SGB V,
- Kommunikation und Marketing,
- Einbeziehung in die besonderen Versorgungsformen.

Ausnahme- bzw. Ausschlusstatbestände sind nicht einschlägig.[1280] Insbesondere scheidet die Anwendung des Vergaberechts nicht mangels Wettbewerb oder im Hinblick auf ein Patentrecht aus. Das Bestehen eines solchen wird über § 3 Absatz 4 lit. c) EG-VOL/A[1281] vergaberechtlich erfasst und gewürdigt. Weitergehende Privilegierungen des Patentrechts kennt das Vergaberecht nicht.

Auch die Schwellenwerte[1282] von gegenwärtig 193.000 Euro für Lieferleistungen werden regelmäßig überschritten sein.

II. Ausgestaltung des Vergabeverfahrens

1. Analyse von Bedarf, Motivation und Marktsituation (»Wie«)

In einem ersten Schritt muss sich die beschaffende Krankenkasse Gewissheit über ihren Bedarf, ihre Motive und die Marktsituation verschaffen.[1283] Dies ist

---

1278 Vgl. hierzu insgesamt die Ausführungen auf Seite 86 f.
1279 Vgl. hierzu die Ausführungen auf Seite 86 ff.
1280 Hier sei insbesondere an den formellen Tatbestand des § 100 GWB gedacht, dessen Voraussetzungen jedoch nicht vorliegen. Aus materieller Perspektive wurde häufig argumentiert, dass das Sozialrecht dem Vergaberecht zumindest teilweise vorgehen soll. Diese Auffassung ist indes abzulehnen. Vgl. hierzu die Ausführungen aus Seite 57 ff., 86 f.
1281 Entspricht § 3a Nr. 2 lit. c) VOL/A 2006.
1282 Mit der Verordnung Nr. 1177/2009 vom 30. November 2009 hat die EU-Kommission neue Schwellenwerte für die Vergabe öffentlicher Aufträge festgelegt. Die Verordnung ist am 1. Januar 2010 in Kraft getreten und gilt ab diesem Zeitpunkt unmittelbar. Die Schwellenwerte für die Vergabe öffentlicher Dienstleistungs- und Lieferaufträge beträgt 193.000 Euro.

entscheidend für die weitere Ausgestaltung von Vergabeverfahren und Beschaffungsbedarf sowie die Wahl der Verfahrensart. Folgende Aspekte sollten dabei gedanklich Berücksichtigung finden:

- Steht die Beschaffung im Wettbewerb im Vordergrund?
- Kommt es auf ein bestimmtes Patent mit seinen besonderen Eigenschaften an?
- Sind zur Behandlung der Indikation verschiedene Wirkstoffe verfügbar?
- Gibt es mehrere Anbieter auf dem Markt? Sind dies verschiedene Hersteller oder handelt es sich um Importeure?

2. Ausgestaltung des Beschaffungsbedarfs

Besteht Gewissheit über Bedarf, Motivation und Marktsituation muss weiter geprüft werden, ob sich die Vorstellungen auch rechtlich umsetzen lassen. Grundsätzlich steht den beschaffenden Krankenkassen ein weiter Gestaltungsspielraum bei der Ausgestaltung des Beschaffungsbedarfs zu.[1284] Es gilt jedoch zu bedenken, dass aus sozialversicherungsrechtlicher Sicht nicht jedes Patent[1285] für die Bestimmung des Beschaffungsbedarfs relevant ist. Von Belang können nur die Patente sein, die für die Versorgung der Versicherten von Bedeutung sind, wie Wirkstoffpatente oder Patente zu besonderen Freisetzungstechnologien.[1286]

Ist das erfasste Ausschließlichkeitsrecht anzuerkennen, muss auf Basis des von der Krankenkasse verfolgten »Ziel« weiter geprüft werden, ob der Beschaffungsbedarf indikationsbezogen oder in Bezug auf das Ausschließlichkeitsrecht (also ein bestimmtes Medikament) weiter ausgestaltet wird.[1287]

Verfolgt die beschaffende Krankenkasse das Ziel die Versorgung ihrer Versicherten mit Medikamenten zur Behandlung einer bestimmten Indikation zu einem möglichst geringen Preis zu realisieren, bietet sich die indikationsbezogene Bestimmung des Beschaffungsbedarfs unter gleichzeitiger Wahl des offenen

---

1283 Vgl. hierzu die Ausführungen auf Seite 81 ff., 86 ff.
1284 Das Vergaberecht legt dem Auftraggeber keine Beschränkung dahingehend auf, was beschafft werden darf. Es enthält »lediglich« die Verfahrensregeln für die Beschaffung, gibt dieser eine Struktur und stattet sie zudem mit Rechtsdurchsetzungsmacht aus. Für die Bestimmung und Ausgestaltung des Beschaffungsbedarfs gelten die allgemeinen vergaberechtlichen Grundsätze des § 97 GWB. Vgl. hierzu: *Wiedemann*, in: Kulartz/Marx/Portz/Prieß (Hrsg.), Kommentar zur VOL/A, 2. Auflage 2011, § 19 EG Rn. 283 sowie § 2 Rn. 27 f. Vgl. im Einzelnen die Ausführungen auf Seite 82 ff., 86 ff.
1285 Zu den verschiedenen Patentformen vgl. die Ausführungen auf Seite 86 ff.
1286 Vgl. hierzu die Ausführungen auf Seite 86, 86 ff.
1287 Vgl. hierzu die Ausführungen auf Seite 86 ff.

Verfahrens an.[1288] Will sie hingegen in direkten Verhandlungen mit den pharmazeutischen Unternehmen den Beschaffungsbedarf entwickeln (evtl. unter Einbeziehung besonderer Vertragsmodelle), ist dies nur unter einer sachlich begründeten, an die Marktgegebenheiten angepassten engen Definition des Beschaffungsbedarfs möglich.[1289]

3. Wahl der Verfahrensart

Als Verfahrensarten stehen sich nur das offene Verfahren[1290] und das Verhandlungsverfahren[1291] gegenüber. Die tatbestandlichen Voraussetzungen der anderen Verfahrensarten sind nicht erfüllt.

a) Vergabe im Verhandlungsverfahren

Direkte Verhandlungen mit einem bestimmten Anbieter über die Lieferung patentgeschützter Originalmedikamente werden wohl auch zukünftig ein Ausnahmefall bleiben. Sie sind nur dann möglich, wenn allein dieser Hersteller ein Patent für das betreffende Medikament besitzt, es nachvollziehbare sachliche (indikationsbezogene) Gründe dafür gibt, dass ausschließlich dieses Medikament für die Beschaffung in Betracht kommt (sog. Alleinstellung) und die Beschaffung bei keinem anderen Anbieter europaweit möglich ist.[1292]

Die Frage nach einer möglichen Alleinstellung lässt sich dabei nicht (allein) auf Basis des Vergaberechts beantworten. Vielmehr ist eine Antwort nur durch sozialrechtliche und wettbewerbsrechtliche Anleihen zu lösen. Ein Bezug auf die Substitutionsregeln in § 129 SGB V führt dabei nicht weiter.[1293] Hinweise ergeben sich aber aus den Festbetragsgruppen bzw. den für ihre Bildung bedeutsa-

---

1288 Vgl. hierzu die Ausführungen auf Seite 86 f., 86 f.
1289 Vgl. hierzu die Ausführungen auf Seite 86 ff.
1290 Zum offenen Verfahren, dessen Funktionsprinzip, Hintergrund und Ausgestaltung vgl. die Ausführungen auf Seite 86 ff.
1291 Zum Verhandlungsverfahren vgl. die Ausführungen auf Seite 86 ff.
1292 Vgl. zur den Problemen im Zusammenhang mit der Wahl des Verhandlungsverfahrens die Ausführungen auf Seite 86.
1293 Dies deshalb, weil die Substitutin nach § 129 SGB V die Wirkstoffgleichheit voraussetzt. Eben dieser Wirkstoff ist aber von dem Patent erfasst – ein Austausch muss daher zwingen ausscheiden. Auch eine analoge Anwendung von § 129 SGB V etwa auf Indikationen muss mangeln planwidriger Regelungslücke zwingen ausscheiden. Vgl. hierzu die Ausführungen auf Seite 86 f.

men Kriterien.[1294] Den wohl besten Ansatz bietet ein Rückgriff auf das Wettbewerbsrecht.[1295] Aus der Perspektive des verordnenden Vertragsarztes (dessen Verordnungsentscheidung steht hier schließlich im Mittelpunkt) muss untersucht werden, ob es auf dem europäischen Markt Behandlungsalternativen gibt. Hierbei ist ein Rückgriff auf die 3. Ebene des ATC-Codes sinnvoll. Ob diese Argumente letztendlich tragfähig sind, muss in Ansehung der medizinisch- bzw. therapeutisch-pharmakologischen Eigenschaften des jeweils in Rede stehenden Arzneimittels geprüft werden.

Liegt eine Alleinstellung in diesem Sinne vor, ist weiter zu untersuchen, ob tatsächlich nur ein Anbieter in der Lage ist das entsprechende Medikament zu liefern. Neben dem Patentinhaber sind noch Importeure sowie Co-Marketing- bzw. Co-Branding-Anbieter[1296] zu berücksichtigen. Es ist hier sehr genau zu untersuchen, ob die in Betracht kommenden weiteren Anbieter auch leistungsfähig sind, ob sie also in der Lage sind über die Vertragslaufzeit die Versorgung mit dem Rabattmedikament sicherzustellen.[1297]

b) Vergabe im offenen Verfahren

Liegen die engen Voraussetzungen des Verhandlungsverfahrens nicht vor, so bleibt den beschaffenden Krankenkassen nur die Wahl des offenen Verfahrens.

Dabei wird der Beschaffungsbedarf allerdings nicht wie bei Generika wirkstoff-, sondern indikationsbezogen (was zulässig ist) bestimmt werden müssen.[1298] Dabei ist es auch nicht zu beanstanden, wenn die Krankenkassen patentgeschützte Wirkstoffe und Generika, welche für die gleiche Indikation zugelassen sind, in einer Ausschreibung zusammenfassen.[1299] Das Vergaberecht berücksichtigt das Bestehen von Patentschutz (nur) in § 3 Absatz 4 lit. c) EG-VOL/A[1300] bei der Wahl der Verfahrensart. Einen weitergehenden Schutz eines bestehenden Patentrechts kennt das Vergaberecht nicht. Sonst bestünde auch die Gefahr den bestehenden Markt in der Ausschreibung fehlerhaft abzubilden. Auch im Übrigen steht ein patentiertes Produkt im Wettbewerb mit alternativen

---

1294 Vgl. hierzu die Ausführungen auf Seite 86 f.
1295 Vgl. hierzu die Ausführungen auf Seite 86 ff.
1296 Praktisch werden Co-Branding und Co-Marketing Anbieter keine Rolle spielen. Ihr Auftreten am Markt hängt unmittelbar vom Patentinhaber ab. Dieser selbst ist es, der sein Patent auf mehreren Wegen am Markt wirtschaftlich verwertet. Von einem Wettbewerb kann insofern nur sehr eingeschränkt gesprochen werden.
1297 Vgl. hierzu die Ausführungen auf Seite 86 ff.
1298 Vgl. hierzu die Ausführungen auf Seite 86 ff.
1299 Vgl. hierzu die Ausführungen auf Seite 86 ff.
1300 Entspricht § 3a Nr. 2 lit. c) VOL/A 2006.

Angeboten. Therapeutische Besonderheiten lassen sich über die Aufnahme von Losen erfassen und abbilden.[1301]

Von besonderer praktischer Bedeutung bei der Beschaffung patentgeschützter Medikamente im offenen Verfahren ist die Schaffung von Wettbewerb und einer möglichst effektiven Nachfragesteuerung (Lenkungs- und Steuerungswirkung).[1302] Nur durch eine effektive (Um-)Lenkung auf das rabattierte Medikament lässt sich der geschlossene Rabattvertrag auch wirtschaftlich umsetzen und können hohe Rabatte erreicht werden. Bei patentgeschützten Medikamenten greift die bei wirkstoffbezogenen Generika-Rabattverträgen so effektive Steuerung durch die aut-idem-Regelung des § 129 Absatz 1 SGB V i. V. m. § 4 RahmenV[1303] nicht ein.[1304] Bei patentgeschützten Präparaten sind nur folgende Instrumente relevant:[1305]

- Steuerung über § 92 SGB V,
- Wirtschaftlichkeitsprüfung,
- Wechselwirkung zwischen Rabattvertrag und Importquote,
- Zuzahlungsbefreiung von Patienten,
- Vereinbarungen nach § 84 Absatz 1 SGB V,
- Gemeinsame Kommunikation- und Marketingstrategien.

Diese Instrumente gewährleisten zwar eine gewisse Steuerung, diese ist aber insgesamt schwächer ausgeprägt als die Steuerung über die Substitutionswirkung des § 129 SGB V.[1306] Es erscheint daher sinnvoll zu sein, weitere Anreizmechanismen zu schaffen. Hierfür bietet sich insbesondere die Kombination von Arzneimittelbeschaffung und den besonderen Versorgungsverträgen (§§ 73b, 73c, 140a ff. SGB V) an. So ließe sich (durch Einbindung der Vertragsärzte[1307]) ein

1301 Insofern sei etwa an die Zulassung für die Behandlung verschiedener Unterindikationen oder verschiedene Darreichungsformen gedacht. Über eine Losaufteilung lassen sich diese Besonderheiten in der Behandlung der Patienten sachgerecht abbilden. So auch die VK Bund, Beschluss vom 15. August 2008, Az.: VK 3 – 107/08.
1302 Vgl. hierzu die Ausführungen auf Seite 86 ff.
1303 Rahmenvertrag über die Arzneimittelversorgung nach § 129 Absatz 2 SGB V in der Fassung vom 1. Februar 2011 zwischen den Spitzenverbänden der Krankenkassen und dem Deutschen Apothekerverband e. V.
1304 vgl. hierzu die Ausführungen auf Seite 86 f.
1305 vgl. hierzu die Ausführungen auf Seite 86 ff.
1306 Vgl. hierzu die Ausführungen auf Seite 86 ff.
1307 Im Gegensatz zu Generika (dort steht der Apotheker im Mittelpunkt der Nachfragesteuerung) ist bei patentgeschützten der Arzt und dessen Verordnungsentscheidung in den Mittelpunkt des Interesses gerückt. Dieser muss entscheiden welches Medikament er für die Behandlung auswählt.

Anreizsystem etablieren, welches die Funktion des § 129 SGB V im Bereich der patentgeschützten Medikamente übernehmen könnte.[1308]

III. Besondere vertragliche Gestaltungen

Sollen besondere vertragliche Ausgestaltungsvarianten[1309] mit in die Gestaltung eingezogen werden, sind einige Besonderheiten zu berücksichtigen. Bei den Mehrwertverträgen[1310] ist zu beachten, dass diese neben der Lieferleistung auch noch eine Dienstleistung enthalten. Überwiegt die Dienstleitung, so kann dies (je nach Vertragskonstruktion) zur Nichtanwendbarkeit des Vergaberechts führen (Dienstleistungskonzession). Liegen die Voraussetzungen einer Konzession nicht vor, ist das Vergaberecht im Hinblick auf die von dem Vertrag erfasste und diesen dominierende nicht-prioritäre Dienstleistung nur eingeschränkt anwendbar.[1311]

1308 vgl. hierzu die Ausführungen auf Seite 86 ff.
1309 Die besonderen vertraglichen Ausgestaltungsvarianten werden auf Seite 45 ff. ausführlich vorgestellt und beschrieben.
1310 Vgl. hierzu die Ausführungen auf Seite 50 ff., 86ff.
1311 Vgl. hierzu die Ausführungen auf Seite 86 ff.

Literaturverzeichnis

Alexander, Christian: Öffentliche Auftragsvergabe und unlauterer Wettbewerb Zum Rechtsschutz des Bieters im fehlerhaften Vergabeverfahren nach Vergaberecht und UWG, Wettbewerb in Recht und Praxis 2004, S. 700 – 712.

Amelung, Steffen/Heise, Svend: Zuständigkeit der Sozialgerichtsbarkeit für die Überprüfung von Vergabekammer-Entscheidungen, Neue Zeitschrift für Baurecht und Vergaberecht 2008, S. 489 – 491.

Anders, Sönke/Knöbl, Jan: In dubio pro Krankenkasse – Ausgewählte Fragestellungen aus dem Bereich der Vergabe von Arzneimittelrabattverträgen gemäß § 130a Abs. 8 SGB V, Vergaberecht 2010, S. 581 – 593.

Amelung, Volker: Managed Care: Neue Wege im Gesundheitsmanagement, 4. Auflage, Wiesbaden 2007.

Anders, Sönke/Knöbl, Jan: Arzneimittelrabattverträge mit mehreren pharmazeutischen Unternehmen – Verläuft die Schnittstelle von Sozial- und Vergaberecht durch die Apotheke?, Pharma Recht 2009, S. 607 – 613.

AOK Bundesverband: G+G Blickpunkt, Mai 2010, S. 6.

Arzneimittelkommission der deutschen Ärzteschaft: Stellungnahme zu „Cost-Sharing-Initiativen" und „Risk-Share-Verträgen" zwischen pharmazeutischen Herstellern und Krankenkassen beziehungsweise Kliniken, Berlin 2008.

Ascher, Wolfgang: Die Wirtschaftlichkeitsprüfung mit Richtgrößenprüfung, 3. Auflage, Landsberg/Lech 2005.

Axer, Peter: Finanzierung und Organisation der gesetzlichen Kranken-versicherung nach dem GKV-Wettbewerbsstärkungsgesetz, GesundheitsRecht 2007, S. 193 – 200.

Axer, Peter: Nutzenbewertung nach § 35a SGB V und Erstattungsbeträge bei Arzneimitteln - Zu zentralen Neuregelungen des Arz-neimittelmarktneuordnungsgesetzes (AMNOG), Die Sozialgerichtsbarkeit 2011, S. 246 – 254.

Bahner, Beate: Honorarkürzungen, Arzneimittelregresse, Heilmittelregresse: Ärzte in der Wirtschaftlichkeitsprüfung, Berlin 2006.

Bechthold, Rainer/Brinker, Ingo/Holzmüller, Tobias: Rechtliche Grenzen der Anwendung des Kartellverbots auf die Tätigkeit gesetzlicher Krankenkassen, Gutachten erstattet im Auftrag des AOK Bundesverbandes vom 16. Juni 2010, verfügbar über die Homepage des AOK Bundesverbandes unter http://www.aok-bv.de/imperia/md/aokbv/politik/reformaktuell/gutachten_kartellrecht_amnog.pdf.

Bechtold, Rainer/Otting, Olaf : GWB: Kartellgesetz, Gesetz gegen Wettbewerbsbeschränkungen, 6. Auflage, München 2010.

Beck, Elisabeth/Seiter, Simone/Wartenberg, Frank: Rabattverträge und ihre Auswirkungen auf den GKV-Markt, Pharmazeutische Industrie 2007, S. 897 – 901.

Becker, Arend: Die Steuerung der Arzneimittelversorgung im Recht der GKV, Baden-Baden 2005.

Becker, Ulrich/Kingreen, Thorsten: SGB V: Gesetzliche Krankenversicherung, Kommentar, 2. Auflage, München 2010, (zit.: *Bearbeiter*, in: Becker/Kingreen, SGB V, 2. Auflage 2010).

Benkard, Georg: Patentgesetz, Gebrauchsmustergesetz, 10. Auflage, München 2006, (zit.: *Bearbeiter*, in: Benkard, Patentgesetz, 10. Auflage 2006).

Bischof, Elke/Stoye, Jörg: Vergaberechtliche Neuerungen für IT/TK- Beschaffungen der öffentlichen Hand, Multimedia und Recht 2006, S. 138 – 145.

Bitter, Melanie: Das GKV-Wettbewerbsstärkungsgesetz (GKV-WSG) im Überblick, GesundheitsRecht 2007, S. 152 – 160.

Boesen, Arnold: Vergaberecht, Kommentar zum 4. Teil des GWB, 1. Auflage, Köln 2000.

Brixius, Kerstin/Esch, Oliver: Rabattverträge im Lichte des Vergaberechts, Rechtsgutachten zur Anwendbarkeit des Vergaberechts auf Rabattverträge nach § 130a Abs. 8 SGB V, Frankfurt 2007.

Brixius, Kerstin/Maur, Alexander/Schmidt, Stefan: Wirtschaftspolitische Auswirkungen des Gesetzentwurfs zur Neuordnung des Arzneimittelmarktes in der GKV für pharmazeutische Unternehmen, Pharma Recht 2010, S. 373 – 377.

Buchner, Reimar/Middel, Annette: Rechtswegzuständigkeit bei Entscheidungen der Vergabekammern bzgl. des Abschlusses von Arzneimittel-Rabattverträgen, Die Sozialgerichtsbarkeit 2008, S. 556 – 559.

Burgi, Martin: Die Ausschreibungsverwaltung, Deutsches Verwaltungsblatt 2003, S. 949 – 958.

Burgi, Martin: Die Vergabe von Dienstleistungskonzessionen: Verfahren, Vergabekriterien, Rechtsschutz, Neue Zeitschrift für Baurecht und Vergaberecht 2005, S. 610 – 617.

Burgi, Martin: Hilfsmittelverträge und Arzneimittel-Rabattverträge als öf-fentliche Lieferaufträge?, Neue Zeitschrift für Baurecht und Vergaberecht 2008, S. 480 – 486.

Brand, Jürgen: Praxis des Sozialrechts, 2. Auflage, München 2011, (zit.: *Bearbeiter*, in: Brand, Praxis des Sozialrechts).

Byok, Jan: Das Verhandlungsverfahren, Praxishandbuch für die sichere Auftragsvergabe, Köln 2006.

Byok, Jan: Auftragsvergabe im Gesundheitswesen, GesundheitsRecht 2007, S. 553 – 559.

Byok, Jan/Csaki, Alexander : Aktuelle Entwicklungen bei dem Abschluss von Arzneimittelrabattverträgen, Neue Zeitschrift für Sozialrecht 2008, S. 402 – 408.

Byok, Jan/Csaki, Alexander/Mandl, Joachim: Kosten und Versorgungsprämissen für gesetzliche Krankenversicherungen im Bereich der patentgeschützten Originatoren – Vergabe und sozialrechtliche Grenzen, GesundheitsRecht 2010, S. 659 – 664.

Byok, Jan/Jaeger, Wolfgang: Kommentar zum Vergaberecht, 3. Auflage, Heidelberg 2011, (zit.: *Bearbeiter*, in Byok/Jaeger, Kommentar zum Vergaberecht).

Byok, Jan/Jansen, Nicola : Die Stellung der gesetzlichen Krankenkassen als öffentlicher Auftraggeber, Neue Zeitschrift für Verwaltungsrecht 2005, S. 53 – 56.

Calliess, Christian (Hrsg.)/ Ruffert, Matthias: EUV/EGV, Das Verfassungsrecht der Europäischen Union mit Europäischer Grundrechtecharta, 4. Auflage, München 2011, (zit.: *Bearbeiter*, in: Calliess/Ruffert (Hrsg.), EUV/EGV, 4. Auflage 2011).

Cassel, Dieter/Wille, Eberhard: Steuerung der Arzneimittelausgaben und Stärkung der Forschungsstandortes für die pharmazeutische Industrie, Gutachten für das Bundesministerium für Gesundheit vom 02. Juni 2006, verfügbar über die Homepage des wissen-schaftlichen Institutes der AOK unter http://www.wido.de/fileadmin/wido/downloads/pdf_arzneimittel/wido_arz_gutachten_bmg_0806.pdf.

Czettritz, Peter von: Anmerkung zu zwei höchst umstrittenen Entscheidungen des Sozialgerichts Stuttgart vom 20.12.2007 (Az. S 10 KR 8404/07 und S 10 KR 8604/07) betreffend die AOK-Rabattvertragsausschreibungen 2008/2009, Pharma Recht 2008, S. 115 – 119.

Dauses, Manfred (Hrsg.): EU-Wirtschaftsrecht, 28. Ergänzungslieferung, München 2011, (zit.: *Bearbeiter*, in: Dauses, EU-Wirtschaftsrecht).

Deutsch, Erwin/Spickhoff, Andreas: Medizinrecht, 6. Auflage, Berlin 2008.

Deutscher Generikaverband: Beschwerde des Deutschen Generikaverbandes bei der Europäischen Kommission und bei dem Bundesversicherungsamt (BVA) wegen Verstoßes gegen die Grundsätze des Vergaberechts durch verschiedene Krankenkassen in Deutschland bei der Ausschreibung von Rabattverträgen für Arzneimittel, Pharma Recht 2007, S. 192 – 194.

Dieners, Peter/Heil, Maria: Das GKV-Wettbewerbsstärkungsgesetz – Stärkung oder Einschränkung des Wettbewerbs im Arzneimittelmarkt? (Teil 2), Pharma Recht 2007, S. 142 – 147.

Dieners, Peter/Reese, Ulrich: Handbuch des Pharmarechts, München 2010, (zit.: *Bearbeiter*, in: Dieners/Reese, Handbuch des Pharmarechts).

Dierks, Christian: Die Auslegung des Begriffs „gleicher Indikationsbereich" in § 129 Absatz 1 S. 1 SGB V, Rechtsgutachten vom 16. Juli 2009 für den Bundesverband der Arzneimittel-Hersteller e. V., den Bundesverband der Pharmazeutischen Industrie e. V., Pro Generika e. V. und den Verband Forschender Arzneimittelhersteller e. V. (abrufbar über die Homepage des Verbandes der pharmazeutischen Industrie unter www.bpi.de).

Dreher, Meinhard/Hoffmann, Jens: Der Auftragsbegriff nach § 99 GWB und die Tätigkeit der gesetzlichen Krankenkassen, Neue Zeitschrift für Baurecht und Vergaberecht 2009, S. 273 – 282.

Dreher, Meinrad/Stockmann, Kurt: Kartellvergaberecht, Auszug aus Immenga/Mestmäcker, Wettbewerbsrecht, 4. Auflage, München 2008, (zit.: *Bearbeiter*, in: Dreher/Stockmann, Kartellvergaberecht).

Ebsen, Ingwer/Greß, Steffen/Jakobs, Klaus/Wasem, Jürgen: Vertragswettbewerb in der gesetzlichen Krankenversicherung, 2003.

Ebsen, Ingwer: Vergaberecht und Vertragswettbewerb in der Gesetzlichen Krankenversicherung, Frankfurt/Main 2009.

Ecker, Thomas/Preuß, Klaus-Jürgen/Raski, Reinhold: Handbuch Direktverträge, Nachhaltige Vertriebsstrategien im Gesundheitswesen, Düsseldorf 2008, (zit.: *Bearbeiter*, in: Ecker/Preuß/Raski (Hrsg.), Handbuch Direktverträge).

Eggert, Albrecht: Krankenkassen und Kartellamt - Fusionskontrolle zum Schutz des Wettbewerbs in der GKV?. Vierteljahresschrift für Sozialrecht 2007, S. 335 – 344.

Engelmann, Klaus: Keine Geltung des Kartellvergaberechts für Selektivverträge der Krankenkassen mit Leistungserbringern, Die Sozialgerichtsbarkeit 2008, S. 133 – 149.

Erlenkämper, Arnold/Fichte, Wolfgang: Sozialrecht, 6. Auflage, Köln 2007, (zit.: *Bearbeiter*, in: Erlenkämper/Fichte, Sozialrecht).

Francke, Robert: Richtlinien, Normsetzungsverträge und neue Behandlungsmethoden im Rechtskonkretisierungskonzept des Bundessozialgerichts, Die Sozialgerichtsbarkeit 1999, S. 5 – 10.

Francke, Robert: Die regulatorischen Strukturen der Arzneimittelversorgung nach dem SGB V, Medizinrecht 2006, S. 683 – 692.

Frenz, Walter: Krankenkassen im Wettbewerbs- und Vergaberecht, Neue Zeitschrift für Sozialrecht 2007, S. 233 – 236.

Fuerst , Anna-Maria: Preisbildung von Arzneimitteln zwischen öffentlichem Kostendruck und privater Wettbewerbsfreiheit, GesundheitsRecht 2010, S. 183 – 188.

Fuhrmann, Stefan (Hrsg.)/Klein, Bodo/Fleischfresser, Andreas: Arzneimittelrecht, Handbuch für die pharmazeutische Rechtspraxis, Baden-Baden 2010, (zit.: *Bearbeiter*, in: Fuhrmann/Bodo/Fleischfresser, Arzneimittelrecht, Handbuch für die pharmazeutische Rechtspraxis 2010).

Gabriel, Marc: Vergaberechtliche Vorgaben beim Abschluss von Verträgen zur integrierten Versorgung (§§ 140a ff. SGB V), Neue Zeitschrift für Sozialrecht 2007, S. 344 – 352.

Gabriel, Marc: Die öffentliche Auftraggebereigenschaft von gesetzlichen Krankenkassen und die Abgrenzung von Lieferauftrag und Dienstleistungen, Vergaberecht 2007, S. 630 – 634.

Gabriel, Marc: Vom Festbetrag zum Rabatt: Gilt die Ausschreibungspflicht von Rabattverträgen auch im innovativen Bereich patentge-schützter Arzneimittel?, Neue Zeitschrift für Sozialrecht 2008, S. 455 – 460.

Gabriel, Marc: Zum Merkmal der Exklusivität bei Arzneimittelrabattverträgen, Vergaberecht 2010 S. 142 – 145.

Gabriel, Marc/Weiner, Katharina: Arzneimittelrabattvertragsausschreibungen im generischen und patentgeschützten Bereich - Überblick über den aktuellen Streitstand, Neue Zeitschrift für Sozialrecht 2009, S. 422 – 425.

Gaßner, Maximilian/Eggert, Albrecht: Wettbewerb in der GKV – Kartellrecht vs. Sozialrecht, Neue Zeitschrift für Sozialrecht 2011, S. 249 – 255.

Gassner, Ulrich M.: Kartellrechtliche Re-Regulierung des GKV-Leistungsmarkts, Neue Zeitschrift für Sozialrecht 2007, S. 281 – 286.

Gellner, Wienand (Hrsg.)/Schön, Markus: Paradigmenwechsel in der GesundheitspolitikBaden-Baden 2002, (zit.: *Bearbeiter*, in: Gellner/Schön, Paradigmenwechsel in der Gesundheitspolitik).

Gitter, Wolfgang/Oberender, Peter: Möglichkeiten und Grenzen des Wettbewerbs in der gesetzlichen Krankenversicherungen – Eine ökonomische und juristische Untersuchung zur Strukturreform der GKV, Baden-Baden 1987.

Gloy, Wolfgang (Hrsg.)/Loschelder, Michael/Erdmann, Willi: Wettbewerbsrecht, 4. Auflage, München 2010, (zit.: *Bearbeiter*, in: Gloy/Loschelder/Erdmann, Wettbewerbsrecht).

Goodarzi, Ramin/Jansen, Johannes: Die Rechtsprechung der Landessozialgerichte auf dem Gebiet des öffentlichen Auftragswesens, Neue Zeitschrift für Sozialrecht 2010, S. 427 – 437.

Goodarzi, Ramin/Junker, Maike: Öffentliche Ausschreibungen im Gesundheitswesen Neue Zeitschrift für Sozialrecht 2007, S. 632 – 638.

Grabitz, Eberhard/Hilf, Meinhard/Nettesheim, Martin: Das Recht der Europäischen Union 42. Ergänzungslieferung, München 2010, (zit.: *Bearbeiter*, in: Grabitz/Hilf/Nettesheim, EUV/AEUV)

Graef, Eberhard: Rahmenvereinbarungen bei der Vergabe von öffentlichen Aufträgen de lege lata und de lege ferenda, Neue Zeitschrift für Baurecht und Vergaberecht 2005, S. 561 – 568.

Gröning, Jochem: Das Konzept der neuen Koordinierungsrichtlinie für die Be-schaffung durch Rahmenvereinbarungen, Vergaberecht 2005, S. 156 – 164.

Grube, Christian/Wahrendorf, Volker: SGB XII, Sozialhilfe, 3. Auflage, München 2010, (zit.: *Bearbeiter*, in: Grube/Wahrendorf, SGB XII, 3. Auflage 2010).

Haft, Fritjof: Reformbedarf beim System der gesetzlichen Sozialversicherung, Zeitschrift für Rechtspolitik 2002, S. 457 – 462.

Hartmann, Peter/Suoglu, Bingül: Unterliegen die gesetzlichen Krankenkassen dem Kartellvergaberecht nach §§ 97ff GWB, wenn sie Hilfsmittel ausschreiben?, Die Sozialgerichtsbarkeit 2007, S. 404 – 414.

Hauck, Karl/Noftz, Wolfgang: Sozialgesetzbuch SGB V, Kommentar, Berlin 2011, (zit.: *Bearbeiter*, in: Hauck/Noftz, SGB V).

Heiermann, Wolfgang: Der wettbewerbliche Dialog, Zeitschrift für deutsches und internationales Bau- und Vergaberecht 2007, S. 766 – 784.

Heitzer, Bernhard: Wettbewerbskontrolle auf den Märkten der gesetzlichen Krankenversicherung, Rede beim Studienkreis Regulierung Europäischer Gesund-heitsmärkte am 29. Juni

2009 auf dem Petersberg in Königswinter, verfügbar über die Homepage des Bundeskartellamtes unter: http://www.bundeskartellamt.de/wDeutsch/download/pdf/Diskussionsbeitraege/090629_Petersberg_Gesundheit.pdf.

Hensel, Christian: Selektivverträge im vertragsärztlichen Leistungserbrin-gungsrecht, Baden-Baden 2010.

Hertwig, Stefan: Praxis der öffentlichen Auftragsvergabe, 4. Auflage, München 2009.

Hess, Rainer: Die frühe Nutzenbewertung und ihre rechtliche Herausforderung, Gesundheits-Recht 2011, S. 65 – 69.

Hesselmann, Hildegard/Motz, Thomas: Integrierte Versorgung und Vergaberecht, Medizinrecht 2005, S. 498 – 502.

Hesshaus, Matthias, Ausschreibungen durch die gesetzlichen Krankenkassen, Vergaberecht 2007, S. 333 – 342.

Hesshaus, Matthias: Ausschreibung und Vergabe von Rabattverträgen - Spezial-fragen im Zusammenhang mit dem Abschluss von Rabattverträgen nach § 130a Abs. 8 SGB V, Pharma Recht 2007, S. 334 – 336.

Hocks, Peter: Ergänzendes Schutzzertifikat für Arzneimittel, Pharma Recht 1992, S. 290 – 291.

Hölzl, Franz Josef/Eichler, Jochen: Rechtsweg für die Überprüfung der Vergabe von Rabattverträgen - Alea iacta est: Der Gesetzgeber hat gewürfelt, Neue Zeitschrift für Verwaltungsrecht 2009, S. 27 – 32.

Holzmüller, Tobias: Kartellrecht in der GKV nach dem AMNOG – Praktische Auswirkungen und erste Erfahrungen, Neue Zeitschrift für Sozialrecht 2011, S. 485 – 493.

Huster, Stefan: Rechtsfragen der frühen Nutzenbewertung?, GesundheitsRecht 2011, S. 76 – 82.

Immenga, Ulrich/Mestmäcker, Ernst-Joachim: Wettbewerbsrecht – GWB, 4. Auflage, München 2008, (zit.: *Bearbeiter*, in: Immenga/Mestmäcker, Wettbewerbsrecht).

Ipsen, Hans-Peter: Europäisches Gemeinschaftsrecht, Tübingen 1972.

Jakoby, Markus: Anmerkung zum Beschluss des KG Berlin vom 15. April 2004, Az.: 2 Verg 22/03, Vergaberecht 2004, S. 768 – 772.

Jansen, Guido/Johannsen, Sven Leif Erik: Die Anwendbarkeit des deutschen Kartellrechts auf die Tätigkeit der gesetzlichen Krankenversicherungen de lega lata und de lege ferenda, Pharma Recht 2010, S. 576 – 580.

Jesse, Ralf-Rüdiger/Bröcher, Dirk-Joachim/Däbritz, Erich: Patente - wie versteht man sie? Wie bekommt man sie? Wie geht man mit ihnen um?, 3. Auflage, München 2009.

Jestaedt, Thomas/Kemper, Klaus/Marks, Friedhelm/Prieß, Hans-Joachim: Das Recht der Auftragsvergabe, Neuwied 1999.

Kaeding, Nadja: Ausschreibungspflicht der gesetzlichen Krankenkassen oberhalb der Schwellenwerte, Pharma Recht 2007, S. 239 – 247.

*Kaltenborn, Markus:*Vergaberechtliche Strukturen im Recht der Gesetzlichen Krankenversicherung, Vierteljahresschrift für Sozialrecht 2006, S. 357 – 377.

Kaltenborn, Markus: Der kartellvergaberechtliche Auftragsbegriff im Vertragswettbewerb des SGB V, GesundheitsRecht 2011, S. 1 – 8.

Kamann, Hans-Georg/Gey, Peter: Die Rabattvertragsstreitigkeiten der zweiten Generation, Aktuelle Fragen nach dem GKV-OrgWG, Pharma Recht 2009, S. 114 – 122.

Kamann, Hans-Georg/Gey, Peter: Wettbewerbsrecht im deutschen Gesundheitswesen - Grenzen der Integrierten Versorgung und der Kooperation von Krankenkassen, Leistungserbringern und pharmazeutischer Industrie, Pharma Recht 2006, S. 255 – 264.

Kamann, Hans-Georg/Gey, Peter: Wettbewerbsrecht im deutschen Gesundheitswesen - Grenzen der Integrierten Versorgung und der Kooperation von Krankenkassen, Leistungserbringern und pharmazeutischer Industrie, Teil 2, Pharma Recht 2006, S. 291 – 297.

Kapellmann, Klaus/Messerschmidt, Burkhard: VOB Teile A und B, 3. Auflage, München 2010, (zit.: *Bearbeiter,* in: Kapellmann/Messerschmidt, VOB).

Karenfort, Jörg/Stopp, Christiane: Krankenkassen-Rabattverträge und Kartellvergaberecht: Kompetenzkonflikt ohne Ende?, Neue Zeitschrift für Baurecht und Vergaberecht 2008, S. 232 – 235.

Kingreen, Thorsten: Wettbewerbsrechtliche Aspekte des GKV-Modernisierungsgesetzes, Medizinrecht 2004, S. 188 – 197.

Kingreen, Thorsten: Das Sozialvergaberecht, Die Sozialgerichtsbarkeit 2008, S. 437 – 444.

Kingreen, Thorsten: Die Entwicklung des Gesundheitsrechts 2009/2010, Neue juristische Wochenschrift 2010, S. 3408 – 3415.

Kingreen, Thorsten: Vergaberechtliche Anforderungen an die sozialrechtliche Leistungserbringung, Die Sozialgerichtsbarkeit 2004, S. 659 – 669.

Kingreen, Thorsten: Zur Neuordnung des Arzneimittelmarktes in der gesetzlichen Krankenversicherung, Neue Zeitschrift für Sozialrecht 2011, S. 441 – 448.

Klees, Andreas: Welcher Unternehmensbegriff gilt im GWB?, Europäisches Wirtschafts- und Steuerrecht 2010, S. 1 – 7.

Klöck, Oliver: Die Anwendbarkeit des Vergaberechts auf Beschaffungen durch die gesetzlichen Krankenkassen, Neue Zeitschrift für Sozialrecht 2008, S. 178 – 186.

Kloesel, Arno/Cyran, Walter: Arzneimittelgesetz, 3. Auflage, Stuttgart 2000.

Knauff, Matthias: Neues europäisches Vergabeverfahrensrecht: Der wettbewerbliche Dialog, Vergaberecht 2004, S. 287 – 302.

Knauff, Matthias: Im wettbewerblichen Dialog zur Public Private, Partnership?, Neue Zeitschrift für Baurecht und Vergaberecht 2005, S. 249 – 256.

Knauff, Matthias: Neues europäisches Vergabeverfahrensrecht: Rahmenvereinbarungen, Vergaberecht 2006, S. 24 – 37.

Knispel, Ulrich: Neuregelungen im Leistungserbringerrecht der GKV durch das GKV-OrgWG, GesundheitsRecht 2009, S. 236 – 241.

Köhler, Helmut/Bornkamm, Joachim: Gesetz gegen den unlauteren Wettbewerb, 29. Auflage, München 2011, (zit.: *Bearbeiter*, in: Köhler/Bornkamm, UWG).

Koenig, Christian/Busch, Christiane: Vergabe- und haushaltsrechtliche Koordinaten der Hilfsmit-telbeschaffung durch Krankenkassen, Neue Zeitschrift für Sozialrecht 2003, S. 461 – 467.

Koenig, Christian/Engelmann, Christian/Hentschel, Kristin: Die Anwendbarkeit des Vergaberechts auf die Leistungserbringung im Gesundheitswesen, Medizinrecht 2003, S. 562 – 569.

Koenig, Christian/Engelmann, Christiana/Sander, Claude: Parallelhandelsbeschränkungen im Arzneimittelbereich und die Freiheit des Warenverkehrs, Gewerblicher Rechtsschutz und Urheberrecht, Internationaler Teil 2001, S. 919 – 927.

Koenig, Christian, Klahn, Daniela, Schreiber, Kristina: Die Ausschreibungspflichtigkeit von Rabattverträgen gem. § 130a Abs. 8 SGB V nach den Vorgaben des europäischen Vergaberechts, GesundheitsRecht 2007, S. 559 – 568.

Kraßer, Rudolf: Patentrecht, 6. Auflage, München 2009.

Kruse, Jürgen (Hrsg.)/Hänlein, Andreas: Sozialgesetzbuch V. Gesetzliche Krankenversicherung: Lehr- und Praxiskommentar, 3. Auflage, Baden-Baden 2009, (zit.: *Bearbeiter*, in: Kruse/Hänlein, SGB V).

Kulartz, Hans-Peter (Hrsg.)/Kus, Alexander/Portz, Norbert: Kommentar zum GWB-Vergaberecht, 2. Auflage, Köln 2009, (zit.: *Bearbeiter*, in: Kulartz/Kus/Portz (Hrsg.), Kommentar zum GWB-Vergaberecht).

Kulartz, Hans-Peter (Hrsg.)/Marx, Friedhelm/Portz, Norbert/Prieß, Hans-Joachim: Kommentar zur VOL/A, 2. Auflage Köln 2010, (zit.: *Bearbeiter*, in: Kulartz/Marx/Portz/Prieß (Hrsg.), Kommentar zur VOL/A).

Kullack, Andrea/Terner, Ralf: EU-Legislativpaket - Die neue "klassische" Vergabekoordinierungsrichtlinie - 2 Teil, Zeitschrift für deutsches und internationales Bau- und Vergaberecht 2004, S. 346 – 352.

Laschet, Helmut: Risk- und Cost-Sharing - das kommt Ärzten spanisch vor, Deutsche Ärzte Zeitung vom 23. Dezember 2008.

Leitherer, Stefan (Hrsg.): Kasseler Kommentar Sozialversicherungsrecht, 70. Ergänzungslieferung, München 2011, (zit.: *Bearbeiter*, in: Kasseler Kommentar, SGB V).

Lesinski-Schiedat, Anke: Sparzwang contra Heilauftrag aus ärztlicher Sicht, Medizinrecht 2007, S. 345 – 348.

Lietz, Christine/Natz, Alexander: Vergabe- und kartellrechtliche Vorgaben für Rabattverträge über patentgeschützte Medikamente, Arzneimittel und Recht 2009, S. 3 – 10.

Loewenheim, Ulrich (Hrsg.)/Meessen, Karl M./Riesenkampff, Alexander: Kartellrecht Kommentar, 2. Auflage, München 2009, (zit.: *Bearbeiter*, in: Loewenheim/Meessen/Riesenkampff, Kartellrecht).

Maassen, Bernhard: Rechte und Pflichten des pharmazeutischen Unternehmens bei der frühen Nutzenbewertung, GesundheitsRecht 2011, S. 82 – 91.

Maydell, Bernd Baron von (Hrsg.)/Ruland, Franz/Becker, Ulrich: Sozialrechtshandbuch, 4. Auflage, Baden-Baden 2008, (zit.: *Bearbeiter*, in: von Maydell/Ruland/Becker, Sozialrechtshandbuch, 4. Auflage 2008).

Merten, Detelf: Krankenversicherung zwischen Eigenverantwortung und Staatsversorgung, Neue Zeitschrift für Sozialrecht 1996, S. 593 – 599.

Mestwerdt, Thomas/von Münchhausen, Moritz: Die Sozialversicherungsträger als Öffentliche Auftraggeber i. S. v. § 98 Nr. 2 GWB, Zeitschrift für deutsches und internationales Bau- und Vergaberecht 2005, S. 659 – 665.

Meyer-Hofmann, Bettina/Hahn, Martin: Ausschreibung von Generika-Arzneimittelrabattverträgen. Welche Gestaltungsmöglichkeiten bestehen?, Arzneimittel und Recht 2010, S. 59 – 65.

Meyer-Hofmann, Bettina/Wenig, Nils-Alexander: Rabattverträge mit mehreren pharmazeutischen Unternehmen – Wettbewerbsprinzip und sozialrechtliche Notwendigkeiten, Pharma Recht 2010, 324 – 329.

Möschel, Wernhard: Gesetzliche Krankenversicherung und das Kartellrecht, Juristenzeitung 2007, S. 601 – 606.

Motzke, Gerd/Pietzcker, Jost/Prieß, Hans-Joachim: Beck'scher VOB-Kommentar, Verdingungsordnung für Bauleistungen Teil A, München 2002, (zit.: *Bearbeiter*, in: Motzke/Pietzker/Prieß, VOB/A).

Muckel, Stefan: Sozialrecht, 3. Auflage, München 2009.

Müller-Glöge, Rudi (Hrsg.)/Preis, Ulrich/Schmidt, Ingrid: Erfurter Kommentar zum Arbeitsrecht, 11. Auflage, München 2011, (zit.: Bearbeiter, in: Müller-Glöge/Preis/Schmidt, Erfurter Kommentar zum Arbeitsrecht).

Müller, Sandra: Divergierende Rechtsprechung zur Rabattverträgen gemäß § 130a Abs. 8 SGB V, Arzneimittel & Recht 2008, S. 195 – 198.

Müller-Wrede, Malte (Hrsg.): Verdingungsordnung für Leistungen - VOL/A, 3. Auflage, Köln 2010, (zit.: *Bearbeiter*, in: Müller-Wrede, VOL/A Kommentar).

Natz, Alexander: Aktuelles aus Brüssel, Pharma Recht 2010, S. 496 – 497.

Natz, Alexander: Rechtsschutzmöglichkeiten für Pharmaunternehmen gegen Rabattverträge, Die Pharmazeutische Industrie 2007, S. 567 – 573.

Ollmann, Horst: Das neue Vergaberecht. Eine kritische Darstellung der ArbeitsentwürfeVergaberecht 2004, S. 669 – 685.

Opitz, Marc: Die Entwicklung des EG-Vergaberechts in den Jahren 2001 und 2002 - Teil 1, Neue Zeitschrift für Baurecht und Vergaberecht 2003, S. 183 – 201.

Opitz, Marc: Marktmacht und Bieterwettbewerb, Köln 2003.

Otting, Olaf: Das Vergaberecht als Ordnungsrahmen in der Gesundheits-wirtschaft zwischen GWB und SGB V, Neue Zeitschrift für Baurecht 2010, S. 734 – 739.

Penner, Andreas: Leistungserbringerwettbewerb in einer sozialen Krankenversicherung, Baden-Baden 2009.

Pitschas, Rainer: Deutsches und europäisches Gesundheitsrecht zwischen öffentlich-rechtlicher Wettbewerbsordnung und Verbraucherschutz. Soziale Krankenversicherung als Ausnahmebereich des Art 86 Abs. 2 EGV, Zeitschrift für Sozialreform 2000, S. 575 – 497.

Plagemann, Hermann (Hrsg.): Münchener Anwaltshandbuch Sozialrecht, 3. Auflage, München 2009, (zit.: *Bearbeiter*, in: Plagemann, Münchener Anwaltshandbuch Sozialrecht).

Potacs, Michael: Effet utile als Auslegungsgrundsatz, Europarecht 2009, S. 465 – 487.

Prieß, Hans-Joachim: Die Leistungsbeschreibung - Kernstück des Vergabeverfahrens (Teil 2), Neue Zeitschrift für Baurecht und Vergaberecht 2004, S. 87 – 92.

Prieß, Hans-Joachim/Hölzl, Franz-Josef: Auf Nummer sicher gehen! Zum Rechtsschutz bei der Beschaffung von Sicherheitsdienstleistungen, Landes- und Kommunalverwaltung 2006, S. 481 – 489.

Prieß, Hans-Joachim/Niestedt, Marian: Rechtsschutz im Vergaberecht, Köln 2006.

Pruns, Katrin: Kartell- und vergaberechtliche Probleme des selektiven Kontrahierens auf europäischer Ebene, Münster 2008.

Pünder, Hermann/Franzius, Ingo: Auftragsvergabe im wettbewerblichen Dialog, Zeitschrift für deutsches und internationales Bau- und Vergaberecht 2006, S. 20 – 25.

Quaas, Michael: Vertragsgestaltungen zur integrierten Versorgung aus der Sicht der Krankenhäuser, Vierteljahresschrift für Sozialrecht 2004, S. 175 – 195.

Quaas, Michael/Zuck, Rüdiger: Medizinrecht, 2. Auflage, München 2008.

Rehmann, Wolfgang: Arzneimittelgesetz (AMG), 3. Auflage, München 2008.

Reidt, Olaf/Stickler, Thomas/Glahs, Heike: Vergaberecht – Kommentar, 2. Auflage, Köln 2003, (zit.: *Bearbeiter*, in: Reidt/Stickler/Glahs, Vergaberecht).

Rixen, Stephan: Vergaberecht oder Sozialrecht in der gesetzlichen Krankenversicherung? - Ausschreibungspflichten von Krankenkassen und Kassenärztlichen Vereinigungen, GesundheitsRecht 2006, S. 49 – 58.

Rixen, Stephan: Sozialrecht, Tübingen 2005.

Röbke, Marc: Besteht eine vergaberechtliche Ausschreibungspflicht für Rabattverträge nach § 130a VIII SGB V?, Neue Zeitschrift für Verwaltungsrecht 2008, S. 726 – 731.

Rolfs, Christian (Hrsg.)/Giesen, Richard/Kreikebohm, Ralf/Udsching, Peter: Beck'scher Onlinekommentar Sozialrecht, Stand: 01. September 2011, (zit.: *Bearbeiter*, in: Rolfs/Giesen/ Kreikebohm/Udsching, Beck'scher Onlinekommentar Sozialrecht).

Roth, Wulf-Henning: Kartellrechtliche Aspekte der Gesundheitsreform nach deut-schem und europäischem Recht, Gewerblicher Rechtsschutz und Urheberrecht 2007, S. 645 – 652.

Ruhland, Bettina: Die Dienstleistungskonzession, Baden-Baden 2006.

Schickert, Jörg: Rabattverträge für patentgeschützte Arzneimittel im Sozial- und Vergaberecht, Pharma Recht 2009, S. 164 – 173.

Schickert, Jörg: Arzneimittelschnellbewertung und ihre Folgen nach dem Regierungsentwurf zum AMNOG, Pharma Recht 2010, S. 452 – 462.

Schimmelpfeng-Schütte, Ruth: Richtliniengebung durch den Bundesausschuss der Ärzte und Krankenkassen und demokratische Legitimation, Neue Zeitschrift für Sozialrecht 1999, S. 530 – 537.

Schimmelpfeng-Schütte, Ruth: Soziale Gerechtigkeit und Gesundheitswesen, Zeitschrift für Rechtspolitik 2006, S. 180 – 183.

Schlegel, Rainer (Hrsg.)/Voelzke, Thomas: Sozialgesetzbuch, Fünftes Buch – Gesetzliche Krankenversicherung –, 1. Auflage, Saarbrücken 2008, (zit.: *Bearbeiter*, in: Schlegel/Voelzke (Hrsg.), SGB V).

Schnapp, Friedrich E./Wigge, Peter: Handbuch des Vertragsarztrechts, 2. Auflage, München 2006, (zit.: *Bearbeiter*, in: Schnapp/Wigge, Handbuch des Vertragsarztrechts).

Schoch, Friedrich (Hrsg.)/Schmidt-Aßmann, Eberhard/Pietzner, Rainer: Verwaltungsgerichtsordnung, 20. Ergänzungslieferung 2010, (zit.: *Bearbeiter*, in: Schoch/Schmidt-Aßmann/ Pietzner (Hrsg.), VwGO).

Schröder, Holger: Voraussetzungen, Strukturen und Verfahrensabläufe des Wettbewerblichen Dialogs in der Vergabepraxis, Neue Zeitschrift für Baurecht und Vergaberecht 2007, S. 216 – 224.

Schulz, Stefan: Die Verordnung innovativer Arzneimittel unter dem Regime des Arztes für besondere Arzneimitteltherapie, Pharma Recht 2007, S. 177 – 182.

Schumacher, Helge/Gewaltig, Michael/Busse, Thorsten/Greiner, Wolfgang: Rabattverträge - Eine Bestandsaufnahme 2009 – Ratio selektivvertraglicher Konstellationen im Erstattungssystem der GKV, Die Krankenversicherung 2009, S. 137 – 141.

Schwabe, Ulrich (Hrsg.)/Paffrath, Dieter: Arzneiverordnungsreport, Heidelberg 2011, (zit.: *Bearbeiter*, in: Arzneiverordnungsreport 2009).

Sodan, Helge: Krankenversicherung - Erstattung angefallener Krankheits-kosten in einem anderen Mitgliedstaat, Juristenzeitung 1998, S. 1168 – 1172.

Sodan, Helge: Das Beitragssatzsicherungsgesetz auf dem Prüfstand des Grundgesetzes, Neue juristische Wochenschrift 2003, S. 1761 – 1766.

Sodan, Helge: Die sozialmarktwirtschaftliche Zukunft der Krankenversicherung – Vorträge im Rahmen der 4. Berliner Gespräche zum Gesundheitsrecht am 25. Oktober 2005, Berlin 2005.

Sodan, Helge: Gesundheitsreform 2006/2007 - Systemwechsel mit Zukunft oder Flickschusterei, Neue Juristische Wochenschrift 2006, S. 3617 – 3620.

Sodan, Helge: Verfassungsrechtliche Probleme bei der Bildung von Festbetragsgruppen für Arzneimittel, Pharma Recht 2007, S. 485 – 492.

Sodan, Helge: Das GKV-Wettbewerbsstärkungsgesetz, Neue Juristische Wochenschrift 2007, S. 1313 – 1320.

Sodan, Helge (Hrsg.), Handbuch des Krankenversicherungsrechts, München 2010, (zit.: *Bearbeiter*, in: Sodan (Hrsg.), Handbuch des Krankenversicherungsrechts).

Sormani-Bastian, Laura: Vergaberecht und Sozialrecht unter besonderer Berücksichtigung des Leistungserbringungsrechts im SGB V (Gesetzliche Krankenversicherung), Frankfurt 2006.

Stolz, Bernhard/Kraus, Philipp: Sind Rabattverträge zwischen gesetzlichen Krankenkassen und pharmazeutischen Unternehmen öffentliche Aufträge nach § 99 GWB?, Vergaberecht 2008, S. 1 – 10.

Sträter, Burkhard/Natz, Alexander: Rabattverträge zwischen Krankenkassen und pharmazeutischen Unternehmen, Pharma Recht 2007, S. 7 – 13.

Terbille, Michael (Hrsg.): Münchener Anwaltshandbuch Medizinrecht, 1. Auflage, München 2009, (zit.: *Bearbeiter*, in: Terbille (Hrsg.), Münchener Anwaltshandbuch Medizinrecht).

Thüsing, Gregor/Granetzny, Thomas: Der Rechtsweg in Vergabefragen des Leistungserbringungsrechts nach dem SGB V, Neue Juristische Wochenschrift 2008, S. 3188 – 3191.

Ulshöfer, Matthias: Zur Vergabe von Einzelaufträgen bei Rabattverträgen, Vergaberecht 2010, S. 132 – 135.

Wagner, Regine (Hrsg.)/Knittel, Stefan: Soziale Krankenversicherung, Pflegeversicherung, 71. Auflage, München 2010, (zit.: *Bearbeiter*, in: Krauskopf (Hrsg.), Soziale Krankenversicherung).

Weiner, Katharina: Anmerkung zum Beschluss des LSG Baden-Württemberg vom 28. Oktober 2008 – L 11 KR 4810/08 ER-B, Vergaberecht 2009, S. 189 – 193.

Weyand, Rudolf: Praxiskommentar Vergaberecht, Stand März 2010.

Wigge, Peter: Integrierte Versorgung und Vertragsarztrecht, Teil 1, Neue Zeitschrift für Sozialrecht 2001, S. 17 – 24.

Wigge, Peter/Müller, Sandra: Kartellrechtliche Regulierung der Arzneimittelversorgung in der GKV - Teil 2, Arzneimittel & Recht 2007, S. 207 – 211.

Wille, Marion: GKV-WSG: Umsetzungsstand in der Arzneimittelversorgung, Pharma Recht 2007, S. 503 – 512.

Wille, Marion: Arzneimittel mit Patentschutz – Vergaberechtliche Rechtfer-tigung eines Direktvertrages?, Arzneimittel & Recht 2009, S. 164 – 168.

Willenbruch, Klaus: Verhältnis von GWB zum Sozialrecht bei Leistungserbringung im Gesundheitswesen, Pharma Recht 2007, S. 197 – 198.

Willenbruch, Klaus: Kompetenzgerangel um Rabattverträge ohne Ende?, Pharma Recht 2008, S. 265 – 267.

Willenbruch, Klaus/Wieddekind, Kristina: Kompaktkommentar Vergaberecht, 2. Auflage, Köln 2011, (zit.: *Bearbeiter*, in: Willenbruch/Wieddekind, Kompakt-kommentar Vergaberecht).

Windt, Roland/Glaeske, Gerd/Hoffmann, Falk: Arzneimittel-Rabattverträge im Regulierungsdschungel der GKV, Die Krankenversicherung 2010, S. 185 – 188.

Wolf, Stefanie/Jäkel, Christian: Änderungen bei Rabattverträgen durch das AMNOG, Pharma Recht 2011, S. 1 – 6.

Wollenschläger, Ferdinand: Die Bindung der gesetzlichen Krankenkassen an das Vergaberecht, Neue Zeitschrift für Baurecht und Vergaberecht 2007, S. 655 – 660.